Liebe Radlfreunde!

Zur Einführung

Wenn mir ein freundlicher Anrufer stolz mitteilt, dass er das gesamte, vor drei Jahren im selben Verlag erschienene Mountainbike-Buch von der ersten bis zur letzten Seite abgestrampelt hat, dann ist es Zeit, wieder mit neuen Vorschlägen aufzuwarten. Mein langjähriger Tourengefährte und Mitautor Franz Hüttl ist leider nicht mehr unter uns, aber mit Christine Mühlöcker habe ich eine begeisterte Mitarbeiterin gefunden, die genauso bereit war, alle beschriebenen Touren selbst abzufahren und sogar ihren ganzen Urlaub dazu verwendete, um speziell im von uns oft stiefmütterlich behandelten Osttirol Mountainbike-Touren zu entdecken. Hundert sind es diesmal geworden und damit wieder genügend Arbeit für den begeisterten Tourenbuchbenützer.

Auswahl der Routenvorschläge

Mittlerweile ist das nach dem Tiroler Mountainbikemodell von der Landesforstverwaltung ausgearbeitete Wegenetz bereits auf 5200 Kilometer angewachsen: eigens beschilderte und markierte Wege, auf denen Radfahren ausdrücklich erlaubt ist. Die Fahrverbotstafeln mit dem durchgestrichenen Radfahrer auf den Forststraßen und Almwegen sind wirklich nur mehr sehr selten anzutreffen und die Mountainbiker gehören zum gewohnten Bild in den Almregionen. Mountainbiken ist endlich aus der Grauzone herausgetreten und zum anerkannten Breitensport geworden. Aber nicht nur, dass man auf den breiten Forstwegen kaum mehr Einschränkungen zu befürchten hat; oft schlägt die Situation schon ins Gegenteil um und Radler begegnen uns auf den schmalsten und steilsten Wanderwegen und Bergpfaden, auf denen ein Radl im landläufigen Sinn eigentlich nichts verloren hat. Doch Freeriden und Downhillen ist nun einmal groß in Mode, und wenn Sie die gängigen Mountainbike-Zeitschriften durchblättern, werden Sie auf den Hochglanzbildern fast nur Radler im unwegsamsten Gelände, mit Sprüngen über Stock und Stein antreffen. Zu hoffen ist nur, dass auf den Singletrails dem Wanderer zumindest der Vortritt gelassen wird. Aber das ist eine andere Geschichte und die echten Downhiller haben sowieso kein Interesse, mit ihrem schweren Gerät bergauf zu fahren.

Der türkisfarbige Kartell-Speichersee.

Radeln in Nord-, Ost- und Südtirol

Das vorliegende Mountainbike-Handbuch will Ihnen eine umfassende Auswahl an Mountainbike-Routen in ganz Tirol von West nach Ost näher bringen. Diesmal wirklich von Gesamttirol, also auch mit vielen Vorschlägen für Osttirol und einer kleinen Auswahl zu Südtirol, weil man ja schon wetterbedingt oft gezwungen ist, über den Brenner oder in den Süden des Alpenhauptkamms auszuweichen. Die von uns getroffene und sicherlich subjektive Auswahl reicht von talnahen Radwegen bis zu gebirgsüberquerenden Transalprouten und unsere Tourenvorschläge bewegen sich zu 99 Prozent im fahrbaren Gelände. Alle Touren sind selbst erkundet und im vergangenen Sommer abgefahren worden. Blieben wir zu Beginn der Mountainbike-Saison oft unerwartet im noch nicht ganz geschmlozenen Altschnee in den Schattenhängen stecken, mussten wir uns im Spätherbst bei den Abfahrten bereits warm anziehen.

Bewertung der Schwierigkeit

Eines muss dem Bergradler schon bewusst sein: Bergauf zu radeln ist nun einmal anstrengend und erfordert einen nicht geringen Krafteinsatz, der auch von der besten japanischen 27- Gang-Schaltung zwar erleichtert, aber nicht aufgehoben wird. Und nichts ist verfänglicher, als die Schwierigkeit einer Mountainbike-Tour einzuschätzen und an ein Zielpublikum weiterzugeben. Zu unterschiedlich sind die Erwartungen und die konditionellen Voraussetzungen und besonders bei den Zeiten klaffen die Angaben oft weit auseinander. Eine platte Mountainbike-Weisheit besagt, dass Bergradeln zu fünf Prozent aus Inspiration, aber zu 95 Prozent aus Transpiration besteht. Die Inspiration – eine Auswahl aus 100 Touren – kann Ihnen unser Handbuch liefern, ein wenig Schwitzen wird Ihnen aber dann nicht erspart bleiben. Nach dem gängigen Bewertungsschema sind die Touren mit Blau (leicht), Rot (mittel) und Schwarz (schwer) gekennzeichnet, wobei sich der Großteil der hier vorgeschlagenen Routen im roten Bereich befindet. Blaue Touren sind fahrtechnisch leicht, verlaufen stets auf schönen Wegen, vielfach noch auf Asphalt, wenngleich auch kurze, aber nicht zu steile Anstiege mitunter vorkommen können. Im roten Bereich geht es dann schon richtig zur Sache, lange Anstiege mit Steigungen bis zu 15 Prozent, aber auf gut fahrbarem Untergrund, sind zu erwarten. Schwarz gekennzeichnet ist eine Tour, wenn über eine längere Strecke die größten zur Verfügung stehenden Zahnkränze zum Einsatz kommen und der Weg zudem grobschottrig und schwierig zu fahren ist. Auch werden Sie im vorliegenden Führer ab und zu Touren mit einer angekündigten Schiebe- oder Tragestrecke vorfinden, aber nur dann, wenn sich dadurch eine logische und schöne Rundstrecke erschließt. Für die Schwierig-

Abfahrt von der Darmstädter Hütte mit den Gletschern der Verwallgruppe.

keitsbewertung sollte das jedoch kein Kriterium darstellen. Und noch eins, wenn es gar zu steil wird: Es sollte kein Schwächezeichen sein, wenn man einmal für ein Stück vom Rad steigt und schiebt. Meist ist man damit kaum langsamer, spart aber eine ganze Menge an Kraft und kann danach, ohne sich völlig verausgabt zu haben, wieder in den Sattel steigen. Sollten Sie einmal auf eine gelb gekennzeichnete Mountainbike-Route treffen, so bedeutet dies, dass sie extrem schwierig ist. In unserem Buch kommen aber solche Routen überhaupt nicht vor. Leichter machen und dafür den Bewegungsspielraum beträchtlich erweitern kann man es sich aber sehr oft, wenn man eine der vielen Seilbahnen benützt, die fast durchwegs und meist sogar gratis den Transport des Rades anbieten.

Mit oder ohne GPS

Eine tolle Erfindung ist es schon, jenes kleine Gerät, das mir mit einer Abweichung von nur wenigen Metern genau sagt, an welchem Punkt der Erde ich mich befinde. Christoph Kolumbus oder Marco Polo wären damals vielleicht froh gewesen, so ein Ding zu besitzen. Ich befinde mich aber nicht auf hoher See und auch in keiner Wüste, sondern im Tourismusland Tirol, wo es auf allen Wegen von Hinweisschildern und Wegweisern nur so wimmelt. Vor mir und weiter an jeder Wegkreuzung sehe ich jene gelben Tafeln und Schilder, auf welche die Erfinder so stolz sind und die seit einigen Jahren immer flächendeckender unser ganzes rot-weiß markiertes Wegenetz in Tirol begleiten und mir als Wanderer wie Mountainbiker die genaue Marschrichtung angeben. Zugegebenermaßen gehöre ich zu einer Generation, die mit Computern gewisse Schwierigkeiten hat und die es gewohnt ist, ohne Satellitenpeilung an ihr Ziel zu gelangen. Und ich kann mich an keine einzige Situation erinnern, in der ich nicht überall auch ohne elektronische Hilfsmittel hingefunden hätte. Eine gute Landkarte mit dem Maßstab 1:50.000 sollte ein Mountainbiker aber wohl stets dabei haben und ein Radcomputer gehört heutzutage ebenso zur Standardausrüstung. Natürlich will ich niemandem den Gebrauch eines Navigationsgerätes madig machen, vorzüglich eignet es sich zur Dokumentation oder Archivierung der Unternehmungen. Meine Co-Autorin Christine Mühlöcker verwendet das „Navi“ schon seit langem und es gehört längst zu ihrer Standardausrüstung.

So verbleibt uns nur, den Benützern dieses Handbuches ein gutes und unfallfreies Gelingen bei allen Unternehmungen zu wünschen. Viel Spaß beim Bergauftreten und den anschließenden rasanten Abfahrten. Vergessen Sie nie ein kleines Reparaturset oder einen Reserveschlauch. Auch ein Verbandspäckchen sollte immer dabei sein. Kommen Sie gut und unfallfrei „über die Runden“ und entdecken und erleben Sie unsere herrliche Tiroler Landschaft in all ihren Facetten aus einem neuen Blickwinkel vom Fahrradsattel aus.

Das wünschen Ihnen die beiden Autoren
Kurt Pokos und Christine Mühlöcker

Zum Gebrauch des Führers

Bei jeder der 100 Tourenbeschreibungen erfährt man auf den ersten Blick die wichtigsten Informationen, und zwar:

den Schwierigkeitsgrad

leicht | mittel | schwer

ob eine Aufstiegshilfe vorhanden ist, z.B. Seilbahn

Aufstiegshilfe

ob eine Schiebe- oder Tragestrecke zu bewältigen ist

Schiebe- oder Tragestrecke

ob man einen Gipfel zu Fuß erreichen kann

Wanderstrecke

welcher Weg eine

Forststraße | Asphaltstraße

oder Schiebestrecke ist

wo der Ausgangspunkt der Tour ist

Startpunkt

und in welche Richtung die Tour beschrieben ist

Richtung

1 Auf die Friedrichshafener Hütte

Die idyllisch gelegene Friedrichshafener Hütte.

Die Aussicht auf die Gletscherberge der Silvrettagruppe ist so beeindruckend, dass es sich lohnt, auf den höchsten Punkt der Tour (2515 m) zu radeln. Erholung bietet die Friedrichshafener Hütte, die beschaulich an einem kleinen See liegt. Das imposante Bergpanorama kann man dort in Ruhe auf sich wirken lassen.

Ausgangspunkt: Parkplatz Friedrichshafener Hütte zwischen Mathon und Galtür (1540 m)

Streckenführung: Parkplatz – Friedrichshafener Weg – Hang des Grieskogels – Friedrichshafener Hütte – Parkplatz

Länge, Fahrzeit, Hm.: 23,3 km, 2:30 Stunden, 970 Höhenmeter.

Steilheit: Angenehme Steigung, teils mit flachen Strecken, erst das allerletzte Stück ist etwas steiler.

Wegbeschaffenheit: 0,2 km Asphalt; 23,1 km Forstweg.

Höchster Punkt: Dach der Tour unterhalb des Grieskogels (2515 m)

Charakter/Tipp: Überwältigende Aussicht auf die Silvrettaberge.

Einkehrstationen: Friedrichshafener Hütte (2138 m), geöffnet von Ende Juni/Anf. Juli bis Ende September.

So kommt man hin: Anfahrt über die Inntalautobahn bis Landeck, gleich nach dem Perjentunnel ins Paznauntal abbiegen. Nun geht es weiter ins Tal, durch See, Kappl, Ischgl und Mathon. Bald nach einem Wegweiser in Richtung Valzur findet man auf der rechten Straßenseite ein weißes Schild Friedrichshafener Hütte. Hier fährt man das kleine steile Sträßchen aufwärts und kommt gleich darauf zum Parkplatz.

Mit Silvrettablick: Mit dem Rad fährt man zuerst auf Asphalt aufwärts. Bei den gelben Wegweisern ist auch schon die Friedrichshafener Hütte angeschrieben. Kurz danach geht der Weg in einen Forstweg über. Im unteren Teil führt die Tour durch Wald, der sich aber bald lichtet, sodass man immer wieder einen schönen Ausblick auf die Berge hat. Die Kehren sind mit kleinen weißen Schildchen nummeriert. Bei Kehre 13 sieht man durch die Bäume das erste Mal die Friedrichshafener Hütte. Weiter geht es mit schönem Blick auf die Silvrettaberge, hinunter ins Paznauntal und auf den Ort Mathon. So nähert man sich langsam der Hütte. Aber bei km 5,8 biegt man links in einen Forstweg Richtung Grieskogel ein. Nach einer lang gezogenen Kehre geht es mit traumhaftem Ausblick auf die Gaisspitze und das Mutenjoch recht flach Richtung Westen weiter. Mit einer Wendung des Weges nach Süden ändert sich das Panorama und man hat nun die prächtige Kulisse der Silvrettaberge vor sich. Dreimal muss man durch kleine Bäche fahren, was aber kein Problem darstellen sollte. Schließlich wendet der Weg noch einmal und führt wieder Richtung Westen. Ab der Kurve sind die steilen, felsigen Berge mit wohl notwendigen, jedoch nicht gerade schönen Lawinenverbauungen versehen. Der Aussicht wegen lohnt es sich aber auf alle Fälle weiterzuradeln. Man hat einen schönen Blick auf Galtür und das Jamtal, das zu den Eisriesen

In stetigem Bergauf.

führt. Auch den Silvrettastausee sieht man. An zwei Stellen sind viele Eisenstangen geschlichtet, das heißt, dass in nächster Zeit noch weitere Lawinenverbauungen angebracht werden. Der Weg endet abrupt, man muss also den gleichen Weg wieder zurückfahren. Aber vorher sucht man sich einen Rastplatz zwischen den Lawinenverbauungen, um in Ruhe den Ausblick auf die gewaltigen Gletscherberge der Silvretta genießen zu können.

Friedrichshafener Hütte: Nach einer Rast geht es in umgekehrter Richtung zurück, wobei man im flachen Stück wieder das Bergpanorama so richtig genießen kann. Bei km 17,2 biegt man links ab und fährt noch ein paar Höhenmeter bis zur Friedrichshafener Hütte hinauf. Diese liegt sehr idyllisch an einem kleinen See. Von dort kann man noch einmal das Bergpanorama auf sich wirken lassen. Nach einer Stärkung geht es über den Forstweg hinunter zum Parkplatz.

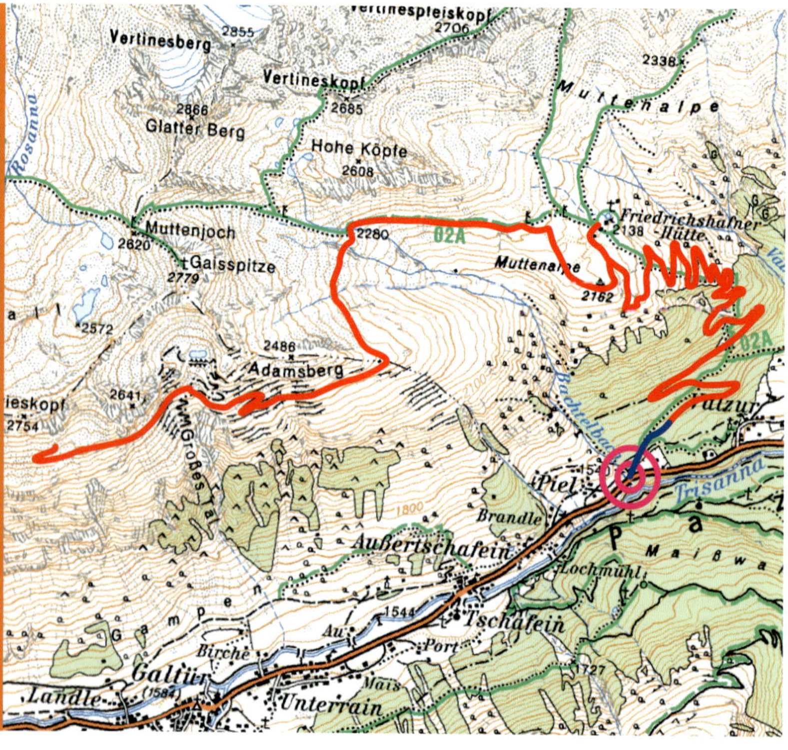

2 Im Stanzer Tal zur Darmstädter Hütte

Die schön gelegene Darmstädter Hütte.

Ein bezauberndes Farbenspiel bietet sich auf dem Weg zur wunderschön gelegenen Darmstädter Hütte: Der türkisfarbene Stausee Kartell, das Grün der Gebirgswiesen, das Grau der Felshänge und das Gletscherweiß der Verwallgruppe machen die recht anstrengende Tour zu einem unvergesslichen Erlebnis.

Ausgangspunkt: Bahnhof St. Anton (1300 m) oder Talstation Rendlbahn

Streckenführung: St. Anton – Tritschalpe – Roßfallalpe – Kartellboden – Darmstädter Hütte und zurück

Länge, Fahrzeit, Hm.: 25,2 km, 3:00 Stunden, 1100 Höhenmeter.

Steilheit: Das erste Stück ist recht steil und ab dem Stausee wird es zum Teil extrem steil. Maximale Steigung ca. 20 %

Wegbeschaffenheit: 1,4 km Asphalt, 23,8 km Forstweg

Höchster Punkt: Darmstädter Hütte (2384 m)

Charakter/Tipp: Anstrengende Radtour auf die Darmstädter Hütte. Wem das steile Stück auf die Darmstädter Hütte zu viel ist, der kann bereits auf einer der beiden Jausenstationen Halt machen.

Einkehrstationen: Tritschalpe, Jausenstation (1792 m), im Sommer geöffnet; Roßfallalpe, Jausenstation (1860 m), im Sommer geöffnet; Darmstädter Hütte (2384 m), geöffnet von Ende Juni bis Mitte September.

So kommt man hin: Anreise mit der Bahn bis St. Anton. Vom Bahnhofsgebäude fährt man geradeaus bis auf die Hauptstraße, in die man links einbiegt, und weiter bis zum Kreisverkehr, den man in Richtung St. Christoph am Arlberg verlässt. Gleich darauf nimmt man die Straße links abwärts Richtung Rendlbahn. (Wer mit dem Auto anreist, kann hier parken.)

Durch das Moostal: Bei der Brücke angekommen, ist die Darmstädter Hütte schon angekündigt. Nach dem Überqueren der Rosanna geht es zunächst noch in angenehmer Steigung bergauf. Bald darauf wird die MTB-Strecke Darmstädter Hütte 771 angekündigt. Am Hauptweg bleibend, fährt man durch den Wald bergauf. Der Forstweg ist zwar teils recht steil, aber gut zu fahren. An manchen Wiesenabschnitten und Pistenbefestigungen merkt man, dass es sich hier um ein Schigebiet handelt. Sobald man das steile Stück hinter sich hat, geht es in leichtem Auf und Ab ins Moostal hinein. Der Moosbach rauscht anfangs weit unten auf der rechten Seite. Sobald Bach und Weg auf gleicher Höhe sind, öffnet sich das Tal und gibt einen schönen Blick auf die Gletscher der Verwallgruppe frei. In angenehmer Steigung geht es nun weiter, an den Abzweigungen zur Tritschalpe und zur Roßfallalpe vorbei (wer will, kann die Tour hier abbrechen und einkehren).
Bald bekommt man den begrünten Hang der Staumauer des Kartellspeichers zu sehen. Je näher man der Staumauer kommt, desto imposanter wird der Verlauf des Moosbaches. Er hat sich einen richtigen Canyon in den Felsen gegraben und verläuft so tief unter dem Weg.

Zur Darmstädter Hütte: In angenehmer Steigung geht's zur Staumauer hinauf. Oben angekommen, sieht man den in die Hochgebirgslandschaft eingebetteten, türkisfarben leuchtenden Speichersee Kartell. Auch den Weiterverlauf des Forstweges zur Darmstädter Hütte kann man ausnehmen. Der Forstweg wird zunehmend nicht nur recht grobschottrig, sondern teils auch sehr steil und ist somit sehr schwierig zu fahren. Die Landschaft wechselt vom lieblichen Grün zum Grau des Hochgebirges. Auch einige Gletscher kommen ins Blickfeld. Bald kann man oben am Hang die Darmstädter Hütte erkennen. Aber bis dorthin kommt noch einmal eine wirkliche Herausforderung: Der Weg ist zwar etwas besser, aber teilweise extrem steil und fordert so die letzten Kräfte, ehe man bei der Hütte ankommt. Dort wird man aber mit einer wunderbaren Aussicht belohnt. Vor allem die Kuchenspitze und die Saumspitze sind beeindruckend.

Abfahrt: Nach einer wohlverdienten Pause geht es auf dem gleichen Weg zurück ins Tal. Im obersten Stück muss man wegen des groben Schotters vorsichtig fahren. Im unteren Teil ist die Abfahrt ein wahrer Genuss. Auf diesem Forstweg können Autos bis zum Speichersee fahren, daher bitte Vorsicht! Im unteren Teil hat man dann immer wieder einen herrlichen Blick auf die Berge des Arlberggebietes.

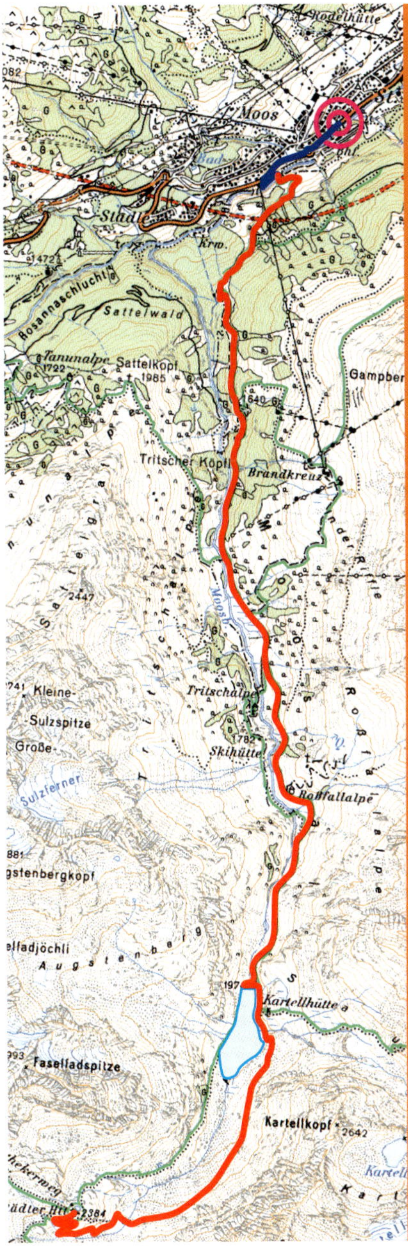

3 | Runde über St. Anton

Auffahrt zur Putzenalpe.

Durch den Wald und vorbei an Almweiden geht es vom berühmten Wintersportort St. Anton am Arlberg hinauf zu einem prächtigen Aussichtspunkt, der Putzenalpe. Doch damit nicht genug: Vor dem letzten, steil abfallenden Stück der Rundfahrt kommt man noch in den Genuss eines ausgiebigen Blicks auf den Hohen Riffler.

Ausgangspunkt: Bahnhof St. Anton (1300 m)

Streckenführung: St. Anton – Bach – St. Jakob – Gand – Putzenalpe – Schöngraben – St. Anton

Länge, Fahrzeit, Hm.: 16,7 km, 2:00 Stunden, 550 Höhenmeter.

Steilheit: Durchwegs angenehme Steigung bei der Auffahrt, ein außerordentlich steiles Stück bei der Abfahrt.

Wegbeschaffenheit: 9,9 km Asphalt, 6,8 km Forstweg.

Höchster Punkt: Putzenalpe (1726 m)

Charakter/Tipp: Zuerst geht's durch die netten Ortsteile um St. Anton, bevor man dann auf einem Forstweg in angenehmer Steigung zur Putzenalpe radelt. Abgefahren wird auf einer teilweise extrem steilen Strecke, direkt nach St. Anton zurück.

Einkehrstationen: Putzenalpe (1726 m), geöffnet von Ende Juni bis Mitte September.

Direkt ab St. Anton: Vom Bahnhof St. Anton am Arlberg fährt man geradeaus bis zur Hauptstraße und links bis zum Kreisverkehr, den man Richtung Zentrum verlässt. Bei km 0,5 nimmt man die linke Straße Richtung „Arlberg – well.come“. Bald kommt man am alten Bahnhof vorbei und fährt weiter geradeaus Richtung Ortsteil Nasserein auf einem für Radfahrer zugelassenen Weg. In leichtem Auf und Ab fährt man weiter, an ein paar interessanten Skulpturen vorbei. Schließlich stößt man auf ein MTB-Schild Putzenalm 768, dem man folgt. Nun passiert man die netten Ortsteile Bach, St. Jakob und Gand. Dabei gewinnt man allmählich an Höhe und entfernt sich weiter von der Arlberger Hauptstraße. Immer wieder kommt man bei Dorfbrunnen vorbei, wo man seine Wasserflaschen auffüllen kann. Schließlich biegt man bei km 4,7 links auf den Forstweg Richtung Putzenalpe ab. Zuerst geht es durch den Wald stetig bergauf. Wer im Spätsommer oder Herbst fährt, bemerkt dabei ab und zu Himbeeren entlang des Weges, die zum Stehenbleiben verleiten.

Hoher-Riffler-Blick: Man kann auch immer wieder einen Blick auf den Hohen Riffler erhaschen, der mit seinem kleinen Gletscherfeld leicht zu erkennen ist. Mit zunehmender Höhe sieht man immer mehr vom Bergpanorama. Ab und zu hat man einen schönen Blick nach St. Anton hinunter und auf die dahinter liegenden faszinierenden Berge. Schließlich kommt man aus dem Wald heraus, gelangt auf eine Almwiese, auf der Kühe grasen und kann weiter oben auch schon die Putzenalpe ausmachen, die man bei km 9,8 erreicht. Es lohnt sich, hier zu rasten. Die Aussicht von der Terrasse ist wunderbar.

Schöner Blick auf den Hohen Riffler.

Runde zurück nach St. Anton: Nach einer Pause geht es auf der anderen Seite der Alm ins Tal zurück. Zuerst führt der Weg mit angenehmem Gefälle bergab und an einer Aussichtsbank vorbei, von der sich ein wunderbarer Blick auf die gegenüberliegende Bergkette mit dem Hohen Riffler auftut. Dann geht es auf einer teils extrem steilen Forststraße weiter hinunter, bis man wieder im Tal ankommt. Zum Schluss folgt man den Schildern in Richtung St. Anton, die direkt in den Ort zurückführen. Nun fährt man entweder die gleiche Strecke wie am Morgen wieder zum Bahnhof zurück oder man radelt durch den Ort und an der Kirche vorbei, wobei das letzte Stück zum Bahnhof allerdings auf der Hauptstraße zurückgelegt werden muss.

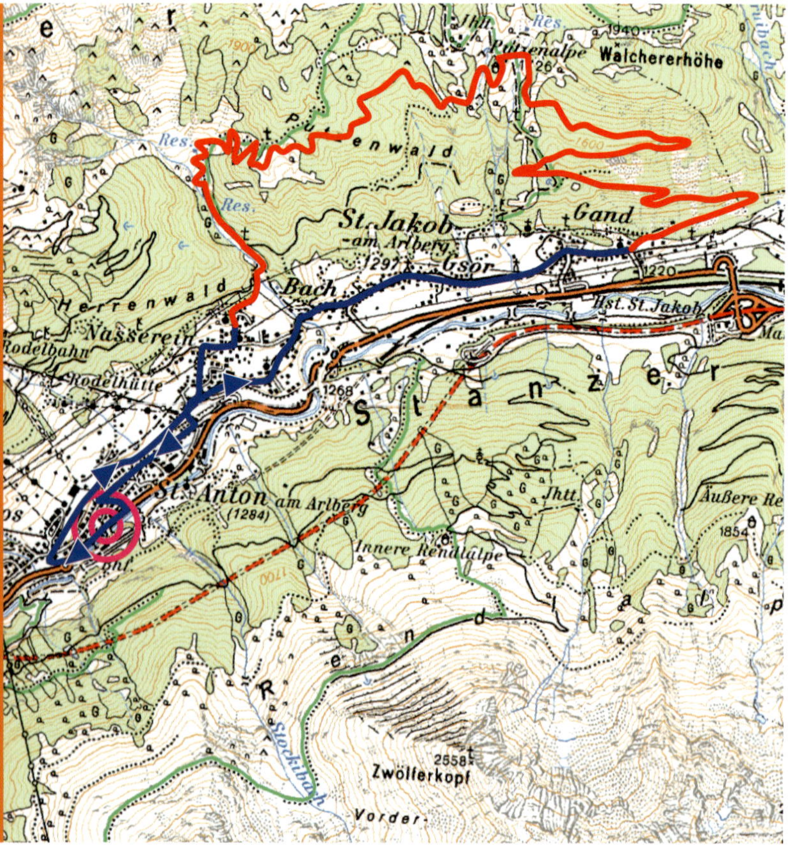

4 Zwei Perlen im Lechtal

Ausblick bei der Auffahrt zur Kaiseralpe.

In unberührter Natur bei angenehmer Steigung auf zwei Almen – durch zwei idyllische Täler: das fruchtbare, friedliche Almajurtal mit Blick auf den höchsten Berg des Arlberggebietes, die Valluga, und das Kaisertal, geprägt durch den rauschenden Kaiserbach und das Gipfelrund im Talschluss.

Ausgangspunkt: Steeg (1124 m)

Streckenführung: Steeg – Kienberg – Almajurtal – Bodenalpe – Erlachalpe – Kaisertal – Kaiseralpe – Kaisers – Kienberg – Steeg

Länge, Fahrzeit, Hm.: 35 km, 3:30 Stunden, 1100 Höhenmeter.

Steilheit: Durchwegs angenehme Steigung, nur kurz vor der Erlachalpe etwas steiler.

Wegbeschaffenheit: 9,9 km Asphalt; 24,2 km Forstweg; 0,9 km Singletrail.

Höchster Punkt: Erlachalpe (1922 m)

Charakter/Tipp: Schöne Runde in unberührter Natur.

Einkehrstationen: Bodenalpe (1554 m), geöffnet von Mitte Juni bis Anf. September; Erlachalpe (1922 m), geöffnet von Mitte Juni bis Anf. September; Kaiseralpe (1689 m), bewirtschaftet laut Wegweiser, Mittwoch Ruhetag.

So kommt man hin: Anfahrt über die Fernpassstraße bis Reutte und durchs Lechtal bis Steeg. Parken kann man entweder direkt im Ort oder gleich bei der Brücke nach Kaisers.

Nun geht es mit dem Rad die Straße Richtung Kaisers aufwärts. Man fährt über die Brücke und gewinnt mit einigen Kehren schnell an Höhe. Einmal ist ein ganz kurzer unbeleuchteter Tunnel zu durchfahren. Anschließend geht es weiter aufwärts, wobei sich ein imposanter Blick in die Schlucht des Kaiserbaches auftut. Nachdem man durch Kienberg und durch eine Galerie gefahren ist, erreicht man bei km 2,5 (bei einer Bushaltestelle) die Abzweigung ins Almajurtal.

Pferd auf der Erlachalpe.

Ins Almajurtal: Der Weg ist nun flacher und führt an schönen Bergwiesen und an vereinzelten Bauernhöfen vorbei. Nach der Überquerung einer Brücke geht es den linken Weg bergauf. Bald wird der Asphalt von Schotter abgelöst und man radelt auf dem Forstweg weiter. Immer am Hauptweg bleibend, fährt man in dauerndem Auf und Ab, wiederholt den Almajurbach oder Zuflüsse überquerend, weiter in das schöne, einsame Tal hinein. Bei km 9,3 erreicht man schließlich die Bodenalpe. Mit Blick auf die Valluga geht es weiter Richtung Erlachalpe auf den Talschluss zu. Das Almajurtal ist Idylle pur. Kühe grasen friedlich vor sich hin. Es sind kaum Leute zu sehen.

Das Tal ist sehr feucht und somit auch richtig grün. Immer wieder muss man durch kleine, den Weg überquerende Bäche oder Rinnsale fahren. Erst gegen Ende der Bergfahrt kommt noch eine kräftige Steigung. Auch hier hat man immer die Valluga vor sich. Schließlich taucht die Erlachhütte auf, wo auf den Wiesen Pferde weiden.

Abgefahren wird zunächst am gleichen Weg, wobei man einmal über einen Singletrail eine Abkürzung nehmen kann: Dazu fährt man bei km 19 geradeaus weiter in die Wiese, in der man einen leicht ausgetrampelten Pfad erkennen kann. Dieser wird bald steinig und zum Schluss zu einem richtigen Karrenweg, der über eine Brücke wieder auf den schon bekannten Weg führt.

Ins Kaisertal: Bei km 22,4 biegt man rechts Richtung Kaiseralpe ab. Hier geht es wieder aufwärts, wobei sich gelegentlich ein großartiger Blick auf den Ort Kaisers öffnet. Schließlich überquert man den Kaiserbach und fährt nach der Brücke ins Kaisertal hinein. Man radelt immer den Bach entlang und hat dabei einen traumhaften Blick auf die Gipfel im Talschluss. Bei km 26,8 erreicht man schließlich die Kaiseralpe. Auch dieses Tal ist nicht wirklich überlaufen.
Für das erste Stück der Rückfahrt nimmt man den gleichen Weg, fährt dann aber weiter nach Kaisers und gelangt auf der Straße direkt nach Steeg.

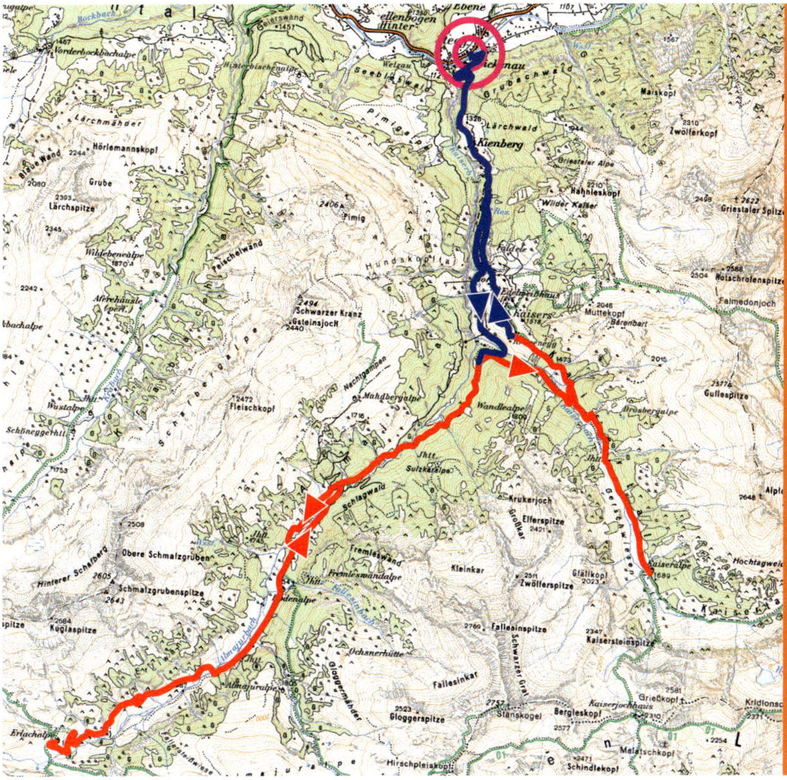

5 Drei-Schihütten-Tour im Stanzer Tal

Dawinalpe mit Blick zum Hohen Riffler.

Außergewöhnlich schöne, abwechslungsreiche, jedoch anspruchsvolle Rundtour an der Südflanke der Lechtaler Berge. Unter dem wilden Felskamm, der von der Eisenspitze zur Passeierspitze zieht, liegen die Dawinalpe und drei private Schihütten, die sich mit Ausdauer und Orientierungsvermögen verbinden lassen.

Ausgangspunkt: Grins (1006 m), 2 km oberhalb von Landeck

Streckenführung: Grins (1006 m) – Gmar – Grinner Schihütte (1651 m, km 7) – Gristwiesen – Dawinalpe (1819 m, km 11) – Strenger Schihütte (1848 m) – Tanugg (1945 m) – Flirscher Schihütte (1872 m, km 14) – Egger Weiher (km 19) – Strengen/Kramategg – Römerweg – Lärchkapelle – Grins

Länge/Fahrzeit/Hm.: 28 km, 4 bis 4:30 Stunden, 1150 Höhenmeter.

Steilheit: Großteils 12 %, kurze Stellen beim Schlussanstieg zur Dawinalpe 18 %

Wegbeschaffenheit: 5 km Asphalt, gute Forstwege, kurze Schiebestrecke.

Höchster Punkt: Tanugg (1945 m)

Charakter/Tipp: Die Grinner Schihütte ist nur am Wochenende bewartet, Dawinalpe und Strenger Schihütte bieten sich als Einkehrstationen an, die Flirscher Schihütte liegt zur Gänze im Sommerschlaf.

Einkehrstationen: Dawinalpe, Strenger Schihütte, evtl. Grinner Schihütte.

Von der Autobahnausfahrt Landeck West in Richtung Landeck und gleich darauf Auffahrt nach Grins. Durch die Zwetschkenkulturen der Sonnenterrasse und durch den lang gestreckten Ort bis zur Kirche (Parkplatz). Angezeigter Start der MTB-Route 757 zur Grinner Schihütte bereits kurz vorher beim Gemeindeamt. Hinter der Kirche hinunter zum Bach und in einer Kehre zum Beginn der Auffahrt nach Gmar. Ein feines Asphaltsträßchen windet sich durch die Wiesenhänge bis zum obersten Haus in Grist, hier links weiter bis zur angezeigten Auffahrt zur Grinner Schihütte (km 5, Asphalt-Ende). Nach sechs Kehren Abzweigung bei Schranken (km 7), steile Auffahrt bzw. angezeigte Schiebestrecke (200 m) zur Schihütte, die knapp oberhalb des Weges auf einer schönen Lichtung liegt. Wenn man nicht unbedingt zur Schihütte hin muss, kann man beim Schranken gleich weiterfahren bis zur folgenden Kehre, wo man scharf links abbiegt. Die Wegweiserrichtung lautet nun Dawinalpe. Ein gut fahrbarer Traktorweg führt anfangs mit leichtem, später mit größerem Gefälle abwärts. Man verliert ca. 100 m an Höhe. Vorbei an vielen Kochhütten und sorgfältig gemähten Bergwiesen so lange abwärts, bis man in den von Strengen kommenden Weg zur Dawinalpe einmündet (km 9). Er setzt gleich mit einem gehörigen Steilstück (18 %) an, das zum Glück nicht lange anhält. Danach wieder leichter fahrbar, wird bald die Waldgrenze und das Almgelände erreicht. Die bewirtschaftete Dawinalpe (km 11) liegt auf einer prächtigen Wiesenterrasse, auf der sich Ziegen und Schweine tummeln. Der Hohe Riffler steht dominierend über dem Stanzer Tal, über der Alm bauen sich die Felsburgen der Eisenspitze und des Dawinkopfes auf. Die ebenfalls bewirtschaftete Strenger Schihütte liegt in unmittelbarer Reichweite.

Der Weiterweg zur nur mehr wenig höher liegenden Flirscher Schihütte gestaltet sich aber doch nicht ganz so einfach, wie es die meisten Internetseiten anzeigen. Von der Alm führt eine lange Kehre hinauf zum Dawinkreuz und noch ein Stück weiter zu den obersten Almböden unter der Dawinscharte. Erst hier zieht ein ruppiger Weg durch das Latschengelände, zunächst leicht abwärts, dann bei der folgenden Wegteilung rechts bleibend, so lange, bis sich der Fahrweg in einer üppigen Wiesenterrasse verliert und in einen nur mehr schwach kenntlichen Fußsteig übergeht. Gerade auf den Waldrand zu, Zaunübertritt mit Wegweiser und Schiebestrecke auf steilem Wurzelsteig zur urigen Flirscher Schihütte (km14,5). Noch ein kurzes Stück muss man schieben, bald kann man wieder in den Sattel und erreicht den guten Fahrweg. Die Wegweiserrichtung lautet nun Strengen. Bei km 19 kommt man zum Egger Weiher mit der Barbara-Kapelle und fährt unmittelbar vor dem See auf dem Rodelweg ab, zu den obersten Häusern von Strengen. Auf Asphalt wird ein tiefer Bachgraben durchfahren, danach muss man aber stets gut aufpassen. Man darf nicht zu tief gegen das Tal abfahren und sollte gut auf die nach Grins weisenden Wegschilder achten. In ständigem Auf und Ab werden auf schattigen Wiesenwegen mehrere Gehöfte und Weiler passiert. Entlang der Kreuzwegstationen des hier verlaufenden Jakobsweges (in den Landkarten als Römerweg bezeichnet) kommt man zur Lärchkapelle und bald danach wieder auf freie Lichtungen, gleich darauf hat man die Kirche von Grins im Blick.

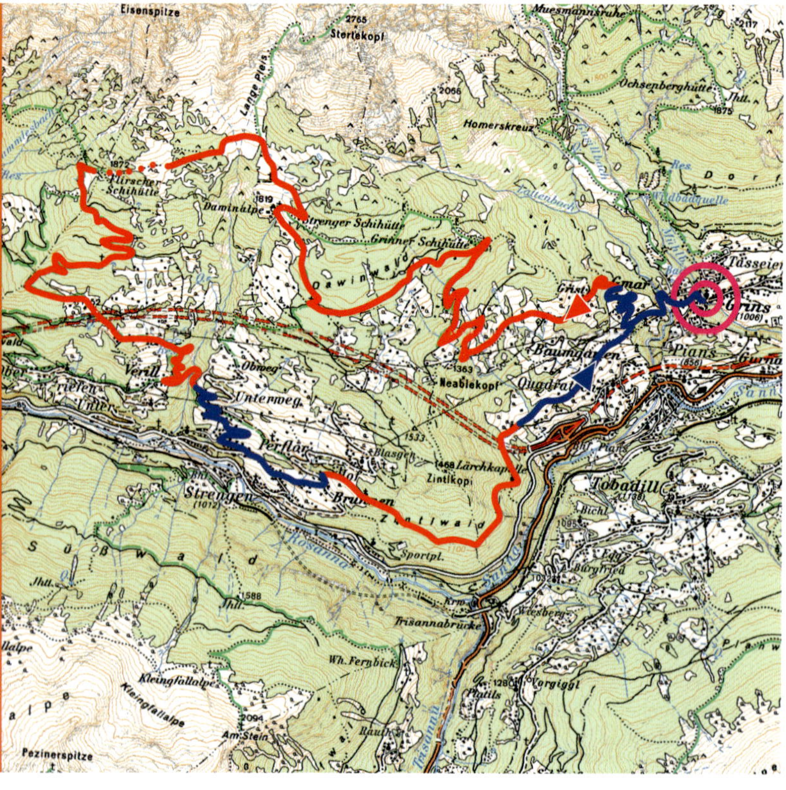

6 Zur Ascher Hütte

Die schön gelegene Ascher Hütte.

Eine über 100 Jahre alte Alpenvereinshütte ist das lohnende Ziel dieser Radtour im Paznauntal: Abseits des Schigebietes in einem weiten Kessel gelegen, bietet das geschichtsträchtige Schutzhäuschen einen ausgezeichneten Blick auf die umliegende Bergwelt. Gegen Ende der Rückfahrt bringt ein tosender Wasserfall Erfrischung.

Ausgangspunkt: Parkplatz See (1056 m)

Streckenführung: See – Maierhof – Putzhütte – Medrigalm – Gratlirestaurant – Ascher Hütte – Schaller – See

Länge, Fahrzeit, Hm.: 24,4 km, 3:15 Stunden, 1220 Höhenmeter.

Steilheit: Angenehme Steigung, nur nach der Medrigalm ein kurzes Stück recht steil.

Wegbeschaffenheit: 4,4 km Asphalt; 20 km Forstweg.

Höchster Punkt: Ascher Hütte (2256 m)

Charakter/Tipp: Lange Auffahrt zur schönen Ascher Hütte.

Einkehrstationen: Medrigalm (1800 m), geöffnet von Mitte Juni bis Mitte September; Ascher Hütte (2256 m), geöffnet von Anf. Juli bis Mitte September.

So kommt man hin: Von der Inntalautobahn bei Landeck/Paznaun abzweigen und weiter ins Paznaun bis See. Dort befinden sich auf der rechten Straßenseite Parkplätze (gegenüber dem Hotel Holiday). Hier beginnt die Radtour.

Zur Ascher Hütte: Zuerst geht es ein Stück die Straße entlang weiter ins Paznaun hinein. In Schnatzerau, bei km 0,7 (beim Schild Maierhof) zweigt man links ab. Hier befindet sich auch ein kleines MTB-Schild 735 und wenig später ist die Ascher Hütte angeschrieben. Man folgt der Straße aufwärts, fährt an stattlichen Häusern vorbei, über eine Brücke und schließlich schönen Bergwiesen entlang, bis die Straße in einen Forstweg übergeht. Der Weg führt nun kontinuierlich durch Wald bergauf und kreuzt des Öfteren die Schipiste. Bei km 7,4 biegt man links in Richtung Ascher Hütte ab und verlässt bald darauf den Wald. Die Bergstation der Seebahn und die Medrigalm erreicht man bei km 8,4. Dann folgt (geradeaus) ein kurzes, recht steiles Stück. Wegweiser sind hier oben spärlich, was wegen der vielen Zufahrtswege zu den Liften die Routenfindung etwas erschwert. Bei der nächsten Abzweigung (bei km 9,1) biegt man rechts ab (geradeaus geht's zur Versingalpe) und bei km 9,8 biegt man links ab. So schlängelt sich der Forstweg weiter aufwärts, wobei man immer wieder unter den Seilen des Lifts durchfährt. Wenn man die Bergstation und das Gratlirestaurant erreicht hat, glaubt man, oben angekommen zu sein. Aber der Forstweg geht weiter. Bei der unmarkierten Weggabelung wählt man den unteren Weg (nach links). Von hier geht es relativ flach, am Nord-Ost-Hang des Medrig entlang, zur Ascher Hütte, die man bald erreicht. Die 1896 errichtete, nette kleine Alpenvereinshütte befindet sich abseits des Liftgebietes, in wunderschöner hochalpiner Lage. Die Aussicht von hier ist phänomenal, vor allem

Ausblick bei der Abfahrt.

der Blick auf den Hohen Riffler ist beeindruckend.

Abfahrt an einem Wasserfall vorbei: Abgefahren wird das erste Stück am gleichen Weg. Erst bei km 18,9 fährt man geradeaus in Richtung Fahrweg – See Schaller. Nun geht es auf einem Forstweg durch den Wald hinunter. Bei km 22,3 wird man von starkem Rauschen überrascht. Es kommt von einem mächtigen Wasserfall, der im Sommer angenehme Abkühlung bietet.

Weiter geht es auf dem Forstweg ins Tal hinunter. An den Holzverhauen ist zu erkennen, dass der Weg im Winter als Rodelbahn dient. Man fährt an der Nepomuk-Kapelle vorbei und weiter, bis man die Straße erreicht. Nach Überquerung der Brücke geht es die Straße entlang abwärts und rechts an der Kirche vorbei, bis man schließlich zur Hauptstraße gelangt, in die man links einbiegt. Nach kurzer Zeit kehrt man zum Ausgangspunkt zurück.

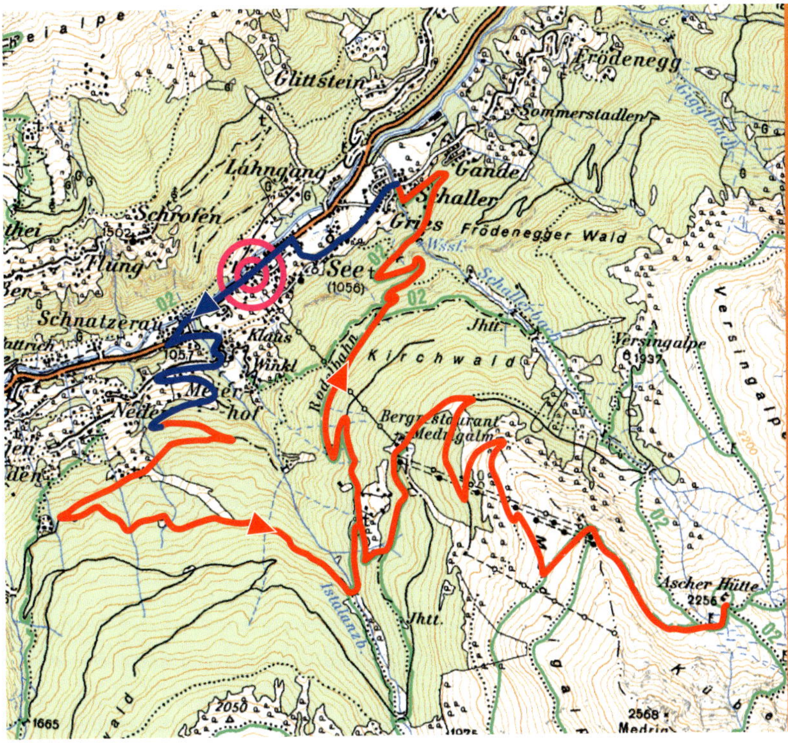

7 Runde über die Flathalpe

Schöner Blick auf die Lechtaler Alpen mit der Parseierspitze.

Den Hauptgipfel der Lechtaler Alpen, die Parseierspitze, vor Augen, vorbei an bewirtschafteten Almwiesen, die sich mit Waldflächen abwechseln – eine landschaftlich vielfältige Rundtour mit auffallend angenehmer Streckenführung: Zum Absteigen verleiten höchstens Waldbeeren und Pilze am Wegesrand.

Ausgangspunkt: Tobadill (1138 m)

Streckenführung: Tobadill – Egg – Vordergiggl – Flathalpe – Ruetzen – Tobadill

Länge, Fahrzeit, Hm.: 10,5 km, 1:30 Stunden, 570 Höhenmeter.

Steilheit: Durchwegs angenehme Steigung.

Wegbeschaffenheit: 3,6 km Asphalt; 6,9 km Forstweg.

Höchster Punkt: Erhebung nahe der Flathalpe (1719 m)

Charakter/Tipp: Nicht allzu lange Runde, die durch eine abwechslungsreiche, schöne Gegend führt. Im Spätsommer findet man hier viele Heidelbeeren und Pilze.

Einkehrstationen: Flathalpe (1687 m), geöffnet von Mitte Juni bis Anf. September.

So kommt man hin: Bei Landeck West verlässt man die Inntalautobahn und folgt den Schildern nach Tobadill, dem Ausgangspunkt der Tour, den man kurz nach Perfuchsberg erreicht. Im Ortszentrum fährt man bei der Kirche rechts hinunter zum Parkplatz.

Über schöne Wiesen zur Flathalpe: Mit dem Rad geht es dann die paar Meter zur Hauptstraße zurück. Hier befindet sich das erste MTB-Schild Rundtour Flathalpe 792. Diesem Schild folgt man und fährt rechts die Hauptstraße weiter in angenehmer Steigung aufwärts, an ein paar Häusern und schließlich an schönen Wiesen vorbei. Weiter geht es auf dem Asphalt Richtung Giggl, Ascher Hütte (gelber Wegweiser). Während des Radelns kann man im Norden die Bergkette mit der mächtigen Parseierspitze bewundern. Beim Rundholzlagerplatz der Gemeinde Tobadill verlässt man schließlich die Straße und biegt links in den Forstweg ab, der zur Flathalpe führt.
Weiter geht es in angenehmer Steigung. Im unteren Teil wechseln sich wunderschöne Almwiesen, die mit ein paar Heuschobern bestückt sind, mit Waldpassagen ab. Dabei ergibt sich immer wieder ein schöner Ausblick ins Stanzer Tal, das von der Verwallgruppe und den Lechtaler Alpen umrahmt wird.
Bei km 1,7 biegt man rechts ab und bei km 2,7 dann scharf nach links. Nun geht es bis zur Flathalpe in Schlangenlinien durch den Wald ständig weiter bergauf. Neben dem Forstweg plätschert das Wasser in einem kleinen Rinnsal. Man folgt immer dem Hauptweg. Den höchsten Punkt der Tour erreicht man kurz vor der Flathalpe, die

Auffahrt durch schöne Almwiesen.

man nach ein paar Höhenmetern Bergabfahrt erst im letzten Moment vom Waldrand aus sieht. Gleich hinter der Alm befindet sich eine nette Kapelle, die Flathkapelle. Der Ausblick auf die Lechtaler Alpen mit der Parseierspitze als Blickfang ist beeindruckend.

Runde zurück nach Tobadill: Nach einer gemütlichen Rast geht es auf der anderen Seite wieder ins Tal zurück. Zuerst überquert man den Flathbach. Falls er zu viel Wasser führt, kann man das Rad über die kleine Holzbrücke schieben, die sich etwas unterhalb des Weges befindet. Die MTB-Wegweiser sind auf dieser Runde etwas spärlich und manchmal nicht optimal platziert. Die Wegführung ist aber eindeutig, da man immer am Hauptweg bleibt. Man findet sich also leicht zurecht. Bei km 9,6 erreicht man schließlich wieder die Asphaltstraße. Man hält sich links und fährt über den Bach. Anschließend folgt man immer der Straße, die zur Kirche und zum Parkplatz zurückführt.

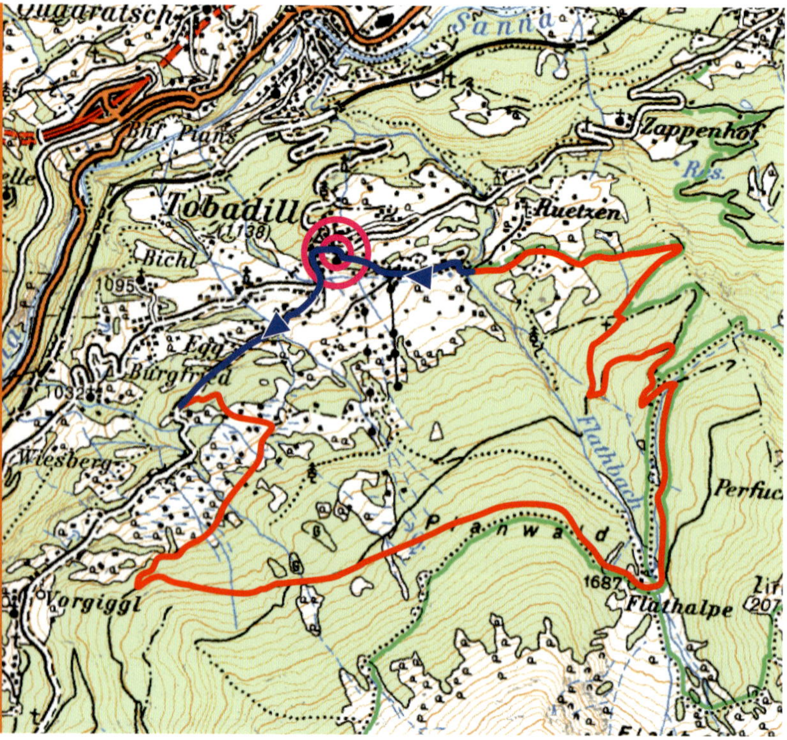

8 Von Fiss auf das Schönjöchl

Schlussanstieg von der Wonnealm zum Gipfel.

Die Siegerzeit bei der Schönjoch-Trophy, dem jährlich zu Sommerbeginn stattfindenden Mountainbike-Rennen auf dieser Strecke, beläuft sich auf 55 Minuten – wobei der 1000-Höhenmeter-Anstieg noch mit einer Zusatzschleife verlängert wird. Aber auch ohne Pokalambitionen darf man sich oben als Sieger fühlen.

Ausgangspunkt: Fiss, Talstation Schönjochbahn (1436 m), Parkplatz

Streckenführung: Fiss – Kuhalm – Steinegg (Mittelstation, 1920 m) – Wonnealm – Bergstation Schönjoch – Abfahrt Schöngampalm (1878 m) – Rabuschl – Fiss

Länge, Fahrzeit, Hm.: Aufstieg 11 km, 2 Stunden, 1000 Höhenmeter; gesamte Runde 28 km, 3:30 bis 4 Stunden.

Steilheit: durchwegs 12 %, kurze Abschnitte bedeutend steiler (bis 18 %)

Wegbeschaffenheit: auf den ersten 3 km Asphalt, dann gute Fahrwege; Vorsicht bei der Abfahrt zur Schöngampalm. Anfangs extrem steil und ruppig (schieben?), danach beste Naturstraße.

Höchster Punkt: Bergstation Schönjochbahn (2436 m)

Charakter/Tipp: Die Schönjoch-Gondelbahn transportiert auch das Mountainbike, weshalb die Strecke von Downhill-Fahrern viel in Anspruch genommen wird. Diese können sich wahlweise auf der Fisser Sonnenseite oder nördlich über die Schöngampalm zu Tal stürzen.

Einkehrstationen: Steinegg, Wonnealm, Bergdiamant, Schöngampalm.

Die Auffahrt auf das Schönjoch ist sicher toll und mit der Abfahrt ins Urgtal erschließt sich eine Rundtour, die alles beinhaltet, was ein Mountainbiker-Herz begehrt. Ein paar kleine Abstriche muss man aber wohl in Kauf nehmen, wie das in den meisten der übererschlossenen Paradeschigebiete im Sommer der Fall ist. Irgendetwas gibt es immer zu bauen, sei es ein neuer Lift, eine neue Piste oder ein SB-Restaurant. Darum fährt – hoffentlich nur unter der Woche – ein Betonmischer nach dem anderen auf den Almwegen in die Höhe. Das soll uns aber nicht aus dem Konzept bringen, auch wenn man einmal zum Absteigen gezwungen wird. Denn dafür ist man auf dem zweiten Teil der Runde ungestört. Nach der Schüttelstrecke zur Schöngampalm kann man die Rückfahrt nach Fiss in aller Ruhe genießen. Auch ein kurzer Abstecher zum nahen Urgsee sollte noch im Zeitplan drinnen sein.

Die Strecke: Auch wenn im ganzen Ort keine MTB-Beschilderung zu sehen ist, der Start für den Aufstieg zum Schönjoch ist genau bei der Talstation der beiden Gondelbahnen, Parkplatz rechts davon. Zwischen den beiden Talstationen auf Asphalt bergan, parallel zur Fisser-Flitzer-Sommerrodelbahn, die man einige Zeit begleitet. Durch schöne Wiesen in mehreren Schleifen aufwärts, nach 2,5 km Übergang auf Schotterstraße. Nach einem kurzen Flachstück wird die Fisser Kuhalm passiert. Mit einer großen Kehre über rechts und immer noch ganz fein zu fahren, kommt man zur Mittelstation in Steinegg und hätte dort eine Einkehrstation. Ziemlich genau die Hälfte des Anstiegs ist damit bewältigt. Jetzt kommen ein paar steilere Abschnitte, wobei es vor allem auf den Zustand der Fahrbahn ankommt, die gerade frisch eingeschottert wurde und wo die Reifen noch recht tief einsinken. Bei der Wonnealm hat man das Gröbste geschafft, der Weg ist jetzt super zu fahren, die Steigung ist gleichmäßig und in den flachen Kehren kann man für ein paar Pedaltritte durchatmen. Wer noch einen Blick dafür hat, darf schon jetzt die freie Aussicht zum Kaunergrat genießen. Das kann man aber noch besser auf der Terrasse des SB-Restaurants Bergdiamant, wo man sich wieder mitten im Touristengetriebe befindet.

Abfahrt: Ein paar Meter nach links, wo von Norden eine grobe Schotterpiste auf den Gratrücken einmündet. Nur geeichte Downhiller werden hier im Sattel bleiben, besser schiebt man das Stück bis zur ersten Kurve, dann wird der Weg angenehmer zu befahren, ist aber immer noch mit Vorsicht zu genießen. Beim oberen Schöngamplift trifft man auf einen Almweg, der mit der Zeit noch besser befahrbar wird, und rollt hinunter zum Almgasthaus der Schöngampalm. Zum Urgsee ist es gerade einen halben Kilometer talein, in der anderen Richtung rollt man nun ohne nennenswertes Gefälle flott talaus, lange Flachstücke dazwischen sind zum Radeln. Immerhin sind es noch 13 km bis zum Ausgangspunkt. Bei den Wiesen oberhalb von Fiss trifft man wieder auf Asphalt, bald darauf zeigt ein Wegweiser nach rechts zum Seilbahnparkplatz.

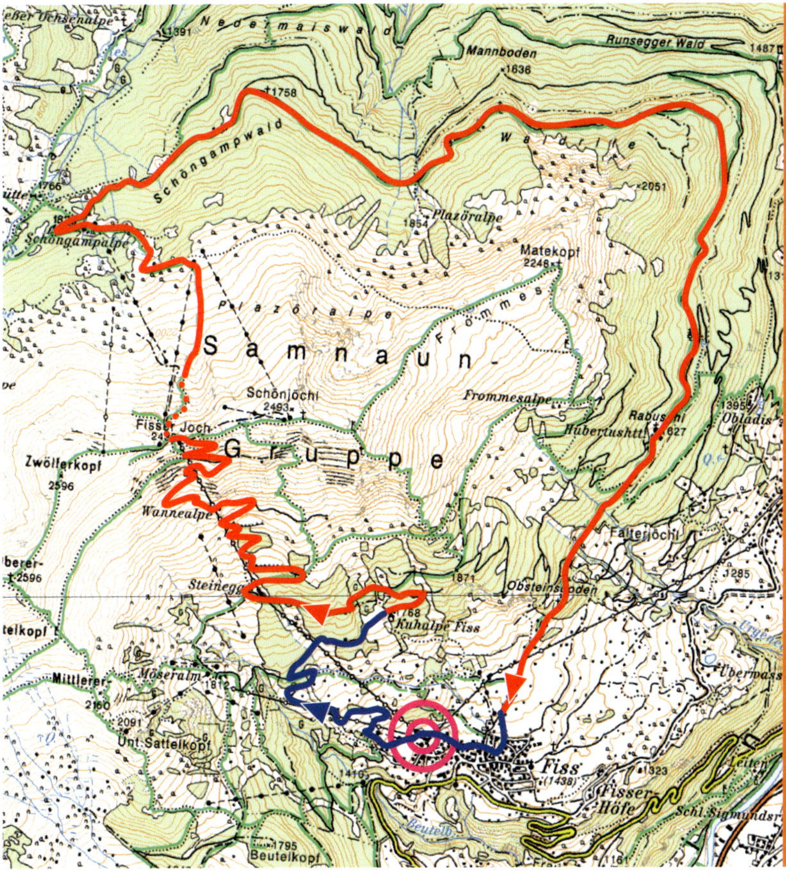

9 Rund um den Frudiger

Die Tscheywiesen, eingebettet zwischen Frudiger und Hochjoch.

Ein frei stehender Bergrücken im Oberen Gericht zwischen Tösens und Pfunds, begrenzt vom engen Inntal und dem Landschaftskleinod des Pfundser Tscheytals, das ist der Frudiger. Als eine der schönsten Bike-Touren des Oberlandes wird die Umrundung dieses Berges gelobt.

Ausgangspunkt: Tösens oder Pfunds

Streckenführung: Tösens/Ganden – Eggeleweg – Margreid – Greit – Tscheytal – Grubach – Kesselwald – Tösens

Länge/Fahrzeit/Hm.: 24 km, 3 bis 3:30 Stunden, 950 Höhenmeter, zur Gschneier Alpe: Abzweigung bei der Schausäge kurz vor der Tscheylücke, plus 4 km, 1 Stunde, 450 Höhenmeter.

Steilheit: Aufstieg über Greit-Tscheylücke 12 %, Auffahrt über Kesselwald 16 %

Wegbeschaffenheit: Gute Forststraßen und verkehrsarme Gemeindestraße, Asphalt

Höchster Punkt: Grubach im oberen Tschey (1723 m); Gschneier Alpe (2042 m)

Charakter/Tipp: Anspruchsvolle Mountainbike-Runde, je nach Fahrtrichtung unterschiedliche Schwierigkeit, dazu eine leichte Gipfeltour.

Mit dem Rad lässt sich der Frudiger auf schönen Wegen, teils auf Asphalt, aber großteils auf Forststraßen, ganz ideal umrunden. Dabei gelangt der Mountainbiker in das Pfundser Tschey und damit in ein wahres landwirtschaftlich voll genutztes Naturparadies. Hunderte Heustadel und Kochhütten liegen hier verstreut in den parkähnlich anmutenden Grünflächen dieses versteckten Hochtals. Kein Steinchen verunziert die weitläufigen Wiesen und alles, was das weidende Almvieh fallen lässt, wird im Herbst von den Bauern sorgsam eingesammelt, um den gleichmäßigen Wuchs des Almgrases nicht zu stören.

Wissen muss man dabei aber Folgendes: Je nachdem, wie man die Runde anlegt, ist der Schwierigkeitsgrad zu bewerten. Im Uhrzeigersinn gefahren, gilt sie als schwierig, aber andersherum, gegen den Uhrzeigersinn, nur als mittelschwierig. Fährt man von Tösens also gleich durch den Kesselwald hinauf ins Tschey, hat man auf guter Forststraße eine zwar kürzere, aber recht kräftige Steigung von 16 % zu bewältigen. Macht man es in der umgekehrten Richtung, muss man sich wesentlich weniger plagen. Man verliert zwar nach dem Eggeleweg wieder die gewonnenen Höhenmeter, hat dann eine lang anhaltende Steigung von 10–12 % nach Greit bis zur Tscheylücke auf Asphalt zu bewältigen und kommt erst im oberen Tscheytal auf die Naturstraße. Bester Ausgangspunkt ist Tösens, aber genauso gut ist es möglich, von Pfunds zu starten. In jeder Richtung hat man zwei Anstiege zu bewältigen und kommt bei 24 km Länge insgesamt auf fast 1000 Höhenmeter.

Zwei Abstecher bieten sich auf dieser Runde an: Erstens, ein kurzes Stück hinter Greit, bei der Mühle, der schöne Almweg auf die Gschneier Alpe (2042 m) unter dem Lahnkopf. Und zweitens kann man von der Tscheylücke, direkt beim Umkehrplatz der Asphaltstraße, auf einem Forstweg noch 3 km am Frudiger hinauffahren und gelangt zu Fuß in einer halben Stunde auf den Gipfel. Als Einkehrstation an der Strecke bietet sich der Gasthof Berghof in Greit an sowie eine erst im Vorjahr neu errichtete Jausenstation am Beginn der Tscheywiesen.

Die Strecke: Parken in Tösens bei der Kirche. Gleich dahinter links Überführung über die Bundesstraße, sofort rechts bei den Wegweisertafeln zum Ortsteil Ganden, Tischlerei Nigg. Ganz kurz und erlaubterweise gegen die Einbahn der Bundesstraßenausfahrt – „ausgenommen Zufahrt Ganden“ –

danach parallel zur Bundesstraße, über den Tösner Bach zu den Häusern von Ganden (Hnr. 108/107). Nach rechts auf den Eggeleweg (anfangs Wegverbreiterung und auffallende, neue Natursteinmauer). Nach ca. 500 m bei Wegweiser Kesselwald/Tschey muss man sich entscheiden. Nach links hinauf gelangt man direkt und dafür steiler ins obere Tscheytal. Bleibt man am Eggeleweg, folgt man immer der Beschilderung nach Pfunds (Weg Nr. 5), erklimmt ca. 250 Höhenmeter, verliert diese aber wieder bei einer längeren Abfahrt und mündet bei Margreid in die von Pfunds her kommende Asphaltstraße nach Greit ein. Bei der Tscheylücke endet der Asphalt, weiter auf schöner Naturstraße durch die gepflegten Bergmähder des Pfundser Tschey mit den zahlreichen Kochhütten bis zum Sattel von Grubach (1723 m, höchster Punkt) und Abfahrt auf breitem Forstweg zurück nach Tösens. Keine MTB-Beschilderung, Orientierung nach den Wanderwegweisern. Wer konditionell noch Reserven hat und sich noch nicht ganz ausgelastet fühlt, findet auf dieser Runde noch zwei zusätzliche Verlängerungsstücke:

Zur Gschneier Alpe: Nach dem Gasthof Berghof in Greit noch ca. 1 km weiter bis zur Greiter Säge mit Mühlrad unmittelbar an der rechten Straßenseite, bald danach, bei Wegweiser (MTB-Route 755) abzweigen und auf schönem Almweg zur Gschneier Alm (2042 m, zur Almzeit bewirtschaftet), 4 km, 1 Stunde, 450 Höhenmeter, schwer.

Einstieg in Pfunds: Die Runde verläuft gegen den Uhrzeigersinn. Vom ersten Kreisverkehr scharf links, Richtung Greit, bis zur ersten großen Kehre in Margreid und noch ein Stück weiter bis zu einem großen Holzlagerplatz. Links gegenüber beginnt die bezeichnete MTB-Route 754 über Eggeleweg – Blautal – Kesselwald – Tscheytal – Greit. Länge 21,3 km, Fahrzeit 3 Stunden, 970 Höhenmeter.
Man kann es sich auch ein klein wenig leichter machen, wenn man mit dem Auto bis zum Umkehrplatz in der Tscheylücke hinauffährt und dort in die Runde einsteigt. Zuerst hat man die lange Abfahrt zu bewältigen, aber nicht auf der Asphaltstraße, sondern parallel dazu, am Hang oberhalb auf einem schönen Forstweg. Er beginnt unmittelbar beim Parkplatz. Am Westhang des Frudiger abwärts bis zur Einmündung in den Eggeleweg und auf diesem ein kurzes Stück in Richtung Tösens/Ganden. Abzweigung rechts aufwärts und durch das Blautal zur Einbindung in den direkten Forstweg durch den Kesselwald.
In Grubach, wo das obere Ende

des Tscheytals erreicht ist, liegt auch die Platzalm mit der verfallenen Erzaufbereitung durchaus noch in Reichweite. Locker rollt man zurück zum Ausgangspunkt Tscheylücke.

Zum Frudiger-Gipfel: Auch für den Radler lässt sich der Frudiger leicht mitnehmen, da man mit dem Bike von der Umkehrschleife in der Tscheylücke auf Weg Nr. 6 noch fast 3 km auf einem guten Forstweg in angenehmer Steigung bis auf eine Höhe von 1920 m hinauffahren kann. Danach führt ein schmales Wiesensteiglein über prächtige Hochmähder mit lichtem Lärchenbestand und knorrigen Zirben auf den aussichtsreichen Gipfel (2153 m, 30 Minuten). Die künstlich angelegten und künstlerisch verzierten Biotope für Frösche und Salamander, die sich bis in die Gipfelregion erstrecken, wurden ganz in Eigenregie von dem als Alm-Öhi in einer kleinen Berghütte hausenden Bauern Walter Kanna errichtet.

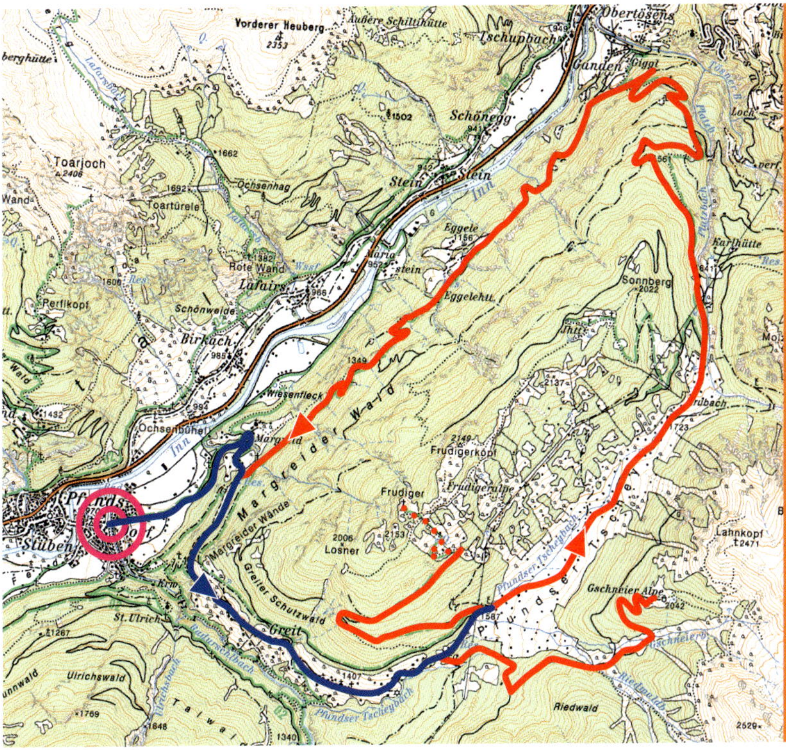

10 Im Tannheimer Tal

Obere Strindenalpe mit schönem Blick auf die Tannheimer Berge.

Eine abwechslungsreiche Tour durch das Tannheimer Tal, das durch landschaftliche Gegensätze besticht: imposante Felswände auf der einen Seite und lieblich grüne Wiesen auf der anderen. Ausdauernde Radler können dabei gleich drei Berghütten miteinander verbinden – und im Sommer Abkühlung im Haldensee suchen.

Ausgangspunkt: Parkplatz in Haller (1135 m)

Streckenführung: Parkplatz – Edenbachalpe – Obere Strindenalpe – Strindenscharte – Gappenfeldscharte – Gappenfeldalpe – Parkplatz

Länge, Fahrzeit, Hm.: Edenbachalpe: 9,7 km, 1:15 Stunden (mittelschwer) 270 Höhenmeter – ObereStrindenalpe: 16 km, 2 Stunden (schwer), 550 Höhenmeter – Gappenfeldalpe: 22,4 km, 3 Stunden, 750 Höhenmeter (schwer).

Steilheit: Das erste Stück ab dem See und ein längeres Stück vor Erreichen der Strindenalpe sind ziemlich steil. Sonst angenehme Steigungen.

Wegbeschaffenheit: Ca. 300 m Asphalt; Rest Forstweg.

Höchster Punkt: Strindenscharte (1870 m)

Charakter/Tipp: Wem die Tour auf die Gappenfeldalpe zu anstrengend und zu lange wird, der kann sie bereits auf einer der anderen zwei Almhütten beenden. Im See kann man im Sommer schwimmen.

Einkehrstationen: Edenbachalpe (1405 m), im Sommer geöffnet; Obere Strindenalpe (1682 m), im Sommer geöffnet; Gappenfeldalpe (1820 m), geöffnet wie Liftbetrieb.

So kommt man hin: Anfahrt nach Reutte, von dort ins Tannheimer Tal und weiter bis Haller am Haldensee. Parken kann man gleich am Anfang des Sees (gebührenpflichtiger Parkplatz 3,- Euro). Diese Tour beginnt mit einer halben Seeumrundung: Am nördlichen Ufer den Promenadenweg entlang bis zum Westufer. Nachdem man ein kurzes Stück auf Asphalt gefahren ist und die Brücke überquert hat, beginnt schon der Forstweg zur Gappenfeldalpe.

Zur Edenbachalpe: Im ersten Stück ist es gleich richtig anstrengend. Man gewinnt relativ schnell an Höhe und wird dann mit einem schönen Blick auf den Haldensee und hinaus ins Tannheimer Tal belohnt. Nach dem etwas harten Einstieg geht es dann gemütlicher weiter. Anfangs fällt es rechts ziemlich steil zum Strindenbach ab, den man in der Tiefe rauschen hört. Nach Überquerung des Baches geht es mit Blick auf die hintere Bergkette weiter aufwärts. Bei km 4,7 erreicht man die Abzweigung zur ersten der drei Hütten, zur netten Edenbachalpe. Wer will, kann hier schon Schluss machen und erreicht nach ca. 150 m die Hütte, wo man auf der schönen Terrasse ausruhen kann.

Zur Oberen Strindenalpe: Für die anderen geht es weiter aufwärts. Immer wieder muss man kleinere, über den Weg rinnende Bäche überqueren und Kuhgatter öffnen (bitte nachher wieder schließen).
Auf der einen Seite sieht man graue Kletterfelsen und auf der anderen liebliche grüne Hügel. Je weiter man raufkommt, desto näher scheinen die Felsen zu kommen. Der Forstweg wird zunehmend schlechter und die Strecke teils recht steil, sodass es ziemlich anstrengend wird. Bei km 7,6 kann man abzweigen und erreicht auf einer Höhe von 1682 m die Obere Strindenalpe. Auch hier kann man die Tour beenden.

Zur Gappenfeldalpe: Wer noch nicht genug hat, biegt kurz vor Erreichen der Oberen Strindenalpe links zur Gappenfeldalpe ab. Nun schlängelt sich der Weg in ein paar Kehren immer weiter bergauf. Auf einmal trifft man auf eine Unmenge von Leuten, die alle mit dem Lift von der anderen Seite heraufgefahren sind und nun zur Strindenscharte pilgern. Auf dem breiten Forstweg geht gottseidank kaum jemand. Sobald die Scharte erreicht ist, die den höchsten Punkt der Tour bildet, eröffnet sich ein herrlicher Ausblick auf die Tannheimer Kletterberge. Weiter geht es vorerst noch ein Stück recht flach zur Gappenfeldscharte und schließlich abwärts zur Gappenfeldalpe, die man bei km 10,5 erreicht.

Abfahrt: Bis zum Haldensee wird entlang der Auffahrt abgefahren. Unten angekommen, nimmt man nach Überquerung der Brücke den Weg gleich rechts (Wegweiser Haller – Nesselwängle Rundwanderweg). Man radelt auf der Südseite des Haldensees entlang. Bei der ersten Möglichkeit biegt man links ab und gelangt, an schönen Wiesen vorbei, zurück zum Parkplatz.

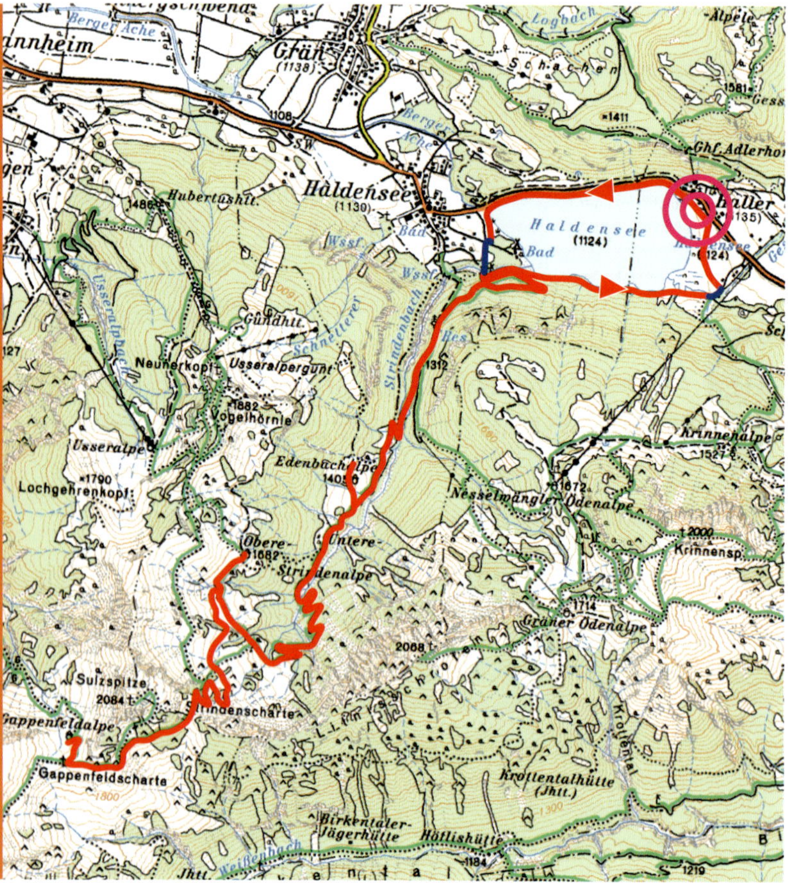

11 Runde über den Frauensee

Abfahrt von der Füssener Hütte mit den beeindruckenden Felswänden der Tannheimer Berge.

Gleich mehrere hübsch gelegene Einkehrmöglichkeiten verlocken im Raintal bei Reutte dazu, die kurzweilige Rundtour zu unterbrechen: zunächst drei Berghütten, wo man überraschende Ausblicke auf das umliegende Bergpanorama genießt; und später, auf der Rückfahrt, der Gasthof am Frauensee, einem stillen Waldsee.

Ausgangspunkt: Parkplatz bei der Bärenfalle (850 m)

Streckenführung: Parkplatz – Musauer Alm – Otto-Mayr-Hütte – Füssener Hütte – Frauensee – Hinterbichl – Parkplatz

Länge, Fahrzeit, Hm.: 25 km, 2:30 Stunden, ca. 750 Höhenmeter.

Steilheit: Anfangs etwas steil, später wechseln sich steilere mit flachen Passagen ab.

Wegbeschaffenheit: 3,8 km Asphalt; 20,7 km Forstweg; 0,5 km Singletrail

Höchster Punkt: Füssener Hütte (1535 m)

Charakter/Tipp: Außer einer kurzen Singletrail-Passage einfache Tour. Im Frauensee kann man im Sommer auch schwimmen.

Einkehrstationen: Musauer Alm (1290 m), geöffnet von Pfingsten bis Oktober; Otto-Mayr-Hütte (1530 m), geöffnet von Ende April bis Ende Oktober; Füssener Hütte (1535 m), geöffnet von Mitte Mai bis Mitte Oktober.

So kommt man hin: Anreise über den Fernpass nach Reutte und weiter Richtung Füssen bis zur Abzweigung Musau. Bald darauf kommt ein grünes Schild, das den Gasthof Bärenfalle ankündigt. Wenn man diesem folgt, kommt man direkt zum Parkplatz.

Ins schöne Raintal: Beim Gasthof beginnt die offizielle MTB-Route Raintalweg 839. Zuerst geht es durch dichten Wald auf einem Forstweg bergauf. Anfangs ist der Weg etwas steil, später finden sich abwechselnd steile und relativ flache Stücke. Die Auffahrt ist daher nicht allzu anstrengend. Die Strecke ist gut ausgeschildert. Man bleibt immer am Hauptweg und folgt den MTB-Schildern. Auch bei der Abzweigung beim Sababach bleibt man auf der MTB-Route, fährt über die Brücke und auf der anderen Seite weiter bergauf. Mit zunehmender Höhe kann man immer öfter einen Blick auf die beeindruckenden Wände der Köllenspitze und des Gimpel werfen. Kurz vor der Musauer Alm lichtet sich der Wald. Hier hat man einen traumhaften Blick auf die umliegenden Berge. Weiter geht es relativ flach ins Tal hinein. Die letzten Kehren vor der Otto-Mayr-Hütte sind wieder etwas steiler.

Die Auffahrt zur Füssener Hütte.

Runde über den Frauensee: Nach einer Kräftigung auf einer der Hütten fährt man wieder talwärts. Bis zur Abzweigung bei km 16 (auf einer Höhe von ca. 1065 m) geht es den gleichen Weg retour. Hier biegt man rechts ab und folgt dem gelben Wegweiser zum Frauensee. Der Forstweg führt zunächst ein Stück bergauf. Nach etwa 600 m ist er zu Ende und es folgt ein Stück Singletrail durch den Wald. In leichtem Auf und Ab geht es den schmalen Pfad entlang, bis man wieder auf einen Forstweg stößt. Dabei folgt man immer den Wegweisern Frauensee bzw. Höhenweg. Beim idyllischen Frauensee angekommen umrundet man diesen zur Hälfte, bis zum Gasthaus am See. Dort ist die abwärts führende Straße zu nehmen. Bei km 20,3 biegt man scharf links ab und folgt dem Forstweg Richtung Gasthof Tannenhof (grüner Wegweiser). Bei der weiteren, an schönen Wiesen vorbeiführenden Abfahrt, erreicht man schließlich den Gasthof Tannenhof, neben dem die St.-Koloman-Kapelle steht. Ab hier geht es wieder ein Stück auf einer asphaltierten Straße. Rechts abbiegen und bis km 21,5 (zur Lechbrücke, mit rotem Geländer) fahren.

Hier ist eine Wende um nahezu 180° zu nehmen und dann biegt man nicht in die Sackgasse, sondern in die Straße links daneben ein. Damit befindet man sich auf dem asphaltierten Radweg von Lechaschau nach Musau. Gemütlich radelt man die letzten 3,5 km bis zum Ausgangspunkt zurück.

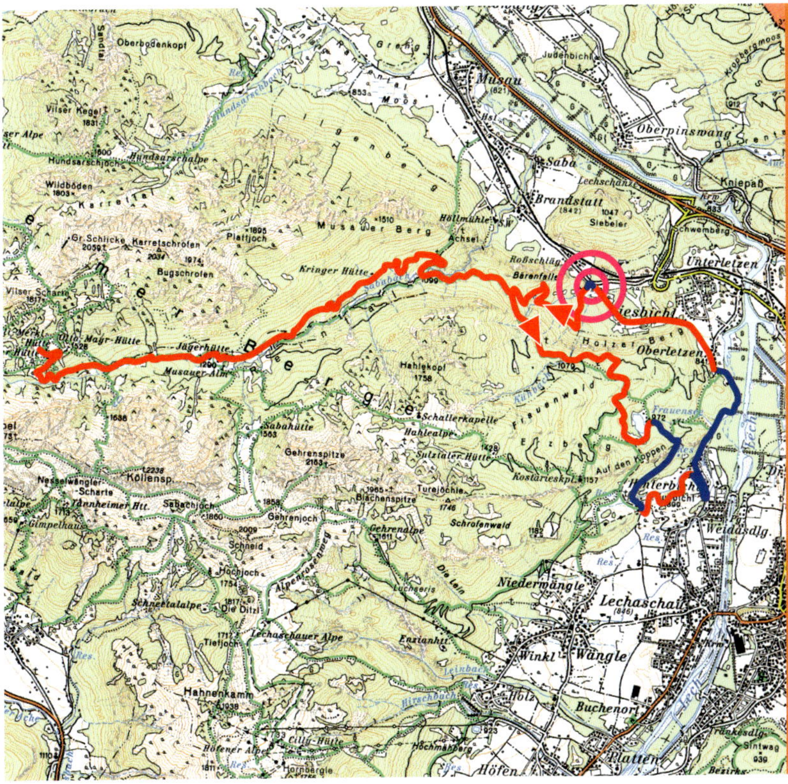

12 Rund um den Thaneller

Anstieg vom Riedener Biotop durch den Klausenwald.

Der Thaneller im Außerfern, genauer gesagt im Zwischentoren, ist ein komplett freistehender Berg, der sich ausgezeichnet für eine Umrundung eignet. Man berührt dabei die Orte Bichlbach, Berwang und Heiterwang und kommt auf guten Forstwegen und in angenehmen Anstiegen nahezu unmerklich auf 600 Höhenmeter.

Ausgangspunkt: Bichlbach, Almkopfbahn (1050 m)

Streckenführung: Bichlbach – Berwang – Rinnen – Rotlechtal – Rieden – Klausenwald – Heiterwang – Bichlbach

Länge/Fahrzeit/Hm.: 31 km, 3 bis 3:30 Stunden, 600 Höhenmeter.

Steilheit: Kaum über 10 %, nur kurzes Steilstück von der Lahneralm hinauf nach Berwang.

Wegbeschaffenheit: Im Allgemeinen gute Forstwege, aber Vorsicht bei der Abfahrt von Rinnen ins Rotlechtal.

Höchster Punkt: Berwang (1340 m)

Charakter/Tipp: Wem die Runde zu kurz ist, der kann noch von der Staumauer des Rotlechsees zur Raazalpe hinauffahren. 5 km, 640 Höhenmeter, grober Weg, 16 %, schwer.

Fast die ganze Runde verläuft auf guten Rad- und Forstwegen, nur im Rotlechtal wird es ein wenig ruppig, aber wenigstens nur bei der Abfahrt. Auch ein Abstecher zum Heiterwanger See wäre leicht möglich. Denn erst von dort bekommt man die ganze Berggestalt des Thanellers, welchen man umrundet hat, richtig zu sehen: Bei der eigentlichen Rundfahrt an seinem Sockel ist man viel zu nahe an seinen Hängen.

So geht die Runde: Von der Almkopfbahn auf dem Radweg zurück nach Bichlbach und Einfahrt rechts auf die Straße nach Berwang. Gleich nach den letzten Häusern links der Straße auf den Panoramaweg und lange Zeit mit nur wenig Steigung den Grundbach entlang zur Lahneralm. Dafür geht es jetzt ein Stück recht steil hinauf in den Ort. (Genauso gut kann man die 5 km bis Berwang auch auf der schwach frequentierten Landesstraße bleiben.) In Berwang (km 6) ansteigend durch den Ort bis zur Kirche und weiter leicht abwärts nach Rinnen (km 9). Genau bei der Ortstafel rechts ab und erst einmal auf dem asphaltierten Weg abwärts in Richtung Rauth bis zur großen Linkskehre, wo man nach rechts abzweigt. Achtung bei der Abfahrt! Der in den Grund des Rotlechtals führende Forstweg ist recht holprig und zudem auch steil, aber bald ist der Talboden und das hintere Ende des Stausees erreicht. Auf gutem Fahrweg entlang des Sees bis zur Staumauer (km 12), wo man sich noch den Aufstieg zur Raazalpe überlegen kann (beschilderte MTB-Route). Weiter auf der

Blick vom Thaneller auf Berwang.

rechten Talseite und wieder steiler werdend hinunter nach Rieden (km 18, Einkehrmöglichkeit im Gasthaus Kreuz). Nächster Richtpunkt ist der Riedener See, ein mooriges Biotop, wo auf vielen interessanten Schautafeln die Lebenswelt in Sumpf und Schilf dargestellt wird. Der MTB-Beschilderung folgend, geht es jetzt in den Klausenwald. Auffahrt in großen Schleifen durch den parkähnlichen Wald bis zum Gasthof Schluxen und danach leicht abwärts bis zum Zusammentreffen mit dem von Reutte/Ehenbichl kommenden Zwischentoren-Radweg. Jetzt braucht man nur mehr der Beschilderung nach Heiterwang (km 28) zu folgen (Beeinträchtigung eventuell durch die Baustelle der neuen Ortsumfahrung). Danach durch Wiesen und Felder der Bahn entlang auf Bichlbach zu, wo sich der Kreis wieder schließt (km 31).

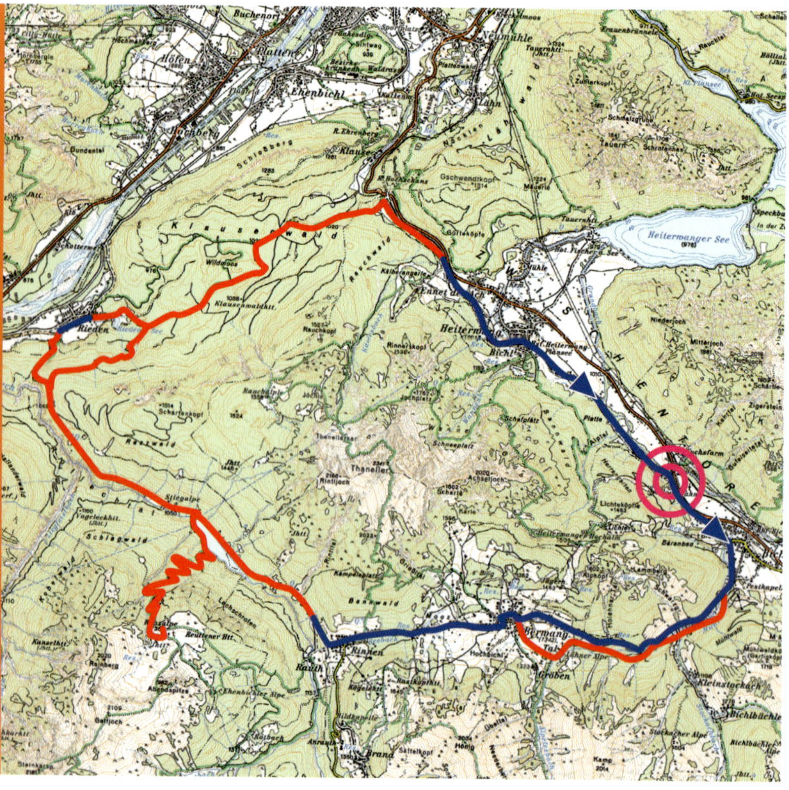

13 Rund um den Daniel zum Plansee

Kurzer Anstieg zum Naidernachsattel.

Der Daniel, ein schöner Berg am Nordrand des Ehrwalder Beckens, wird optisch zwar von der allseits mächtigen Zugspitze in den Hintergrund gerückt. Für uns ist er aber trotzdem interessant: Ohne große Anstiege kann man ihn – vorbei an Plansee und Heiterwanger See – in landschaftlich großartigem Ambiente umrunden.

Ausgangspunkt: Ehrwald, Bahnviadukt, 984 m

Streckenführung: Ehrwald - Schanz - Griesen (830 m) - Naidernachtal - Naidernachsattel (1003 m) - Plansee (790 m) - Heiterwanger See - Fischer am See - Heiterwang (994 m) - Bichlbach - Wengle/Lähn (1112 m) - Lermoos - Ehrwald

Länge/Fahrzeit/Hm.: 48 km, 3:30 bis 4 Stunden, 350 Höhenmeter.

Steilheit: 10 % auf 1 km Länge beim Aufstieg zum Naidernachsattel.

Wegbeschaffenheit: Vorwiegend Radwege, Schotter und Asphalt gemischt, kurze Schiebepassage.

Höchster Punkt: Lähn/Wengle (1100 m)

Charakter/Tipp: Entlang des Plansee-Westufers, wenn man die Brücke überquert hat, gibt es auf 1 km Länge nur mehr einen oftmals recht wurzeligen Fußsteig, der knapp über dem Wasserspiegel verläuft. Zum Großteil ist er fahrbar, auf alle Fälle sollten aber die Wanderer hier Vorrang haben.

Einkehrstationen: Gasthäuser am Plansee und Heiterwanger See.

Bei Rundstrecken stellt sich oft die Frage, in welcher Richtung man sie besser angeht und an welchem Ausgangspunkt man in die Strecke einsteigt. Bei der Umrundung des Daniel ist es im Prinzip völlig egal, man kann von jedem Ort im Zwischentoren in die Runde einsteigen und auch die geringen Anstiege sollten auf dieser Rollerstrecke kein Kriterium darstellen. Die in Ehrwald beginnende MTB-Beschilderung weist zwar in die entgegengesetzte Richtung und macht die Runde über Heiterwang und zuerst zum Plansee, mir gefällt sie aber fast besser in umgekehrter Weise, gegen den Uhrzeigersinn. Der winzige Vorteil dabei ist, dass man gleich zu Beginn ganz locker talwärts einrollen kann. Den Aufstieg durchs Naidernachtal bewältigt man gleich in einem Stück. Nur eines verstehe ich nicht und macht mich studieren: warum diese Runde in der umgedrehten Richtung statt 350 Höhenmeter auf einmal gleich 700 Höhenmeter aufweisen soll – wie es auf manchen Internetseiten zu lesen ist …

Am Plansee entlang.

Die Strecke: Start in Ehrwald genau beim Bahnviadukt unterhalb des Bahnhofs (Parkmöglichkeiten). Der Radweg beginnt gleich links oberhalb der Straße in Richtung Garmisch. Lange leicht abwärts auf knirschenden Schotterwegen, die Bundesstraße wird einmal gequert, dann neben Loisach und Bahnkörper, bis man in Griesen (km 9,5) die ehemalige Zollstation erreicht hat. Links mündet das die Staatsgrenze bildende Naidernachtal. Am bayerischen Ufer entlang der mächtigen Schotterbänke talein mit harmlosen, stufenweisen Steigungen. Im Talschluss wird der Bach überquert (km 15,5), nun wieder auf Tiroler Seite mit einem 1 km langen Aufstieg in einer langen Serpentine auf den Sattel (km16,5), der den Übergang zum Plansee bildet. Locker rollt man nun dem See entgegen, bald ist das Ufer erreicht und der Campingplatz beim Hotel Forelle (km 19). Nun auf der gewundenen Landesstraße in Richtung Reutte bis zum Hotel Seespitze, wo ein Holzsteg ans andere Ufer leitet. Danach beginnt der schmale Wanderweg

mit großteils fahrbaren Passagen, aber auch ein paar Schiebestücken, wenn man keinen Köpfler in den kalten See riskieren will. Nach 15 Schiebeminuten ist die Brücke beim Durchstich zum Heiterwanger See erreicht. Jetzt bleibt man am östlichen Ufer und mündet auf die von Heiterwang zum See führende Asphaltstraße ein (km 30). Will man beim Fischer am See die Raststation machen, radelt man noch 300 m zurück zum See.
Für die Rückfahrt nach Ehrwald gibt es zwei Möglichkeiten: Entweder den direkt am Hangfuß der Kohlbergspitze verlaufenden Panoramaweg oder den besser beschilderten Zwischentoren-Radwanderweg, der von Heiterwang über Bichlbach und Lähn zurück nach Ehrwald führt und, großteils auf Asphalt, angenehmer zu fahren ist. Von Bichlbach gibt es noch einmal einen längeren Anstieg bis auf die Höhe von Lähn, dann rollt es nur mehr abwärts bis Lermoos, jetzt allerdings auf ziemlich grobem Schotter. Auch die Beschilderung darf man nicht aus dem Auge verlieren. Immer rechts der Bundesstraße bleiben, welche erst in Lermoos einmal gequert wird. Dann bleibt man auf dem Radweg an der linken Straßenseite, fährt bei einer Unterführung hinauf zum Bahnhof und rollt so lange neben den Schienen, bis man wieder von den grünen Schildern in den Talboden geschickt wird. Durch die grünen Wiesen und vorbei am Golfplatz führt das Schlussstück dieser feinen Runde auf Ehrwald zu.

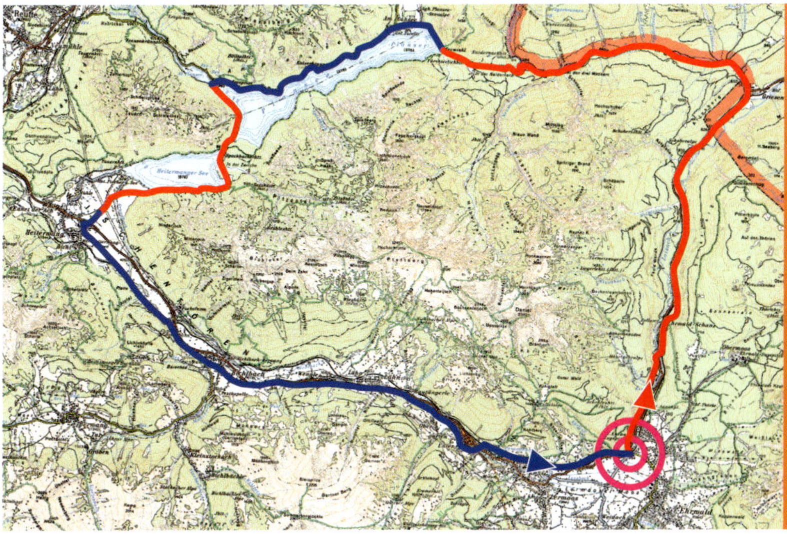

14 Von Lermoos auf den Grubigstein

Vom Grubigsteinhaus ist der Gipfel schnell erreicht.

Der Ausblick auf die Zugspitze und das Panorama rundum sind so gewaltig, dass man aus dem Staunen nicht herauskommt. Noch dazu, wenn man den Aufstieg aus eigener Kraft geschafft hat. Bis zur Grubigalm packt es wohl jeder Genussradler, ganz hinauf zum Grubigsteinhaus muss man aber noch ein Schäuferl nachlegen.

Ausgangspunkt: Lermoos, Hotel Mohr (994 m)

Streckenführung: Lermoos – Hochmoosweg – Brettlalm (1334 m) – Grubigalm (1705 m) – Grubigsteinhaus (2028 m), 30/40 Minuten Fußmarsch zum Gipfel.

Länge/Fahrzeit/Hm.: Grubigalm 8,5 km, 1:30 bis 2 Stunden, 700 Höhenmeter, zum Grubigsteinhaus plus 3,2 km, 0:45 bis 1 Stunde, 330 Höhenmeter; Abstecher zur Wolfratshauser Hütte (1751 m) 2 km, 15 Minuten, plus 50 Höhenmeter, insgesamt 11,5 km, 1030 Höhenmeter.

Steilheit: Anfangs (2 km) stellenweise 15 %, von Brettlalm bis Grubigalm 8 %, weiter zum Grubigsteinhaus 15 % bis 18 %

Wegbeschaffenheit: 3 km Asphalt, bis Grubigalm guter Fahrweg, Auffahrt zum Grubigsteinhaus grobschottrig und steil.

Höchster Punkt: Grubigsteinhaus (2028 m)

Charakter/Tipp: Genussradler, die sich den steilen Aufstieg zum Grubigsteinhaus sparen wollen, sollten aber unbedingt einen Abstecher von der Grubigalm zur nur wenig höher liegenden Wolfratshauser Hütte machen. Die Aussicht über den Ehrwalder Talkessel zur Zugspitze ist gewaltig.

Als Mountainbike-Eldorado der Extraklasse mit Freeride-Strecken, Singletrails, Offroad- und Downhill-Passagen für den ultimativen Kick, garniert mit speedigen Tracks für Insider und Cracks, bewertet mit easy, medium und difficult – so präsentiert sich die Tiroler Zugspitz-Arena für die Bergradler – zumindest im Jargon der Werbebranche. Da ist es auch gar nicht verwunderlich, dass die „Arena" zwischen Fernpass und Plansee mit der alles beherrschenden Zugspitze bereits zweimal von einer einschlägigen Fachzeitschrift zur „besten MTB-Region Österreichs" gekürt wurde. Arco war gestern. Aber auch in unserer eigenen Sprache kommt man aus dem Schwärmen über das vielfältige Angebot an Radrouten rund um den Ehrwalder Talkessel nicht mehr heraus. Alles, was sich ein Mountainbiker wünscht, wird er hier finden, und das in einer überwältigenden Landschaft.
Zum Kennenlernen der Gegend und vor allem für einen umfassenden Überblick eignet sich bestens der Aufstieg auf den Grubigstein, der sich in drei Abschnitte einteilen lässt. Steil nur am Anfang und im ersten Drittel bis zur Brettlalm, danach ausgesprochen familienfreundlich bis zur Grubigalm. Am Schluss geht der Weg bezüglich Steilheit und Fahrbahnbeschaffenheit wieder nahe in den Schwierigkeitsbereich „schwarz" über. Den ersten Abschnitt vom Tal bis zur Mittelstation bei der Brettlalm könnte man jedoch mit Hilfe der Gondelbahn austricksen. Auf den weiterführenden Sessellift-Sektionen werden jedoch keine Räder mehr transportiert.

Die Strecke: Von Biberwier kommend gleich nach dem Ortsbeginn beim Hotel Mohr im Oberdorf von Lermoos. Start mit offizieller MTB-Beschilderung zur Grubigalm. Parken kann man

ein Stück weiter bei der Telefonzelle oder am Seilbahnparkplatz. Am Hochmoosweg, zunächst noch auf Asphalt, in kurzen Kehren ziemlich steil aufwärts. Nach 2 km ist das Ärgste geschafft, die Straße führt flach zum unteren Speichersee, wo der Asphalt endet. Nach einer weiteren Kehre sind schon die Brettlalm und die Bergstation der Sektion Grubig 1 erreicht (km 3,5). Ab jetzt wird es ausgesprochen angenehm zu fahren. Ein tadelloser Forstweg, die Steigung hat höchstens 8 %, nach jeder Serpentine wird die Aussicht auf den Talkessel und die mächtigen Felsburgen, die ihn einrahmen, gewaltiger. Die Grubigalm (km 8,5) entpuppt sich als SB-Restaurant mit schöner Terrasse bei der Bergstation von Grubig 2.

Im Speichersee spiegelt sich der felsige Gipfelaufbau des Grubigsteins, knapp unterhalb und etwas rechts des Gipfels ist das Grubigsteinhaus gut erkennbar. Die Auffahrt beginnt unmittelbar neben der Liftstation. Von den angegebenen 3,5 km sind die ersten beiden Kilometer noch recht gut zu fahren, wenngleich der Weg ungleich grobschottriger wird, die richtige Steilheit beginnt erst in der

Das Ehrwalder Becken mit dem Massiv der Zugspitze.

oberen Hälfte. In langen Schleifen wird die Schipiste ein paarmal gequert, zum Schluss wartet noch ein kurzer Aufschwung mit 18 %, aber mit der Hütte im Blickfeld ist auch das zu schaffen (11,5 km).

Zum Schluss noch zu Fuß: Weil das Gipfelkreuz gar so nahe scheint, sollte man noch die gute halbe Stunde auf den Grubigstein hinaufsteigen. Auf seinem Gipfel kann man die Aussicht noch umfassender genießen. Genau 200 Höhenmeter sind es noch. Die Räder können noch ein Weilchen warten.

Abstecher zur Wolfratshauser Hütte: Kurz vor Erreichen der Grubigalm bemerkt man rechts die Abzweigung zur nur wenig höher liegenden Alpenvereinshütte. Nach knapp 2 km in gemütlicher Fahrt mit nur mehr flacher Steigung ist das Ende des Fahrweges bald erreicht. Schöne Terrasse mit herrlichem Zugspitzpanorama.

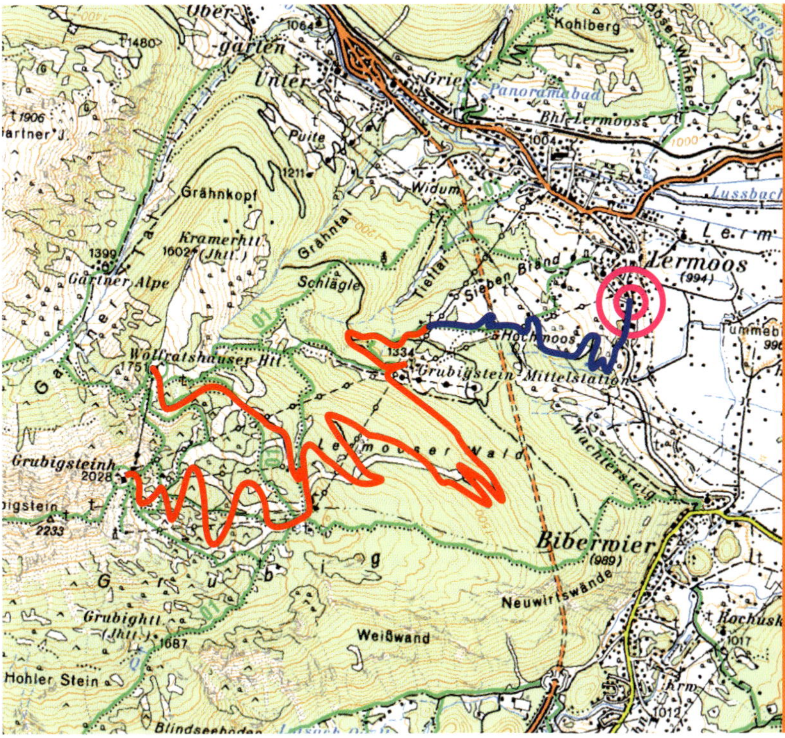

15 Durch das stille Gaistal

Im inneren Gaistal, vorbei an Igelskopf und Tajakopf.

Das stille Gaistal, eingebettet zwischen Mieminger Kette und Wetterstein, ist ja längst ein fixer Höhepunkt bei den Mountainbikern. Seebensee, Ehrwalder Alm und Hochfeldernalm sind die Ziele, die man einzeln, jedes für sich, ansteuert oder in einer schönen Rundfahrt gut miteinander verknüpfen kann.

Ausgangspunkt: Leutasch, Weidach, bei der Einfahrt zum Alpenbad. Start vor der Brücke, links der Ache (orografisch rechts). Parken kann man auch unmittelbar über der Brücke vor dem Sportplatz.

Streckenführung: Weidach – Oberleutasch (1100 m), Ortsteil Klamm – Parkplatz Salzbach (5 km) – ins Gaistal – Gaistalalm (10 km, 1366 m) – Tillfussalm (11 km) – Igelsee (16 km) – Ehrwalder Alm/Gasthof Alpenglühen (18 km, 1502 m) – Pestkapelle – Hochfeldernalm (21 km, 1732 m) – Abfahrt ins Gaistal und Rückfahrt durch das Tal zum Startpunkt (38 km). Mit Abstecher zu Seebenalm und Seebensee 6 bzw. 7 km länger.

Länge/Fahrzeit/Hm.: 38 bzw. 44 km, 3:30 bis 4 Stunden – 600 bzw. 750 Höhenmeter (mit Seebensee).

Steilheit: Bis zur Ehrwalder Alm höchstens bis 10 %, Auffahrt zur Pestkapelle kurz 15 %. Von der Seebenalm hinauf zum See schiebt man besser.

Wegbeschaffenheit: Durchwegs gute Forststraßen. Evtl. kurze Schiebestrecke von der Seebenalm hinauf zum Seebensee (10 Minuten).

Höchster Punkt: Hochfeldernalm (1732 m), Seebensee (1657 m)

Charakter/Tipp: Moderate Steigungen (selten mehr als 10 %) und immer wieder lange Raststrecken. Viele Einkehrstationen. Großartige Naturkulisse und optische Höhepunkte mit Seebensee und Zugspitze. Aufpassen auf die Wanderer, passiv fahren.

Einkehrstationen: Gaistalalm, Tillfussalm, Seebenalm, Ehrwalder Alm, Hochfeldernalm.

Das hinter der Hohen Munde versteckte Gaistal ist nicht umsonst berühmt wegen der überwältigend schönen und ernsten Berglandschaft, welche sich in diesem engen Tal nach und nach erschließt. Beliebt ist es bei den Bergradlern wegen der angenehmen Fahrstrecke, die keine allzu steilen und vor allem nie lange anhaltende Steigungen aufweist. Landschaftlicher Höhepunkt ist der Seebensee mit seiner fast unwirklich türkisblauen Farbe, in dessen Wasser sich der mächtige Feststock der Zugspitze spiegelt. Was neu ist in dem unter strengem Naturschutz stehenden Tal und den Naturliebhaber verwundern mag, ist eine kürzlich errichtete Liftstation knapp vor dem Igelsee sowie eine dazugehörige, frisch gerodete Schipiste, die nun vom Issentalköpfl bis in den Talgrund herunterzieht. Naturschutz ist eben Auslegungssache.
Aufpassen muss man bei der Fahrt ins Gaistal aber besonders auf die vielen Wanderer (das gilt natürlich überall, aber hier in besonderem Maße), die genauso wie die Radler in ganzen Schwärmen unterwegs sind und meist in Viererreihen mit freilaufendem Hund und Kinderwagen den Weg zu den gastlichen Almen für sich allein beanspruchen. Sie haben es nicht gerne, wenn hinter ihnen plötzlich unwirsch geklingelt wird. Der Mountainbiker ist angehalten, hier recht passiv zu fahren. Ein besonderes Phänomen ist es, welches man oft und oft beobachten kann und eine psychologischen Untersuchung wert wäre: warum der Mensch, wenn er hinter sich eine Bedrohung bemerkt, stets auf die entgegengesetzte Straßenseite flüchtet. Immer wieder mache ich als Radfahrer diese Feststellung. Nähert man sich von hinten zwei nebeneinander gehenden Fußgängern und klingelt (mit

eh schon schlechtem Gewissen recht zaghaft, um niemanden zu erschrecken), so stiebt der Linksgehende zum rechten Wegrand und der Rechtsgehende kreuzweise zur linken Seite.

Die Strecke: Man startet vorteilhaft bereits in Weidach (1133 m), bei der Einfahrt zum Alpenbad, noch vor der Brücke (Parken kann man auch gut über der Brücke beim Sportplatz). Hier gibt es entlang der Ache einen angenehm zu fahrenden Radweg. Er beginnt zwar gleich mit einem kurzen, aber recht steilen Hügel, danach rollt man aber mit kaum merklicher Steigung neben Bach und Straße auf den Eingang des Gaistals zu. Vorbei an der Mautstelle bis zum hintersten Parkplatz am Salzbach. Nach links über die Brücke zum Beginn der ersten längeren Steigung, welche genau 800 m lang ist. Danach Abzweigung links auf den flachen unteren Weg. Bald erfolgt eine kurze Abfahrt in den Talboden, danach rollt man in angenehmer Fahrt mit nur leichten Steigungen talein.
Kurz oberhalb der Talstraße liegen die Almgasthäuser Gaistalalm (1365 m) und Tillfussalm. Weiter talein werden die Steigungen jetzt anhaltender, aber nie steil. Nach der neuen Liftstation ist bald der Igelsee erreicht, und darauf die Abzwei-

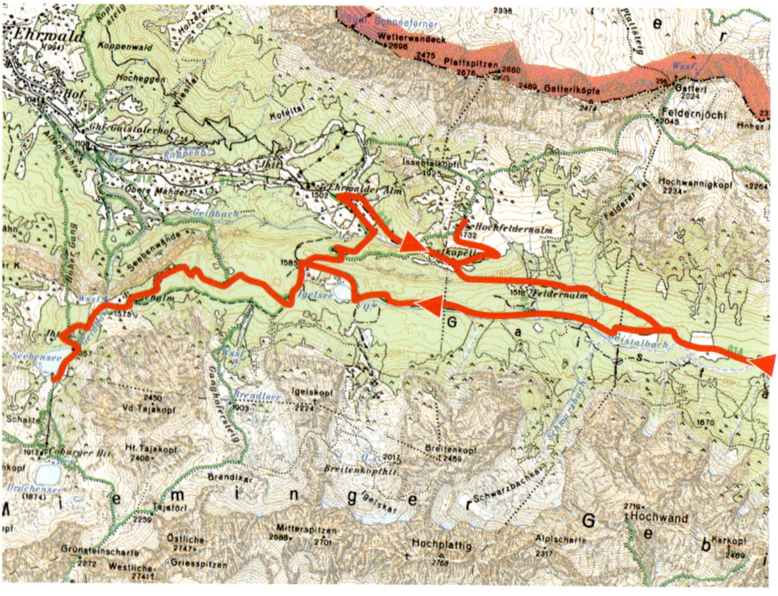

gung zu Seebenalm (1575 m) und Seebensee (1657 m), welche man unbedingt in seine Tour miteinbeziehen sollte. Also nach links in 3 km zur Seebenalm (längere Abfahrt in eine Senke und dadurch Gegensteigung bei der Rückfahrt), danach nochmals 1 km auf jetzt sehr steilem und grobschottrigem Weg, wo man besser schiebt.
Trotzdem das Rad mitnehmen, weil auf der Seestufe wieder ein gut fahrbarer Weg bis ans hintere Ende des unwahrscheinlich blauen Bergsees führt. Vom See Rückfahrt und 100 Höhenmeter Abfahrt zur Ehrwalder Alm (1502 m) bis zum Gasthof Alpenglühen. Unmittelbar danach (gelber Wegweiser Pestkapelle) rechts aufwärts und ca. 1 km ziemlich steil (15/16 %) in einer großen Retourschleife am Hang entlang zur Pestkapelle. Gleich darauf mündet man in den vom Gaistal kommenden Fahrweg zur Hochfeldernalm (1732 m) ein. Insgesamt sind es 3 km von der Ehrwalder Alm zur Hochfeldernalm.

Rückfahrt: Abfahrt direkt ins Gaistal, man erreicht den Talboden kurz vor der Tillfussalm, hat noch einen kurzen Gegenanstieg zu bewältigen und kann nach der Salzbachbrücke am Radweg entlang der Ache bis Weidach angenehm ausrollen.

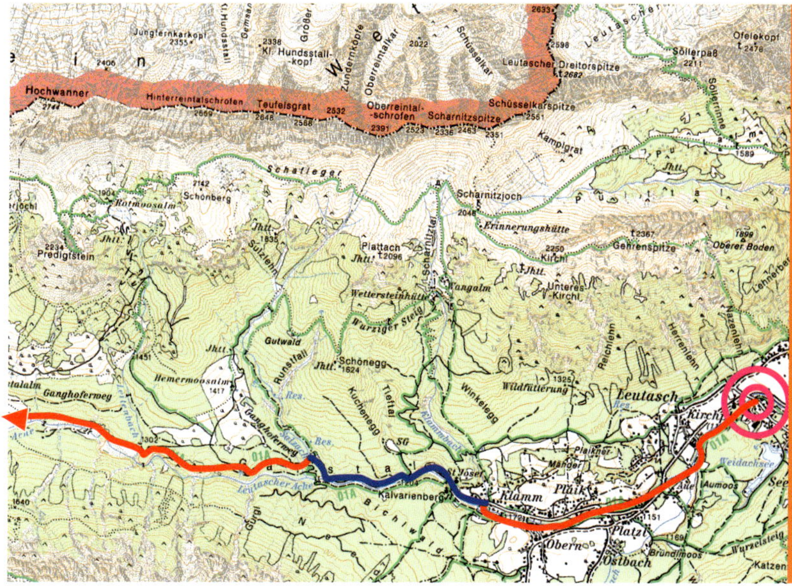

16 Runde über die Latschenhütte

Rastplatz bei der Obermarkter Alm.

Nicht besonders lang, aber landschaftlich überaus reizvoll ist diese Runde über die Latschenhütte: Hinauf durch schöne Nadelwälder kommt man oben in den Genuss eines großartigen Blicks auf die umliegenden Berge, darunter die Vordere Platteinspitze, ebenso wie auf die Ötztaler und Lechtaler Alpen.

Ausgangspunkt: Parkplatz Bergbahnen Hochimst (1050 m)

Streckenführung: Parkplatz – Latschenhütte – Untermarkter Alm –Parkplatz

Länge, Fahrzeit, Hm.: 12,7 km, 2:30 Stunden, 650 Höhenmeter.

Steilheit: Das Asphaltstück und der letzte Aufschwung zur Latschenhütte sind recht steil, auch die Abfahrt ist eher steil.

Wegbeschaffenheit: 1 km Asphalt; 11,7 km Forstweg; wenige Meter Schiebestrecke

Höchster Punkt: Latschenhütte (1623 m)

Charakter/Tipp: Kurze, aber sehr schöne Runde.

Einkehrstationen: Latschenhütte (Montag Ruhetag), geöffnet von Anf. Juni bis Ende Oktober; Untermarkter Alm, geöffnet von Anf. Mai bis Ende Oktober.

So kommt man hin: In Imst fährt man von der Autobahn ab und folgt solange den Schildern ins Zentrum, bis Hochimst angeschrieben ist. Dann richtet man sich nach diesen Schildern und kommt schließlich zum großen Parkplatz der Imster Bergbahnen.

Zur Latschenhütte: Dort steht eine Säule mit vielen gelben Wegweisern. Der unterste ist der MTB-Wegweiser Hachleschlucht. Man radelt in diese Richtung los. Gleich beim Gasthof Sonneck geht's über eine asphaltierte Sackgasse bergauf zu einer kleinen Siedlung. Vor den letzten Häusern biegt man links ab (MTB-Wegweiser Hachleschlucht) und fährt zunächst auf einer guten Forststraße etwas bergab. Weiter radelt man durch schönen Nadelwald auf und ab und überquert schließlich die Brücke des Malchbaches. Bei km 2,6 befinden sich zwei MTB-Wegweiser. Man folgt dem auf die Obermarkter Alm. Bald ist auch die Latschenhütte ausgeschildert. Es geht am Schranken vorbei und weiter aufwärts durch Nadelwald. Ein kurzes Stück ist recht steil, da dieses aber asphaltiert ist, lässt sich die Steigung sehr gut bewältigen. Man folgt dem asphaltierten Weg und lässt die als Forstwege ausgeschilderten Abzweigungen links liegen. Bald danach endet der Straßenbelag und es geht auf einem Forstweg weiter. Der Wald wird etwas durchlässiger und ab und zu gibt es Lichtungen, von denen man auf den Tschirgant und die Ötztaler Alpen sieht. Auch am Goaßbrunnen kommt man vorbei, wo sich ein nettes Marterl befindet.
Ein Stück weiter aufwärts öffnet sich der Blick auf die Bergspitzen der Lechtaler Alpen. Schließlich erreicht man die Almwiesen der Obermarkter Alm. Von hier ist es nicht mehr weit zur Latschenhütte. Der letzte Aufschwung bis zur Hütte ist nochmals ziemlich steil, aber der Weg ist halb asphaltiert und dadurch durchaus zu bewältigen.

„Steinschnecke" bei der Latschenhütte.

Über die Untermarkter Alm ins Tal: Nach einer Rast im netten Gastgarten der Latschenhütte geht es mit dem Rad wieder zurück ins Tal: Gleich bei der Alm sieht man in der Wiese einen schwach ausgetretenen Weg, der zum Bach hinunterführt. Dieser geht an einer aus Steinen gelegten Schnecke vorbei. Kurz darauf biegt man links ab, wobei das Rad einige Meter zu schieben ist. So kommt man direkt zu einer schmalen Brücke, die man überqueren muss. Gleich nach der Brücke biegt man rechts ab und folgt dem Weg ein Stück bergauf. Dieser mündet in den Forstweg und führt über die Liftstation und die Untermarkter Alm direkt zum Parkplatz zurück. Die Strecke ist recht steil, aber sehr gut fahrbar. Beim Hinunterradeln kann man immer wieder einen schnellen Blick auf die Ötztaler Alpen werfen – aber wirklich nur ganz kurz, weil hier unbedingt auf Wanderer geachtet werden muss.

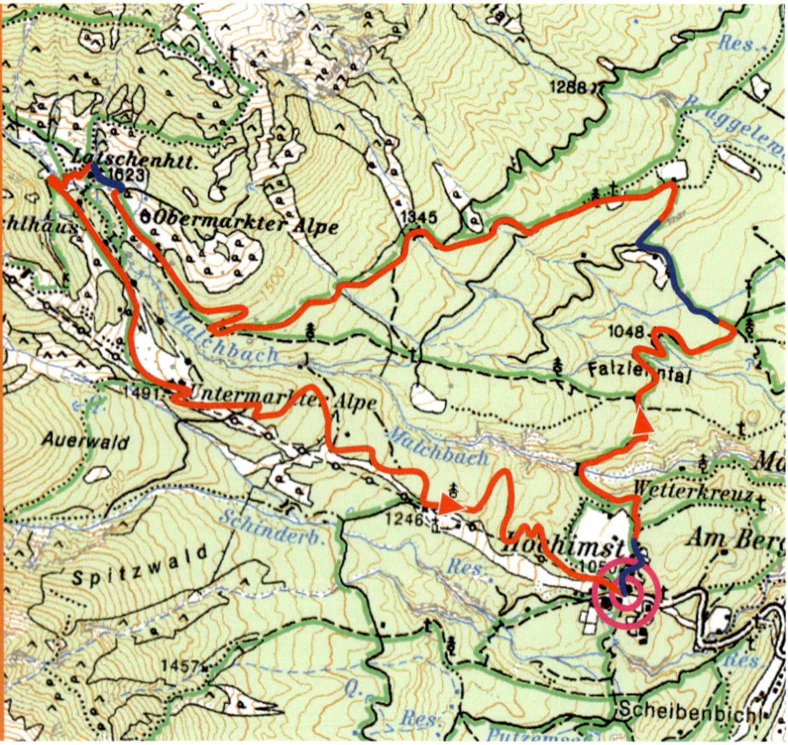

17 Im Roppener Radlerparadies

Am neuen Radweg durch die Imster Schlucht.

Die Radwege rund um Roppen zwischen Ötztal und Pitztal sind gerade recht für Genießer von Kurztouren und ideal als Einstieg in die neue Radsaison im Frühjahr. Wer am Wochenende unterwegs ist, kann sich einen Bungee-Sprung von der Benni-Raich-Brücke überlegen – oder beim Zusehen das Gruseln lernen.

Ausgangspunkt: Roppen (711 m)

Streckenführung: Roppen - Imster Schlucht - Bahnhof Imst/Pitztal - Arzl - Pitzenklammbrücke - Wald - Waldele - Roppen; Verlängerung: Roppen - Ötzbruck - Sautener Forchet - Sautens - Kreuzkapelle - Roppen.

Länge, Fahrzeit, Hm.: 17 km, 2 bis 2:30 Stunden, 180 Höhenmeter. Verlängerungsrunde durch den Sautener Forchet 8 km, 120 Höhenmeter, 1 Stunde.

Steilheit: Im Allgemeinen angenehm zu fahren, ein paar kurze Aufschwünge um die 20 %.

Wegbeschaffenheit: Großteils asphaltierte Radwege und gute Forststraßen.

Höchster Punkt: Wald (890 m)

Charakter/Tipp: Fährt man die Runde in der umgekehrten Richtung, also von Roppen über Obbruck und Waldele hinauf nach Wald, rollt man von Arzl 1 km locker auf der Bundesstraße abwärts zum Inntal-Radweg und ist gleich wieder weg vom Verkehr.

Einkehrstationen: Bungee-Stüberl bei der Hängebrücke (ab 1. Mai), Cafe beim Roppener Sportplatz, Cafe Herz-Ass in Arzl.

Wenn der Frühling in Tirol einzieht, beginnt es bei den meisten Mountainbikern schon längst in den Beinen zu kribbeln. Das öde Strampeln im Fitness-Studio hat endlich ein Ende, zwar liegt um Ostern immer noch viel Schnee auf den Bergen, aber in Talnähe und auf den Mittelgebirgsterrassen könnte man schon ganz fein in die Pedale treten. Die ernsthaften Radler haben schon längst ihren kostbaren Drahtesel fahrbereit gemacht. Auf allen Radwegen surrt und klingelt es, dass es eine Freude ist. Natürlich konzentriert sich zur Zeit alles auf die talnahen und möglichst verkehrsfreien Radwege. Momentan ist noch Einrollen angesagt, die Runden brauchen noch nicht so lang zu sein, die Anstiege halten sich auch noch in Grenzen und an das Sitzen am harten Sattel muss man sich erst wieder gewöhnen.
Ideal für den Anfang und gespickt mit vielen landschaftlichen Höhepunkten sind die Radwege und -routen rund um Roppen. Der urige Kiefernwald des Sautener Forchet, der erst im Jahre 2007 neu geschaffene 6 km lange Abschnitt des

Die Benni-Raich-Hängebrücke überspannt die Pitzenklamm.

Inntal-Radwegs durch die Imster Schlucht und die imposante Hängebrücke über die Pitzenklamm sind dabei die landschaftlichen Höhepunkte. Denn gerade im Bereich der Imster Schlucht war früher eine doch etwas aufwendigere Umfahrung, verbunden mit einem kräftigen Anstieg auf die Terrassen von Karres, notwendig. Seit dem Jahr 2007 kann man aber von Roppen vollkommen eben am Inn entlang weiter rollen und mühelos neben der Bahn den Imster Bahnhof erreichen. Notwendig war dazu der Bau einer eigenen Brücke über den Inn.

So verläuft die Runde: Von der Bundesstraße Einfahrt nach Roppen. Großer Parkplatz unterhalb der Kirche. Durch das Dorf, kurz vor der Bahnhaltestelle durch die Unterführung und nach links zur Innbrücke. Bei der Einmündung in den Inntal-Radweg wiederum links bis zum neuen Sportplatz. Links daran vorbei und Einfahrt in die Imster Schlucht. Über die neue Brücke und enge Unterführung und nun entlang des Bahnkörpers zur Mündung der Pitzenklamm und weiter zum Bahnhof Imst/Pitztal (km 6,5). Beim Schranken auf dem zerbröckelnden Asphalt der alten Pitztaler Straße hinauf bis zur Einmündung in die Landesstraße bei der Gewerbezone. Ein guter Kilometer muss im Verkehr zurückgelegt werden. In Arzl (km 9) bei Beschilderung Leins-Wald links ab, zwei Kurven abwärts, bis schon der grüne Wegweiser zu der nach unserem Schi-Idol Benni Raich benannten Pitzenklamm-Hängebrücke weist.
Ein kurzer Waldweg führt zu dem eindrucksvollen Bauwerk, welches den Schluchtgrund in hundert Meter Höhe überspannt und bei den Bungee-Jumpern keine geringe Mutprobe darstellt (gesprungen wird von Donnerstag bis Sonntag). Über die Prügelstufen hinauf zum wieder fahrbaren Weg. In Wald (km 11) beim Brunnen sofort links abwärts nach Niederwald und bereits wieder Richtung Roppen – über schöne Geländestufen mit herrlichen Ausblicken auf Imst und das Gurgler Tal – nach Waldele und Obbruck zurück zum Ausgangspunkt.

Viele Varianten möglich: Wer hier einmal eine Runde geradelt ist, kommt gleich selber drauf, dass es noch eine Menge an Verlängerungsmöglichkeiten und Varianten gibt. Zum einen kann man die hier beschriebene Runde gleich in der umgekehrten Richtung angehen. Das heißt, man radelt von Roppen in einem Zug über Obbruck und Waldele hinauf nach Wald. Durchgehende, aber angenehme Steigung, alles auf Asphalt. Von Wald über die Hängebrücke nach Arzl, hinunter zum Bahnhof Imst und zurück auf dem Inntal-Radweg durch die Imster Schlucht. Ein kleiner Vorteil dabei ist, dass der eine Kilometer auf der Bundesstraße von Arzl herunter zum Bahnhof Imst in der Abfahrt viel schneller überwunden ist. Verlängerungsmöglichkeit gibt es in Wald, indem man talein bis Jerzens oder Wenns radelt. Oder man fährt vom Bahnhof Imst noch hinauf nach Karres und am obersten Dorfrand auf schönem Fahrweg oberhalb der Karrer Höhe bis zur Siedlung Trankhütte und zurück nach Roppen.

Durch den Sautener Forchet: Leicht anhängen lässt sich, wiederum von Roppen ausgehend, eine feine Runde durch den Forchet genannten Kiefernwald hinauf nach Sautens Dorf und zurück. Beginn unterhalb des Parkplatzes in Roppen, am angezeigten Radweg nach rechts, weiter bis Ötzbruck, hier rechts durch die Unterführung und auf dem beschilderten Weg hinauf zur Bundesstraße, die 100 m weiter rechts gequert wird. Dann durch den Wald nach Sautens, längerer Anstieg durch das Dorf zur Verbindungsstraße nach Roppen.

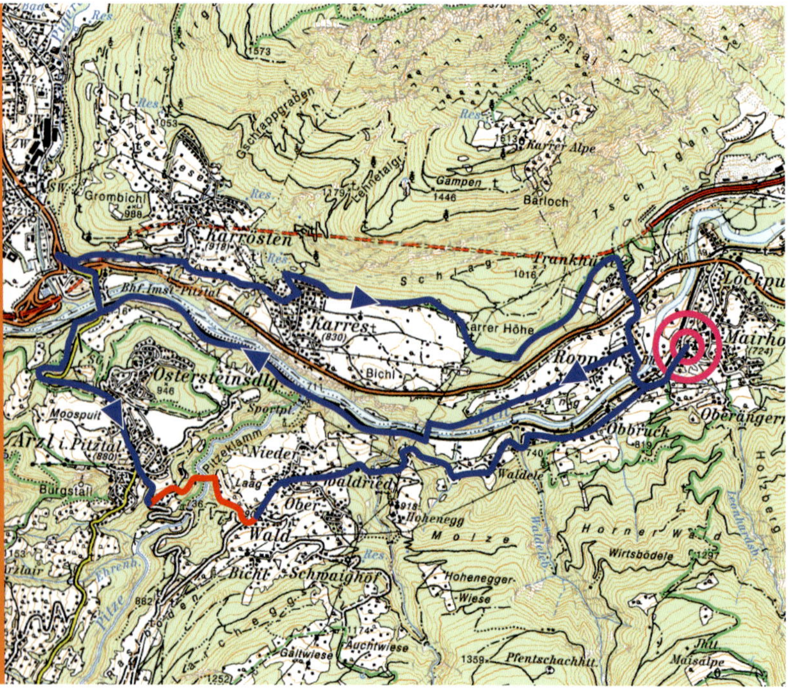

18 Rund um den Sautener Forchet

Der verträumte Piburger See mit Blick zur Achplatte.

An der Talmündung des Ötztals lassen sich besonders feine Radrunden kombinieren: erst entlang der wild dahinstürmenden Ache, dann eine kurze Bergstrecke zum verträumten Piburger See und zum Ausklang neben dem Inn, mit einer erfrischenden Kneippkur.

Ausgangspunkt: Ötztal-Bahnhof (704 m)

Streckenführung: Ötztal-Bahnhof - Forchet - Ötztal-Trail - Brunau - Oetz - Piburger See (914 m) - Piburg (959 m) - Haderlehn - Sautens - Roppen - Römerbadl - Schlierenzau - Ötztal-Bahnhof

Länge, Fahrzeit, Hm.: 30 km, 2:30 bis 3 Stunden, 250 Höhenmeter. Runde über Sautens, ohne Piburger See, 20 km, 1:30 Stunden.

Steilheit: Auffahrt zum Piburger See 10 % bis 12 %

Wegbeschaffenheit: Asphaltierte Radwege und gute Forststraßen.

Höchster Punkt: Piburg (959 m)

Charakter/Tipp: Die feine Rad-Entdeckungsfahrt entlang der Ötztaler Ache, verbunden mit dem kurzen Bergsprint hinauf zum Piburger See, sollte man mit einer erfrischenden Kneippkur im Römerbadl am Inn ausklingen lassen.

Als Forchet wird jener Kiefernwald zwischen Haiming, Sautens und Roppen bezeichnet, der den gewaltigen Bergsturz des Tschirgant überdeckt. Zwischen diesen drei Orten am Eingang des Ötztals und entlang der naturnahen Flusslandschaft von Ötztaler Ache und Inn verläuft diese nette Mountainbike-Runde, die sich nach Belieben und eigener Findigkeit ausdehnen lässt. Wem auf dieser Strecke die Steigungen abgehen, kann von Oetz noch zum Piburger See hinauftreten und danach wieder in die Rundstrecke einsteigen.

Start ist unmittelbar am Bahnhofsvorplatz in Ötztal-Bahnhof. Erstes Schaustück ist der Mountainbike-Trail entlang der sich oft recht wild gebärdenden Ötztaler Ache, wo man vom sicheren Ufer aus die Raftingboote im Kampf mit den Wellen beobachten kann. Nur kurz und nicht sonderlich anstrengend ist der Abstecher hinauf zum idyllischen Piburger See, wo eine Schiebestrecke angezeigt ist. Dann folgt aber eine lange Abfahrt über Haderlehn und Sautens hinunter nach Roppen zum Inn, wo man beliebig – am Inntal-Radweg links

Das Römerbadl am Inn lädt zum erfrischenden Kneippbad.

bis Schlierenzau oder, etwas kürzer, über die Hängebrücke am rechten Ufer zurück nach Ötztal-Bahnhof radelt.

So läuft die Runde: Vom Bahnhofplatz in Ötztal-Bahnhof nach Westen bis kurz vor die Betonkirche und stets der Beschilderung Ötztal-MTB-Trail 11 folgend auf einem Waldweg zur Ötztaler Ache und entlang des zur Zeit der Schneeschmelze mächtig schäumenden Wildflusses talein. In Brunau wird die Ache überquert, weiter bis Ambach. Es folgt die einzige längere Steigung auf der Landesstraße hinauf nach Sautens bis in Höhe der Kirche, dann nach rechts durch den Ort und auf einem schmalen Asphaltsträßchen im Kiefernwald abwärts nach Roppen. Hier bleibt man ganz am westlichen Ortsrand, bis man im Talboden angelangt ist, fährt weiter innaufwärts, gleich nach dem Gasthof Stern durch die Bahnunterführung und kommt zu einer Brücke. Danach kurze Steigung hinauf zur Bundesstraße, aber noch vorher, genau bei der Auf-Wiedersehen-Tafel, trifft man auf den ab jetzt gut beschilderten Inntal-Radweg. Hier nach rechts und auf Schotter abwärts zum Innufer, wo man bald zu dem viel besuchten Römerbadl kommt.
Die Gratis-Kneippkur im stets 13 Grad „warmen“ Wasser erfrischt Wanderer und Radler gleichermaßen. Danach am asphaltierten Radweg weiter, bis ein Wegweiser eine Retourschleife nach rechts zur Fußgängerbrücke anzeigt. Wieder wird der Inn überquert, entlang des Bahndamms rollt man zurück nach Ötztal-Bahnhof.
Noch schöner ist es, wenn man am Inntal-Radweg bleibt, ganz nahe beim wild schäumenden Inn, dann hat man in Schlierenzau die nächste Möglichkeit, über eine Hängebrücke zum Ausgangspunkt zurückzugelangen (ca. 20 km).

Am Inn bei Roppen.

Die kürzeste Runde ab Ötztal-Bahnhof bis Roppen und zurück (nur beiderseits des Inns und ohne Sautens) ist mit einer Fahrzeit von 45 Minuten angegeben und auch für Kinder gut geeignet.

Bergsprint zum Piburger See: Damit man weiß, warum man ein Mountainbike mit 21 Gängen hat, kann man eine kurze Bergstrecke zum noch still ruhenden Piburger See anhängen. In Sautens beim Hotel Gisela nach links und am Ötztal-Trail weiter bis Oetz (km 9). Entweder auf der Asphaltstraße, aber schöner vom Sportplatz auf der Forststraße hinauf zum See (2 km Steigung, 200 Höhenmeter). Achtung: am schmalen Seeuferweg Radfahrverbot, also 10 Minuten schieben, bis der Asphaltweg nach Piburg erreicht ist. Nochmals Achtung: genau vor dem Hotel Seerose links aufwärts und in einer steilen Serpentine über Haderlehn zurück nach Sautens (plus 10 km).

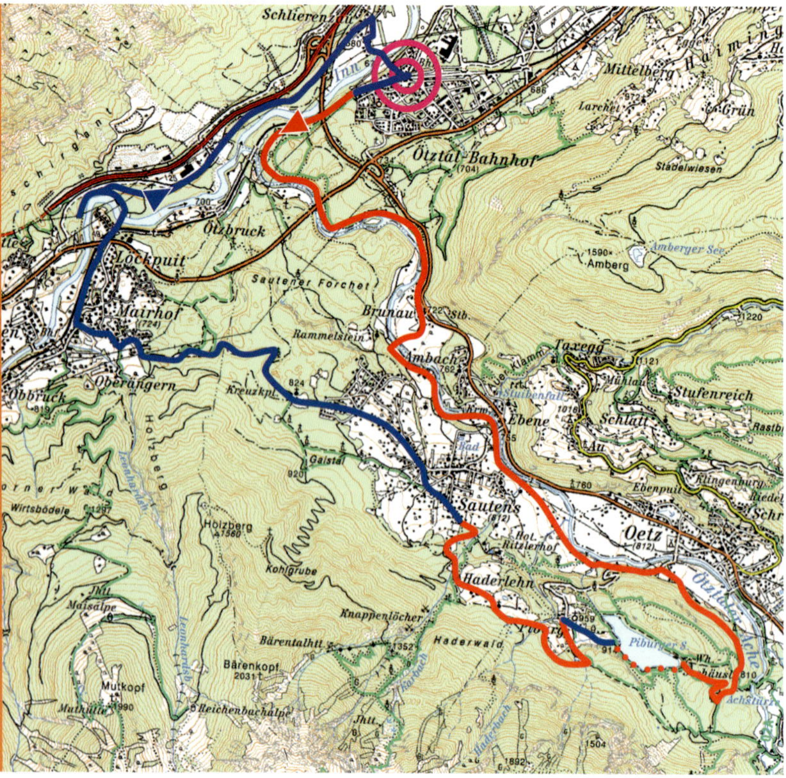

19 Von Jerzens auf den Hochzeiger

Blick von der Jerzener Alm zum Gemeindekopf.

Nach dem Ende der Bauarbeiten kann man wieder ungetrübtes Mountainbike-Vergnügen im Hochzeigergebiet genießen. Jetzt ist sogar die Auffahrt bis auf die Grathöhe am Sechszeiger möglich – und auch der Gipfel des Hochzeigers mit seiner gewaltigen Aussicht über das ganze Tiroler Oberland ist in Reichweite.

Ausgangspunkt: Jerzens (1107 m) oder Talstation der Hochzeigerbahn in Liss (1450 m)

Streckenführung: Jerzens – Kaitanger (1440 m) – Jerzner Alm, Mittelstation (2000 m) – Sechszeiger (Leiner Kögele) (2392 m)

Länge, Fahrzeit, Hm.: Bis Hochzeiger-Mittelstation 9,6 km (ab Kaitanger 5,8 km), 1:30 bis 2 Stunden, 900 Höhenmeter. Weiter zum Sechszeiger plus 4 km, 400 Höhenmeter, 0:45 bis 1 Stunde.

Steilheit: Am Asphalt bis Kaitanger 15 %, danach durchwegs 10 bis 12 %

Wegbeschaffenheit: Bis km 3 Asphalt, danach gute Naturstraße.

Höchster Punkt: Sechszeiger/Leiner Kögele (2392 m)

Charakter/Tipp: Will man zu Fuß dem Gipfel des Hochzeigers (2560 m) einen Besuch abstatten, wendet man sich von der Mittelstation nach Westen, folgt der Piste bis zum Schlepplift am Zollberg und steigt dort über den hier ansetzenden Grat auf gutem Weg zum Gipfel (560 Höhenmeter, 1:15 bis 1:30 Stunden).

Einkehrstationen: Tanzalm (Jerzener Alm), Bergrestaurant Mittelstation.

Die Tiroler Schigebiete präsentieren sich im Sommer oft als riesige Baustellen. Kanäle werden verlegt, Pisten begrünt, neue Liftseile spannen sich in die Höhe. So war es auch hier in Jerzens am Hochzeiger, wo im vergangenen Herbst in Windeseile unmittelbar auf der Grathöhe des Sechszeigers der bereits bestehende Speicherteich auf fast das Dreifache vergrößert wurde. Nicht gerade zur Freude des unwissenden Mountainbikers, der ununterbrochen von Betonmischern und Muldenkippern an den Wegrand gedrängt wurde, die zudem ihre aufgewirbelte Staubwolke hinterher schleppten. Doch damit sollte es ab der Saison 2010 vorbei sein. Die Bautätigkeiten müssten nach Plan im Herbst 2009 beendet sein, auch die vom Schwerverkehr in Mitleidenschaft gezogenen Wege sollten wieder instand gesetzt sein. Der Vorteil für den Mountainbiker besteht nun darin, dass er wieder ungestört in die Höhe radeln kann und sein Aktionsradius noch um eine Etappe erweitert wurde. Jetzt sogar bis zum Gipfel des Sechszeigers, was Gebietskenner für den wesentlich schöneren Abschnitt halten. Damit ergibt sich eine recht ausgiebige Bergstrecke, die zwar nicht übermäßig steil, aber doch mit 1300 Höhenmetern ziemlich ausgiebig ist. Abkürzen könnte man, wenn man das Asphaltstück zu Beginn auslässt und erst in Kaitanger/Liss auf das Rad steigt.

Seilbahn-Bergstation und Jerzener Alm.

Die Strecke: Durch das Pitztal über Wenns nach Jerzens. Angezeigter Parkplatz in Ortsmitte oder Auffahrt zur 350 m höher liegende Talstation der Hochzeiger-Gondelbahn. Mit Start in Jerzens folgt man zuerst der Straße zur Talstation für eine lange Kehre, zweigt in der zweiten Haarnadelkurve rechts ab (MTB-Wegweiser) und fährt auf Asphaltwegen – wesentlich steiler (15 %), aber verkehrsfrei – bis zur neuerlichen Einmündung in die Straße kurz vor dem Spa-Hotel Panorama in Kaitanger (km 3,2). Dort Abzweigung links auf MTB-Route 608 zur Jerzener Alm, auch als Tanzalm bezeichnet, knapp unterhalb der Mittelstation der Gondelbahn.

Der breite Fahrweg windet sich in vielen Kehren durch den Wald, der anfangs noch wenig von der Aussicht hergibt. Das freie Wiesen- und Pistengelände befindet sich stets rechts, von den Kehren führen mehrere Stichstraßen dorthin, unter anderem auch zum etwas unterhalb der Seilbahnstation liegenden Hochzeigerhaus. Man bleibt aber so lange am Hauptweg, bis nach einer kurzen Doppelkehre die Richtung nach rechts zur Jerzener Alm und der benachbarten Bergstation angezeigt ist.

Zum Sechszeiger: Will man auf den Sechszeiger, verlässt man nach der erwähnten Doppelkehre den Fahrweg nach links, folgt der Beschilderung zur Rodelbahn oder zur Kälberalm, welche bereits im freien Almgelände liegt und nach einer lang gestreckten flachen Serpentine erreicht wird. Danach geht es direkt im Gipfelhang hinauf zum Speichersee knapp unter dem Leiner Kögele. Die Almen sind bewirtschaftet, ebenso das Bergrestaurant bei der Mittelstation.

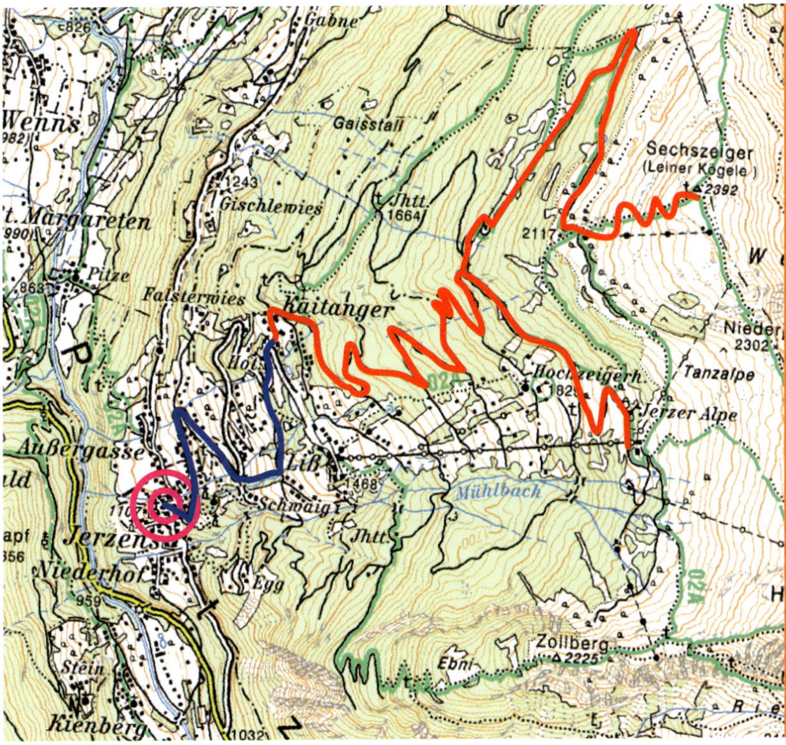

Gipfelkreuz am Frudiger.

Am Hochzeiger mit Wildgrat.

Start in die Frühjahrssaison mit der Auffahrt von Roppen ins Pitztal.

Die Dawinalpe oberhalb von Strengen.

Mächtig rauscht der Stuibenfall.

Im Seebensee spiegeln sich die Südabstürze der Zugspitze.

20 Zur Söllbergalm im Pitztal

Die letzten Meter zur Söllbergalm.

Steil hinauf durch dichten Wald zu einem eindrucksvollen Aussichtspunkt führt diese kurze, anstrengende Tour bei St. Leonhard im Pitztal: Von der Söllbergalm kann man seinen Blick über die Gebirgskette des Geigenkamms schweifen lassen und den mächtigen Fundusfeiler bestaunen.

Ausgangspunkt: Wiese (1182 m)

Streckenführung: Wiese – Söllbergalm – Wiese

Länge, Fahrzeit, Hm.: 12 km, 1:45 Stunden, 670 Höhenmeter.

Steilheit: Durchwegs recht steil zu fahren, einige Wegstücke in angenehmer Steigung.

Wegbeschaffenheit: 0,5 km Asphalt; 11,5 km Forstweg

Höchster Punkt: Söllbergalm (1849 m)

Charakter/Tipp: Kurze, anstrengende Tour auf eine schön gelegene Almhütte mit wunderbarer Aussicht. In Wiesen, in der Kehre nach einer kleinen Kapelle, befindet sich rechts oben ein Parkplatz, von dem aus man in 15 Minuten zum Söllbachwasserfall gehen kann.

Einkehrstationen: Söllbergalm (1849 m): geöffnet Anf. Juni bis Ende Oktober.

So kommt man hin: Von der Autobahnabfahrt Imst/Pitztal folgt man den Schildern ins Pitztal bis Wiese. Kurz vor dem Ortsschild zweigt rechts eine asphaltierte Forststraße ab, die mit einem hölzernen Wegweiser zur Söllbergalm markiert ist. Auf dieser fährt man ca. 300 m aufwärts, wo sich entlang der Forststraße einige Parkmöglichkeiten befinden.

Anstrengende Auffahrt: Von hier geht's mit dem Rad zuerst die Forststraße weiter bergan. Nach dem ersten Stück, das an einem Steinbruch vorbeiführt, gestaltet sich die Strecke als richtig schöne Mountainbike-Tour. Sie folgt immer dem Forstweg zur Söllbergalm. Im unteren Teil führt der Weg durch sehr dichten Wald. Nur ab und zu öffnet sich ein Blick auf die gegenüberliegenden Berge. Trotz der ostseitigen Ausrichtung des Weges ist die Strecke wegen der hohen Bäume auch vormittags recht schattig. Neben dem Weg fällt das Gelände oft sehr steil ab, da der Forstweg in einen Steilhang hineingebaut wurde. Dazu kommt, dass der Weg abschnittsweise mit größeren Steinen übersät ist.
Die Auffahrt ist dementsprechend anstrengend. So kämpft man sich Meter für Meter bergauf. Im oberen Teil gibt es dann auch immer wieder flachere Stücke, die etwas Erholung bieten. Es finden sich auch ab und zu Lichtungen, die einen Durchblick ermöglichen und so die imposante Bergwelt erahnen lassen. Auf einer Höhe von ca. 1600 m kommt man an einem kleinen Wasserfall vorbei. Schon von Weitem hört man sein Rauschen. Von dort sind es nur mehr ein paar Kehren und dann sieht man auch schon die kleine Hütte der Söllbergalm.

Söllbergalm und Abfahrt: Die nette Hütte hat eine schöne Terrasse. Hier kann man sich bei guten hausgemachten Spezialitäten von der anstrengenden Auffahrt erholen und die traumhafte Aussicht auf den Geigenkamm mit

Beim Abfahren ist wegen der Unebenheiten Vorsicht geboten.

dem mächtigen Fundusfeiler als Blickfang genießen. Wer noch mehr von der schönen Landschaft haben will, kann auch noch weiterwandern. Eine kleine Runde von ca. 300 Höhenmetern führt über die Mauchele Alm zum Brechsee und wieder zurück zur Söllbergalm.
Abgefahren wird auf dem gleichen Weg. Da der Forstweg teils recht grobsteinig ist, sollte man vorsichtig fahren und aufpassen.
Beim Schotterwerk geht es dann noch einmal ganz leicht bergauf und schon ist man wieder beim Ausgangspunkt.
Wer will, kann sich nach der Tour noch den Söllbachwasserfall anschauen. Der Parkplatz dafür befindet sich in Wiese, in der Kehre nach einer kleinen Kapelle. Von dort aus gelangt man dann in ca. 15 Minuten zum Wasserfall.

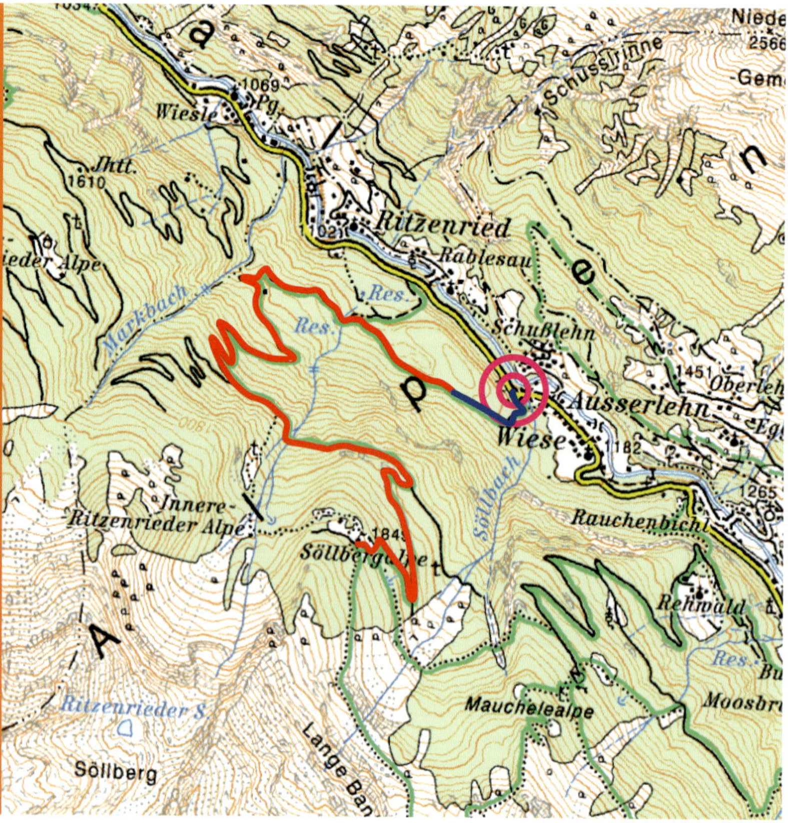

21 Aufs Lehnerjoch im Pitztal

Auffahrt zur Ludwigsburger Hütte mit Blick zur Rofelewand.

Eine typische Bergtour, wo das Mountainbike eine große Hilfe ist. Denn von Zaunhof bis zur Ludwigsburger Hütte und weiter, bis auf eine Höhe von 2300 Metern, führen gut fahrbare Wege bis zu den Lawinenverbauungen unterhalb des Hohen Gemeindekopfes (2771 m).

Ausgangspunkt: Hairlach oder Zaunhof, Parkplatz für Hüttenbesucher am oberen Dorfrand (1265 m)

Streckenführung: Zaunhof – Ludwigsburger Hütte (1935 m)
- Lehner Panorama-Alm (1980 m)
- Lawinenverbauungen (ca. 2300 m)
- Hoher Gemeindekopf (2771 m)

Länge, Fahrzeit, Hm.: Ab Hairlach 7 km, 1:15 bis 1:30 Stunden, 730 Höhenmeter, plus 4 km und 300 Höhenmeter zu den Lawinenverbauungen.

Steilheit: Großteils 10 % bis 12 %, kurze Abschnitte etwas steiler.

Wegbeschaffenheit: Gute Forststraße.

Höchster Punkt: Ludwigsburger Hütte, Panorama-Alm (1980 m)

Charakter/Tipp: Ideale Bike-und-Hike-Tour, bei der fast zwei Drittel der Strecke mit dem Rad bewältigt werden können. Vom Ende des Fahrwegs zum Hohen Gemeindekopf (2771 m) 1:15 bis 1:30 Stunden, 500 Höhenmeter.

Aber auch ohne Gipfelambitionen ist ein Besuch der Ludwigsburger Hütte oder der knapp darüber liegenden Panorama-Alm ein lohnender Bike-Ausflug im mittleren Pitztal. Je nachdem, wie Sie diese Tour in Angriff nehmen wollen, zu Fuß oder mit dem Mountainbike, es bleibt – für den Aufstieg zumindest – gehupft wie gesprungen. Mit dem Rad braucht man nämlich fast gleich lange wie ein Fußgänger auf dem direkten Steig zur Ludwigsburger Hütte, der die langen Kehren immer geradeaus abschneidet. Dafür führt der Fahrweg oberhalb der Hütte durch die Hänge der Oberlehner Alpe noch 4 km weiter und von seinem Ende ist es nur mehr eine gute Stunde auf den Gemeindekopf. Der Vorteil des Mountainbikes eröffnet sich dann erst so richtig bei der Abfahrt. Aber auch ohne Gipfelambitionen ist die Fahrt mit dem Bergrad zur Ludwigsburger Hütte oder zur unmittelbar darüber liegenden Panorama-Alm bei den Einheimischen sehr beliebt, zählt die Auffahrt doch eher zu den leichteren Strecken im Pitztal. Aber auch „leicht" ist relativ. Denn die Steigung bewegt sich zwischen 10 und 12 %, aber anhaltend, nur ganz kurze Passagen sind steiler, der Schotterweg, eher von der gröberen Sorte, ist trotzdem gut zu fahren.

Wegteilung bei der Panorama-Alm.

Die Strecke: Ins Pitztal bis Wiese und links hinauf nach Zaunhof. Für Besucher der Ludwigsburger Hütte (früher Lehnerjochhütte) gibt es einen eigenen Parkplatz im oberen Teil des Dorfes, gleich oberhalb der Feuerwehr. Als Radler fährt man besser auf der Pitztaler Landesstraße bei der Einfahrt nach Zaunhof vorbei und auf der Landesstraße noch ein Stück weiter bis unmittelbar nach dem Tunnel. Spätestens in Hairlach steigt man in den Sattel. Auffahrt Richtung Zaunhof, beim Hotel Hot Piz auf der oberen Straße weiter nach Oberlehn und dann kommt man nicht mehr aus. Wanderer werden mit vielen Wegweisern auf alle längeren und kürzeren Möglichkeiten aufmerksam gemacht und landen dann direkt vor der Haustür der Ludwigsburger Hütte.
Der Radler kann sich unmittelbar vor dem Ziel entscheiden, ob er am Scheitelpunkt 200 m zur Hütte

abwärts rollt oder in der gleich oberhalb liegenden Panorama-Alm einkehrt. Mit dem Weg zum Gipfel des Hohen Gemeindekopfes verhält es sich gleich wie bereits zuvor gesagt. Der Fußsteig kürzt ab der Hütte alle Fahrwegschleifen ab und steuert geradewegs den Gipfel an. Am Fahrweg kann man aber noch gut 4 km in der gewohnten Steigung und in weit ausholenden Schleifen in den Hängen unterhalb des Lehner Jochs weiterfahren, bis zu seinem Ende bei den Lawinenverbauungen. Von dort geht es noch eine gute Stunde zu Fuß. Beim Rückweg kann der Mountainbiker dann alle seine Trümpfe ausspielen.

Gipfelmöglichkeiten: Für Bergsteiger bietet sich im Gebiet der Ludwigsburger Hütte noch eine Vielzahl von Gipfeln und Höhenwegen an: Schafhimmel, Wildgrat, Kreuzjöchlspitze, Fundusfeiler, die Lehner Grieskögel und, nicht zu vergessen, der ausgiebige St. Leonharder Höhenweg, der an den Hängen des Geigenkamms talein zieht.

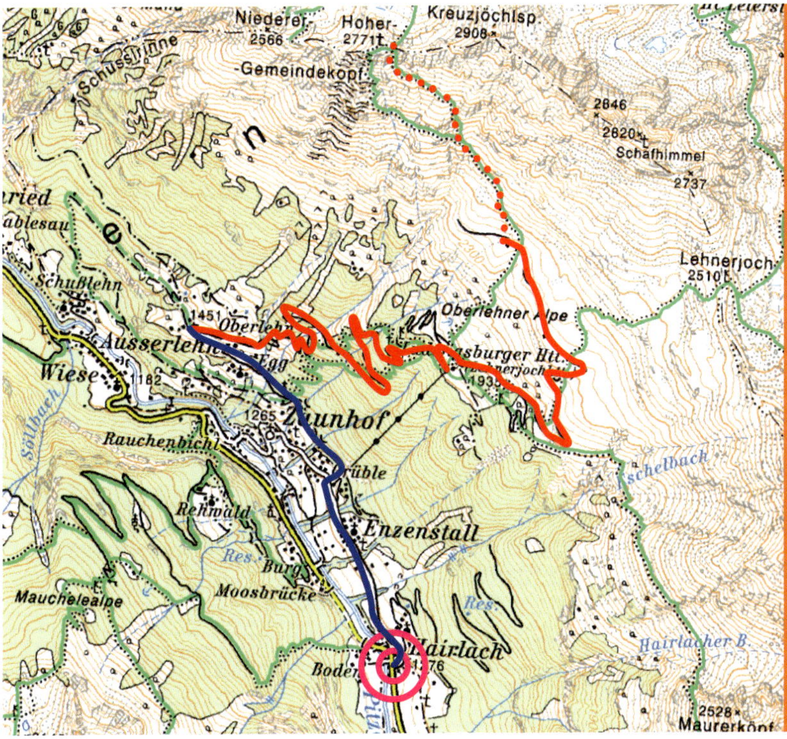

22 Im Pitztal zur Tiefentalalm oder Arzler Alm

Die kleine Arzler Alm im Pitztal.

Wer die Wahl hat, hat die Qual: entweder auf die Tiefentalalm, wo man sich neben weidenden Pferden an einem Gebirgsbach erholen kann; oder auf die Arzler Alm, die mit einem herrlichen Ausblick auf die Hohe Geige lockt. Die Mühe lohnt sich allemal – und die Abfahrt ist von beiden Hütten ein Genuss.

Ausgangspunkt: Piösmes (1391 m)

Streckenführung: Piösmes – Tiefentalalm – Piösmes oder Piösmes – Arzler Alm – Piösmes

Länge, Fahrzeit, Hm.: Tiefentalalm: 9 km, 1:30 Stunden, 500 Höhenmeter; Arzler Alm: 8 km, 1:15 Stunden, 495 Höhenmeter.

Steilheit: Tiefentalalm: Durchwegs angenehme Steigung bis auf das letzte sehr steile Stück nach dem Wasserfall.

Arzler Alm: Durchwegs angenehme Steigung.

Wegbeschaffenheit: Durchgehend Forstweg.

Höchster Punkt: Tiefentalalm (1880 m) oder Arzler Alm (1875 m)

Charakter/Tipp: Kurze Tour auf eine der beiden Almhütten.

Einkehrstationen: Tiefentalalm (1880), geöffnet von Anf. Juni bis Anf. Oktober; Arzler Alm (1875), geöffnet von Anf. Juni bis Anf. Oktober.

So kommt man hin: Man verlässt die Inntalautobahn bei der Abfahrt Imst/Pitztal und fährt ins Pitztal nach St. Leonhard. Parken kann man kurz vor dem Ortsschild Piösmes auf der rechten Straßenseite, gleich nachdem man zwei kurze Tunnels durchfahren hat.

Gleicher Start für beide Almen: Nun geht es mit dem Rad über die Brücke (das folgende Gatter bitte wieder schließen!) und dann gleich links auf dem breiten Forstweg (Wegweiser Arzler Alm/Tiefental Alm) weiter. Bei km 1,1 kommen MTB-Wegweiser, bei denen man sich entscheiden muss, auf welche der beiden Almen man radeln will.

Tiefentalalm: Auf die Tiefentalalm folgt man dem MTB-Wegweiser 612 Fallwand/Tiefental und fährt somit geradeaus weiter. In angenehmer Steigung geht es stetig aufwärts bis zu einem schönen Wasserfall. Der Weg führt durch den Wald, gibt aber immer wieder einen Blick auf die umliegende Bergwelt frei. Vom Wasserfall ist es nicht mehr weit zur Tiefentalalm. Dieses Stück aber hat es in sich: Es ist ziemlich steil und anstrengend. Man ist froh, wenn man oben bei der Alm angekommen ist und genießt es, sich bei einem erfrischenden Getränk erholen zu können. Die Hütte liegt direkt am Bach. Dort ist auch ein kleiner Streichelzoo und gleich hinter der Alm grasen ein paar Haflinger.

Arzler Alm: Wer auf die Arzler Alm will, der biegt beim genannten Wegweiser links ab und folgt der MTB-Route 611 Arzler Alm und Tiefental. Auch hier geht die Tour aufwärts durch den Wald und man hat immer wieder einen wunderbaren Ausblick auf die Berge der Umgebung. Von der Steigung her ist diese Tour weniger anstrengend, weil

Bei der Auffahrt auf die Tiefentalalm.

es kein wirklich steiles Stück gibt. Die Strecke wurde kürzlich ausgebessert, ist nun also etwas leichter zu fahren. Die kleine Hütte sieht man erst relativ spät. Von den Bänken vor der Hütte kann man die wunderbare Aussicht genießen. Beeindruckend ist dabei vor allem der Gipfel der Hohen Geige.

Retour ins Tal: Die Abfahrt ist von beiden Almen ein reiner Genuss. Viel zu schnell kommt man wieder unten beim Auto an. Wer will, kann natürlich die Abfahrt bei km 1,1 unterbrechen und von dort aus auch gleich die zweite Alm besuchen. Dann fährt man eben an die 370 Höhenmeter mehr.

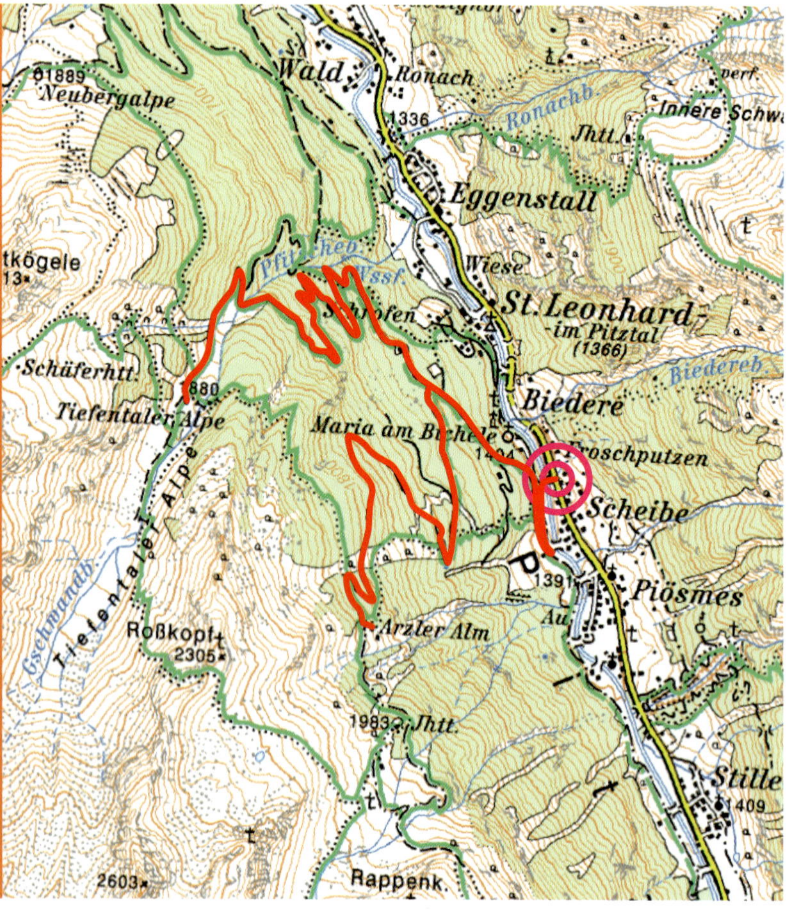

23 Wo der Stuibenfall herkommt

Der Wirt radelt selber gerne zu „seiner“ Guben-Schweinfurter-Hütte.

Feine Mountainbike-Tour ins Horlachtal zur Guben-Schweinfurter-Hütte. Konditionsstarke starten bereits in Umhausen, Genussradler sparen sich den ersten Teil des Anstiegs und beginnen weiter oben in Niederthai. Ein Abstecher zu Tirols größtem Wasserfall sollte diese schöne Radtour abrunden.

Ausgangspunkt: Umhausen, Murplatz (1030 m) oder Niederthai (1538 m)

Streckenführung: Umhausen – Umhausener Höhenweg – Niederthai – Bergmähderweg – Larstighöfe – Guben-Schweinfurter-Hütte

Länge, Fahrzeit, Hm.: Umhausen – Niederthai: 6 km, 1 bis 1:15 Stunden, 500 Höhenmeter. Niederthai – Guben-Schweinfurter-Hütte: 6,5 km, 1 bis 1:15 Stunden, 500 Höhenmeter. Insgesamt 12,5 km, 2:30 bis 3 Stunden, 1000 Höhenmeter.

Steilheit: Großteils um die 12 %, letzter Kilometer vor der Guben-Schweinfurter-Hütte 15 %

Wegbeschaffenheit: Gute Forststraßen, eine kurze Schiebe-Unterbrechung am Ende des Umhausener Höhenweges.

Höchster Punkt: Guben-Schweinfurter-Hütte (2034 m)

Charakter/Tipp: Der Weg ins Horlachtal ist auch von Wanderern stark frequentiert. Gut ausweichen kann man – wenigstens bis zu den Larstighöfen –, wenn man den auf der linken (nördlichen) Talseite verlaufenden Bergmähderweg benützt.

Einkehrstationen: Larstighof, Kleinhorlachalm, Guben-Schweinfurter-Hütte.

Ganz nach Belieben einteilen kann man sich diese Mountainbike-Tour ins Horlachtal zur Guben-Schweinfurter-Hütte. Zugegeben, am letzten Kilometer vor der Alpenvereinshütte muss sich jeder ein wenig plagen, sonst aber ist die Fahrt durchs Horlachtal ein wahrer Genuss. Auf keinen Fall auslassen darf man eine Besichtigung des Stuibenfalls, ganz gleich ob von oben oder von unten. Bester Zugang zu den neuen, ganz nahe über den stäubenden Kaskaden verankerten Aussichtskanzeln vom Gasthaus Stuibenfall in Niederthai. Wer sich nicht überanstrengen möchte, beginnt heroben in Niederthai und radelt in angenehmer Steigung immer entlang des schäumenden Baches bis zu der in die blühenden Almrosenhänge gebetteten Schutzhütte. Für den trainierten Bergradler ist diese Fahrt aber noch keine echte Herausforderung. Dazu muss er schon direkt in Umhausen aufs Rad steigen und die steile Flanke hinauf nach Niederthai über den super zu fahrenden Umhausener Höhenweg überwinden. Dann kommt er auf genau 1000 Höhenmeter. Die Abfahrt dagegen lässt sich wiederum für jeden voll ausschöpfen, selbst wenn das Auto in Niederthai geparkt ist. Man kann beliebig bis ganz nach Umhausen herunterrollen und dann mit dem im Zweistundentakt verkehrenden Taxibus nach Niederthai zurückfahren.

Die Strecke: Ins Ötztal nach Umhausen und in 7 km nach Niederthai. Neu angelegter Großparkplatz unmittelbar nach der Kirche am Beginn des Weges ins Horlachtal. Sanft beginnt die Steigung entlang des schäumenden Baches. Nach 3,5 km ist der Larstighof erreicht, wo die Steigung um eine Spur zunimmt. Als nächstes passiert man die Zwieselbachalm, hinter welcher der Weg gehörig aufzusteigen beginnt. Mit der Guben-Schweinfurter-Hütte im Blickfeld merkt man, wie lang sich ein einziger Kilometer ziehen kann. Wer noch jeden fahrbaren Meter ausschöpfen will, kann von der Guben-Schweinfurter-Hütte noch 2 km weiter bis zum Isseboden im Zwieselbachtal radeln.

Umhausener Höhenweg: Einfahrt von der Bundesstraße nach Umhausen und nach dem Gasthof Andreas Hofer links zum großen Parkplatz. Unmittelbar am Schützenheim vorbei hat man schon richtig eingefädelt. Durch Roßlach aufwärts bis zur Weggabelung am Asphaltende. Rechts zweigt die alte Fahrstraße ab, man bleibt jedoch links (verblasste MTB-Markierung) und kommt bald in das große Becken des Murbachs. In breiten Kehren windet sich der Weg in die Höhe, bis er in einer langen Gerade in Richtung Niederthai einschwenkt. Aufpassen: Die Schotterstraße wird schon vor ihrem Ende verlassen. Auf dem breiten Fußsteig kurz bergauf, dann am unmittelbar darüber liegenden Wiesenweg zur Einmündung in die Asphaltstraße nach Niederthai.

Rückfahrt: Bis zum Larstighof am Talweg, dann aber besteht die Möglichkeit, auf den von den Wanderern viel weniger frequentierten Bergmähderweg auszuweichen. 500 m nach Larstig rechts über die Brücke, ein kurzes Stück sehr steil bergauf, bis der Weg wieder fahrbar wird und jetzt auf der rechten Talseite auf ebenfalls gutem Weg zurück nach Niederthai. Nun hat man noch die Wahl, auf der glatten Asphaltstraße nach Umhausen hinunterzuflitzen oder den zu einer prächtigen Forstautobahn ausgebauten Umhausener Höhenweg zu benützen.

Niederthai am Ausgang der Horlachtals.

Abfahrt über den Umhausener Höhenweg: In Niederthai auf der Asphaltstraße bis zum Veitenhof, rechts vorbei bis zu einem einzelnen Haus mit Wagenrad (Wegweiser Umhausen) und hier rechts ein kurzes Stück auf dem mit hohem Gras bewachsenen Wiesenweg bis zur Einmündung in eine breite Forststraße mit feinstem Schotterbelag. Prächtig rollt man erst lange parallel zum Talboden mit schönem Tiefblick ins Ötzidorf, bis sich der Weg in vielen Kehren hinuntersenkt zum Murbach und ins Dorf. Nach Niederthai fahren die Taxibusse von Umhausen täglich ab dem Gasthof Andreas Hofer um 12.15, 14.15, 16.15 und 17.35 Uhr.

24 Ötztaler Almen bei Längenfeld

Der Hauerkogel thront über der Innerbergalm.

Die Berghänge, die den Talkessel von Längenfeld einrahmen, lassen auf den ersten Blick noch gar nicht erahnen, dass oberhalb der Waldgrenze so schöne Almen liegen: die Stabele- und die Innerbergalm sowie, weiter talein, die Breitlehnalm; alle drei sind zur Almzeit gut bewirtschaftet.

Ausgangspunkt: Längenfeld, Ortsteil Winklen (1154 m) oder Köfels (1401 m) Zufahrt von Umhausen

Streckenführung: Winklen (1154 m) – Wurzbergalm (1573 m) km 4 – Leckalm (2010 m) 8,5 km – Stabelealm (1920 m) km 9,5 – Innerbergalm (1982 m) km 10

Länge, Fahrzeit, Hm.: 10 km, 2:30 Stunden, 900 Höhenmeter bis Innerbergalm, plus 1 km, 100 Höhenmeter Gegenanstieg bei Retourfahrt.

Steilheit: Durchwegs 12 % bis 15 %

Wegbeschaffenheit: Gute Forstwege.

Höchster Punkt: Leckalm (2010 m)

Charakter/Tipp: Mit dem Einstieg in Köfels wird die Strecke um 2 km kürzer, man macht 250 Höhenmeter weniger. Nicht vergessen: der Wöckelwarte am Gipfel des Rauhen Oppen einen Besuch abstatten!

Einkehrstationen: Wurzbergalm, Stabelealm, Innerbergalm.

Die an den steilen Seitenhängen des Ötztals gelegenen Almen sind heutzutage alle mit guten Forstwegen erschlossen und auch für den Mountainbiker gut erreichbar. Leicht wird es ihm aber nicht gemacht, denn 1000 Höhenmeter verlangen allemal einen gehörigen Einsatz. Der gut ausgebaute Fahrweg zur Innerbergalm windet sich in vielen kurzen Kehren über den Hang des Felderkogels empor bis zur Leckalm, dann folgt eine Abfahrt zur Stabelealm, von wo die Innerbergalm bereits in Sichtweite ist. Unbedingt sollte man noch auf den Rauhen Oppen steigen, einen Almrosenhügel genau über der Innerbergalm, der von einem kleinen Aussichtspavillon, der Wöckelwarte, gekrönt ist. Von hier hat man einen umfassenden Tiefblick auf Längenfeld und das halbe Ötztal.

Gar nicht so leicht ist die Qualifizierung des Schwierigkeitsgrades und die Einschätzung der Fahrzeit auf den verschiedenen Mountainbike-Strecken. Zu unterschiedlich sind die Voraussetzungen und das Leistungsvermögen der Bergradler. Trainingszustand, Fahrkönnen, Alter und eine Menge anderer Faktoren lassen jeden Radsportler dieselbe Strecke ganz anders empfinden. Oft wurde mir schon geklagt, dass die bewusste Route als viel zu leicht angegeben wurde.

Die Stabelealm, gut erkennbar der Gegenanstieg beim Rückweg.

Auch hier – auf dem Weg zur Innerbergalm – bin ich wieder in einer Zwickmühle, denn auf den offiziellen MTB-Wegweisern ist die Strecke als „schwierig/extrem" angegeben. Objektiv betrachtet ist die Auffahrt aber um nichts schwerer als auf den meisten gewohnten Fahrwegen in den Almregionen. Natürlich – 10 km ununterbrochen bergauf müssen erst bewältigt werden und jeder weiß ja selber, wie sehr sich ein steiler Bergkilometer in die Länge ziehen kann. Aber die Naturfahrbahn ist tadellos und die Steigung mit durchschnittlich 12 % ebenfalls im üblichen Bereich. Von „extrem" also keine Rede. Ein klein wenig leichter machen kann man es sich trotzdem, wenn man nicht im Längenfelder Talbecken in Winklen, sondern vom doch um 250 m höher liegenden Köfels aus startet, dann ist man relativ rasch bei der Wurzbergalm, wo es erst richtig losgeht.

Die Strecke: Großer Parkplatz gleich bei der Einfahrt von der Ötztaler Bundesstraße in Au nach Winklen. Noch kurz auf Asphalt, der Beschilderung folgend, zum Beginn der Steigung zur Wurzbergalm. In breit ausgebauten Kehren überwindet man die ersten 400 Höhenmeter (Abzweigung und kurzer Abstecher zur Wurzbergalm rechts), weiter geht es jetzt wesentlich steiler und in vielen kurzen Kehren in Richtung Stabelealm. Oberhalb der Waldgrenze, bei der kleinen Hütte der Leckalm, hat man die höchste Höhe erreicht, zur Stabelealm senkt sich der Weg sogar um 100 Höhenmeter bergab.
Nur mehr flach geht es weiter in einen großen Almkessel zur Innerbergalm. Bei der Retourfahrt hat man nochmals die Gegensteigung zu bewältigen.

Abkürzen lässt sich die ganze Sache, wenn man in Köfels (Auffahrt von Umhausen) startet. Großer Parkplatz (gebührenpflichtig, 3,- Euro) links unterhalb des Weilers. Am besten folgt man dem beschilderten Sommerweg

zur Wurzbergalm, der großteils gut fahrbar ist und den Normalbiker nur für ein kurzes Stück zum Absteigen und Schieben zwingt. Gleich nach der Wurzbergalm biegt man in den zur Stabelealm führenden Fahrweg ein (von Köfels 2,5 km, 175 Höhenmeter, 30 Minuten).

Zur Wöckelwarte: Ein gewisser Herr Wöckel, ein langjähriger Urlaubsgast des Ötztals, hat diesen netten Aussichtspavillon gespendet, der inmitten der Almrosenhänge auf der Hügelkuppe des Rauhen Oppen liegt. Das ganze Ötztal liegt dem Betrachter hier zu Füßen, dahinter, über dem Kar mit dem Hauersee, baut sich der mächtige Luibiskogel auf. Auch für den Bergradler ist es nur ein Katzensprung zu Fuß von der Innerbergalm hier herauf zu diesem feinen Rastplatz, auf den man nicht verzichten sollte. Man braucht 15 Minuten.

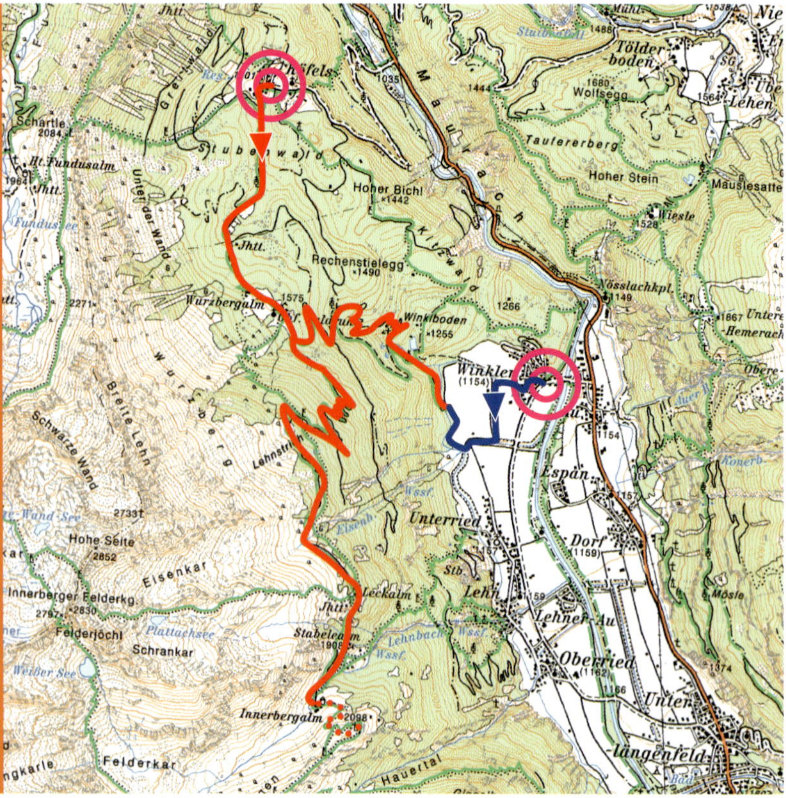

25 Die Breitlehnalm bei Huben

Das Hahlkogelhaus mit Blick auf Längenfeld.

Ein ungemein lohnendes Ziel für den Mountainbiker ist die Breitlehnalm oberhalb von Huben – und wie man es auch anlegt: Der acht Kilometer lange Almweg ist tadellos zu befahren. Besonders geeignet ist die Auffahrt als Vorbereitung zur Bergtour auf den Hahlkogel oder für einen Abstecher zum nahen Hahlkogelhaus.

Ausgangspunkt: Huben, Wasserpark (1189 m)

Streckenführung: Huben – Polltalalm (1840 m) – Breitlehnalm (1874 m)

Länge, Fahrzeit, Hm.: 8 km, 1:30 bis 1:45 Stunden, 750 Höhenmeter.

Steilheit: Durchwegs 10 % bis 12 %

Wegbeschaffenheit: Guter Forstweg.

Höchster Punkt: Breitlehnalm (1874 m)

Charakter/Tipp: Ideale Kombitour. Das Hahlkogelhaus liegt nahe und ist einen Abstecher wert, der darüber thronende Hahlkogel (2655 m) ist ein fantastischer Aussichtsberg, problemlos auf gutem Steig erreichbar.

Einkehrstationen: Breitlehnalm, Hahlkogelhaus.

Die Strecke: Von Längenfeld im Ötztal noch 3 km talein zur Einfahrt nach Huben. Unmittelbar vor der Kirche in Huben rechts zum Funpark (genügend Parkplatz). Am Spielplatz des Wasserparks links vorbei und gleich rechts aufwärts am Fahrweg zur Breitlehnalm bis zur ersten Kehre. (Für Wanderer beginnt hier der Ötztaler Hochalmenweg, der als tadelloser Waldsteig die vielen Kehren des Fahrwegs ständig überquert.) Nach den lang gezogenen Serpentinen der unteren Hälfte schraubt sich der Fahrweg weiter oben etwas flotter und auch um eine Spur steiler in die Höhe. Ist nach 20 Kehren die Polltalalm erreicht – kurz vorher Abzweigung zum Hahlkogelhaus – hat man noch einen flachen Kilometer bis zum Ziel Breitlehnalm (bewirtschaftet ab Pfingsten).

Abstecher zum Hahlkogel: Der mächtige Berg mit seiner riesigen Nordflanke lässt sich von Süden her auf einem guten Steig über steile

Der majestätische Hahlkogel, für Liebhaber von Bike-and-hike-Touren.

Grashänge überraschend leicht besteigen. Besonders ideal mit dem Mountainbike: Kurz vor der Polltalam wird der Fahrweg nach links verlassen und führt über Almrosenböden zum bewirtschafteten Hahlkogelhaus (2042 m), das in aussichtsreicher Lage auf einer flachen Geländekante steht. Zum Gipfel ist es von hier gar nicht mehr so weit, in 1:30 Stunden sollte man es schaffen. Man steigt zuerst über die noch flachen Almterrassen in südlicher Richtung an, bis der Weg im großen Rechtsbogen in die Gipfelflanke einschwenkt. Allmählich wird die Grasflanke steiler, im obersten Teil sind ein paar felsige Absätze zu überwinden. Vom Gipfel genießt man einen eindrucksvollen Tiefblick auf Längenfeld und zu den Gletscherbergen der Ötztaler Alpen. (Alle Wege und Abzweigungen sind bestens beschildert und markiert.)

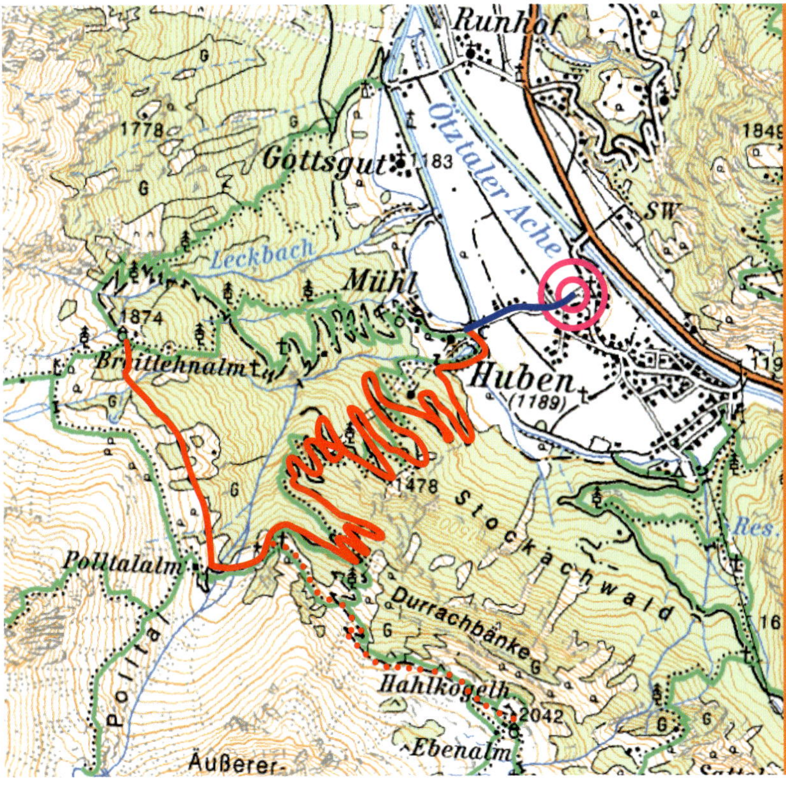

26 Dem Fischbach entlang

Blick auf die hohen Berge der Stubaier Alpen während der Auffahrt.

Das Rauschen des Fischbaches begleitet einen bei der Fahrt von Längenfeld auf die Amberger Hütte durch farbenprächtige Umgebung: Noch während der rasanten Asphaltabfahrt kann man den traumhaften Blick auf die Gletscher der Ötztaler Alpen genießen – und zugleich die bunten Almwiesen, die den Weg säumen.

Ausgangspunkt: Parkplatz Längenfeld neben dem Fischbach (1180 m)

Streckenführung: Parkplatz – Nederweg – Gries – Vordere Sulztalalm – Amberger Hütte – Gries – Parkplatz

Länge, Fahrzeit, Hm.: 23,8 km, 2:45 Stunden, 960 Höhenmeter.

Steilheit: Am Anfang recht steil, dann angenehme Steigung.

Wegbeschaffenheit: 7 km Asphalt; 16,8 km Forstweg.

Höchster Punkt: Amberger Hütte (2136 m)

Charakter/Tipp: Runde auf einem schönen, teils recht steilen Forstweg. Dabei kann man die Wallfahrtskapelle Maria Hilf in Gries besichtigen, wo ein als wundertätig geltendes Gnadenbild verehrt wird.

Einkehrstationen: Vordere Sulztalalm (1898 m), geöffnet von Anf. Juni bis Anf. Oktober; Amberger Hütte (2136 m), geöffnet von Anf. Juni bis Anf. Oktober.

So kommt man hin: Bei der Ausfahrt Haiming/Ötztal fährt man von der Inntalautobahn ab und weiter ins Ötztal bis Längenfeld. Gleich nach dem Überqueren des Fischbaches biegt man unmittelbar nach der unscheinbaren Brücke links in eine kleine Straße ab. Hier findet man einen MTB-Wegweiser Längenfeld/Gries 635. Mit dem Auto geht es noch ein kurzes Stück weiter bis zum Anfang des Forstweges. Hier gibt es ein paar Parkmöglichkeiten entlang des Weges.

Am Anfang geht's durch sattes Grün: Mit dem Rad geht es nun den Forstweg bergauf. Der Anfang ist noch gemütlich, aber nach der ersten Kehre wird der Weg ziemlich steil und bleibt das auch. Nach den Serpentinen ist der anstrengende Part aber auch schon wieder vorbei und es geht recht flach weiter. Auf der einen Seite des Weges ist der Abhang ins Fischbachtal hinunter oft recht steil, während sich auf der anderen Seite die Felsen auftürmen. Obwohl es durch Wald geht, sieht man immer wieder kurz die imposanten Berge der Stubaier Alpen. Am Wegrand findet man von Zeit zu Zeit Kreuze, die zu einem Kreuzweg gehören. So geht es immer weiter ins Tal hinein, bis man nach Gries kommt. Hier hält man sich rechts des Fischbaches und fährt den Forstweg weiter aufwärts in Richtung Amberger Hütte.
Es geht relativ flach dahin, teilweise mehr durch Wiesen und dann wieder mehr durch felsiges Gelände. Das letzte Stück, vor der Einmündung in den von der anderen Bachseite kommenden Weg, ist etwas steiler. Dann geht es auf einem guten Forstweg weiter bergauf.

Später durch mattes Grün und Grau: Kurz vor der Vorderen Sulztalalm wechselt man auf die andere Seite des Fischbaches. Dort geht es in angenehmer Steigung weiter aufwärts. Hier wechselt auch die Stimmung: Während im unteren Teil der Tour sattes Grün vorherrscht, überwiegt hier oben eher mattes Grün und Grau. Kurz bevor man die

Nach einem schneereichen Winter.

Hintere Sulztalalm erreicht, ist das Bachbett verbaut. Nach der nächsten Kurve kann man schon die mächtigen vergletscherten Bergriesen der Stubaier Alpen erkennen. Gleich darauf langt man bei der Amberger Hütte an.

Rasante Abfahrt: Abgefahren wird anfangs am gleichen Weg. Erst bei km 16 fährt man über die Brücke und auf der anderen Bachseite talwärts, durch Gries, an der Wallfahrtskirche (km 17,8) vorbei und auf der Straße runter nach Längenfeld. Dabei muss man einmal durch einen kurzen unbeleuchteten Tunnel. Der zweite Tunnel ist beleuchtet und wird nach kurzer Zeit als Galerie weitergeführt. Das letzte Stück nach Längenfeld geht es dann noch in unzähligen Kehren abwärts. Man kommt beim Kreisverkehr raus, durch den man zuvor schon mit dem Auto gefahren ist. Nach der Überquerung des Fischbaches biegt man links ein und radelt zurück zum Auto.

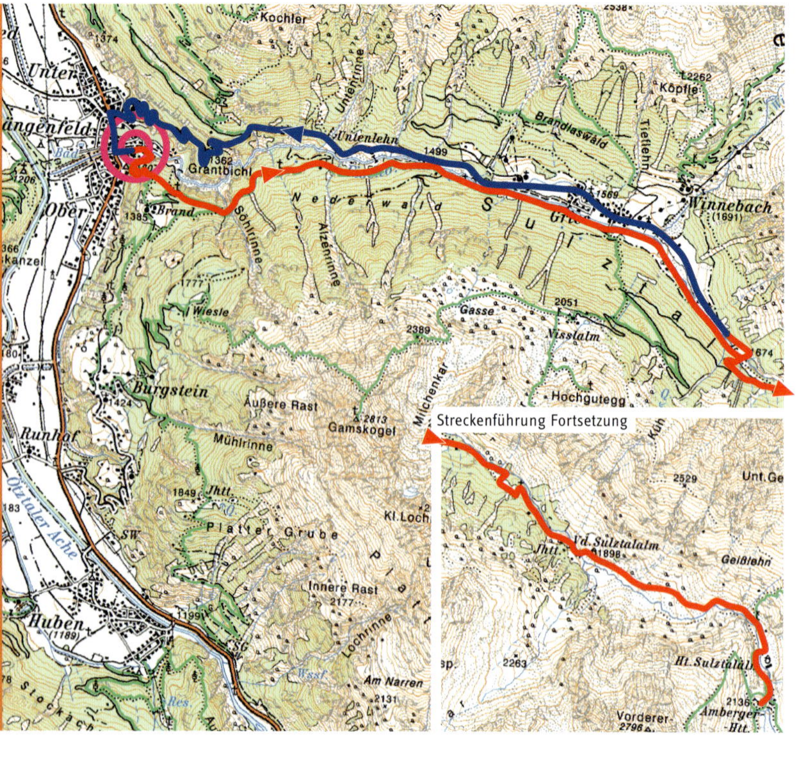

27 Mieminger-Plateau-Runde

Am Mieminger Plateau, kurz vor Arzkasten.

Die sanft ansteigende Plateaulandschaft zwischen Telfs und dem Holzleitensattel ist eine der Paradelandschaften Tirols, ein Erholungsraum für alle Freizeitsportler, Wanderer und Läufer, welche in den sonnendurchfluteten Lärchenwäldern frische Kraft tanken wollen. Und erst recht für Radfahrer.

Ausgangspunkt: Wildermieming, großer Parkplatz bei Einfahrt zum Gerhardhof, Bundesstraße von Telfs, km 4,5, ca. 800 m

Streckenführung: Gerhardhof - Wildermieming - Hotel Schwarz - Barwies - Kohlplatz - Bassin - Gasthaus Arzkasten (Wendepunkt) -Grünberglift (oder: weiter von Arzkasten über Weisland zum Holzleitensattel, Unterführung und links aufwärts und nochmals links zum Grünberglift) - Finsterfiecht/ Weiler Wald - Schloss Klamm - Fronhausen - Badesee Untermieming - Fiechter Köpfl - Parkplatz

Länge/Fahrzeit/Hm.: 32 km, 3-3:30 Stunden, 450 Höhenmeter, mit Holzleitensattel 35 km, 680 Höhenmeter.

Steilheit: Höchstens 10 %

Wegbeschaffenheit: Bis Arzkasten großteils gute Wald- und Schotterwege, zwischen Klamm und Fronhausen kurze Schiebestrecken.

Höchster Punkt: Arzkasten (1100 m)

Charakter/Tipp: Landschaftlich einfach traumhaft schön. Mit herrlichen Ausblicken in stets wechselnder Landschaft. Trotz schlechter MTB-Markierung leicht zu finden.

Es ist eine schöne und in sich geschlossene Rundfahrt über das gesamte Mieminger Plateau. Da sich mit dem Rad der Bewegungsspielraum beträchtlich erweitert, kann man im Zuge einer großzügigen Schleife die abwechslungsreiche Landschaft zwischen Wildermieming und dem Holzleitensattel leicht an einem Tag erleben. Noch ein Vorteil: Die Wege sind schon früh im Jahr, meistens schon ab April schneefrei und gut befahrbar.
Im Prinzip kann man bereits in Telfs beginnen, kommt man aber mit dem Auto, findet man einen neu angelegten Großparkplatz bei der Einfahrt zum Gerhardhof (Einfahrt von der Mieminger Bundesstraße bei km 4,5 und links 300 m aufwärts). Die so abgekürzte Schleife könnte man immer noch im Nachhinein anhängen. Der nicht so Ortskundige wird sich gleich einmal ärgern über die mangelhafte und verwirrende MTB-Beschilderung. Zwar wird auf allen Internetseiten und Prospekten das Plateau als Radfahrerparadies beworben, die Beschilderung ist aber „unterm Hund". Gleich fünf verschieden aussehende und verschiedenfarbige, alte und uralte Wegweiserschildchen begegnen dem Radler entlang des Weges – nur nicht an jenen Stellen, wo sich die Wege teilen und man im Zweifel darüber ist, wo es weitergeht. Besser man orientiert sich einfach an den gelben Wandertafeln, denn im Prinzip ist unsere Route ja haargenau dieselbe.
Auf der Sonnenseite, von Wildermieming bis Arzkasten und weiter bis zum Weiler Finsterfiecht und Wald (unterhalb von Obsteig) ist alles bestens fahrbar, danach gibt es ein paar kurze Schiebestücke. Wer auf den schmalen Steiglein nicht schieben oder downhillfahren will, fährt besser von Arzkasten am gleichen Weg wieder zurück bis Barwies und von dort hinunter nach See und Untermieming. Ansonsten gibt es nach Finsterfiecht/Wald eine kurze Schiebestrecke hinunter zum Bach und jenseits ein Stück hinauf. Dann kann man wieder fahren bis zum Klammerhof bzw. Schloss Klamm. Von dort nochmals kurze Schieberei hinauf nach Fronhausen und steile Wegabfahrt bis auf die Felder von See.

Die Strecke: Kenner werden die Runde bereits in Telfs mit der Auffahrt zum Gerhardhof beginnen, kommt man aber mit dem Auto, findet man einen neu angelegten Großparkplatz bei der Einfahrt zum Gerhardhof (Einfahrt von der Mieminger Bundesstraße bei km 4,5 und links 300 m aufwärts zum Recyclinghof).
Vom Parkplatz kurz abwärts und in 1 km zum Gerhardhof und links

aufwärts nach Wildermieming. Im Dorf beim Gasthof Stern auf die oberen Wiesen und linkshaltend in Richtung Obermieming. Man kann auch schon vorher, beim Gemeindezentrum, rechts hinauffahren (Wegweiser Bergdoktorweg) bis zu einem Wegkreuz unter dem Waldrand und dort scharf links über die Felder in Richtung Obermieming. Flach weiter bis zum Hotel Schwarz. Unmittelbar nach dem Hotelkomplex scharf rechts aufwärts, aber nur kurz, dann links über den Holzsteg und die folgende Steilkurve zum oberen Ortsrand von Obermieming. Auf Asphalt am Steinreichweg immer gerade weiter, bis man beim „Hbf. Barwies“ (km 10), der originellen Garteneisenbahn, angelangt ist. Nun rechts bergwärts, vorbei am Römisch-Deutschen Kaiser. Nicht nach links in die Mooswiesen verlocken lassen. Man folgt den Wegweisern Kohlplatz, biegt dann links ein zum „Bassin“ und radelt nun hart am Waldrand immer geradeaus, jetzt mit länger anhaltenden Steigungen bis Arzkasten (km 15). Nun auf Asphalt über Weisland zum Holzleitensattel (km 17) und jenseits der Unterführung links aufwärts, jetzt wieder auf Forstweg, oberhalb der Bundesstraße zum Grünberglift. (Man kann auch abkürzen und von Arzkasten auf der Naturstraße hinunterrollen zur Bundesstraße, 100 m auf der Straße abwärts bis zur Einfahrt in

Untermieming, dahinter der Holzleitensattel und die Lechtaler Berge.

den Waldweg und ebenfalls zum Grünberg.) Dem „Seniorenweg" folgend zu den Weilern Finsterfiecht und Wald, danach kurze Schiebestrecke abwärts zum Bach, bei der Brücke ein paar Schritte aufwärts (tragen) gelangt man auf den wieder gut fahrbaren Weg zum Klammbauern und zur Burg Klamm. Vor der überdachten Brücke kurzes Steilstück auf der Schotterstraße hinauf nach Fronhausen. Beim ersten Haus auf gutem Steig (schieben) hinunter auf die Wiesenterrassen von See/Untermieming und zum Badesee (km 28).

Nun wieder aufwärts in Richtung Fiechter Köpfl bis zur Marienkapelle am Waldesrand, noch kurz im Wald weiter und Abfahrt durch das Fiechter Tal hinaus zur Bundesstraße (km 32/35).

Wer die Runde bereits in Telfs startet, beginnt an der Mieminger Straße gegenüber der Avanti-Tankstelle, fährt so lange durch die Südtiroler Siedlung aufwärts, bis die gelben Schilder den Weg zum Gerhardhof anzeigen. Beim Rückweg entlang des Fiechter Köpfls folgt man ebenfalls der Beschilderung nach Telfs.

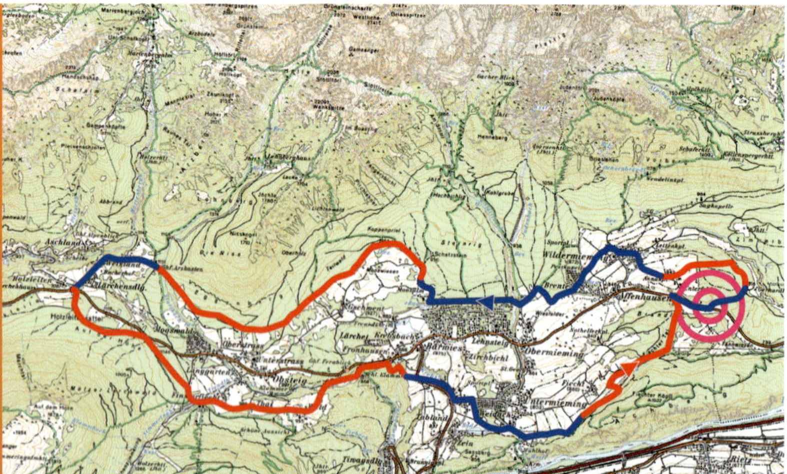

28 Strassberghaus und Neue Alplhütte

Volle Kraft voraus beim Anstieg zur Neuen Alplhütte.

Über dem östlichen Rand des Mieminger Plateaus und unterhalb der Hohen Munde gelegen sind diese – bei Wanderern und Mountainbikern gleichermaßen beliebten – Ausflugsziele: das Strassberghaus, das direkt von Telfs auf einer öffentlichen Fahrstraße erreicht werden kann; und die höher liegende Neue Alplhütte.

Ausgangspunkt: Telfs, Wildermieming oder Gerhardhof, Parkplatz-Einfahrt bei km 4,5

Streckenführung: Telfs (670 m) - Gerhardhof (816 m) - Wildermieming - Sagkapelle - Strassbergweg - Gasthaus Strassberg (1191 m) - Lehen - Sonnensiedlung - Südtiroler Siedlung - Gerhardhof

Länge, Fahrzeit, Hm.: Strassbergrunde 18 km, 500 Höhenmeter, 1:30 bis 2 Stunden; zur Neuen Alplhütte (1504 m) 2,2 km oder 2,8 km, 30 bis 45 Minuten, plus 300 Höhenmeter.

Steilheit: zum Strassberghaus 12 %, zur Neuen Alplhütte wahlweise 12 % und Schiebestrecke oder 25 % am direkten Weg.

Wegbeschaffenheit: Gute Forststraßen.

Höchster Punkt: Neue Alplhütte (1504 m)

Charakter/Tipp: Schon seit langem stellt der Weg von Strassberg zum Alplhaus für ehrgeizige Mountainbiker ein Leistungskriterium dar. Hobbysportlern fällt aber kein Stein aus der Krone, wenn sie schieben müssen.

Einkehrstationen: Strassberghaus, Neue Alplhütte.

Wer in der Gegend von Telfs wohnt, wird wohl auch von hier losfahren, für von weiter her Anreisende ist der neu geschaffene Parkplatz kurz vor dem Gerhardhof an der Mieminger Bundesstraße (Einfahrt bei km 4,5) ideal. Die Frage ist auch, wie man diese nicht lange, aber trotzdem recht sportliche Runde anlegt bzw. in welcher Richtung man die Auffahrt nach Strassberg beginnt. Die einen fahren lieber von Telfs direkt hinauf zur Sonnensiedlung und nach Lehen und von dort auf der im Vorjahr neu adaptierten und völlig glatten Naturstraße nach Strassberg. In der anderen Richtung, über Wildermieming, ist man dafür vom Verkehr völlig ungestört. Man beginnt in Telfs bei der Diskonttankstelle, verlässt dort die Mieminger Straße nach rechts, radelt in die Südtiroler Siedlung bis zur Abzweigung links zum Gerhardhof. Dort weiter auf den parkartigen Wegen durch den lichten Wald zu den Kartoffelfeldern von Wildermieming. Im Ort bis zum Gemeindezentrum, gleich danach im Rechtsbogen aufwärts und in der Retourrichtung (Osten) auf dem Asphaltweg durch die über dem Ort gelegenen Felder bis zum Waldrand. Weiter nach rechts, den Kreuzwegstationen entlang, bis zur Sagkapelle. Ab hier beginnt die anhaltende Steigung, durchwegs 12 % auf 2 km Länge, gleich danach hat man die in einen herrlichen Lärchenwald eingebettete Wiesenmulde mit dem Gasthaus Strassberg erreicht (ab Gerhardhof 7 km).

Abfahrt: Wer es hier bewenden lässt, fährt vom Strassberghaus hinüber zum Parkplatz und rollt auf der Straße nach Lehen. Bei der Sonnensiedlung scharf rechts bis zu einem Wegkreuz und hier links in Serpentinen abwärts. Wer noch zum Gerhardhof hinüber will, muss gleich nach der Schottergrube bei den obersten Häusern im spitzen Winkel rechts abbiegen, in Richtung Südtiroler Siedlung, wo nochmals der kurze Anstieg zum Gerhardhof oder zum Parkplatz an der Mieminger Straße wartet.

Zur Neuen Alplhütte: Zwar nur knapp 3 km und 300 Höhenmeter mehr, aber der Anstieg hat es in sich. Vor allem, wer sich auf dem direkten Fahrweg zur Alplhütte erproben will. Wer hier ohne Absteigen durchkommt, darf sich schon zur Elite der Bergfahrer zählen. Der erdige, aber relativ festgefahrene Weg wäre zwar gar nicht so schlecht zu fahren, die Steigung beträgt aber mindestens 25 % und mehr. Nur super austrainierte Mountainbiker werden hier im Sattel bleiben. Verzichten soll man trotzdem nicht, denn es gibt noch eine zweite, etwas leichtere Möglichkeit, der schön gelegenen

Alplhütte einen Besuch abzustatten. Dieser Weg ist eine Spur länger und zu zwei Dritteln gut fahrbar, allerdings muss man eine – oder zwei – kurze Schiebepassagen in Kauf nehmen. Von Strassberg bis zur ersten Weggabelung (beide Wege sind auf den gelben Wegweisern als Radwege beschildert). Rechts schießt der steile Hüttenfahrweg kerzengerade in die Höhe, der linke Weg ist zwar eine Spur grobschottriger, aber nicht steiler als 12 % und gut fahrbar. Nach 2 km Abzweigung rechts und jetzt steil hinauf in den Wald, zynisch als Radwanderweg beschildert. Der anfangs breite Weg wird bald zum Steig, Schiebestrecke, führt flach und wieder für ein kurzes Stück fahrbar in den schottrigen Bachgraben. Nach der Bachquerung nochmals Schiebestrecke auf dem wurzeligen Steig, bis man in den parallel verlaufenden originalen Fahrweg einmündet. Noch zwei kurze steile Buckel und das Ziel ist erreicht (2,8 km ab Strassberg). Auch die Abfahrt am Hüttenweg verlangt gute Bremsen und einen halbwegs geübten Trialfahrer.

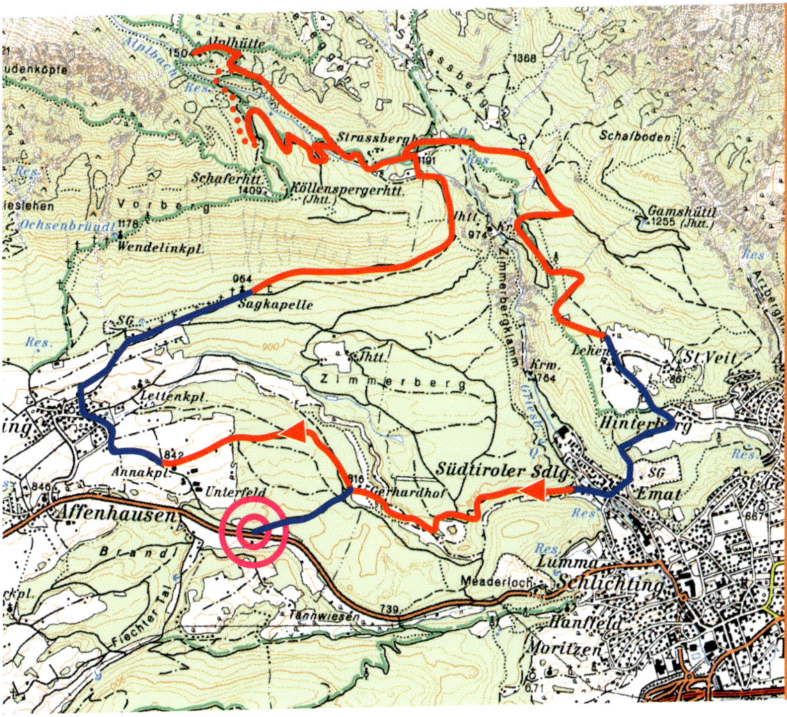

29 Im Bann der Hohen Munde

Der Weidacher Fischsee mit Hoher Munde.

Eine ausgezeichnete Sicht auf die Gipfel des Wettersteingebirges, ein überragender Talblick und eine eindrucksvolle Begleiterin, die Hohe Munde – darin besteht der Lohn für das letzte, steile und steinige Stück auf dem Weg zur Wettersteinhütte. Zum Ausklang der Tour bietet sich ein Abstecher zum Weidachsee an.

Ausgangspunkt: Weidach (1130 m)

Streckenführung: Weidach – Achweg – Wettersteinhütte – Mooser Weg – Weidach

Länge, Fahrzeit, Hm.: 19,5 km, 2:30 Stunden, ca. 650 Höhenmeter.

Steilheit: Angenehme Steigung, erst der letzte Aufschwung ist sehr steil.

Wegbeschaffenheit: 2 km Asphalt; 17,5 km Forstweg

Höchster Punkt: Wettersteinhütte (1717 m)

Charakter/Tipp: Schöne, nicht allzu schwere Tour. Nur die letzten 400 m bis zur Hütte sind sehr mühsam. Fischer können am Weidachsee angeln.

Einkehrstation: Wettersteinhütte (1717 m), geöffnet von Mitte Mai bis Mitte Oktober.

So kommt man hin: Anfahrt von Seefeld Richtung Leutasch, immer den Schildern folgend, durch Neuleutasch nach Weidach, dort links Richtung Kirchplatzl abbiegen und zum Parkplatz (beim Sportplatz) fahren, der auf der rechten Straßenseite liegt.

Auffahrt zur Wettersteinhütte: Von hier aus startet man mit dem Rad, überquert zunächst die Straße, fährt über die Brücke der Leutascher Ache und biegt nach rechts, direkt neben der Ache in den Achweg ein. Er ist als MTB-Weg 537 ausgeschildert. Ab hier geht ein nicht asphaltierter Wander- und Radweg in angenehmem Auf und Ab durch den Wald. Diesen immer links von der Leutascher Ache verlaufenden Weg verlässt man erst bei der Brücke, die ins Gaistal führt (gelber Wegweiser: Almenparadies Gaistal). Man fährt ein kurzes Stück auf Asphalt und biegt nach der Brücke links ab, gleich anschließend wieder rechts, dem MTB-Schild Wettersteinhütte folgend. Zuerst geht es an ein paar Häusern vorbei, dann durch schöne Wiesen und schließlich fährt man auf einem Forstweg weiter der Hütte entgegen. Im unteren Teil geht es durch dichten Wald, doch ab und zu kann man durch die Bäume einen Blick auf die gegenüberliegende Hohe Munde erhaschen. Je weiter man raufkommt, desto schöner wird der Ausblick. Im oberen Teil der Strecke hat man eine großartige Aussicht auf die imposanten Gipfel des Wettersteingebirges.
Die Steigung des Forstweges ist recht angenehm. Zweimal gibt es sogar flache Stücke, die eine Erholung ermöglichen. Erst die letzten 400 m vor der Hütte sind ziemlich steil und grobsteinig. Je nach Kondition und Fahrkönnen muss man das Rad eventuell schieben oder es am Wegrand stehen lassen und das letzte Stück zu Fuß gehen. Kurz vor dem Ziel überquert man den Klammbach und gelangt gleich darauf zur Wettersteinhütte. Auf der netten Hüttenterrasse kann man ausruhen und die gegenüber-

Blick auf die Hohe Munde.

liegende Hohe Munde bewundern. Auch der Blick ins Tal ist wunderschön.

Rückweg über den Weidachsee:
Nach einer Pause geht es am gleichen Weg talwärts. Unten angekommen, folgt man aber nicht dem Achweg, sondern dem MTB-Schild Mooserweg-Seepromenade 539. Nach der Brücke führt die Straße ein Stück weiter bis zu dem MTB-Schild. Von dort radelt man zunächst die Straße entlang und biegt dann bei km 15 links in einen Schotterweg ab. Dieser ist leicht zu finden, da er durch die MTB-Wegweiser gut ausgeschildert ist. In leichtem Auf und Ab gelangt man schließlich zum Weidachsee und fährt an dessen Südufer entlang, dann am Leutascher Alpenbad vorbei und weiter auf der Straße. Man biegt noch einmal links ab und nimmt die Straße zurück zur Brücke, bei der man die Tour begonnen hat.

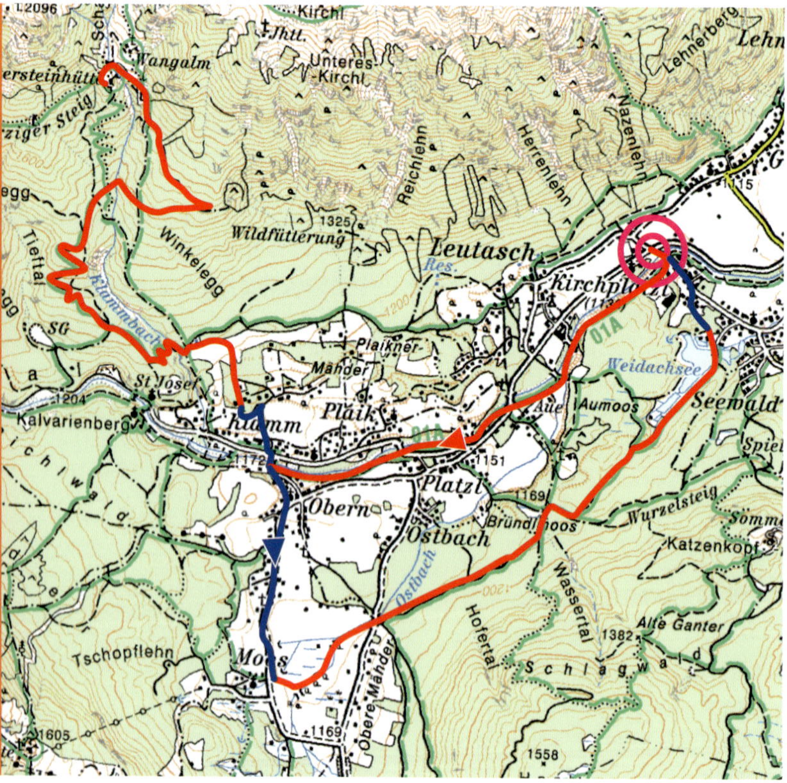

30 Rund um die Arnspitzen

Radweg entlang der naturnah regulierten Leutascher Ache.

Hier passt einfach alles zusammen: Erholsam, mit ihren wenigen Steigungen familienfreundlich und landschaftlich wunderschön gestaltet sich diese Runde, weil es auch abseits des Radweges entlang der Leutascher Ache und der Isar eine Menge zu schauen gibt.

Ausgangspunkt: Gießenbach (900 m), Abzweigung Leutasch (parken beim Bahnhof)

Streckenführung: Gießenbach/Bodenstraße – Weidach – Unterleutasch/Schanz – Leutaschklamm – Gletscherschliff – Mittenwald – Riedboden – Scharnitz

Länge, Fahrzeit, Hm.: 32 km, 3 Stunden, 200 Höhenmeter.

Steilheit: 6 % auf der Bodenstraße bis zur Einmündung in die Seefelder Straße, danach durchwegs eben.

Wegbeschaffenheit: Bis Weidach Asphaltstraßen, entlang der Ache beste Radwege und Forststraßen, kurze Schiebestrecke bergab vor dem Berggasthof Gletscherschliff.

Höchster Punkt: Bei der Einmündung in die Seefelder Landesstraße.

Charakter/Tipp: Die neu angelegte Steiganlage durch die Leutascher Geisterklamm ist schon einen kurzen Abstecher wert.

Einkehrstationen: Gasthof zur Mühle, Berggasthof Gletscherschliff u. a.

Der Kamm der Arnspitzen mit seinen drei Gipfeln, der von Seefeld aus gesehen dem Wettersteinhauptkamm vorgelagert ist, lässt sich in einer wunderschönen Fahrt ohne große Mühe umrunden. Nur ganz im Frühjahr, wenn der Talboden zwar schon aper ist, aber die Berge noch weiß glänzen, muss man aufpassen, denn entlang der Arnspitzen auf der Leutascher Seite, wo der Radweg hart an ihrem Hangfuß entlang führt, kann noch lange alter Lawinenschnee liegen. Der Weg ist dann sicher noch gesperrt, problemlos ausweichen kann man nach links auf die Landesstraße. Auch sonst hat sich auf dieser feinen Runde viel getan. Super ausgebaut, verbreitert und neu asphaltiert präsentiert sich jetzt die Bodenstraße als Zufahrt in die Leutasch, das Flussbett der Leutascher Ache wurde naturnah reguliert und als touristische Hauptattraktion kann die Leutaschklamm jetzt mit einer sehenswerten Steiganlage aufwarten. Die eisernen Stege, welche hoch über dem Wildbach an beiden Seiten die Schluchtwände der Geisterklamm durchziehen, und die zwei hoch über dem Schluchtgrund gespannten Brücken führen in eine bisher unzugängliche Urlandschaft. Gleich nach der Landesgrenze, auf bayerischer Seite, gelangt man nach kurzer Schiebestrecke zum Gasthof Gletscherblick, wo Urzeitfans einen zerschrammten Felsblock besichtigen können, dessen Kratzspuren davon künden, dass vor 25.000 Jahren der Inntalgletscher einen Abstecher über den Seefelder Sattel nach Bayern gemacht hat. Eilig haben darf man es also nicht, denn absteigen und schauen muss man ein paar Mal auf dieser Runde.

Die Strecke: Start in Gießenbach bei der Abzweigung in die Leutasch (parken am besten beim Bahnhof hinter den Schienen oder beim linken Waldrand). Angenehmes Einradeln am glatten Asphalt der Bodenstraße mit sanfter, aber anhaltender Steigung (ca. 5 km). Bei der Einmündung in die von Seefeld kommende Landesstraße hat die Mühe auch schon ein Ende. Man rollt hinunter nach Weidach, fährt gerade durch den Ort bis vor die Brücke über die Leutascher Ache. Nun nicht über die Brücke, sondern rechts, am beschilderten Radweg entlang des Flusses, der ein paar Mal überquert wird. Wunderschöne Fahrt entlang des Flusses. Beim Campingplatz Reindlau werden die Radler nach links auf die Landesstraße geleitet, die jedoch nach 100 m wieder nach rechts verlassen wird. Erst beim Gasthaus zu Mühle trifft man nochmals auf die Asphaltstraße, bleibt ein kurzes Stück darauf, vorbei am Gasthof Schanz bis vor die Brücke am Schluchteingang, wo mittlerweile ein neuer Kiosk und Besucherparkplatz errichtet wurde. Am breiten Forstweg auf der rechten Schluchtseite weiter. Zwei Abstiegsmöglichkeiten zu der neuen und aufwendigen Steiganlage durch die Leutaschklamm gibt es von hier aus. Informieren kann man sich an den übersichtlichen Panoramatafeln. Unmittelbar nach der bayerischen Landesgrenze kurze Schiebestrecke am Prügelsteig bis zum Berggasthof Gletscherblick. Danach steiler, grobschottriger Weg abwärts zur Schluchtmündung. Hier gibt es noch die alte Steiganlage knapp über dem Bach bis zu einem Wasserfall. Nun auf Mittenwald zu bis zur Isarbrücke, rechts über die Brücke und danach sofort wiederum scharf rechts zu den Sportanlagen. Vorbei an der Tennishalle und danach in wunderschöner Fahrt auf besten Schotterwegen durch den lockeren Kiefernwald des Riedbodens nach Scharnitz. Man überquert wiederum die Isar und darauffolgend den von Seefeld kommenden Drahnbach, hält sich immer rechts, nahe der Hangseite der Arnspitzen. Am Fußballplatz und unterhalb der Sonnenplatten vorbei geht es bereits wieder auf Gießenbach zu.

Das Seekirchl in Seefeld mit dem Kamm der Arnspitzen.

Bei einer Weggabelung nimmt man besser den rechten Ast mit leichter Steigung und mündet wieder in die Bodenstraße ein.

Variante: Die neu adaptierte Bodenstraße ist zwar verkehrsarm und super zu fahren, wer aber doch lieber auf Waldwegen fährt, kann dem Asphalt ausweichen und hier noch eine schöne Fleißaufgabe machen. 1 km nach Beginn der Bodenstraße links ab auf den Forstweg (Wegweiser Triendlsäge/Bodenalm), aber gleich bei der ersten Weggabelung rechts bergwärts (Wegweiser Unterkelle/Neuleutasch) und in einer lang gezogenen Schleife mittelsteil bergauf. Man mündet kurz vor dem Gasthof Neuleutasch in die von Seefeld kommende Landesstraße ein. Weiter siehe oben nach Weidach. Die Runde wird damit um 3 km länger.

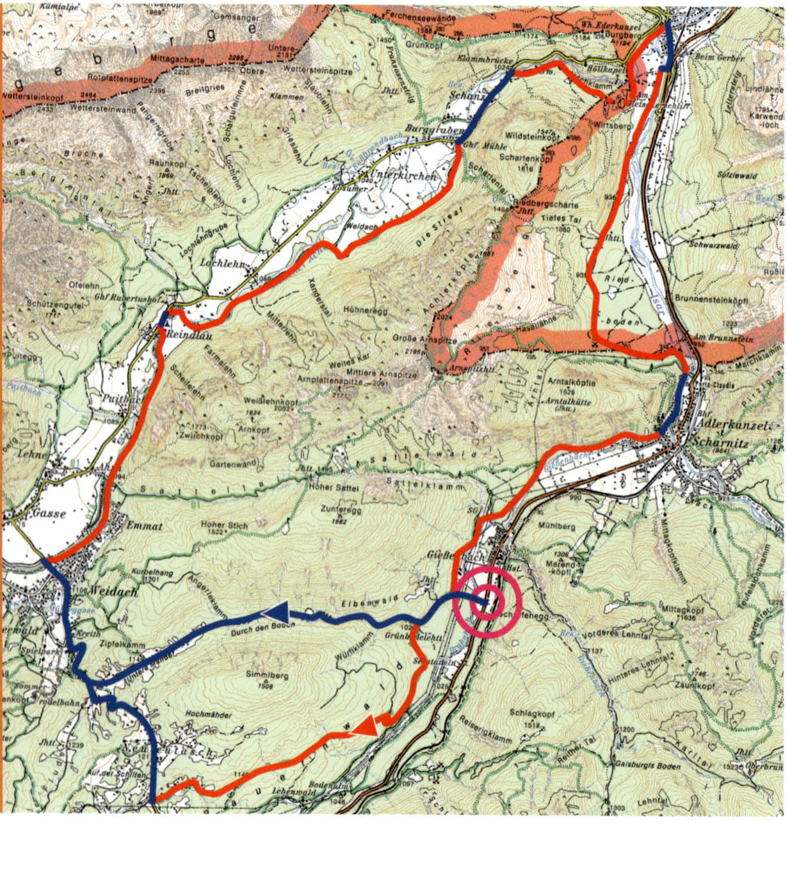

31 Walchensee

Mühelos gestaltet sich die Umrundung des Walchensees in Bayern.

Eine lockere Seeumrundung ohne nennenswerte Steigungen beinhaltet dieser feine Radausflug ins Werdenfelser Land nach Bayern, dazu wahlweise eine kleine Verlängerungsschleife im Mountainbike-Gelände der Jachenau. Die Streckenlängen variieren zwischen 26 und 44 Kilometern.

Ausgangspunkt: Walchensee/Einsiedl, Beginn der Mautstraße nach Jachenau (Radfahrer mautfrei)

Streckenführung: Einsiedl (812 m) – Niedernach – Sachenbach – Urfeld – Ort Walchensee – Zwergern – Einsiedl. Verlängerung Jachenau (790 m) – Berg – Fieberkapelle. Zusatzrunde Jachenau – Bergl – Reichenautal

Länge, Fahrzeit, Hm.: Walchensee-Umrundung 26,5 km, 1:30 bis 2 Stunden. Mit Verlängerung über Jachenau: 32 km, 2 bis 2:30 Stunden, 100 Höhenmeter. Zusatzrunde **Reichenautal:** 12 km, 1 Stunde, 100 Höhenmeter.

Steilheit: Eine kurze Schiebestrecke vor der Fieberkapelle.

Wegbeschaffenheit: Am See großteils Asphalt, im Reichenautal gute Forstwege.

Höchster Punkt: Fieberkapelle (900 m)

Charakter/Tipp: Eine 12 km lange Extraschleife östlich von Jachenau durch das waldige Reichenautal lässt sich gut ankoppeln.

Radweg am Seeufer.

Die Österreicher sind ganz heiß aufs Radfahren. 1,3 Milliarden Kilometer erstrampeln sie in einem Jahr, weiß die Statistik. Da hätte also jeder „Ösi" an die 162 km auf seinem imaginären Radltacho stehen. Und die Tendenz ist stark steigend. Kein Wunder, dass es viele gar nicht mehr erwarten können, auf das Rad umzusteigen, sobald sie die Schier in den Keller gestellt haben. Zu Beginn der Radsaison, bis man zumindest ein paar hundert Kilometer in den Beinen hat, sollte man sich aber noch eher mit flachen Radstrecken begnügen, die fast steigungslose Runde um den Walchensee ist dazu ideal. Im alpinen Tirol wird man sowieso meist etwas länger warten müssen, bis wenigstens die talnahen Radwege trocken sind, und sogar auf dieser Runde am Walchensee, hinter den noch schneeweißen Karwendelbergen, bin ich noch im Mai auf einer Seehöhe von nur 800 m fast im alten Schnee steckengeblieben. Dafür ist es im Frühjahr hier angenehm ruhig, erst wenn die Bade- und Segelsaison so richtig beginnt, ist in diesem bayerischen Erholungsparadies die Hölle los. Aber solange das Wasser kalt ist – und das dauert bis in den Frühsommer – tummeln sich nur Taucher, Fischer und einige Bootfahrer auf dem blauen Wasserspiegel.

Fein ist es, diese 16 qkm große Wasserfläche mit dem Rad zu umrunden. Bleibt man stets in Ufernähe, wird es eine 26 Kilometer-Schleife, fast alles auf Asphalt und ohne jede Steigung. Noch schöner ist es aber, wenn man den See für eine kurze Weile verlässt und wenigstens bis zur idyllischen Ortschaft Jachenau radelt. Am Rückweg hat man eine ganz kurze, aber steile Schiebestrecke auf einem Karrenweg zu bewältigen und rollt danach wieder zum Seeufer hinunter, damit werden es 32 km. Und noch eine kleine Extrarunde durch das Reichenautal mit Start und Ziel in Jachenau lässt sich ankoppeln, macht alles in allem 44 km. Gerade recht für den Anfang.

Die Strecke: Von Scharnitz nach Mittenwald, und auf der Landesstraße München/Kochel über Krün nach Wallgau (20 km von Scharnitz). Hier am Sattel oberhalb des Ortes beginnt bereits ein bezeichneter Radweg zum Walchensee (6 km, startet man bereits hier, sind noch 12 km dazuzurechnen). Den Walchensee erreicht man beim Ortsteil Einsiedl. Parken unmittelbar bei der Mautstelle oder gleich dahinter beim Gasthof. Start auf der Mautstraße (Radfahrer frei, Auto 3,- Euro) und am Südufer entlang nach Jachenau (13 km). Wer nur am See bleiben will, fährt in Niedernach beim Gasthof Waldschänke links und hat nun einen völlig verkehrsfreien Radweg bis Urfeld, wo man in die Landesstraße einmündet. Hat man den in einem grünen Talkessel liegenden Ort Jachenau erreicht, fährt man beim Gasthof Post scharf links, kurz bergauf zur Kirche und danach mit längerer Steigung zu den Bauernhöfen des Ortsteils Berg. Hier Asphaltende, auf Schotterweg weiter bis zur Verzweigung. Am rechten Weg bergwärts, der jetzt zunehmend ruppiger wird und sogar für ein ganz kurzes Stück zum Absteigen zwingt. Aber gleich ist die kleine Fieberkapelle erreicht (höchster Punkt) und bald trifft man wieder auf eine schmale Asphaltstraße, rollt hinunter nach Sachenbach

Richtig ruhig ist es noch vor Beginn der hektischen Badesaison.

und ist wieder am See. Bei Urfeld an der nördlichen Seespitze endet die beschauliche autolose Idylle. Für ca. 7 km muss man die verkehrsreiche Landesstraße benützen – es gibt keine andere Möglichkeit – und rollt nun am Westufer zur Ortschaft Walchensee. Am Ortsende, wo die Straße zu steigen beginnt, fährt man besser links hinüber zum Campingplatz, jetzt wieder auf Radwegen, umrundet noch die in den See vorspringende Halbinsel Zwergern und kommt genau nach Einsiedl zurück.

Ins Reichenautal: Von Jachenau ca. 400 m in Richtung Lenggries, dann links aufwärts im Linksbogen zur Berglalm. Bei der folgenden Verzweigung rechts bleiben und nun immer leicht fallend durch das Reichenautal, bis man bei Petern/Am Ort wieder auf die Asphaltstraße kommt und somit Brunnenberg und Hochenkopf umrundet hat. Zurück nach Jachenau (12 km), zur Fieberkapelle und zum See.

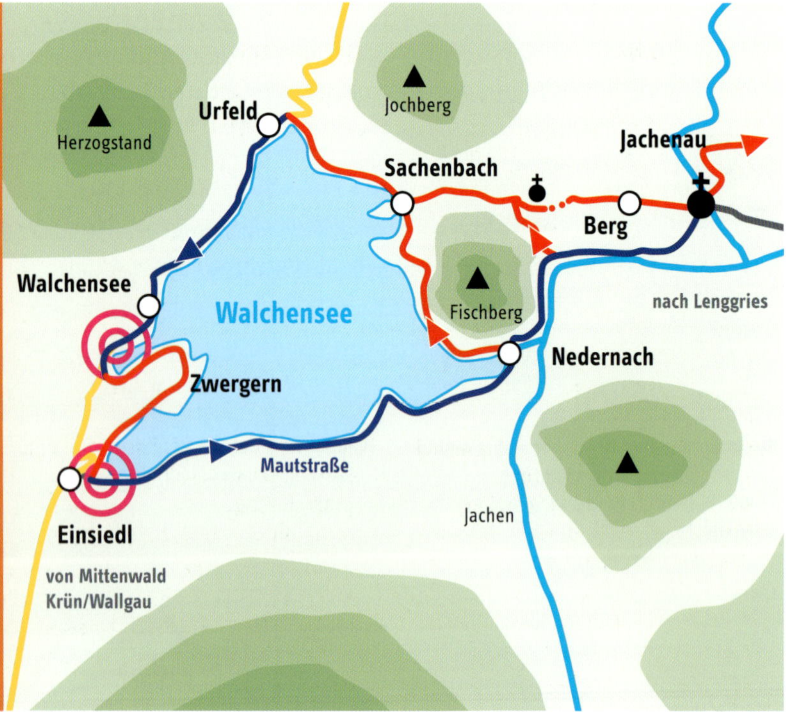

32 Halleranger – im Herzen des Karwendels

Über das Lafatscher Joch führt nur eine Schiebe- oder Tragestrecke.

Wundern muss man sich immer wieder: Es gibt eine Menge Mountainbike-Enthusiasten, denen kein Weg zu steil oder zu grob ist und die sich nicht scheuen, das Rad mal zu schieben oder gar zu schleppen. Lohn für solche Strapazen ist eines der urigsten und landschaftlich großartigsten Schaustücke mitten im Karwendel.

Ausgangspunkt: Scharnitz (980 m), großer, gebührenpflichtiger Parkplatz; oder beim aufgelassenen Mühlberglift, 1 km westlich

Streckenführung: Scharnitz – Wiesenhof – Hinterautal – Isarursprung – Kastenalm (1220 m) – Lafatscher Niederleger – Hallerangerhaus oder Hallerangeralm (1770 m)

Länge, Fahrzeit, Hm.: Bis Kastenalm 15 km, 1:15 bis 1:30 Stunden. 240 Höhenmeter, zum Halleranger 6 km, 1:30 bis 2 Stunden, 550 Höhenmeter.

Steilheit: Kurze Steigung beim Wiesenhof (10/12 %), sonst großteils flach. Ab Kastenalm teilweise 20 % und schlechter Weg.

Wegbeschaffenheit: Bis Kastenalm gute Forststraße, danach holprig und grobschottrig.

Höchster Punkt: Halleranger (1770 m)

Charakter/Tipp: Mit einer guten Stunde Mehraufwand kann man noch locker auf den Sunntiger (2312 m) steigen und den Blick auf die Nordwände genießen. Und wem es nicht zu beschwerlich ist: Auch der Übergang über das Lafatscher Joch (2200 m) wird oft gemacht. 1 Stunde Aufstieg mit Tragen und Schieben. Abfahrt durch das Halltal.

Einkehrstationen: Gasthof Wiesenhof, Kastenalm, Hallerangeralm, Alpenvereinshütte Hallerangerhaus.

Es ist wohl einer der eindrucksvollsten Plätze inmitten des Karwendels – der Halleranger. Ein grünes Hochtal mit satten Almweiden, überragt von den mächtigen Nordwänden des Lafatschers und der Speckkarspitze, die sich bis zum Bettelwurf erstrecken. Eine Alpenvereinshütte und eine Almwirtschaft versorgen Wanderer und Radler, die vom Halltal her über das Lafatscher Joch oder durch das Hinterautal dieses Ziel erreicht haben.
Von Scharnitz durchs Hinterautal zum Isarursprung und bis zur Kastenalm geht es ganz locker, es ist ein beliebter Familienausflug mit Kind und Kegel. Eine richtige Genuss-Strecke, wobei der einzige nennenswerte Anstieg beim Wiesenhof gleich zu Beginn noch mit frischer Kraft bewältigt wird, dann rollt das Rad von selber in den Talboden hinunter zur Isar und entlang des besonders im Frühsommer mächtig rauschenden Wildflusses talein. In Kauf nehmen muss man mitunter den regen Taxiverkehr, aber wenigstens ist die Straße genügend breit.
Aber weiter ins Hinterautal – da scheidet sich die Spreu vom Weizen, denn das ist wirklich nicht mehr jedermanns Sache. Trotzdem tauchen immer öfter auch Radfahrer am Halleranger auf, aber nur solche, denen steile und ausgewaschene Schotterwege nichts ausmachen. Wo es absolut unfahrbar wird, schleppen sie unverdrossen ihr Bike über das Lafatscher Joch hinüber ins Halltal und haben damit eine richtige Gebirgsüberquerung geschafft.
Ist man aber einmal beim Hallerangerhaus oder der Hallerangeralm angelangt, dann ist auch der Sunntiger ein leicht erreichbarer Aussichtsberg, von dem man einen überwältigenden Blick auf die gegenüberliegenden Nordwände der gesamten Hinterautalkette genießt. Kare und Wände – Karwendel. Eine Bergtour mit Mountainbike – oder umgekehrt – eine Mountainbike-Tour mit Gipfelerlebnis.

Die Strecke: In Scharnitz bei der Kirche rechts zum Parkplatz am Eingang in die Karwendeltäler (3,- Euro/Tag). Der Isar entlang bis zum Gasthof Wiesenhof, dann mit leichter Steigung hoch

über der Schlucht und sanfte Abfahrt in das Flusstal. Auf der guten Naturstraße talein zum Isarursprung, jener Stelle, ab der der Gebirgsfluss auch in der Trockenzeit immer wasserführend ist. Schautafeln klären über die Besonderheiten auf. Bald darauf ist die Kastenalm erreicht (15 km). Ärgern Sie nicht den Wirt, sondern lassen Sie das Rad am vorgesehenen Abstellplatz stehen und gehen Sie zu Fuß über die Wiese zum Almgasthaus.
Fahrradmasochisten plagen sich „vom Kasten" nun am steilen Schotterweg zum Halleranger weiter. Nach der ersten gehörigen Steilstufe wird der Weg wohl besser fahrbar, ist aber nach Gewittern oft stark mitgenommen. Zu Fuß (mit Schieben) ist man zumindest beim Aufstieg um nichts langsamer. Nach dem Lafatscher Niederleger befindet man sich bereits im Almwiesengelände, es wird merklich flacher, dafür balanciert man in den tiefen Fahrrinnen des strapazierten Wirtschaftsweges und bald erreicht man eine Weggabelung. Zur Hallerangeralm geht es links und zur Alpenvereinshütte rechts.

Draufgabe für Gipfelstürmer:
Der Steig zum Sunntiger beginnt unmittelbar bei der Hallerangeralm. Er zieht durch den langen

Kapelle bei der Halleranger Alm mit dem Kleinen Lafatscher.

Latschenhang nach links und wendet sich beim Melzer-Denkmal nach rechts zur Grathöhe. Links geht es zum etwas niedrigeren Reps und rechts zur Sunntigerspitze (1:15 bis 1:30 Stunden, 550 Höhenmeter). Karwendel-Überquerung: Der Übergang über das Lafatscher Joch ist zwar mühsam, aber problemlos. Vom Hallerangerhaus erreicht man eine Schuttreiße, wo man das Rad am besten schultert, ab dem Lafatscher Durchschlag kann man wenigstens schieben (1 Stunde, 300 Höhenmeter). Auch am Abstieg ins Halltal ist zu Beginn über die Felsstufen Schieben oder Tragen angesagt, bis der Weg nach der ersten Kehre – je nach Downhill-Vermögen – allmählich besser fahrbar wird. Gut fahrbar erst ab dem Issanger mit kurzem Gegenanstieg zum Issjöchl, Abfahrt zu den Herrenhäusern und durch das Halltal nach Absam und Hall.

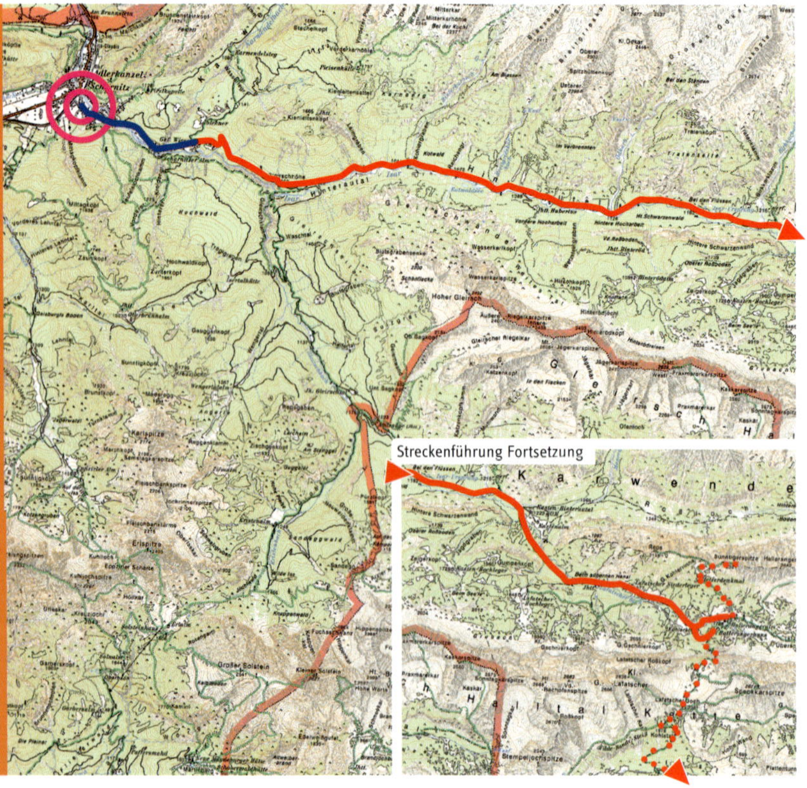

33 Ausflug ins Eppzirler Tal

Gleich ist die Eppzirler Alm erreicht.

In den Karwendeltälern, welche das Gebirge der Länge nach durchziehen, surren die Räder, dass es eine Freude ist, zumindest für die Betreiber der Almwirtschaften. Wesentlich ruhiger, aber längst kein Geheimtipp mehr, ist es im Eppzirler Tal, das sich von Gießenbach in den von der Erlspitzgruppe umrahmten Talkessel zieht.

Ausgangspunkt: Gießenbach, Bahnhof (1025 m)

Streckenführung: Gießenbach – Eppzirler Alm (1459 m) – Oberbrunnalm (1523 m) – Gleirschtal, Möslalm (1262 m) – Scharnitz – Gießenbach

Länge, Fahrzeit, Hm.: Zur Eppzirler Alm 7 km, 1 bis 1:15 Stunden, 430 Höhenmeter; gesamte Runde mit Oberbrunnalm/Möslalm 32 km, 3 bis 3:30 Stunden, ca. 700 Höhenmeter. Zur Oberbrunnalm 5,7 km, 1 bis 1:30 Stunden, 500 Höhenmeter.

Steilheit: Zur Eppzirler Alm kurze Stellen 12 %, viele Flachstücke, steilstes Stück Auffahrt durchs Karltal zur Oberbrunnalm, ca. 2 km, 16 % bis 18 %.

Wegbeschaffenheit: Gute Forststraßen, nur Auffahrt zur Oberbrunnalm sehr grobschottrig und steil.

Höchster Punkt: Oberbrunnalm (1523 m)

Charakter/Tipp: Kurzausflug in ein typisches Karwendel-Naturkleinod. Mit dem zusätzlichen Anstieg zur Oberbrunnalm und der Überfahrt ins Gleirschtal ausgiebige, aber immer noch nicht allzu schwierige Genussrunde mit vier Einkehrstationen.

Einkehrstationen: Eppzirler Alm, Oberbrunnalm, Amtssäge, Möslalm.

Landschaftlich hat das Karwendel für den Naturliebhaber eine ganze Menge zu bieten. Aber nicht nur die großen und längst überlaufenen Highlights wie zum Beispiel den Großen Ahornboden oder den Halleranger muss man gesehen haben. Es gibt auch noch kleine Seitentäler mit der genauso landschaftstypischen und eindrucksvollen Karwendelszenerie, abseits der großen Touristenströme. So ein stilles Tälchen ist das in Gießenbach mit einer engen Schlucht mündende Eppzirler Tal mit seinen herrlichen Almböden unter den mächtigen Schuttströmen und Felswänden der Erlspitzgruppe. Ideal für den, der sich mit einem Kurzausflug zufrieden gibt, oder für Familien mit Kindern.
Wer sich noch nicht ganz ausgelastet fühlt, hängt bei der Rückfahrt von der Eppzirler Alm noch einen kurzen, aber kräftigen Aufstieg zur Oberbrunnalm an, damit ergibt sich eine typische Karwendel-Rundtour. Die Ausläufer der Erlspitzgruppe mit dem Zäunlkopf werden dabei zur Gänze umrundet, im Gleirschtal sollte man auf einen Abstecher zur Möslalm nicht vergessen.

Die Strecke: In Gießenbach von der Bundesstraße Auffahrt zur Bahnhaltestelle, großer Parkplatz hinter den Gleisen am Eingang ins Eppzirler Tal. Gleich zu Beginn steiler, aber nur 300 m langer Aufstieg durch den schluchtartigen Talausgang. Danach in angenehmer Fahrt entlang des glasklaren Gebirgsbaches auf bester Forststraße talein. Nach 3 km Abzweigung rechts (links geht es zur Oberbrunnalm) und längerer, mittelsteiler Anstieg zum Beginn der sattgrünen Almweiden. Wieder erholsame Flachstücke entlang des prächtigen Wiesenkessels. Zum Schluss heißt es nochmals kräftig in die Pedale zu drücken, aber gleich ist die Eppzirler Alm in Sichtweite.

Rundstrecke mit Überfahrt ins Gleirschtal: Von der Eppzirler Alm zurück bis zur Verzweigung bei der Brücke. Die 2 km lange Auffahrt zur Oberbrunnalm ist ziemlich kraftraubend, zudem ist der Weg sehr grobschottrig. Kurz vor der Almhütte (bewirtschaftet) rechts ab und in schönen Kehren hinunter zum Gleirschbach, über die Brücke und kurzer Gegenanstieg zur Fahrstraße der Möslalm und fast eben zu der noch auf Innsbrucker Gemeindegebiet liegenden Almwirtschaft. Rückfahrt durch das Gleirschtal, kurzer Gegenanstieg nach der Überquerung der Isarbrücke und am Wiesenhof vorbei nach Scharnitz. Will man nach Gießenbach nicht auf der Bundesstraße fahren, überquert man diese in Scharnitz gleich bei der Kirche, hält sich auf den gegenüberliegenden Hangfuß der Arnspitzen hin und radelt verkehrsfrei zurück zum Ausgangspunkt.

Zu Fuß: Wer bei der Oberbrunnalm noch Kraft für einen gut 30-minütigen Fußaufstieg in den Beinen hat, sollte sich dieses prächtige Gebirgspanorama nicht entgehen lassen. Ein Aussichtspunkt wie aus dem Bilderbuch öffnet sich dem Betrachter auf dem gerade über der Alm liegenden Zäunlkopf. Die großen Karwendeltäler liegen aufgeklappt vor der Linse des Fotoapparates. Von der Oberbrunnalm zur Jagdhütte und links auf schönem Waldsteig (Weg Nr. 30) auf die flache Kuppe des Zäunlkopfes (1748 m). 30 bis 40 Minuten, 220 Höhenmeter.

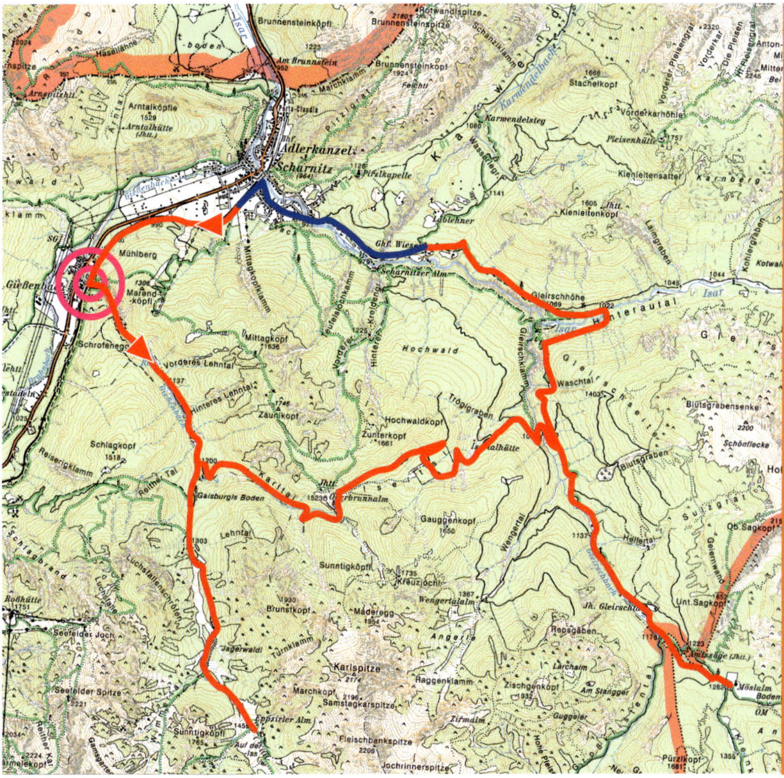

34 Große Karwendelrundfahrt

Auffahrt im Karwendeltal zum Hochalmsattel.

Als „schönste Mountainbiketour Deutschlands“ wird diese ausgedehnte Rundfahrt oft gepriesen, wenngleich sie zu zwei Dritteln in Tirol verläuft: durch das Karwendeltal zum Kleinen Ahornboden, weiter nach Hinterriß und zurück nach Mittenwald. Landschaftlich unüberbietbar, konditionell jedoch sehr anspruchsvoll.

Ausgangspunkt: Scharnitz (964 m), Parkplatz Karwendeltäler, 3,- Euro/Tag

Streckenführung: Scharnitz – Larchetalm (km 8) – Karwendelhaus (1771 m) – Hochalmsattel (1803 m, km 19) – Kleiner Ahornboden (1530 m, km 32,5) – Johannestal – Hinterriß (928 m, km 44) – Vordersbachau (1263 m) – Furt (1126 m) – Vereiner Alm (auch: Fereiner Alm; 1406 m, km 57) – Mittenwald – Scharnitz (km 71)

Länge, Fahrzeit, Hm.: 71 km, 6 bis 7 Stunden, 1600 Höhenmeter.

Steilheit: Meist 10 bis 12 %, am Schlussanstieg zur Vereiner Alm kurze Abschnitte bis 18 %

Wegbeschaffenheit: Großteils beste Forststraßen, nur Abschnitt Hochalmsattel – Kleiner Ahornboden rau und grobschottrig.

Höchster Punkt: Hochalmsattel (1803 m)

Charakter/Tipp: Gut parken (gratis) kann man auch bei der Ausfahrt Mittenwald-Nord am Seinsbach, wo man von der Vereiner Alm zurückkommt. Damit hat man gleich zum Auftakt der Tour eine 10 km lange, flache Einrollstrecke nach Scharnitz, die man sonst noch am Ende der Tour bewältigen muss.

Einkehrstationen: Larchetalm, Karwendelhaus, Gasthäuser in Hinterriß, Vereiner Alm.

Eingestuft wird diese Runde mit Schwarz (schwer). Wobei man relativieren muss, denn das „schwer" bezieht sich wohl nur auf die Länge der Strecke und der Anstiege, die sich allerdings in drei Abschnitte gliedern, und nicht auf die Fahrbahnbeschaffenheit, denn diese ist fast durchwegs super. Auf das Karwendelhaus fährt man noch mit frischen Kräften, und vor allem auf einer glatten Forststraße, welche erst im Vorjahr aufwendig saniert wurde. Die Fahrbahndecke wurde zur Gänze abgetragen, der ganze Schotter zermahlen, zerkleinert und neu aufgebracht. Davon profitieren auch die Radfahrer, die nun viel lockerer den ersten Anstieg zum Karwendelhaus bewältigen können. Erst bei der Abfahrt zum Kleinen Ahornboden wird man am grobschottrigen Karrenweg richtig durchgerüttelt, aber durch das Johannestal braust man dann wieder auf einer glatten Forstautobahn talaus bis zur Mautstraße nach Hinterriß. Danach warten nochmals zwei recht tückische Anstiege, unterbrochen durch eine gar nicht so kurze Abfahrt bis zur Furt am Bärenbach, der die Landesgrenze bildet. Der Schlussanstieg zur Vereiner Alm wird aber immer steiler, je höher man kommt, und auch wenn die Almhütten schon passiert sind, geht es immer noch bergauf. Nochmals steil und sehr ruppig, aber nur mehr bergab, geht es hinunter nach Mittenwald. Dann radelt man am besten mitten durch den Ort bis zu den Tennisplätzen an der südlichen Ausfahrt. Gemütlich klingt die lange Tour aus, auf den parkähnlichen Kieswegen rollt man durch den idyllischen Riedboden neben der Isar auf Scharnitz zu.

Die Strecke: In Scharnitz vom Parkplatz am Eingang in die Karwendeltäler bis zur Isarbrücke und gleich dahinter scharf links zum Beginn des Weges ins Karwendeltal und zum Karwendelhaus. Der erste Anstieg zur Pürzlkapelle ist gerade recht zum Aufwärmen, danach folgt eine angenehme Flachstrecke zur Larchetalm (km 8), wo bald die ersten Anstiege warten. Richtig los geht es erst hinter der Angeralm. In vielen Kehren windet sich die gute Forststraße hinauf zum Hochalmsattel. Begleitet von den eindrucksvollen Berggestalten der nördlichen Karwendelkette hat man das in der Felsflanke klebende Karwendelhaus längst in Sicht. Ist die Wald- und Latschenzone überwunden, passiert man die Hochalm und erreicht kurz unterhalb des Hochalmsattels die Abzweigung

zum Karwendelhaus, wo man sich schon eine ausgiebige Rast verdient hat (km 19).
Die gute Forststraße findet kurz unterhalb des Hochalmsattels ein abruptes Ende, als Fortsetzung gibt es nur mehr einen äußerst rippigen Karrenweg mit grobem Schotter, wo man bei der zum Glück nicht sehr steilen Abfahrt zum Kleinen Ahornboden höllisch aufpassen muss. Durchgeschüttelt bis auf die Knochen erreicht man den grünen Wiesenfleck des Kleinen Ahornbodens mit dem karwendeltypischen Baumbestand und dem beeindruckenden Blick auf die grauen Fluchten der Lalidererer Wände.
Den Wegweisern Hinterriß folgend, rollt man durch das Johannestal auf einer immer besser und glatter werdenden Forststraße, die zu einer flotten Fahrt einlädt, welche zum Glück

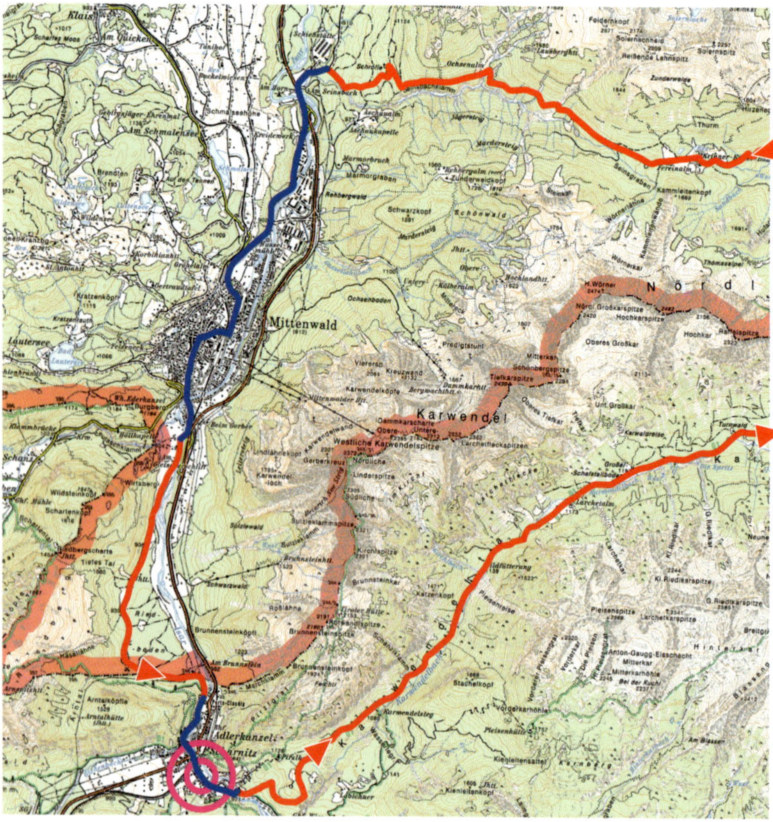

aber immer wieder von kurzen Gegenhügeln eingebremst wird. Kurz vor dem Talausgang, bei der Brücke, hat man die Wahl, mit einem kurzen Gegenanstieg auf dem schönen Weg ins Rißtal zu bleiben. Man kommt jedoch weiter talein auf die Mautstraße, kann aber genauso gut und kürzer bei der Brücke auf der rechten Bachseite talaus fahren (als Schiebestrecke angezeigt). Der Weg ist aber sehr ramponiert und sogar teilweise bis zum Mitte hin abgebrochen. Im Vorjahr war er mit einiger Vorsicht noch gut zu passieren, sicherer ist jedenfalls die längere Variante. Hat man die Talstraße erreicht, rollt es wieder gemütlich auf glattem Asphalt nach Hinterriß, dem einzigen ganzjährig bewohnten Dorf im Karwendel (km 44). Zwei Gasthäuser laden zur verdienten Rast, auch das Naturparkhaus ist

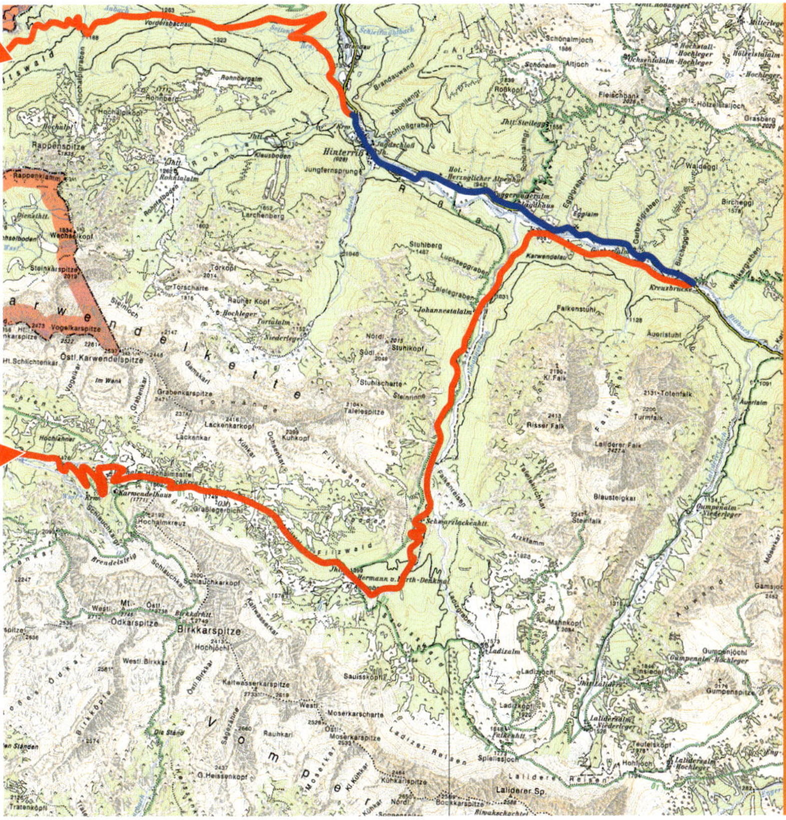

eine Besichtigung wert, aber es warten noch die zwei gar nicht so leichten Anstiege zur Vereiner Alm.
Durch Hinterriß talaus bis zur Brücke und unmittelbar davor links auf Forstweg mit MTB-Beschilderung, welche 12,5 km Wegstrecke zur Vereiner Alm ankündigt. Gut 350 Höhenmeter bewältigt man bis zum Forsthaus Vordersbachau und lässt sich von den vielen abzweigenden Forstwegen nicht verwirren, sondern bleibt immer am Hauptweg, der meist mit grünen Wegweisern Vereiner Alm die Richtung vorgibt. Leider muss man wieder einige Höhenmeter mit einer flotten Abfahrt herschenken und gelangt nach vielen Windungen in das breite Schotterbett des Bärenbachs, wo die Staatsgrenze verläuft. Gegenüber auf der deutschen Seite sichtbar ist bereits der weiterführende Fahrweg, vorher muss aber der Bach an einer geeigneten Stelle überquert werden. Ein im Wasser liegender Baumstamm ist recht hilfreich, wenn man mit den Füßen darauf balanciert und das Rad im Wasser schiebend als Stütze benützt. Der Anstieg zur Vereiner Alm (links, bachaufwärts) ist zwar nur mehr kurz, hat es aber trotzdem in sich, denn die Steigungen werden steiler und steiler und erreichen auf kurzen Stellen an die 18 %. Ist die bewirtschaftete Vereiner Alm (km 57) erreicht, geht es immer noch über ein paar Geländewellen zum höchsten Punkt, bis sich die Straße endgültig in Richtung Mittenwald absenkt. Vorsicht auf der ziemlich steilen und äußerst rippigen Forststraße, welche hoch über der Schlucht des Seinsbaches in den Talboden führt. Ist die Schnellstraße bei der Nordeinfahrt von Mittenwald erreicht, wird sie anfänglich noch von einem Radweg begleitet, danach fährt man am besten direkt auf Mittenwald zu und durch das Dorf bis zum südlichen Ortsrand. Beim Sportzentrum rechts der Isar bildet die Fahrt durch den parkähnlichen Wald des Riedbodens einen feinen Ausklang dieser anspruchsvollen Mountainbike-Tour. In Scharnitz hat man 71 km auf dem Fahrradtacho.

Bachquerung an der Staatsgrenze.

35 Archbrandhütte und Inzinger Alm

Die Inzinger Alm, Blick talaus zu Großem und Kleinem Solstein.

Allgemein bekannt in Mountainbiker-Kreisen sind die beiden Wege links und rechts des Hundstals, die bei der Inzinger Alm zusammentreffen. Der Anstieg über den Inzinger Berg ist als Konditionsstrecke berüchtigt. Etwas länger, jedoch weniger beschwerlich zu fahren, ist der großzügig sanierte Almweg über den Hattingberg.

Ausgangspunkt: Hatting (612 m)

Streckenführung: Hatting – Hattingberg – Oberländerhof – Archbrandhütte (1696 m) und/oder Inzinger Alm (auch: Hundstalalm; 1641 m)

Länge, Fahrzeit, Hm.: Archbrandhütte 9,5 km, 1:30 bis 2 Stunden, 1080 Höhenmeter. Inzinger Alm 10,5 km, 2 Stunden, 1030 Höhenmeter.

Steilheit: Durchwegs 10 bis 12 %

Wegbeschaffenheit: Teilweise „Forstautobahn“, auch alte Wegstücke gut fahrbar.

Höchster Punkt: Archbrandalm (1696 m)

Charakter/Tipp: Wer gerne noch ein Stück zu Fuß weitergehen will, erreicht von der Archbrandhütte in einer halben Stunde den Archbrandkopf oder Hirschbichl und kann seine Aussicht über das Inntal beträchtlich erweitern. Ebenfalls lohnend, aber wesentlich weiter ist ein Aufstieg von der Inzinger Alm zum Hundstalsee mit dem Apollontempel (1:30 Stunden).

Einkehrstation: Inzinger Alm, geöffnet bis Ende September.

Der Weg von Inzing zur gleichnamigen Alm (MTB-Route 587) ist also ein ordentlicher Schinder, wo sich auch gute Fahrer gehörig ins Zeug legen müssen. Wesentlich flacher, nur geringfügig länger, aber in der üblichen und vor allem gleichmäßigen Almwegsteigung, ist der Weg auf der gegenüberliegenden Talseite vom Hattingberg über den vom Archbrandkopf herunterziehenden Rücken zur einsamen Archbrandalm (MTB-Route 583), wo man kurz unterhalb nach links abzweigen kann und über den so genannten Evakuierungsweg zur bewirtschafteten Inzinger Alm gelangt.
Die Bergradler wussten aber auch, dass dieser Weg zwar nicht so steil, dafür von der Fahrbahnbeschaffenheit grobschottriger, stark ausgewaschen und wesentlich schlechter zu fahren ist. Doch das gehört mittlerweile der Vergangenheit an, denn die Zufahrt zur Archbrandhütte wurde, zwar erst teilweise, aber vorerst einmal auf den schlechtesten Abschnitten großzügig saniert und der vollständige Ausbau wird in mehreren Jahresetappen fortgesetzt. Die einheimischen Bergradler loben jedenfalls den neuen Weg: dass er noch nie so gut „beisammen" war wie jetzt.

Die Strecke: Beginnend in Hatting, Dorfmitte, bei der Kirche, mit dem Anstieg auf den Hattingberg (Asphalt, km 2,2). Kommt man bei der letzten Kehre aus dem Wald

Der Talkessel der Inzinger Alm im inneren Hundstal.

auf die sonnige Wiesenterrasse, fährt man rechts (MTB-Wegweiser) noch ein kurzes Stück bis zum Oberländerhof und im Bogen links aufwärts zum Waldrand, wo der Asphalt endet. Zu Beginn noch alter Zustand des Weges bis zur ersten Kehre, dann aber am erst im Vorjahr neu ausgebauten Abschnitt mit feinem Kiesbelag aufwärts. Auch die Fortsetzung auf der noch alten Trasse ist ganz passabel zu fahren, soll aber ebenfalls in den nächsten Jahren abschnittsweise saniert werden. Wegteilung zwei Kehren unterhalb der Archbrandhütte (km 8), wo nach links der Zufahrtsweg zur Inzinger Alm abzweigt, die in 2,5 km erreicht wird. Abfahrt beliebig, entweder am Aufstiegsweg zurück nach Hatting oder an der östlichen Talseite nach Eben am Inzinger Berg.

Abfahrt beliebig, entweder am Aufstiegsweg zurück nach Hatting oder an der östlichen Talseite nach Eben am Inzinger Berg.

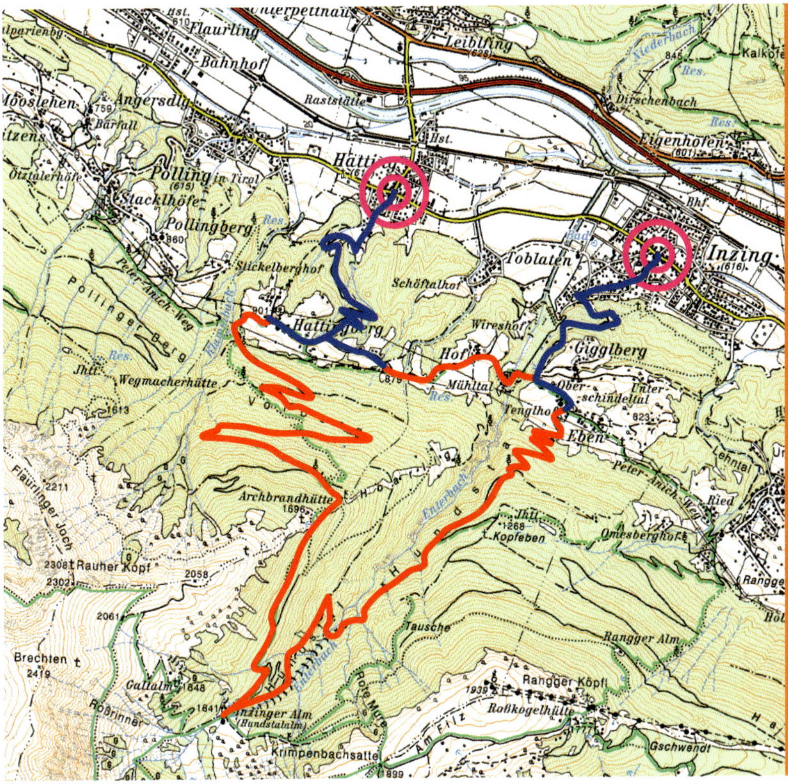

36 Radeln am Peter-Anich-Weg

Über die Mittelgebirgsterrasse bis Flaurlingberg verläuft der Peter-Anich-Weg.

Vielleicht nicht das Gelbe vom Ei ist diese Mountainbike-Runde über die Mittelgebirgsterrassen zwischen Kematen und Flaurling: bunt gemischt mit allem, von Asphalt- bis Schiebestrecke, und dadurch ein bisschen unrund – dafür schöne Natur- und Kulturlandschaften und kleine Besonderheiten am Wegesrand.

Ausgangspunkt: Kematen, Dorfmitte (610 m)

Streckenführung: Kematen – Ranggen (4 km) – Ried – Eben – Enterbach – Inzinger Berg/Weiler Hof – Hattingberg (9 km) – Pollingberg (km 13) – Flaurling (16 km) – zurück über die Dörfer oder auf dem Inntal-Radweg

Länge, Fahrzeit, Hm.: 30 km, 2:30 bis 3 Stunden, ca. 600 Höhenmeter.

Wegbeschaffenheit: Bunt gemischt. Landesstraßen, asphaltierte Hofzufahrten, Schotterwege, kurze Schiebestrecken auf schmalen Wanderwegen.

Höchster Punkt: Westlicher Hattingberg (900 m)

Charakter/Tipp: Auf den Terrassen am Peter-Anich-Weg zwischen Ranggen und Flaurling gibt es leider keine Einkehrstationen, dafür eine Menge zu schauen.

Der in Ranggen beginnende Peter-Anich-Weg verbindet die „Berge“ oderhalb der zugehörigen Dörfer Inzing, Hatting, Polling und Flaurling und ist eigentlich zum Wandern und nicht zum Radfahren angelegt. Trotzdem ist er zum größten Teil gut fahrbar, wenngleich man ein paarmal kurz vom Rad steigen und ein Stück schieben muss. Dafür landschaftlich sehr schön mit weitläufiger Aussicht über das Inntal. Für den nicht nur stur dahinradelnden Biker gibt es auch hier eine Menge zu entdecken. Speziell in dem zu Inzing gehörenden Weiler Hof oberhalb von Toblaten sollte man einen kurzen Stopp einlegen. Nicht nur das unter Denkmalschutz stehende Ensemble der fünf Höfe ist betrachtenswert, man kann sich auch seine Gedanken über den Denkmalschutz im Allgemeinen machen. Hier gibt es auch noch eine einmalige Besonderheit: Ein paar Meter vor der Kapelle gedeiht ein sehr seltener Baum, der vor über hundert Jahren von einem aus China heimgekehrten Missionar gepflanzt wurde und der einzige seiner Gattung in Österreich sein soll.

Der denkmalgeschützte Weiler Hof am Inzinger Berg.

Darum wurde der Schneeglöckchenbaum (Halesia diptera) auch zum Naturdenkmal erklärt und unter strengsten Schutz gestellt. Am schönsten ist er natürlich im Mai und vielleicht noch im Juni, wo seine Zweige über und über mit kleinen weißen Glockenblüten behangen sind und – als Besonderheit – seine Blätter sich von der Spitze weg bis zur Mitte rot und weiß zu verfärben beginnen.

Der Schneeglöckchenbaum blüht im Mai.

Die Strecke: Beliebige Zufahrt nach Kematen. Zuerst einmal auf der Landesstraße nach Ranggen (km 4). Im Dorf bergwärts bis zum angezeigten Beginn des durchgehend beschilderten Peter-Anich-Weges. Nach rechts zum Weiler Ried, danach bald auf schmalem Wiesenweg (Achtung auf Wanderer, die natürlich Vorrang haben!) nach Eben am Inzinger Berg. Auf der Asphaltstraße kurz bergab Richtung Inzing bis zur ersten scharfen Kurve, dort wieder links hinunter zum Enterbach und über die Brücke. Beim ersten Bauernhof in Mühltal sofort wieder bergauf, jetzt auf schmalem, einspurigem Wiesensteig – kurze Schiebestrecke – bis zur Geländekante auf der Terrasse des Weilers Hof oberhalb von Inzing. Bei der Kapelle nach dem Schneeglöckchenbaum am breiten Wiesenweg in zwei Wellen schräg aufwärts zum Waldrand, hinter dem man sogleich die Häuser am Hattingberg erreicht. Sanft ansteigend auf Asphalt über die schönen Wiesenterrassen, vorbei am Oberländerhof und geradeaus weiter, bis man ansteht. Links bergwärts, am Feuerwehrhaus vorbei und danach steil, aber gerade noch fahrbar, aufwärts, erst noch auf Asphalt, dann auf Traktorweg in den Graben des Klammbaches.

Auf der wieder instand gesetzten Brücke über den Bach, gleich danach verlässt man den Wald, erreicht einen breiten Forstweg und befindet sich bereits am Pollingberg. Ab hier geht es nur mehr abwärts, vorerst noch auf Schotter, bald mündet man wieder auf die glatten Asphaltstraßen ein und rollt ein paar kurze Kehren durch die Siedlungshäuser abwärts, wobei man die gelbe Beschilderung des Peter-Anich-Weges nicht aus dem Auge verlieren sollte. Nahtlos sind die ausgedehnten Wiesenterrassen oberhalb von Flaurling erreicht, imposant baut sich die Hohe Munde über dem Inntal auf. Bei einer markanten Kreuzung mit Anschlagtafeln biegt man rechts in die breite Abfahrt nach Flaurling ein. Vom Dorf zurück in Richtung Kematen bzw. Innsbruck. Wer lieber verkehrsfrei radeln will, fährt ganz in die Talsohle in Richtung Inn zum dort entlangziehenden Radweg oder rollt auf der Landesstraße durch die Dörfer zurück zum Ausgangspunkt.

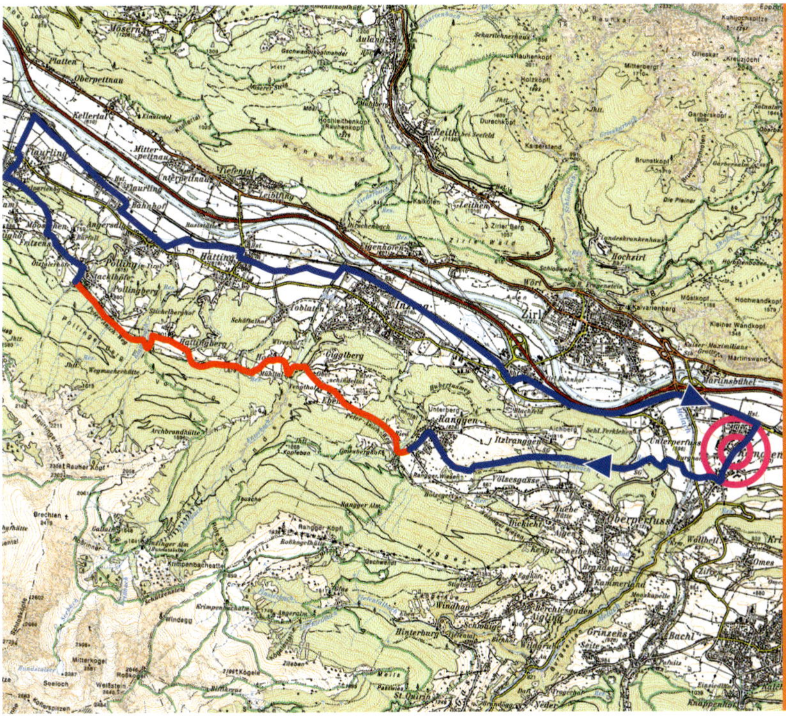

37 Auf oder über das Rangger Köpfl

Gleich sind der Krimpenbachsattel und das Rangger Köpfl erreicht.

Ideale, viel befahrene Route, die sich mit wenig Mühe zu einer ganzen Runde verlängern lässt. Einfach phantastisch ist die nach jeder Kehre stets weitläufiger werdende Fernsicht: Das Inntal weitet sich mehr und mehr, die Kalkkögel grüßen vom Sellrain herüber und über allem thront die grüne Pyramide des Roßkogels.

Ausgangspunkt: Oberperfuss, 856 m

Streckenführung: Liftparkplatz – Haggenweg – Stiglreith (km 6) – Roßkogelhütte (1777 m, km 10) – Rangger Köpfl (1939 m, km 12) – Inzinger Alm – Ranggen – Oberperfuss

Länge/Fahrzeit/Hm.: 25 km, 3:30 bis 4 Stunden; 1100 Höhenmeter; wählt man die Abfahrt über Archbrand zum Hattingberg, verlängert sich die Runde um 4 km.

Steilheit: Großteils 10–12 %, kurzzeitig 15 %

Wegbeschaffenheit: Gut fahrbare Schotterwege.

Höchster Punkt: Rangger Köpfl (1939 m)

Charakter/Tipp: Abfahrtsvariante über Inzinger Alm und Hundstal möglich, allerdings 20 Minuten Tragestrecke vom Krimpenbachsattel abwärts.

Einkehrstationen: Liftrestaurant Stiglreith, Roßkogelhütte, Inzinger Alm.

Sitzt man dann nach getaner Tretarbeit auf der sonnigen Terrasse der Roßkogelhütte und hat sich von der Auffahrt erholt und das Radtrikot getrocknet, ist nur mehr wenig Mehraufwand nötig, noch die nächste Kehre oberhalb der Hütte zu erklimmen, zum Krimpenbachsattel hinüberzufahren und bei den Sendeanlagen am Rangger Köpfl den Gipfelsieg zu feiern. Wer es sich ein wenig leichter machen bzw. die Strecke abkürzen möchte, lässt die untere Hälfte des Anstiegs aus und beginnt oben in Stiglreith (6 km kürzer). Da ist es aber besser, nicht mit dem Auto heraufzufahren, sondern mit der im Sommer verkehrenden Gondelbahn, welche problemlos Räder transportiert. Parkgebühr in Stiglreith 5,- Euro, der Lift kostet ebenfalls 5,- Euro, parken und Rad gratis.
Wenn man es nicht so eilig hat, rasch ins Tal zu kommen, bietet sich der Abstieg zur Inzinger Alm und die Abfahrt durch das Hundstal an. Man fährt dabei nicht ganz hinunter nach Inzing, sondern bleibt in Eben auf der Terrasse des Inzinger Berges, und gelangt am Peter-Anich-Weg zurück nach Ranggen und Oberperfuss zum Ausgangspunkt. Einziger Schönheitsfehler ist die Tragestrecke – zum Glück nur bergab – bis vor die Inzinger Alm.

Die Strecke: Start in Oberperfuss (beginnt man bereits in Kematen, dann sind es 4 km und 250 Höhenmeter mehr).
Am Ortsbeginn rechts zum Rangger-Köpfl-Lift, vom Parkplatz ca. 300 m weiter und links auf dem angezeigten Weg zur Recyclinganlage, zum Beginn des „Haggenweges" nach Stiglreith (MTB-Route 509). In gleichmäßigen Kehren, ganz angenehm zu fahren, bis zu den freien Wiesen oberhalb der Egghöfe, wo das Pistengelände und der Lift gequert wird. Gleich danach mündet man in die Autostraße ein und erreicht eine Kehre später Stiglreith (Mittelstation, Panoramarestaurant), km 6. Am Parkplatz geradeaus

Die Pyramide des Roßkogels.

weiter, vorerst noch ein steiles Stück auf Asphalt, dann wieder auf guter Schotterstraße bis zur Roßkogelhütte, km 10. Oberhalb der Hütte längere Schrägfahrt zum Krimpenbachsattel vor dem Windegg und mit Retourschleife rechts über den breiten Rücken zum Rangger Köpfl, km 12, plus 150 Höhenmeter.

Zur Inzinger Alm und Abfahrt durch das Hundstal: Am Krimpenbachsattel muss erst der Weidezaun überwunden werden. Die Querstangen am massiven Eisentor lassen sich mühelos zur Seite schieben. Dann mit geschultertem Rad über den sumpfigen Wiesenboden und auf dem buckeligen Steig nordseitig abwärts, ca. 20 Minuten, weiter unten kann man dann schieben, bis der neu gebaute Fahrweg erreicht ist, zur bewirtschafteten Inzinger Alm. Abfahrt durch das Hundstal auf breiter Schotterstraße, wo aber mit Auto-Gegenverkehr zu rechnen ist. Zum Schluss auf der WM-

Die gemütliche Roßkogelhütte mit Blick auf das Inntal.

Rodelbahn bis zu den Höfen von Eben am Inzinger Berg. Hier nach rechts, bergseitig vorbei am Schweizerhof und auf dem beschilderten Peter-Anich-Weg mit einer nochmaligen kurzen Schiebeunterbrechung nach Ranggen. Auf der Landesstraße zurück nach Oberperfuss. Ganze Runde ca. 25 km.
Und noch eine weitere Variante wäre die Abfahrt von der Inzinger Alm auf dem teilweise gut sanierten Weg über die Archbrandhütte zum Hattingberg (Abzweigung in der Kurve unterhalb des Parkplatzes). Nach dem Oberländerhof nach rechts auf der Terrasse bleiben und dem gut bezeichneten Peter-Anich-Weg folgend zum Weiler Hof. Nun nicht auf der Straße abwärts, sondern am Wiesenweg rechts davon (kurz schieben) abwärts nach Mühltal, auf dem Eisensteg über den Bach, wieder steil hinauf nach Eben und weiter am Wanderweg bis nach Ranggen und Oberperfuss (somit kommt man auf 29 km).

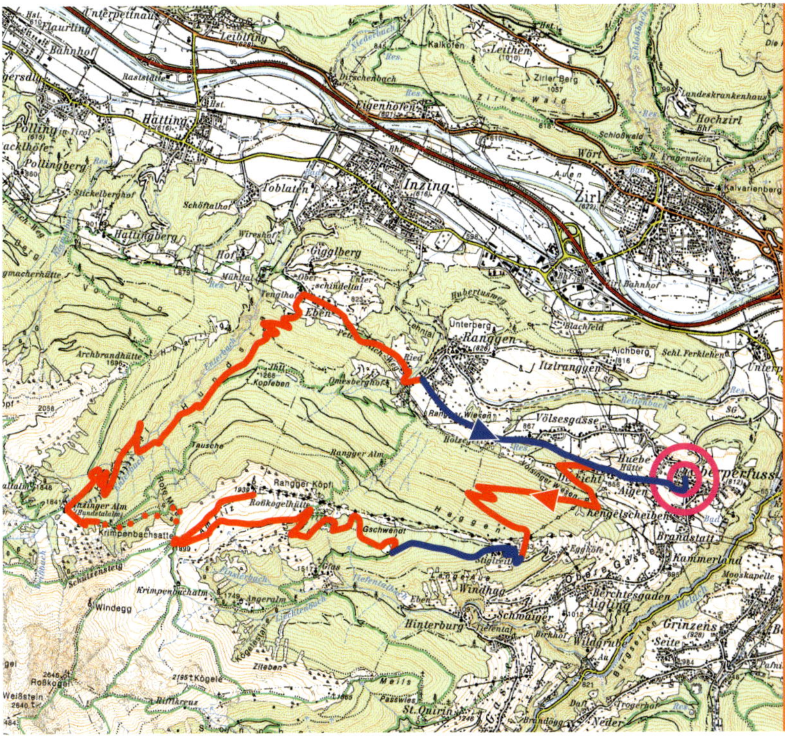

38 Radeln im Zirler Brunntal

Durch den Fließer Wald kommt man ins Zirler Brunntal.

Gar nicht so ohne ist die Fahrt auf die Magdeburger Hütte, für konditionsstarke Biker aber kein Problem und eine gute Trainingsfahrt. Wer sich nicht so plagen will, schlägt dem steilen Anstieg ins Brunntal ein Schnippchen: Leichter geht's über Hochzirl und den Flieserwald auf der anderen Seite der Ehnbachklamm.

Ausgangspunkt: Zirl, Dorfmitte (640 m)

Streckenführung: Zirl – Hochzirl – Flieserwald – Gasthof Brunntal (1200 m) – Neue Magdeburger Hütte (1637 m)

Länge, Fahrzeit, Hm.: Über Hochzirl 11 km, über Steinbruch 8,5 km, 1:30 bis 2 Stunden, ca. 1000 Höhenmeter. Ganze Runde 20 km.

Steilheit: Auf der Brunntalstraße durchgehend 16 % bis 18 %, im Flieserwald wechseln kurze Steilstücke immer wieder mit flachen Erholungszonen.

Wegbeschaffenheit: Gute Forststraßen.

Höchster Punkt: Neue Magdeburger Hütte (1637 m)

Charakter/Tipp: Super Trainingsrunde, aber Achtung auf den Gegenverkehr bei der Abfahrt im Brunntal. Mit der Anfahrt von Innsbruck auf dem Inntal-Radweg kommen noch 20 Flachkilometer dazu (hin und zurück).

Einkehrstationen: Neue Magdeburger Hütte, Jausenstation Brunntal.

Der direkte Fahrweg ins Brunntal mag zwar für die vielen Kfz-Berechtigten, jedoch nicht unbedingt für Mountainbiker das Gelbe vom Ei sein. Durchwegs steil und kaum eine Stelle, wo man wieder einmal ein ‚Kranzl' zurückschalten kann. Viel ruhiger, wenn auch eine Spur länger ist es, wenn man auf der westlichen Seite der Ehnbachklamm startet. Noch unterhalb von Hochzirl biegt man in den Weg zum Solsteinhaus ein, verlässt diesen jedoch bald, durchfährt im weiten Bogen den tief eingeschnittenen Bachgraben und kommt kurz vor der Jausenstation Brunntal auf die andere Talseite. Dann folgen noch sechs steile Kehren zur Magdeburger Hütte. Und wer sich noch nicht ausgelastet fühlt, lässt sein Radl für eine Stunde allein und steigt noch auf das Kirchbergköpfl.

Die Strecke: In Zirl von der Dorfmitte gerade bergwärts zum Beginn der Straße nach Hochzirl. Zuerst noch auf Asphalt bis zur dritten Kehre (km 1,7) und rechts einschwenken in den Weg zum Solsteinhaus. Bei der ersten Verzweigung vor dem Bahngleis bleibt man rechts und fährt danach über das Dach des Tunnels. Achtung: Bei der folgenden Abzweigung noch links bleiben (man käme sonst zum Martinswand-Tunnel hinunter) und erst bei km 4 verlässt man den Solsteinweg nach rechts (MTB-Route Flieserwald). In wechselnder Steigung, immer wieder mit Flachstücken versehen, kommt man in den tiefen Graben des Ehnbaches. Auf der anderen Talseite in leichtem Gefälle zur Einmündung in die Brunntalstraße. Links aufwärts erreicht man nach 400 m die ganzjährig geöffnete Jausenstation (km 6,6). Zur Magdeburger Hütte sind es noch 4 km. Sechs Kehren, wobei es aber nach der ersten Biegung wieder ums Kennen lockerer wird. Doch wenn man nach der vierten Kehre, nach einem

Der Große Solstein rückt ins Blickfeld.

kurzen Flachstück, ein Brünnl passiert, heißt es nochmals kräftig in die Pedale steigen. 18 % Steigung bringen einen ganz schön zum Schwitzen, aber gut erholen lässt es sich auf dem idyllischen Platz bei der Hütte unter den grünen Lärchen. – Abfahren kann man dann direkt auf der ruppigen Brunntalstraße, aber aufpassen auf den Gegenverkehr. Am Ende der Straße bei den ersten Häusern nach rechts, unter der Schnellstraße durch, an ihrer Südseite parallel aufwärts zur nächsten Unterführung und zurück zum Ausgangspunkt.

Zu Fuß: Das Kirchbergköpfl (1943 m) im Massiv des Hechenbergs ist ein schöner Aussichtspunkt mit Blick über das Inntal und bietet sich auch dem Mountainbiker für eine Besteigung an. Von der Hütte geht man zuerst am Wiesensattel kurz in Richtung Osten zum Beginn des Steiges, der durch einen steilen Waldhang und Latschengassen auf die sonnige Kuppe führt (300 Höhenmeter, 45 Minuten).

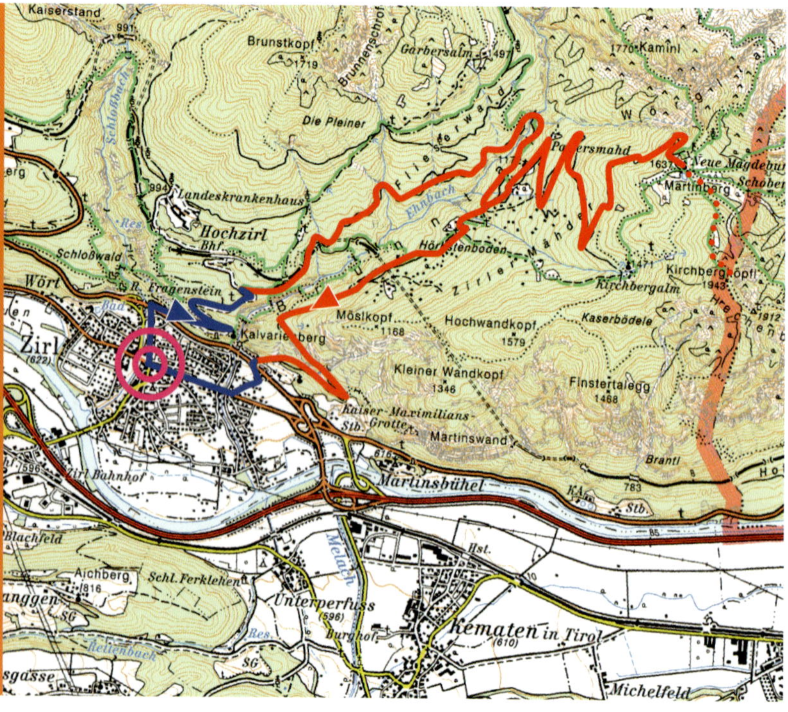

39 Den Axamer Bach entlang

Der Blick auf die Kalkkögel dominiert im zweiten Teil der Tour.

Übungsstrecke im westlichen Mittelgebirge: Im ersten Teil der anspruchsvollen Tour erfrischt die kühle Luft, für die der Axamer Bach sorgt, im zweiten Teil imponiert die prachtvolle Aussicht auf die Kalkkögel. Den Blick über die Nordkette schweifen lassend, findet man auf der Schafalm neuen Schwung.

Ausgangspunkt: Axams (ca. 900 m)

Streckenführung: Axams – Axamer Lizum – Schafalm – Axams

Länge, Fahrzeit, Hm.: 10,5 km, 1:15 Stunden, ca. 680 Höhenmeter.

Steilheit: Die Auffahrt ist teils extrem steil, aber gut fahrbar.

Wegbeschaffenheit: 1,2 km Asphalt, 9,3 km Forstweg

Höchster Punkt: Schafalm (1568 m)

Charakter/Tipp: Steile Auffahrt mit drei verschiedenen Abfahrtsvarianten

Einkehrstation: Schafalm (1568 m), im Sommer täglich geöffnet.

So kommt man hin: Anfahrt von Innsbruck nach Axams, das im westlichen Mittelgebirge liegt. Von dort weiter bis zur Auffahrt in Richtung Axamer Lizum. Hier kann man in der Kehre links parken.

Entlang des Axamer Baches: Mit dem Rad geht es zunächst die Straße Richtung Axamer Lizum. Bereits in der ersten Kehre zweigt man von dieser ab und radelt Richtung Schafalm. Der nicht asphaltierte Forstweg wird im Winter als Rodelbahn verwendet. Entlang des Weges sind Straßenlaternen angebracht, an denen man sich bis oben hin orientieren kann. Zuerst geht es im Wald in angenehmer Steigung bergauf. Man folgt immer dem Bach, den man zwar nicht überall sehen kann, dessen Rauschen aber die ganze Zeit zu hören ist. Bei km 0,7 folgt man dem Weg zur Schafalm, der bald steiler wird, sodass man kräftig in die Pedale treten muss. Er ist zwar gut zu fahren, aber teils so steil, dass man trotz der vom Bach herüberwehenden kühlen Brise ins Schwitzen gerät. Bei km 2,3 fährt man an der Abzweigung geradeaus vorbei, da in der anderen Richtung ein MTB-Verbotsschild angebracht ist.

Neben dem rauschenden Axamer Bach geht es aufwärts.

Mit Kalkkögelblick: Nach Überquerung des Axamer Baches scheinen immer wieder die Gipfel der Kalkkögel durch. Kurz bevor man zum Parkplatz der Axamer Lizum kommt, lichtet sich der Wald und gibt einen herrlichen Ausblick auf die Kalkkögel frei. Gleich nach dem Parkplatz fährt man rechts, weiter zu einem Forstweg. Dort ist die Schafalm bereits angeschrieben, die man nach einem kurzen Stück Bergfahrt erreicht. Von der Alm aus kann man den Blick auf die Nordkette schweifen lassen und sich von den Strapazen der Auffahrt wieder erholen.

Abfahrtsvarianten: Für die Abfahrt gibt es drei Varianten: Die erste Möglichkeit besteht darin, dass man von der Schafalm direkt abfährt. Dieser Weg hat ein MTB-Fahrverbot in umgekehrter Richtung. Es handelt sich dabei um einen guten Forstweg, der immer wieder einen schönen Blick auf die Nordkette freigibt. Bei km 8,3 gelangt man wieder auf den Forstweg, den man zuvor bergauf geradelt ist. Bei der zweiten Variante fährt man den gleichen Weg zurück, auf dem man gekommen ist. Das heißt, man radelt zuerst die paar Höhenmeter bis zum Parkplatz der Axamer Lizum und dann den Forstweg hinunter. Bei der dritten Variante nimmt man vom Parkplatz die Asphaltstraße zurück nach Axams. Das ist eine rasante Abfahrt, bei der man allerdings auf den Verkehr Rücksicht nehmen muss.

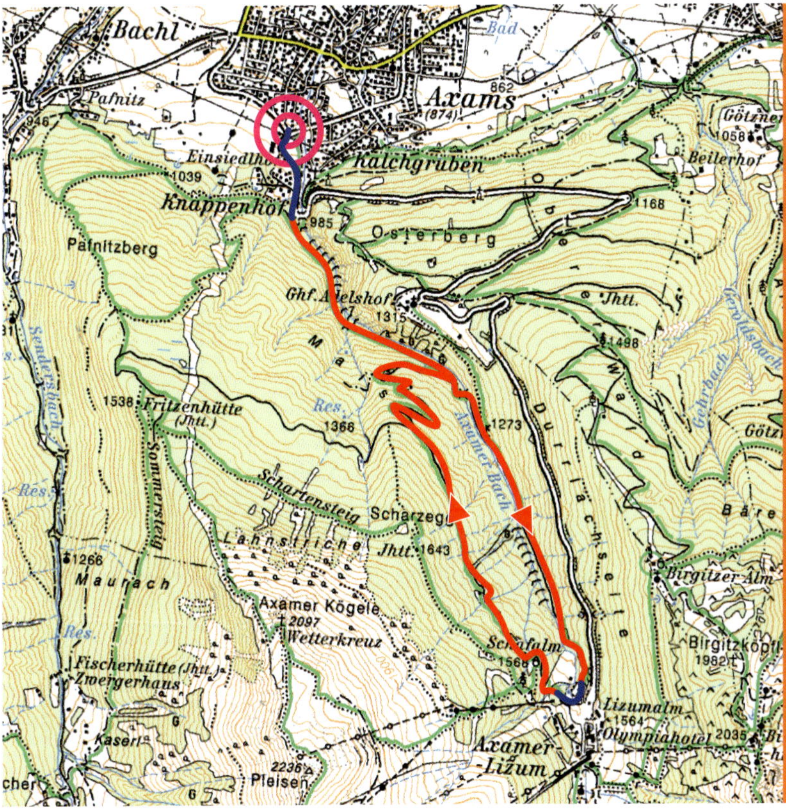

Am Kleinen Ahornboden.

Die neue Steiganlage in der Leutascher Geisterklamm.

Schöner Blick auf die Feuersteine während der Singletrail-Strecke zum Portjoch.

Auffahrt zur Walderalm mit Blick auf die Karwendelberge.

Heumandln bei den Pfurtschell-Höfen.

Die berühmten Erdpyramiden von Klobenstein am Ritten.

40 Almenfahrt entlang der Nockspitze

Vier Almen auf einen Streich am Eingang des Stubaitales.

Mutterer, Raitiser, Kreither und Pfarrachalm lassen sich ganz ideal zu einer schönen Fahrt verknüpfen. Kriterium ist gleich zu Beginn der fünf Kilometer lange und anstrengende Aufstieg zur Mutterer Alm. Den darf man nicht unterschätzen, weist er doch Steigungen bis zu 16 Prozent auf. Danach geht es locker weiter.

Ausgangspunkt: Mutters, Gasthof Lärchenhof, bei der Auffahrt zur Seilbahn (953 m)

Streckenführung: Lärchenhof – Nockhof – Mutterer Alm, Aufstieg 5 km, 650 Höhenmeter (1608 m) – Raitiser Alm – Kreither Alm (1493 m) – Übergang Telfer Berg (Aufstieg 2 km, 130 Höhenmeter (1620 m) – Abzweigung Arzgrube (1382 m) – Pfarrachalm (Aufstieg 3 km, 350 Höhenmeter (1740 m) – Telfes/Kapfers – Telfer Wiesen – Kreith – Mutters

Länge, Fahrzeit, Hm.: 28,5 km, 4 Stunden, insgesamt 1200 Höhenmeter (mit Seilbahn nur 550 Höhenmeter).

Steilheit: 16 % zwischen Nockhof und Mutterer Alm, 12 % zur Pfarrachalm, dazwischen wesentlich leichter.

Wegbeschaffenheit: Alles gut fahrbare Alm- und Forstwege.

Höchster Punkt: Pfarrachalm (1740 m)

Charakter/Tipp: Leichter machen kann man es sich, wenn man die Auffahrt zur Mutterer Alm mit der Seilbahn bewältigt (über Betriebszeiten erkundigen!).

Die Innsbruck-nahen Almgasthäuser an den Hängen rund um die Nockspitze sind bekannte und beliebte Ausflugsziele für Wanderer und Mountainbiker. Jedes für sich ist schon einen eigenen Ausflug wert und zu jeder führen schöne Mountainbike-Wege, aber alle vier Almen lassen sich auch leicht zu einer Super-Runde zusammenhängen. Beginnt man in Mutters, kann man die steile Auffahrt zur Mutterer Alm noch mit frischen Kräften angehen, danach rollt man ganz locker und fast eben zur nahen Raitiser Alm hinüber und erreicht mit einem kurzen Anstieg gleich darauf die Kreither Alm. Etwas länger zieht sich der Fahrweg hinüber auf die Stubaier Seite zum Telfer Berg, ist aber sehr schön zu fahren. Nach der Abfahrt über die Kehren der Burgannamahd kommt man in der Arzgrube zum Schlussanstieg zur Pfarrachalm, der sich wiederum ein wenig anstrengender gestaltet. Nach der Abfahrt in Telfes/Kapfers kann man sich noch überlegen, ob man lieber den Weg über den Stockerhof mit ein paar steilen Höckern fährt oder den flachen unteren Weg durch die Telfer Wiesen. Beide Male kommt man in Außerkreith wieder zusammen. Über Raitis nach Mutters und – wenn man mit dem Auto gekommen ist – noch ein Schlussanstieg durch das Dorf hinauf zum Seilbahnparkplatz.

Die Strecke: Eigentlich wollte ich mir einen lockeren Tag machen und mich mit mitsamt meinem Rad von der Gondel auf die Mutterer Alm befördern lassen. Leider war bei der Seilbahn nur Wochenendbetrieb, also blieb mir nichts anderes übrig, als selber in die Pedale zu treten. Man beginnt beim Gasthof Lärchenhof an der Auffahrt zu den Parkplätzen. Bis zum Nockhof geht es noch in der gewohnten Steigung, danach wird der breite Schotterweg aber wesentlich kräfteraubender. Kompensiert wird die Steilheit allerdings durch eine glatte Fahrbahn. Umso lockerer gestaltet sich der Weiterweg auf schönem Forstweg von der Mutterer Alm zur nahen Raitiser Alm und zur noch eine Stufe tiefer liegenden Kreither Alm. Von dort mündet man mit ein paar Schritten Schiebestrecke in den oberhalb der Alm verlaufenden Forstweg, auf dem man in angenehmer Steigung den Übergang zur Stubaier Seite des Telfer Berges erreicht. Die beiden Forstwege haben aber keine unmittelbare Verbindung miteinander. Unmittelbar vor der Kuppe endet der Forstweg auf der Kreither Seite, nach 20 m

Waldsteig steht man wiederum am breiten Weg auf der Stubaier Seite. Abfahrt in zwei Serpentinen über die Burgannamahd hinunter in die Arzgrube, wo der Schlussanstieg zur Pfarrachalm wartet. Nochmals 3 km Aufstieg zu dem viel besuchten Mountainbiker-Treffpunkt mit seiner Traumaussicht über das Stubaital. Abfahrt nach Telfes/Kapfers und bei der Einmündung in die Asphaltstraße (Telefonzelle, Thalerhof) kurz links aufwärts und nach rechts zum Beginn der Telfer Wiesen. Wer noch ein Stück drauflegen will, kann gleich darauf noch zu dem höher liegenden Stockerhof abzweigen. Gut fahrbare Waldwege mit mehreren kurzen Steilstufen führen zu dem belieben Ausflugsziel. In Außerkreith treffen beide Routen wieder zusammen. Über Raitis gelangt man zurück nach Mutters.

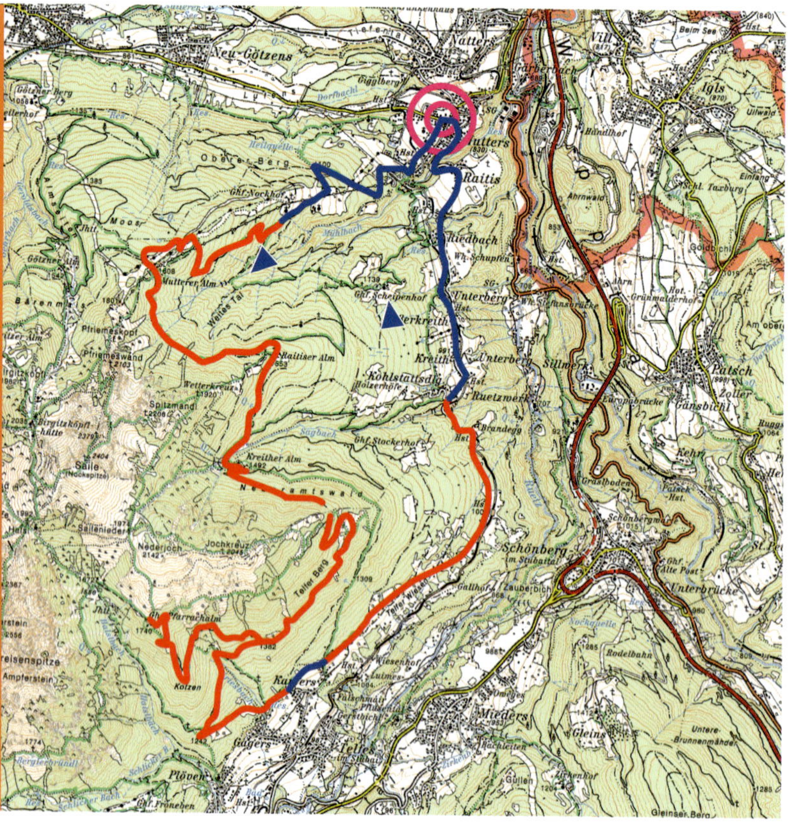

41 Mit Blick auf die Stubaier Bergriesen

Weiter oben beherrscht der Habicht die Szenerie während der Auffahrt.

Am Anfang beherrscht die Elferspitze mit ihren schroffen Felszacken die Szenerie, weiter oben der Habicht – gemeinsam mit den Gletschern der Stubaier Alpen und den Gipfeln des Inntals: eine Runde voller schöner Aussichten durch lichte Wälder, saftige Almwiesen und steile Berghänge mit kleinen Almhütten.

Ausgangspunkt: Neder (970 m)

Streckenführung: Neder – Pfurtschell-Höfe – Kaserstattalm – Forchach – Milders – Neustift – Neder

Länge, Fahrzeit, Hm.: 23 km, 2:45 Stunden, ca. 920 Höhenmeter.

Steilheit: Die Straße im unteren Teil abschnittsweise recht steil, sonst wechseln sich steilere mit flacheren Stücken ab.

Wegbeschaffenheit: 11,80 km Asphalt; 11,20 km Forstweg

Höchster Punkt: Kaserstattalm (1890 m)

Charakter/Tipp: Wunderschöne Runde ohne nennenswerte Schwierigkeiten.

Einkehrstationen: Kaserstattalm (1890 m), geöffnet von Mai bis ca. Ende Oktober; Jausenstation Forchach (1341 m), im Sommer und Winter geöffnet.

So kommt man hin: Anfahrt ins Stubaital durch Mieders und weiter bis Neder. Bald nach dem Ortsschild befindet sich auf der rechten Straßenseite ein gebührenpflichtiger Parkplatz (12:00 bis 18:00: 2,- Euro; 09:00 bis 18:00: 3,- Euro; Achtung: Automat gibt kein Wechselgeld zurück).

Vorbei an schönen Bergwiesen: Die Runde beginnt mit der Überquerung des Ruetzbaches. Gleich danach biegt man rechts Richtung Außerrain ab und nach ca. 100 Metern links aufwärts Richtung Pfurtschell-Höfe. Von da führt die Straße bergauf, vorbei an wunderschönen Wiesen, wobei sich immer wieder ein traumhafter Blick auf die gegenüberliegenden Berge öffnet, unter denen vor allem die Elferspitze mit ihren Felszacken hervorsticht. Man fährt am Jedlerhof vorbei und kommt schließlich zu den Pfurtschell-Höfen.
Hier beginnt ein Forstweg durch den Wald. Beim Gatter bei km 3,6 fährt man geradeaus weiter. Der Forstweg schlängelt sich immer weiter durch den Wald nach oben. Ab und zu geben Lichtungen einen wunderschönen Durchblick auf die gegenüberliegenden Berge frei. Je weiter man raufkommt, desto schöner setzen sich der Habicht und die Stubaier Gletscher in Szene. Oberhalb der Waldzone gelangt man in ein richtiges Märchenland: Man findet herrliche steile Almwiesen mit schmucken Almhütterln vor, dazu rauschen und plätschern zahlreiche Bäche und Rinnsale. Auch hat man einen schönen Blick auf die umgebende Bergwelt, ins Stubaital sowie auf das Inntal. Das letzte Stück bis zur Kaserstattalm fährt man durch lichten Wald. Bei der Hütte befindet sich eine schöne Almterrasse mit wunderbarer Aussicht. Die Gletscher der Stubaier Alpen leuchten herüber und darunter öffnet sich ein traumhafter Blick ins Stubaital.

Über Milders wieder zurück: Nach einer gemütlichen Rast geht es wieder ins Tal hinunter. Die Abfahrt beginnt direkt hinter der Hütte auf einem guten Forstweg. Man muss allerdings auf die Kühe aufpassen, die oft mitten am Weg stehen. Bei der Jausenstation Forchach kommt man auf eine Straße, die nach Milders führt. Dabei muss man durch einen ca. 300 m langen beleuchteten Tunnel mit Radfahrverbot. Hier sollte man sein Rad schieben und vor allem eine Beleuchtung zur Hand haben. Bei km 14,6 gelangt man auf die Bezirksstraße nach Milders. Man

biegt links ab und fährt in den Ort hinunter, bis man ‚anstößt'. Dann geht es nach rechts und ca. 1 km weiter kommt man auf die Hauptstraße, in die man links einbiegt.
Bei km 17,8, vor einem großen Stein mit einem Marterl, fährt man nach rechts in einen Forstweg, der abseits der Hauptstraße weiter- und dann wieder auf diese zurückführt. Man folgt ihr bis zu km 21. Dort nimmt man rechts den Uferweg (Wegweiser Panoramabahn Elfer). Weiter geht es auf einem netten asphaltierten Weg, vorbei an der Flugschule Parafly, immer dem Ruetzbach entlang. Nach der Überquerung des Baches fährt man noch ca. 200 m auf der anderen Uferseite weiter. Durch eine Unterführung gelangt man schließlich direkt zum Parkplatz.

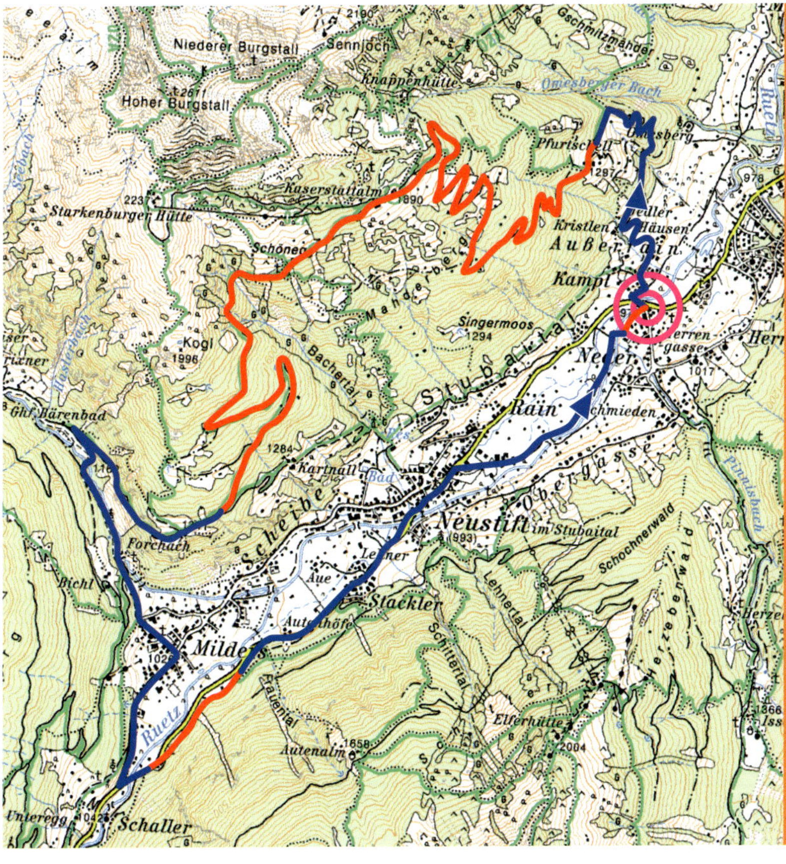

42 Von Steinach auf die Blaserhütte

Beim Raufradeln faszinieren die Berge der Stubaier Alpen.

Ansprechende Runde zu einem attraktiven Aussichtspunkt, von dem aus sich die Stubaier Alpen, das Gschnitztal und die Serles in bestem Licht zeigen. Wer noch mehr sehen will, wandert ein kurzes Stück weiter auf den Blaser – und kann dabei auch die Vielfalt der Alpenblumen noch ausgiebiger genießen.

Ausgangspunkt: Steinach am Brenner (Bahnhof, 1049 m) oder Trins, Parkplatz für Wanderer (ca. 1297 m)

Streckenführung: Steinach am Brenner - Trins - Blaserhütte - Zwieselmähder - Burgwald - Trins - Steinach am Brenner

Länge, Fahrzeit, Hm.: 25,4 km, 3:45 Stunden, 1130 Höhenmeter.

Steilheit: Bis zur Blaserhütte angenehme Steigung mit ein paar steileren Passagen. Das Singletrail-Stück ist recht steil.

Wegbeschaffenheit: 11 km Asphalt; 13,8 km Forstweg; 0,6 km Singletrail

Höchster Punkt: Blaserhütte (2180 m)

Charakter/Tipp: Lohnende, aussichtsreiche Rundfahrt, die auch erst in Trins begonnen werden kann. Gipfelsammler können leicht noch zu Fuß auf den Blaser (ca. 60 Höhenmeter) gehen.

Einkehrstationen: Blaserhütte (2180 m), geöffnet von Anf. Juni bis Ende September.

So kommt man hin: Anreise mit der Bahn bis Steinach am Brenner. Oder mit dem Auto auf der Brennerautobahn bis zur Abfahrt Steinach/Matrei und weiter zum Bahnhof in Steinach am Brenner. Vom Bahnhof Steinach fährt man auf die Hauptstraße Richtung Innsbruck, biegt nach ca. 300 m links ab und folgt dem grünen Schild Bergeralm. Weiter geht es an der Talstation der Bergbahn vorbei und unter der Autobahn durch. Nach der Überquerung des Gschnitzbaches geht es in angenehmer Steigung auf dem asphaltierten Wiesenweg nach Trins. Nach 3,6 km zweigt man rechts Richtung Trins ab und kommt bei km 4,28 auf die Hauptstraße, in die man nach links einbiegt. Dieser fährt man ca. 100 m entlang und folgt dann rechts dem gelben Wegweiser Blaserhütte. Bald biegt man noch einmal links ab, radelt an der Kirche vorbei und weiter, bis zu einem kürzlich vergrößerten Parkplatz. Wer mit dem Auto anreist kann die Tour auch hier beginnen und gleich den Forstweg nehmen, der zur Blaserhütte führt.

Zur Blaserhütte: Im unteren Teil geht es durch dichten Wald, was im Sommer sehr angenehm ist. Bei km 6,2 biegt man rechts ab und bleibt auf dem Weg Richtung Blaserhütte (der andere Weg führt auf das Padasterjochhaus). Es bietet sich immer wieder ein beeindruckender Ausblick auf die Gletscherwelt der Stubaier Alpen sowie ins Gschnitztal hinein. Entlang des Weges kann man sich an wunderschönen Alpenblumen erfreuen. Sobald sich der Wald lichtet, sieht man bereits den runden Rücken des Blasers, der von einem herrlichen Bergpanorama umgeben ist. Bei km 13 erreicht man die Blaserhütte,

Blaser: bekannt für die Blumenvielfalt.

die zu einer Rast einlädt. Wer will kann noch die paar Meter zu Fuß auf den Blaser gehen. Der Aussicht und der vielen Alpenblumen wegen zahlt sich das auf alle Fälle aus.

Abfahrt ins Tal: Wer eine einfachere Abfahrt bevorzugt, sollte den gleichen Weg zurückfahren. Wen es jedoch nicht stört, auch einmal schieben zu müssen, der kann eine schöne Rundtour anschließen. Dafür muss man das Rad zuerst ca. 500 m auf dem Weg 31 (Richtung Trins) schieben. Dann kommt man auf einen Forstweg, der etwas grobschottrig ist, auf dem es sich aber recht gut abfahren lässt. Schließlich erreicht man den Weg, der vom Padasterjochhaus kommt und gelangt bald wieder auf die Strecke, die man zuvor raufgeradelt ist. Beim Parkplatz kann man seine müden Beine im kalten Wasser wieder fit machen, bevor es über den Wiesenweg zurück zum Bahnhof Steinach geht.

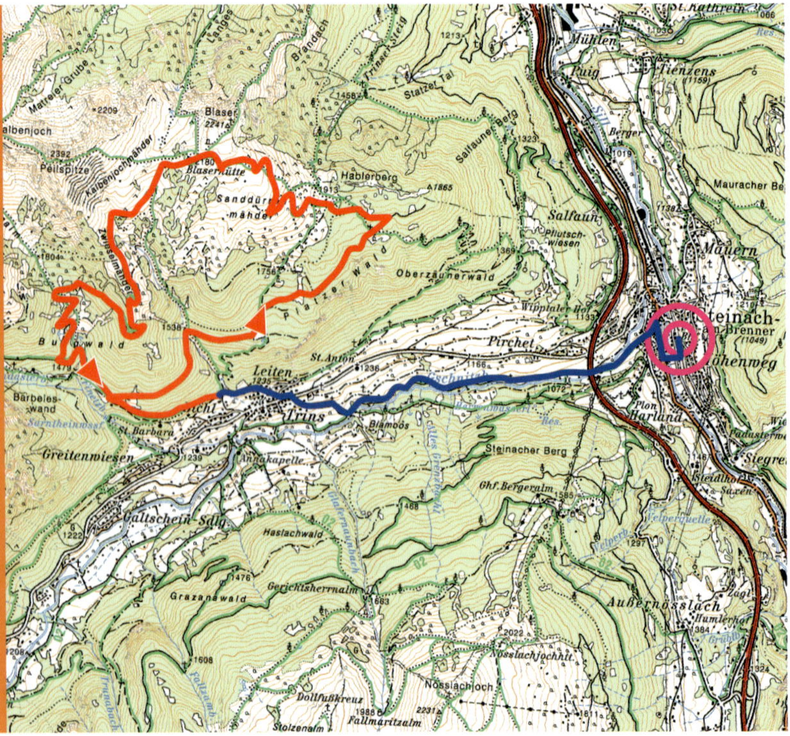

43 Zur Tribulaunhütte im Gschnitztal

Der Gschnitzer und der Pflerscher Tribulaun über dem Senderstal.

Genuss und Plagerei liegen hier ganz nahe beisammen: zuerst beschauliches und unbeschwertes Dahinradeln neben dem rauschenden Gebirgsfluss, ab dem Gasthaus Feuerstein dann eine harte Prüfung – der sich auch der Manni Pranger, Slalomweltmeister und sportliches Aushängeschild des Tals, manchmal unterzieht.

Ausgangspunkt: Steinach, Parkplatz Bergeralm-Lift (1050 m), oder Gschnitz, Gasthof Feuerstein (1281 m), neuer Großparkplatz

Streckenführung: Talweg durch das Gschnitztal bis Gasthof Feuerstein – Sandestal – Tribulaunhütte

Länge, Fahrzeit, Hm.: 20 (13 plus 7) km, Talweg 1 bis 1:30 Stunden, bis Gschnitz (Gasthof Feuerstein) 200 Höhenmeter, Aufstieg Tribulaunhütte 7 km, 1:15 bis 1:30 Stunden, 800 Höhenmeter.

Steilheit: Beim Aufstieg zur Tribulaunhütte zwischen km 5 und 6 extrem steil (über 20 %), Schiebestrecke.

Wegbeschaffenheit: Auf der Talroute bestens, beim Aufstieg zur Hütte auf den ersten 5 km guter Almweg, zum Schluss 2 km grober und lockerer Schotter.

Höchster Punkt: Tribulaunhütte (2064 m)

Charakter/Tipp: Im Gschnitztal hat sich in den letzten Jahren einiges getan.

Sehenswert ist das neu entstandene Mühlendorf unmittelbar unter dem Wasserfall des Sandesbachs mit intakter Getreidemühle, Schmiede und Werkstätten. Eine Zeitreise ins Tirol vor hundert Jahren, welches Lebensbedingungen und Arbeitsweise unserer ländlichen Vorfahren anschaulich machen soll (Eintritt 2,- Euro).

Einkehrstationen: Jausenstation Pumafalle, Gasthof Feuerstein, Tribulaunhütte.

Der Talweg durch das Gschnitztal ist eine idyllische und mühelose Mountainbike-Strecke, solange man in den grünen Wiesen des Talbodens bleibt. Eine wunderschöne Gebirgslandschaft, aussichtsreich, verkehrsfrei, mit kaum merkbaren Steigungen, kurzum – eine ideale Genusstour für Kind und Kegel. Will man aber höher hinaus, hinauf zu den Schutzhütten, wo heutzutage zu fast jeder Bergunterkunft bereits fahrbare Wege führen, dann wird es gleich um einiges anstrengender. Besonders die Auffahrt zur der unter dem Gschnitzer Tribulaun gelegenen Schutzhütte mit dem Rad ist so eine Sache. Jedenfalls nicht ganz so einfach wie auf anderen Hüttenwegen.
Dabei beginnt der Weg ganz harmlos und präsentiert sich zu Beginn noch wie ein bestens gepflegter Parkweg mit feinem Kiesbelag. Nach 1,5 km wird es allmählich steiler und ruppiger, für den trainierten Bergradler ist der Anstieg aber immer noch gut zu bewälti-

Die Tribulaunhütte, „Elternhaus" von Slalomweltmeister Manni Pranger.

gen. Ab km 5 kommt zur Steilheit noch der lockere, grobe Schotter dazu und wer gerade keine Hermann-Maier-Oberschenkel hat, der wird halt für einen Kilometer schieben müssen. Erst hätte ich mich gar nicht getraut, diese Strecke in einem Buch weiterzuempfehlen. Doch die Hüttenwirtin der Tribulaunhütte ist hier heroben auch die Mountainbiker längst schon gewöhnt. Der schlechte Weg am Schlussstück macht einem geübten Bergradler anscheinend nichts aus und „es gefallt ihnen allen", meint sie treuherzig.
Selbst der in Gschnitz beheimatete Slalomweltmeister Manni Pranger plagt sich oft zu der von seinen Eltern beweirtschafteten Tribulaunhütte herauf, nur lässt er es hier noch nicht bewenden, sondern hängt gleich noch einen Bergsprint hinauf auf das Gstreinjöchl an. Hobbysportler, die auch noch einen Gipfel mitnehmen möchten, könnten ihrerseits noch ganz gut die über dem Sandeskar liegende Garggleriп besteigen (1 bis 1:15 Stunden von der Hütte). Aufpassen muss man auch bei der Abfahrt durchs Hintersandes, weil es immerhin so steil ist, dass man das Rad nur schwer zum Stehen bringen kann. Wer kein sicherer Trial-Fahrer ist, sollte vorsichtshalber dieses Stück auch abwärts neben dem Rad bewältigen.

Die Strecke: Start in Steinach beim Parkplatz des Bergeralm-Liftes. Rechts über die Brücke und auf der als MTB-Route bezeichneten Strecke in leichter Steigung und noch auf Asphalt neben dem Bach talein. Trins bleibt rechts oben am Hang liegen, der Bach wird nach links überquert, am Schilift vorbei und nun bretteleben durch blühende Wiesen und schattenspendende Waldstücke talein. Nach der Jausenstation Pumafalle kurzer Anstieg bis zur Linkskehre und geradeaus weiter auf dem Forstweg. Bei einem Gehöft kurz abwärts, rechts über den Bach und am Ufer entlang bis Gschnitz. Auf der Landesstraße bis zum Busumkehrplatz beim Gasthof Feuerstein (13 km).

Zur Tribulaunhütte: 300 m nach dem Gasthaus Abzweigung links und Beginn des 7 km langen Fahrweges zur Tribulaunhütte. Zuerst noch auf gutem Fahrweg mit feinem Kiesbelag zwei Kehren aufwärts bis zum Sandesbach und am rechten Berghang in mehreren Windungen talein. Allmählich beginnt sich der Weg mehr und mehr aufzusteilen und wird zunehmend ruppiger und gröber, trotzdem sind die ersten 5 km noch sehr gut zu fahren. Bei einer Verzweigung bleibt man am unteren Weg (links), fährt an der Materialseilbahn vorbei und sieht schon von weitem, wie die

Trasse ansteigt und sich der Weg durch die mageren Grashänge des Hintersandes zu den mächtigen Schutthalden unterhalb des Sandesjochs hinaufschlängelt. Schiebestrecke für ca. 1 km. Oben zieht der Weg im weiten Bogen durch das Kar nach links und ist wieder besser fahrbar. Die Tribulaunhütte der Naturfreunde liegt auf einer Geländeschulter unter dem Ausgang des Schneekars und wurde bereits zweimal von Lawinen weggefegt. Jetzt sollte das ganz an den Hang gestellte braune Holzkastl mit seinem Stahlgerippe dem Luftdruck der über das flache Dach fegenden Staublawinen standhalten. Geöffnet ist das Schutzhaus normalerweise von Mitte Juni bis Ende September.

Zur Laponesalm: Wer sich nicht so plagen will, aber trotzdem noch nicht Schluss machen will, fährt vom Gasthaus Feuerstein weiter zur schön gelegenen Laponesalm (1472 m) im Talschluss. Der asphaltierte Fahrweg überwindet auf 3 km Länge 200 Höhenmeter (Fahrzeit 30 Minuten).

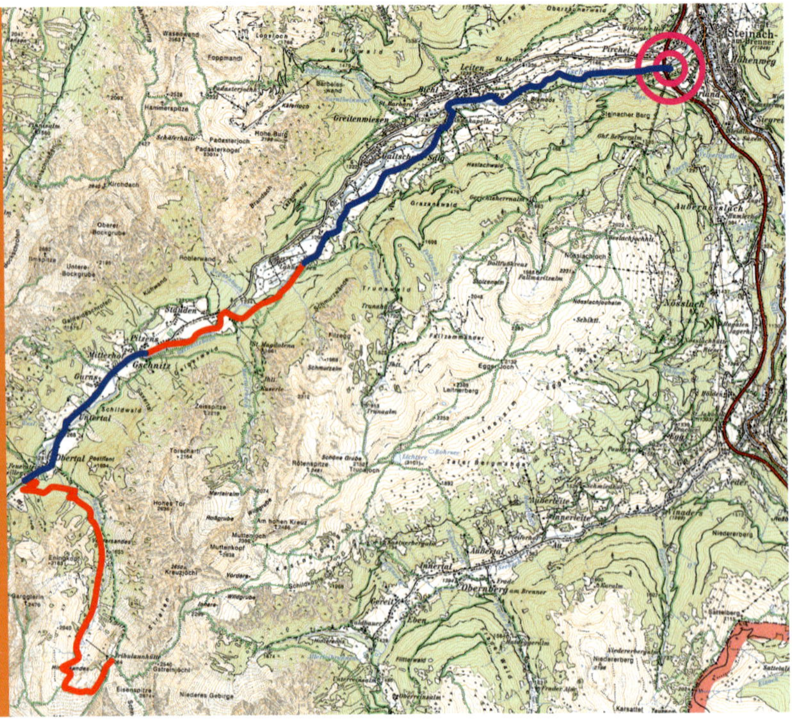

44 Grenzüberschreitende Runde

Fahrt auf der alten Grenzstraße zwischen Österreich und Italien.

Über die alte Grenzstraße zwischen Österreich und Italien führt diese anspruchsvolle, doch lohnende Runde: im Tal der funkelnde Obernberger See, darüber der mächtige Tribulaun – für die phänomenale Aussicht, die sich zwischen dem Sandjöchl und dem Portjoch bietet, nimmt man die Schiebestrecken gern in Kauf.

Ausgangspunkt: Vinaders (1269 m)

Streckenführung: Vinaders - Sattelbergalm (auch: Sattelalm)- Sattelberg - Sandjöchl - Portjoch - Obernberger See - Obernberg - Vinaders

Länge, Fahrzeit, Hm.: 32,3 km, 6:30 Stunden, ca. 1100 Höhenmeter.

Steilheit: Die Schiebestrecken (sowohl bei der Auffahrt wie auch bei der Abfahrt) sind zum Teil recht steil. Sonst durchwegs angenehme Steigung.

Wegbeschaffenheit: 6 km Asphalt; 19,3 km Forstweg; 4 km Singletrail (meist gut zu fahren); 3 km Schiebestrecke (2 km aufwärts, 1 km abwärts)

Höchster Punkt: In der Nähe vom Hohen Lorenzberg (ca. 2200 m)

Charakter/Tipp: Genusstour, die von zwei Schiebestrecken unterbrochen wird.

Einkehrstationen: Sattelbergalm (1637 m), im Juni Samstag und Sonntag, im Sommer täglich geöffnet; Obernberger Seehaus (1594 m), geöffnet von Mitte Mai bis Oktober; Waldesruh (1439 m), ganzjährig geöffnet, Montag und Dienstag Ruhetag.

So kommt man hin: Anreise auf der Brennerautobahn bis Ausfahrt Nösslach und dann weiter Richtung Obernbergtal bis Vinaders. Parken kann man hinter der Kirche.

Zum Sattelberg: Mit dem Rad geht es zuerst die asphaltierte Bergstraße hinauf Richtung Sattelbergalm. Bald geht die Straße in einen Forstweg über und ist als MTB-Strecke Sattelalm 530 angeschrieben. Zuerst führt der Weg an schönen Bergwiesen vorbei, später durch Wald. An der Sattelbergalm, die inmitten von wunderschönen Bergwiesen liegt, kommt man nicht direkt vorbei sondern bleibt in einiger Entfernung am Forstweg und fährt geradeaus weiter Richtung Sattelberg. Bei km 4 zwingt ein Schild Sattelberg Schiebestrecke dazu, den schönen Forstweg (Privatbesitz: Durchfahrt von Unbefugten verboten) zu verlassen. So folgt man einem schmalen, teils recht steilen Pfad bergauf durch den Wald. Es ist zwar mühsam, das Rad so lange zu schieben, aber es zahlt sich aus, da die weitere Tour wirklich schön ist. Nach Erreichen der Waldgrenze ist die Schiebestrecke bald zu Ende. Bei km 5,3 biegt man links ab und kommt so direkt unterhalb des Sattelbergs auf die Grenzkammstraße, die bis zum Sandjöchl geht. Anfangs ist sie schon etwas verwachsen und holprig, wird dann aber besser. In leichtem Auf und Ab geht es, immer mit schöner Aussicht, weiter. Zuerst um das Steinjoch, später um das Kreuzjoch, dann zum Flachjoch und weiter südlich des Hohen Lorenzbergs schließlich zum Sandjöchl. Immer wieder passiert man verlassene und zerfallende Gebäude aus der Kriegszeit. Bei km 11,2 (wo von unten eine Straße heraufkommt), fährt man direkt bei einer neu gebauten Holzhütte vorbei. Man wählt den unteren Weg, der direkt an der Hütte vorbei führt. Dann kommt eine Gabelung, bei der man sich auf dem linken Weg hält, der unterhalb einer Mauer auf einem schmalen Pfad weiterführt.

Zum Portjoch: Bei km 16 kommt man schließlich zur Abzweigung in Richtung Sandjöchl. Hier fährt man geradeaus Richtung Portjoch weiter, zuerst auf einem breiten Weg, der sich aber bald verjüngt und als Singletrail weiterläuft. Diese Strecke ist für Geübte fahrbar. Weniger Geübte müssen gelegentlich absteigen, um das Rad über ein kleineres Hindernis zu heben. So schlängelt sich der Weg südlich des Geierskragens, des Grubenjochs und des Grubenkopfes bis zum Portjoch. Dabei hat man eine traumhafte Aussicht auf die Gletscher der Feuersteine. Beim Joch angekommen, kann man den Stacheldrahtzaun bequem über eine Holzkonstruktion queren. Vom Portjoch hat man einen großartigen Ausblick: Unten glitzert der Obernberger See und dahinter erhebt sich der gewaltige Obernberger Tribulaun.

Über den Obernberger See zurück:

Nach einer Pause muss man das Rad noch einmal ca. 100 Höhenmeter schieben, diesmal aber bergab. Bei km 21 erreicht man einen links vom Weg stehenden großen Felsbrocken. Hier kann man rechts über die Almwiese fahren und einen schmalen Pfad auf der anderen Seite des kleinen Baches direkt ansteuern. Den Bach zu überqueren ist kein Problem. Auf der anderen Seite führt ein leichter Trampelpfad direkt in den Forstweg, der an der Steineralm vorbei zum Obernberger See geht. Dort fährt man rechts am Ufer entlang bis zum Obernberger Seehaus und weiter abwärts nach Obernberg, wo man beim Parkplatz nach dem Gasthaus Waldesruh rechts in die Asphaltstraße einbiegt. Über Obernberg und Au gelangt man wieder nach Vinaders und steuert dort die Kirche an, wo das Auto parkt.

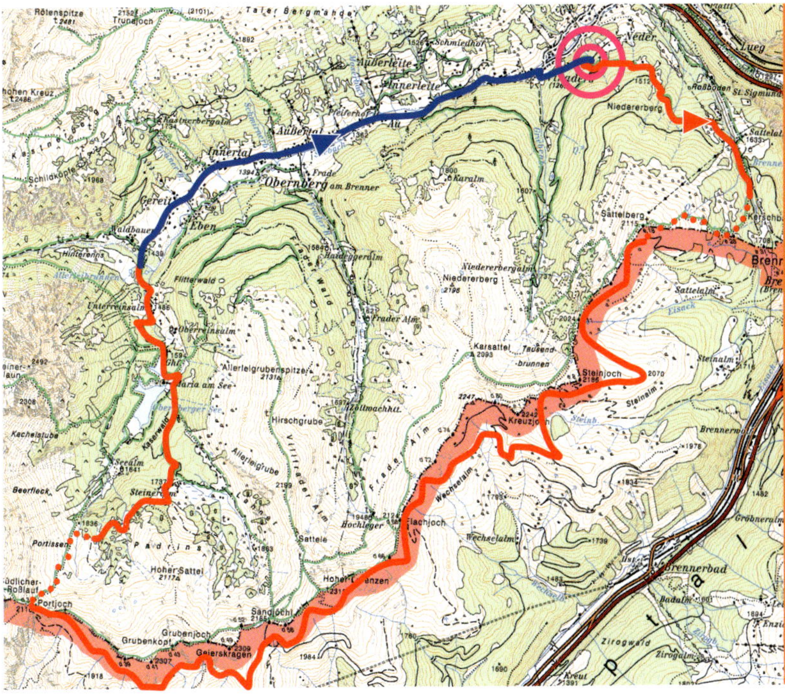

45 Kleine Runde im Schmirntal

Blick von der Zirmahütte nach Süden.

Einen traumhaften Blick auf die Stubaier Alpen genießt man von der Zirmahütte. Doch schon auf dem eher gemächlich verlaufenden Weg dorthin hat man Gelegenheit, die Aussicht auf das Schmirntal und die umgebenden Berge zu genießen. Der Rückweg führt über die Kalte Herberge, ein Wallfahrtskirchlein auf einer Lichtung.

Ausgangspunkt: Parkplatz beim Lorleswald (1381 m)

Streckenführung: Parkplatz – Zirmahütte – Kalte Herberge – Holzebensiedlung – Parkplatz

Länge, Fahrzeit, Hm.: 15,4 km, 1:30 Stunden, 570 Höhenmeter.

Steilheit: Das erste Stück in Richtung Zirmahütte ist etwas steiler, sonst angenehme Steigung oder recht flach.

Wegbeschaffenheit: 1 km Asphalt, 14,4 km Forstweg.

Höchster Punkt: Zirmahütte (1848 m)

Charakter/Tipp: Ohne die Auffahrt zur Zirmahütte kurze, leichte Runde. Die Wallfahrtskapelle Maria Hilf in der Kalten Herberge ist sehenswert.

So kommt man hin: Anfahrt über die Brennerautobahn bis Matrei/Steinach und dann Richtung Süden nach St. Jodok. Bei Stafflach zweigt man nach links ins Schmirntal ab und fährt bis zum Lorleswald. Dort gibt es rechts entlang der Straße (vor der Abzweigung zur Muchnersiedlung) Parkmöglichkeiten, wo man aufs Rad umsteigt.

Zur Zirmahütte: Dem Wegweiser Muchnersiedlung folgend geht's auf der kleinen Nebenstraße aufwärts, die bald in einen Forstweg übergeht. Bei km 0,6 muss man rechts abzweigen (kein Wegweiser!) und weiter bergauf fahren. Man folgt den Wegweisern Lorenzalm/Gammerspitze, bis schließlich die Zirmahütte angeschrieben ist.
Der Forstweg hat eine angenehme Steigung und ist ab und zu von Kuhgattern unterbrochen (diese bitte nach Durchfahrt wieder schließen!). Die Strecke ist teilweise recht flach, sodass man den schönen Ausblick ins Schmirntal und auf die grünen Hänge, die von der Kette der Schafseitenspitze herunterziehen, immer wieder genießen kann. Bei km 7 erreicht man die Abzweigung zur Zirmahütte. Nun geht es etwas steiler bergauf. Immer wieder öffnet sich ein wundervoller Ausblick auf die gegenüberliegende Bergkette. Schließlich erreicht man eine Bergwiese mit herrlicher Aussicht auf die Stubaier Alpen. Dabei sticht vor allem der Habicht mit seinem kleinen Gletscherfeld ins Auge.
Ab hier geht es wieder flach dahin und man kann so die Bergkette mit der Gammerspitze in Ruhe bewundern. Plötzlich wird der Weg schmäler und führt zu einer ganz kleinen Hütte. Das ist auch schon die Zirmahütte. Einkehren kann man hier allerdings nicht.

Die Zirmahütte.

Abfahrt über Kalte Herberge: Abgefahren wird bis zur Abzweigung bei km 7 auf dem gleichen Weg, dort biegt man rechts ab und folgt dem Wegweiser Kalte Herberge, die man bei km 9,7 erreicht. Dort befinden sich auf einer Lichtung eine nette Kapelle und im Hintergrund ein schönes Marterl mit einer geschnitzten Muttergottesstatue. Dieser Platz lädt zu einer kleinen Rast ein. Weiter geht es abwärts, gleich bei der nächsten Kreuzung scharf links und, an einigen Kreuzwegstationen vorbei, weiter bergab. Bald erreicht man die Holzebensiedlung. Ab hier fährt man ein Stück auf Asphalt abwärts, bis man bei km 11 wieder auf einen Forstweg Richtung Lorleswald ausweichen kann. Nun geht es im Wald in einigem Auf und Ab weiter, wobei sich immer wieder ein schöner Ausblick auf die nähere Umgebung öffnet, so etwa nach Schmirn hinunter. Bei km 14,8 kommt man wieder zur unbeschilderten Abzweigung, die nach rechts hinunter zum Ausgangspunkt zurückführt.

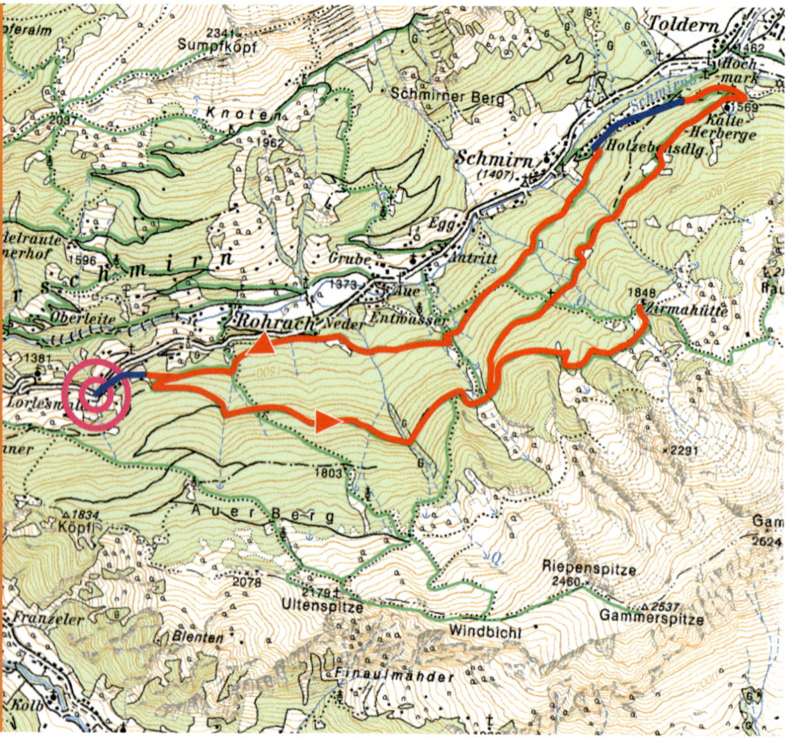

46 Pfoner Ochsenalm und Mislalm

Die Pfoner Ochsenalm, seit dem Auto-Fahrverbot ideal für Radler.

Gleich in welcher Richtung man diese 30-Kilometer-Runde angeht, es ergibt sich eine anspruchsvolle Mountainbike-Strecke der Superklasse, nach der jeder zufrieden und im Bewusstsein, etwas geleistet zu haben, vom Rad klettert.

Ausgangspunkt: Pfons, Gasthof Fuchs (1043 m), Zufahrt von Matrei 2 km

Streckenführung: Pfons – Pfoner Ochsenalm (2163 m) – Frontalalm, Oberleger – Fritzenalm – Mislalm (2018 m) – Kerschbaumsiedlung – Naviser Landesstraße – Matrei – Pfons

Länge, Fahrzeit, Hm.: 30 km, 3:30 bis 4 Stunden, 1200 Höhenmeter.

Steilheit: 14 % auf den ersten 4 km von Pfons zur Ochsenalm, danach anhaltend 12 %

Wegbeschaffenheit: Gute Forstwege, ein paar kurze Schiebestrecken am Verbindungsweg zur Mislalm.

Höchster Punkt: Pfoner Ochsenalm (2163 m)

Charakter/Tipp: Auch eine Bergtour lässt sich gut anknüpfen: Aufstieg von der Ochsenalm zum Pfoner Kreuzjöchl, Übergang über den Rauhen Kamm (eine Stelle mit Seilsicherungen) zum Mislkopf und Abstieg über die begrünten Hänge zurück zur Ochsenalm.

Die Auffahrt von Pfons zur Pfoner Ochsenalm stellte von jeher ein besonderes Kriterium für gute Mountainbiker dar. Wer die 22 Kehren von Pfons herauf zur hoch über der Waldgrenze liegenden Ochsenalm problemlos in einem Zug bewältigt, kann mit seiner Kondition schon zufrieden sein. Denn Schnaufpausen auf dem durchwegs steilen, wenn auch gut fahrbaren Forstweg mit der Wegnummer 22 gibt es fast keine, auch wenn sich die Steigung nach den ersten 4 km (14 %) ein klein wenig verringert. 12 % bleiben es immer noch. Dafür ist man fast ungestört vom Autoverkehr, denn die mautpflichtige Jedermann-Auffahrt zur Ochsenalm wurde wieder eingestellt, die bewirtschaftete Alm führt nun wieder einen Dornröschenschlaf und wird vorwiegend von Radlern besucht. Ein bisschen leichter und auch abwechslungsreicher gestaltet sich der Anstieg, wenn man zuerst ins Navistal radelt und über die Mislalm die Hänge des Mislkopfes erobert. Der Verbindungsweg von der Mislalm zur Ochsenalm, hart an der Waldgrenze und mit wunderschönem Ausblick zur gegenüberliegenden Serles, ist fast durchwegs fahrbar, ein paar Mal muss der nicht so erprobte Downhill-Fahrer wohl aus dem Sattel und einen kurzen Hügel hinaufschieben. Auch bei der Fritzenalm gibt es eine 500 m lange Schiebestrecke.

Die Strecke: Start in Pfons, unmittelbar beim Gasthof Fuchs. Der gelben Beschildung folgend noch kurz auf Asphalt hinauf zum Waldrand. Die ersten 4 km gehörig steil, legt sich der Weg danach doch merklich zurück und wird wesentlich leichter zu fahren. Erreicht man die Waldgrenze und die Abzweigung zum Unterleger der Frontalalm (bei km 7), gelangt man in die freien Weidehänge des Mislkopfes. In langen Windungen schraubt sich der Weg in die Höhe, aber unaufhaltsam rückt die Ochsenalm näher. Ein wunderschöner Rastplatz ist erreicht, die Alm ist von Ende Juni bis Ende September bewirtschaftet. Nun weiter auf dem anfangs noch breiten Fahrweg zur Frontalalm (ebenfalls bewirtschaftet) und ab jetzt wesentlich ruppiger zur Fritzenalm. Bald ist der Weg nur mehr ein welliger Steig mit ein paar steilen Buckeln, die meistens ein kurzes Absteigen erfordern. Von der Mislalm auf der Naviser Seite hinunter bis zur Kerschbaumsiedlung, weiter zur Einmündung in die Naviser Landesstraße. Achtung: Bei der Kirche von St. Kathrein rechts ab in den Ortsteil Partull und über den Wiesenweg (Wipptaler Wanderweg) über die Felder oberhalb von Matrei nach Schöfens und zurück nach Pfons.

In umgekehrter Richtung: Etwas leichter wird es, wenn man die Runde umdreht und zuerst die Mislalm ansteuert. Von Pfons Auffahrt nach Schöfens und auf dem beschilderten Jubiläumsweg (auch Wipptaler Wanderweg) über die Felder mit mehreren Gattern zum Ortsteil Partull an der Naviser Landesstraße und auf ihr weiter bis zur Abzweigung des Oberweges und Auffahrt zur Kerschbaumsiedlung, wo der Fahrweg zur Mislalm beginnt. Von der Mislalm (2018 m) am großteils fahrbaren Wanderweg mit mehreren kurzen Schiebestrecken über Fritzen- und Frontalalm zur Ochsenalm.

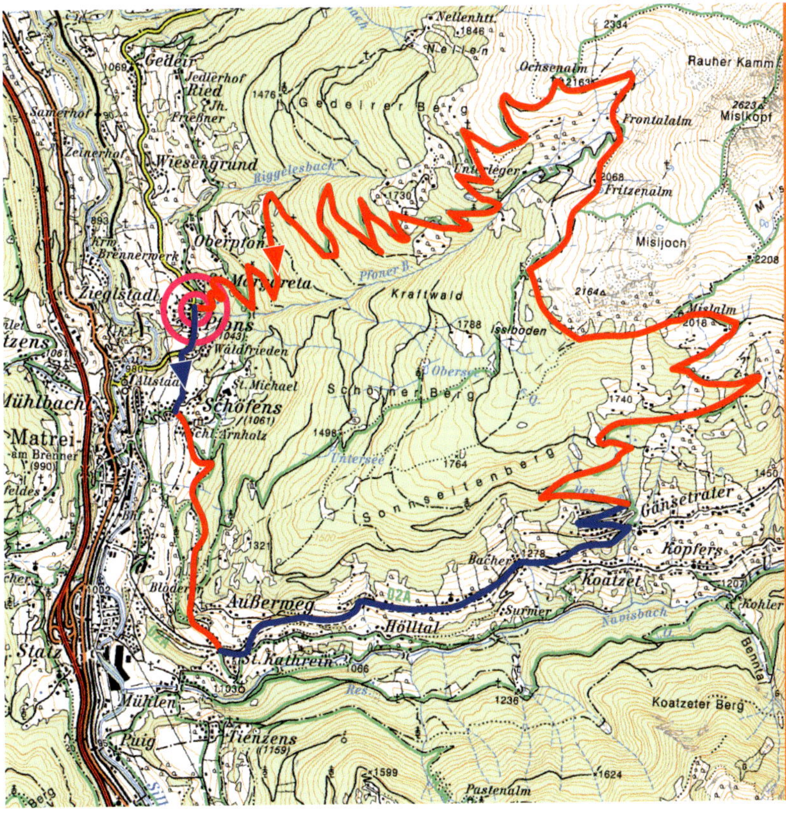

47 Radtour hinter dem Patscherkofel

Blick von der Profeglalm über das Viggartal zum Patscherkofel.

Zwei ideale Mountainbike-Wege im Nahbereich der Landeshauptstadt. Gerade recht für den Genuss-Mountainbiker, der sich nicht übermäßig plagen will, sind diese beiden feinen Ziele hinter dem Innsbrucker Hausberg, zu dem im Viggartal gelegenen Meißner Haus oder zur am Hang des Morgenkogels liegenden Profeglalm.

Ausgangspunkt: Mühltal, neuer Parkplatz oberhalb der Feuerwehr in Mühltal am Weg nach Oberellbögen (1080 m)

Streckenführung: Mühltal – Oberellbögen/Zirbenhof – Meißner Haus (1707 m) oder Profeglalm (auch: Ochsenalm;1810 m)

Länge, Fahrzeit, Hm.: Meißner Haus 8,5 km, 1:15 bis 1:30 Stunden, 630 Höhenmeter, Profeglalm 9 km, 1:30 Stunden, 730 Höhenmeter.

Steilheit: 8 % bzw. 10 %

Wegbeschaffenheit: Gute Forststraßen.

Höchster Punkt: Profeglalm (1810 m)

Charakter/Tipp: Mit wenig Mehraufwand von 2,5 km kann man beide Ziele leicht zusammenhängen. Allerdings hat man eine kurze Tragestrecke auf einem sehr schlechten Wurzelsteig (ca. 100 m) zu bewältigen.

Einkehrstationen: Meißner Haus, Profeglalm.

Eine für Mountainbike-Verhältnisse direkt angenehme Steigung von nie mehr als 8 %, dazu noch ein guter Schotterbelag auf dem breiten Fahrweg macht die Strecke zum Meißner Haus für jeden Bergradler zumutbar. Eine Radtour wohl für die ganze Familie. Nur um eine kleine Spur anspruchsvoller ist der Weg zur etwas höher am Hang des Morgenkogels liegenden Profegl- oder Ochsenalm. Nur unwesentlich steiler, eine Kleinigkeit länger und der Weg an manchen Stellen etwas rippiger. Die Streckenlänge für beide Ziele kann man selbst bestimmen, denn als Ausgangspunkt gibt es mehrere Möglichkeiten. Ganz ideal ist der erst vor kurzem angelegte große Gratisparkplatz am Beginn der Auffahrt nach Oberellbögen unmittelbar hinter Mühltal.

Die Strecke: Von Innsbruck nach Patsch und auf der Ellbögener Straße bis Mühltal. Nach der Ortsdurchfahrt aus dem Graben des Viggartals heraus und bei der Feuerwehr links einbiegen auf die Straße nach Oberellbögen. Der für das Bataillonsfest der Schützen errichtete neue Parkplatz bleibt nun der Allgemeinheit erhalten. Wer sich auch die 1,5 km Asphaltstraße sparen will, kann noch mit dem Auto bis zum Zirbenhof hinauffahren, dort links in den Schotterfahr-

Das Meißner Haus im inneren Viggartal.

weg zum Meißner Haus einbiegen und an einem weiteren relativ geräumigen Parkplatz parken. Mountainbiker, die aber etwas auf sich halten, fahren bereits von Innsbruck über Igls oder Lans hinauf nach Patsch zur Ellbögener Straße.
Beim Zirbenhof (1,6 km) beginnt der Schotterfahrweg zum Meißner Haus. Anfangs nur kurz etwas grobschottrig, dann wird der Weg zu einer glatten Naturstraße und ist gleich wieder besser und angenehm zu fahren. In zwei Kehren erklimmt man den Hang des Morgenkogels und fährt bereits hoch über dem Viggarbach talein zum Meißner Haus. Auf mehreren längeren Flachstücken in der oberen Weghälfte kann man sich immer wieder gut erholen (ab Zirbenhof 7,5 km, Steigung ca. 8 %).

Zur Profeglalm: Genau hundert Höhenmeter weiter oben am Hang des Morgenkogels liegt die vor ein paar Jahren neu gebaute Profegl- oder Ochsenalm, wo sich nicht einmal die Einheimischen einig sind, welcher der beiden Namen der geläufigere ist. Sie ist wie das Meißner Haus zur Almzeit in den Sommerferien täglich bewirtschaftet, ab Schulbeginn nur mehr am Wochenende. Die Abzweigung vom Weg zum Meißner Haus befindet sich bei der zweiten großen Kehre, ist angeschrieben und nicht zu verfehlen. Flachstücke gibt es hier keine mehr, doch die Steigung geht nur für ganz kurze Stellen über die durchschnittliche 10-Prozent-Marke hinaus (9 km ab Parkplatz Ellbögen).

Vor einigen Jahren neu erbaut wurde die Profegl- oder Ochsenalm.

Verbindungsweg: Für Individualisten gäbe es noch die Möglichkeit, beide Ziele miteinander zu verbinden. Zwei Fliegen auf einen Schlag sozusagen, mit dem Vorteil, dass man die Abfahrt auf dem etwas schöneren Fahrweg des Meißner Hauses genießen kann. Von der Profeglalm fährt man erst einmal ab bis zur zweiten Kehre, wo man einen kleinen Bach überschreitet. Von dort führt ein großteils gut fahrbarer Forstweg in sanfter Steigung 2 km talein Richtung Meißner Haus, endet dann aber abrupt und geht daraufhin – den wurzeligen Steigspuren folgend – in einen ganz schlechten, blau markierten Steig über, wo man das Rad nur mehr tragend fortbewegen kann. Bald erreicht man die Hütte der Viggaralm und hat auch schon das Meißner Haus im Blick.

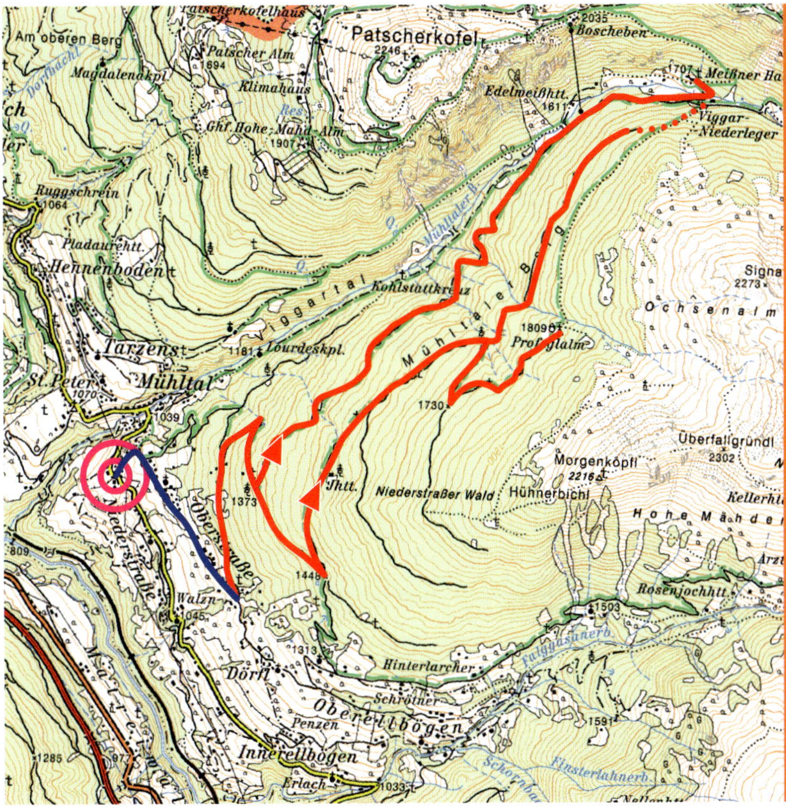

48 Almen um Innsbruck

Junge Radlerin vor dem Bettelwurf im unteren Teil.

Zwei bekannte Almen und eine ansehnlich in einem Kessel gelegene Privathütte im Innsbrucker Naherholungsraum: die Aldranser und die Sistranser Alm sowie die Isshütte. Auf schönen Forstwegen kann man mit jedem geradelten Höhenmeter eine weitere Aussicht auf die Nordkette und die Halltaler Berge erlangen.

Ausgangspunkt: Parkplatz zwischen Sistrans und Rinn kurz vor dem Kreisverkehr (889 m)

Streckenführung: Parkplatz – Aldranser Alm – Isshütte – Sistranser Alm – Parkplatz

Länge, Fahrzeit, Hm.: 20,8 km, 2:45 Stunden, 1040 Höhenmeter.

Steilheit: Erstes Stück im Wald etwas steiler und kurz vor der Aldranser Alm sehr steil, sonst durchwegs angenehme Steigung.

Wegbeschaffenheit: 3,2 km Asphalt; 17,6 km Forstweg.

Höchster Punkt: Isshütte (1873 m)

Charakter/Tipp: Schöne Runde in der Nähe von Innsbruck. Im Spätsommer findet man an einigen Stellen entlang der Strecke immer wieder Unmengen von Heidelbeeren.

Einkehrstationen: Aldranser Alm (1511 m), geöffnet von Pfingsten bis Oktober; Sistranser Alm (1608 m), bis Pfingsten Montag und Dienstag Ruhetag, dann durchgehend geöffnet.

So kommt man hin: Von der Autobahnabfahrt Innsbruck Mitte fährt man nach Aldrans, zweigt dort Richtung Rinn ab und parkt kurz vor dem Kreisverkehr (am Wochenende darf man auch unterhalb des Lichtstudios Bartenbach parken).

Aldranser Alm: Mit dem Rad geht es zum Kreisverkehr, den man beim Wegweiser Aldranser Alm verlässt, und die Straße weiter nach Fagslung. Dort befindet sich ein MTB-Wegweiser Aldranser Alm 554. Man radelt die Straße weiter aufwärts, die dann in einen Forstweg übergeht. Relativ flach fährt man zuerst über eine schöne Wiese mit herrlicher Aussicht auf die Nordkette. Dann muss man wieder bergauf radeln und der Weg führt in den Wald hinein. Nach einem etwas steileren Stück folgt wieder recht angenehme Steigung. Man bleibt am gut ausgeschilderten Hauptweg. Bei km 4,3 (Schild Wasserschutzgebiet) hat man zwei Möglichkeiten, beide Wege führen zur Aldranser Alm. Die leichtere Variante ist rechts abzubiegen. Wenn man geradeaus weiterfährt, wird der Weg steiler und außerdem etwas grobschottrig. Bei einem kleinen Gedenkkreuz, fährt man auf einem schmäleren Weg geradeaus weiter. Dieser Weg ist zwar etwas schwieriger zu fahren, aber gleich darauf erreicht man die Aldranser Alm.

Zur Isshütte: Nach der Alm geht es weiter aufwärts Richtung Isshütte. Hier ist der Weg nun mit dem MTB-Wegweiser Richtung Sistrans, Sistranser Alm und Isshütte bezeichnet. In angenehmer Steigung geht es dahin und man kommt bald zu schönen Zirbenbeständen. Auch auf dieser Strecke gibt's immer wieder einen Ausblick auf die Nordkette und nach Innsbruck hinunter. Nach einer Aussichtsbank wird der Weg sehr breit und führt bis kurz vor die Isshütte, das Ende der offiziellen MTB-Strecke. Bis zur Isshütte radelt man auf einem ebenen Wiesenweg weiter. Die kleine Hütte liegt sehr schön in einem Kessel, mit wunderbarem Blick auf den Patscherkofel und die Nordkette.

Über die Sistranser Alm ins Tal: Abgefahren wird dann das erste Stück bis km 12,3 am gleichen Weg. Dann biegt man links in Richtung Sistranser Alm ab. Nach einem recht flachen Stück heißt es wieder kurz aufwärts treten. Aber man erreicht bald die Sistranser Alm, von der man einen traumhaften Ausblick auf die gesamte Nordkette hat.

Bis zu km 14 geht's den gleichen Weg zurück, dann biegt man links ab. Anschließend fährt man ohne Hindernisse bis Sistrans hinunter, am Parkplatz der Sistranser Alm vorbei und weiter auf der Straße geradeaus abwärts. Bei der zweiten Gelegenheit rechts in den Astenweg, Stockachweg einbiegen und bei km 18,7 links weiter der Straße entlang, die schließlich eine Kehre nach Norden macht. Gleich darauf biegt man rechts ab, fährt immer geradeaus bis zu einem Fahrverbotsschild weiter. Radfahrer dürfen hier aber fahren und so kommt man bei km 20 wieder zu dem Weg, den man vom Anfang der Tour schon kennt. Auf diesem geht es dann zum Auto zurück.

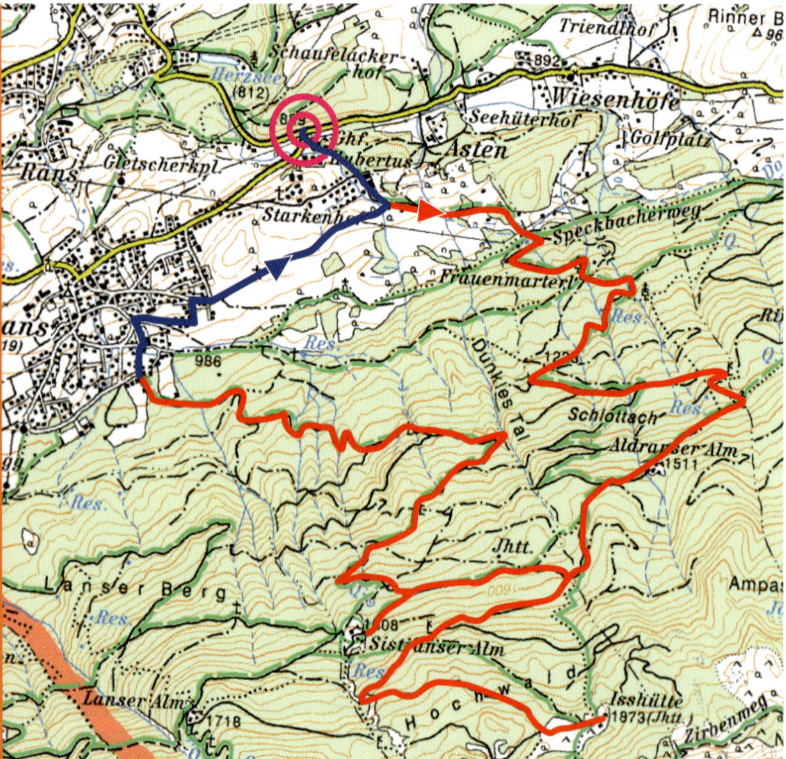

49 Von Tulfes auf die Tulfeinalm

Abfahrt mit Karwendel im Hintergrund.

Fast durchgehend steil führt diese Tour zur wunderschön gelegenen Tulfeinalm hinauf: Im ersten Teil spendet der dichte Wald verlässlich Schatten, später spornt die bestechende Aussicht auf das Inntal und die Nordkette, die sich durch die Zirbenbäume hindurch ankündigt, zum Weiterradeln an.

Ausgangspunkt: Parkplatz der Glungezerbahnen (ca. 970 m)

Streckenführung: Parkplatz – Tulfes – Tulfeinalm – Tulfer Hütte/Gluckserhütte – Neue Gufl – Parkplatz

Länge, Fahrzeit, Hm.: 18,2 km, 2:30 Stunden, 1100 Höhenmeter.

Steilheit: Die Auffahrt ist bis auf das letzte Stück durchwegs recht steil.

Wegbeschaffenheit: 5 km Asphalt, 13,2 km Forstweg.

Höchster Punkt: Tulfeinalm (2035 m)

Charakter/Tipp: Kurze, aber anstrengende Runde. Im Spätsommer findet man entlang des Weges viele Heidelbeeren.

Einkehrstationen: Tulfeinalm (2035 m), geöffnet von Anf. Juni bis Anf. Oktober; Tulfer Hütte (1363 m), ganzjährig geöffnet; Gluckserhütte (1363 m), in der Hauptsaison täglich geöffnet, in der Nebensaison Dienstag Ruhetag; Neue Gufl (1337 m), geöffnet von Mittwoch bis Sonntag.

So kommt man hin: Von der Autobahnabfahrt Hall Mitte folgt man den Wegweisern nach Tulfes. Dort angekommen, folgt man den Schildern zur Glungezerbahn. Auf dem Parkplatz stellt man das Auto ab.

Im Wald durchwegs steil bergauf: Zuerst radelt man kurz abwärts bis zur Hauptstraße und auf dieser in Richtung Rinn weiter. Schon nach einem halben Kilometer, bei der Kirche von Tulfes, gleich nach dem Lebensmittelgeschäft MiniM, biegt man links ab und fährt zwischen den Häusern aufwärts (kein Wegweiser). Bei km 0,8 geht es dann auf dem durch dichten Wald führenden Forstweg weiter bergauf. Im Sommer ist man für den Wald dankbar. Bald ist auch die Tulfeinalm angeschrieben. Man muss nur den MTB-Wegweisern Tulfes/Tulfein 517 folgen. In diesem Gebiet gibt es zahlreiche Forstwege. Man bleibt immer am Hauptweg bzw. auf den mit den MTB-Wegweisern ausgeschilderten Wegen. Die Strecke ist durchwegs recht steil. Nur selten erhascht man durch den Wald einen Blick auf die Nordkette. Weiter oben fährt man im Bereich des Sessellifts. Hier ändert sich die Landschaft allmählich. Man fährt durch wunderbar duftende Zirbenbestände und am Wegrand finden sich massenhaft Heidelbeersträucher. Außerdem öffnet sich nun häufiger ein überwältigender Blick auf die Nordkette und das Inntal. Ein paarmal fährt man unter dem Sessellift durch und verschwindet darauf immer wieder im Wald.

Schöne Holzkapelle bei Windegg.

Herrlicher Ausblick von der Alm: Das letzte Stück bis zur Tulfeinalm ist nicht mehr so steil, sondern fast erholsam. Es bietet einen wunderbaren Ausblick auf die Stubaier Alpen. Schließlich gelangt man bei km 7,8 zur wunderschön gelegenen Hütte. Abgefahren wird anfangs über die gleiche Strecke. Bei km 12,5 zweigt man Richtung Gluckserhütte ab. Nun geht es zunächst recht flach bergab, über eine schöne Lichtung, und dann erreicht man eine schmale Straße, die an der Tulfer Hütte, der Gluckserhütte und schließlich auch am Panoramagasthof Neue Gufl vorbeiführt. Von diesen Hütten hat man einen traumhaften Blick auf die Nordkette. Am Schluss radelt man noch bei Windegg an der dortigen kleinen Holzkapelle vorbei. Danach führt die Straße durch den Wald und schließlich durch eine Siedlung zum Ausgangspunkt zurück.

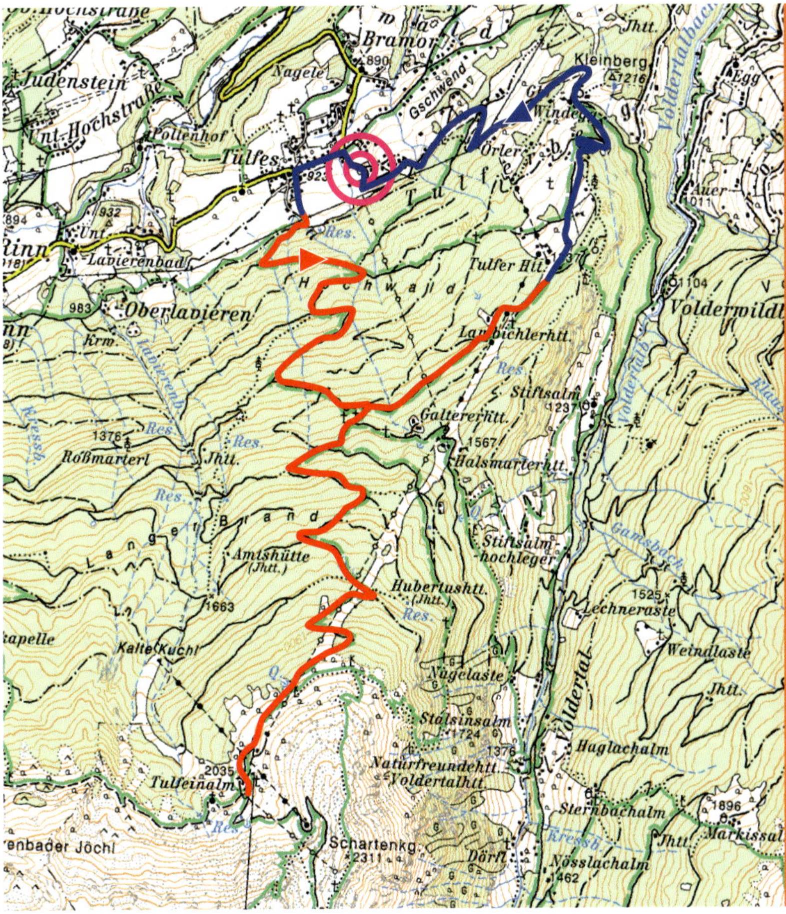

50 Im schrägsten Park der Welt

Großer Radlertreff ist stets auf der Höttinger Alm über Innsbruck.

Die Werbestrategen haben einen zugkräftigen Slogan erfunden, um die Freizeitaktivitäten an der Innsbrucker Nordkette zu bewerben. Wie schräg es hier ist, das merken am besten die Mountainbiker, welche in großer Zahl die Wege zu den Almgasthäusern unterhalb des Hafelekar und der Rumer Spitze beanspruchen.

Ausgangspunkte: Hungerburg, Sadrach/Planötzenhof, Arzler Schießstand, Rum

Länge/Fahrzeit/Hm.: Hungerburg (868 m) – Arzler Alm – Höttinger Alm (1487 m), 7 km, 1 bis 1:15 Stunden, 620 Höhenmeter. Hungerburg – Bodensteinalm (1661 m) 9 km, 1:30 bis 1:45 Stunden, 800 Höhenmeter.Hungerburg – Seegrube (1905 m) 11 km, 2 bis 2:30 Stunden, 1050 Höhenmeter. Planötzenhof (800 m) – Gasthof Rauschbrunnen (1160 m) 5,5 km, 1 Stunde, 350 Höhenmeter. Rum (670 m) – Enzianhütte – Rumer Alm (1243 m), 5 km, 1 Stunde, 570 Höhgenmeter.

Steilheit: Durchwegs 12 bis 15 %

Wegbeschaffenheit: Überall gute Alm- und Forstwege.

Höchster Punkt: Seegrube (1905 m)

Charakter/Tipp: Rumer sowie Thaurer Alm lassen sich auch sehr gut von der Hungerburg erreichen. Zufahrt über den Rosnerweg bis zum Rechenhof, Auffahrt zur Rumer Alm bei der Sieben-Wege-Kreuzung. Weiter über Garzanhof zum Adolf-Pichler-Brünnl und Einbindung in den Thaurer-Alm-Weg.

Einkehrstationen: Arzler Alm, Höttinger Alm, Bodensteinalm, Seegrube, Rumer Alm, Rauschbrunnen.

Die Nordkette über Innsbruck weist wohl das am meisten frequentierte Radwegenetz in Tirol auf und auf den Wegen zwischen Rauschbrunnen und der Thaurer Alm surren die Räder, dass es eine Freude ist. Am beliebtesten bei den Mountainbikern wird wohl die Höttinger Alm sein, mit ihren Verlängerungsmöglichkeiten zur Bodensteinalm und weiter zur Seegrube. Interessant zu wissen wäre es – aber auch Bernhard Schlechter, der Wirt der Höttinger Alm, kann es nur ungefähr schätzen – wie viele Radler an einem schönen Tag zu seinem beliebten Almgasthaus heraufkurbeln. An die 400 bis 500 Mountainbike-Enthusiasten, meint er, werden es wohl sein, die es sich nach getaner Tretarbeit auf der sonnigen Terrasse mit dem prächtigen Blick über die Tiroler Landeshauptstadt unter den nepalesischen Gebetswimpeln bequem machen. Die Beliebtheit kommt ja auch nicht von ungefähr. Eine gerade ideale Länge, die von den meisten Hobbyradlern noch gut zu bewältigen ist, die sonnige Lage und die lange Saison. Noch dazu tut sich der Wirt die Arbeit an, im Frühjahr die unmittelbar vor der Alm liegende riesige Roßfall-Lawine durchzubaggern. In Scharen bestaunten die Radler im vorigen Jahr die 6 m hohen Schneewände. Somit kann man meistens schon ab Mai bis noch spät in den November diese Mountainbike-Paradestrecke genießen. Bestens frequentiert ist auch die noch eine Stufe höher liegende Bodensteinalm, wo die Biker die guten

Mühevoll durchgebaggert wird die Lawine im Höttinger Graben.

Kasknödel der Edith schätzen. Weiter zur Seegrube fahren dann nur mehr die voll austrainierten Radsportler. Weniger erfreut über das rege Getriebe sind natürlich die ebenfalls zahlreichen Wanderer, die ständig das Klingeln oder das Knirschen der Räder im Ohr haben und stets auf dem Sprung sein müssen. Denn es gibt nicht nur rücksichtsvolle Radler, sondern wie überall sind auch sehr schwarze Schafe darunter, die es kräftig tuschen lassen. Sogar der Bergauffahrende ist angehalten, sich vor allem in den Kurven stets ganz rechts zu halten, um keine unliebsamen Zusammentreffen zu provozieren.
Auch die anderen Berggasthäuser entlang der Nordkette erhalten häufigen Besuch von den Mountainbikern. Da ist im Westen einmal der Rauschbrunnen mit der Zufahrt über das Höttinger Bild, zwar kurz, dafür mit einer besonders steilen Schlüsselstelle, und weiter im Osten sind es die Rumer und die Thaurer Alm, die eigenständige Auffahrten aus dem jeweiligen Dorfzentrum haben.

Die am meisten frequentierte Radroute im Hang der Nordkette.

Die Routen im Einzelnen:
Höttinger Alm, Bodensteinalm: Ausgangspunkt Hungerburg. Hinter dem Theresienkirchlein auf dem Rosnerweg (MTB-Beschilderung, Route 505) in Richtung Osten bis über den Lawinendamm und danach bei Wegteilung links aufwärts zur Arzler Alm (hierher auch vom Landeshauptschießstand in Arzl). Die erste Steilstufe ist damit geschafft, jetzt geht es in zwei lang gezogenen Kehren im Hang der Nordkette unterhalb der Seilbahn über den Rastlboden bis zur Kreuzung mit der Dreier-Schiabfahrt. Geradeaus weiter zur Höttinger Alm (1487 m, 7 km ab Hungerburg).
Scharf rechts abzweigend führt der Weg unterhalb des Gerschrofens weiter zur Bodensteinalm (MTB-Route 506). Wo sich der Weg durch die Lawinenkegel schlängelt, Abzweigung rechts und hinter der obersten Steinpyramide zur Bodensteinalm (1661 m, 2 km vom Höttinger-Alm-Weg, 9 km ab Hungerburg).

Weiter zur Seegrube: Nach der Dreierstütze der Nordkettenbahn ist noch der lange Lifthang, über dem das Seegrubenhotel thront, zu überwinden. Anfangs gut fahrbar, zum Schluss zunehmend grobschottrig, windet sich der neue Fahrweg in drei langen Kehren bis hinauf in die Seegrube (1905 m), die sich als schuttgefüllte Karmulde unter den Felszacken der Kaminspitzen präsentiert (ab Hungerburg 11 km).

Auffahrt ab Sadrach/Planötzenhof: Die Auffahrt vom Planötzenhof über das Höttinger Bild zur Unbrüggler Alm auf MTB-Route 502 ist genau so schön, vielleicht sogar etwas feiner und auf jeden Fall ruhiger zu fahren. Vom Planötzenhof geradeaus am Achselwaldweg aufwärts (der links parallel verlaufende Kreuzweg sollte den Wanderern vorbehalten bleiben) bis zum Höttinger Bild. Rechts an der Kapelle vorbei auf dem Weg zum Achselkopf, nach vier Kehren bei Verzweigung rechts und im großen Boden durch den Höttinger Graben.
Nach einer kurzen Abfahrt gelangt man zur Lichtung der ehemaligen Unbrüggler Alm und kommt nach dem folgenden Anstieg zur „roten Kurve", wo man in den von der Arzler Alm her kommenden Weg zur Höttinger Alm einmündet.

Rauschbrunnen: Ausgangspunkt Planötzenhof. Auffahrt zum Höttinger Bild, weiter am Achselkopfweg bis zur zweiten Kehre und Abzweigung links. Nach einer längeren Flachstrecke steilt sich der Weg gehörig auf. Der Graben der Rauschbrunnen-Lawine zwingt die meisten Hobbyfahrer für ein Stück aus dem Sattel. Wo von links der

Serpentinensteig einmündet, kann man wieder aufsitzen und ist bald beim gemütlichen Almgasthaus angelangt (5 km ab Planötzenhof).

Rumer Alm: Der kürzeste Anstieg führt direkt vom Westrand des Dorfes beim Kreisverkehr aufwärts zum Canisiusbrünnl und weiter bis zur Kreuzung an den Sieben Wegen, wo der Asphalt endet. In stets gleich bleibender Steigung auf guter Forststraße in Richtung Enzianhütte, danach in kürzeren Kehren zur Rumer Alm. Genauso gut geht es von der Hungerburg mit Auffahrt zur Arzler Alm, knapp vorher aber rechts aufwärts bis zu einem Wasserschloss, hier wiederum rechts in die Arzler Reiße, nach deren Überquerung man in den von Rum kommenden Weg einmündet. Noch eine Kehre zur Rumer Alm.

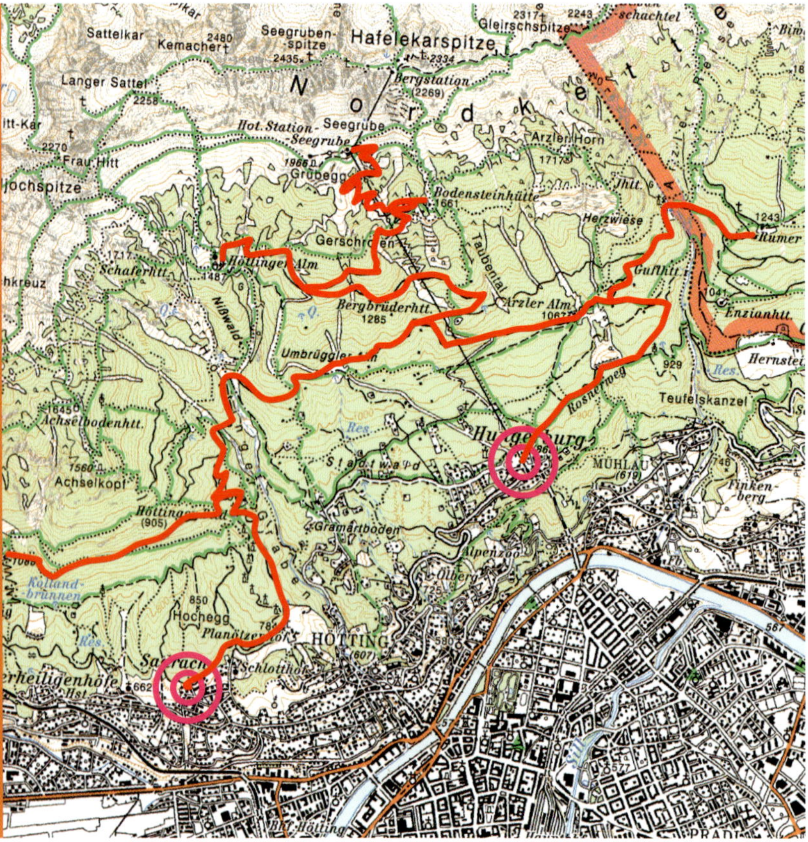

51 Auf die Thaurer Alm

Die Thaurer Alm, feines Ziel für den strammen Mountainbiker.

Recht unterschiedlich gestaltet sich der Anstieg zur Thaurer Alm: Anfangs ohne Probleme zu fahren, bäumt sich der Weg ab dem Schranken in Patscheil bis vor die Hütte gehörig auf. Ein Besuch der Thaurer Alm lohnt sich jedoch – ebenso wie ein kurzer Ausflug zur Kaisersäule.

Ausgangspunkt: Thaur, Dorfbrunnen (633 m)

Streckenführung: Thaur – Langgasse – Adolf-Pichler-Brünnl – Patscheil – Thaurer Alm (1464 m)

Länge, Fahrzeit, Hm.: 7,5 km, 1 bis 1:15 Stunden, 840 Höhenmeter.

Steilheit: Bis Patscheil 10 bis 12 %, danach bis 21 %

Wegbeschaffenheit: Guter Forstweg, zum Schluss grobschottrig, je nach Witterung und Verhältnissen.

Höchster Punkt: Thaurer Alm (1464 m), evtl. Vintlalm (1567 m)

Charakter/Tipp: Auf der Thaurer Alm braucht noch gar nicht Schluss zu sein. Erst im vorigen Sommer wurde die noch 100 m höher liegende Vintlalm mit einem Fahrweg erschlossen. Der wäre noch auszuprobieren.

Der Weg auf die Thaurer Alm ist die spektakulärste der Mountainbike-Routen an der Nordkette, wobei sich die Schwierigkeit aber nur auf die oberen 1,5 km bezieht. Die 6 km vom Dorf bis Patscheil sind nämlich ganz passabel zu fahren, auf gutem Weg bei einer Steigung von höchstens 12 %. Erst dann scheidet sich die Spreu vom Weizen, wobei nicht nur die Steilheit allein ausschlaggebend ist, sondern vor allem der Zustand des grobschottrigen Weges, der zeitweise und je nach Wetterlage ziemlich schwanken kann. Wem kein Stein aus der Krone fällt, kann ruhig ein paar Schritte schieben und ist dabei um nichts langsamer. Auf alle Fälle ist es eine super Teststrecke für solche, die es genau wissen wollen. Nur zum Vergleich, ohne Neid, und als Standortbestimmung interessant: Alle Jahre findet auf dieser Strecke ein Mountainbike-Rennen statt, wobei die Besten der Elitefahrer die 7,5 km und 840 Höhenmeter in etwas mehr als 32 Minuten bewältigen.

Die Strecke: Start beim Dorfbrunnen vor dem Gasthaus Stangl in Thaur und links aufwärts durch die Langgasse, beim Schloss-

Blick von der Kaisersäule auf das nebelverhangene Inntal.

bauern vorbei, bald danach endet der Asphalt und weiter auf bestem Fahrweg zur Kreuzung beim Adolf-Pichler-Brünnl. Nach sechs Kehren in stets gleich bleibender Neigung erreicht man den oberen Schranken in Patscheil. Bald beginnt die Steigung zuzulegen, das Auge an der Wasserwaage steigt über die 20-Prozent-Marke, und der Weg wird auch immer gröber. Anhaltend steil bis zur letzten Kurve vor der Alm.

Zu Fuß: Wer sich nicht zu sehr verausgabt hat, könnte noch ohne weiteres der auf einer Schulter des Zunterkopfes stehenden Kaisersäule (1700 m) einen Besuch abstatten. In 30 bis 40 Minuten hat man den prächtigen Aussichtsplatz erreicht, wo im Jahre 1815 Kaiser Franz I. nach Beendigung der Kriegswirren mit den Bayern und Franzosen sein Land wieder in Besitz nahm. Zum Gedenken an seinen Besuch wurde diese Steinpyramide errichtet.

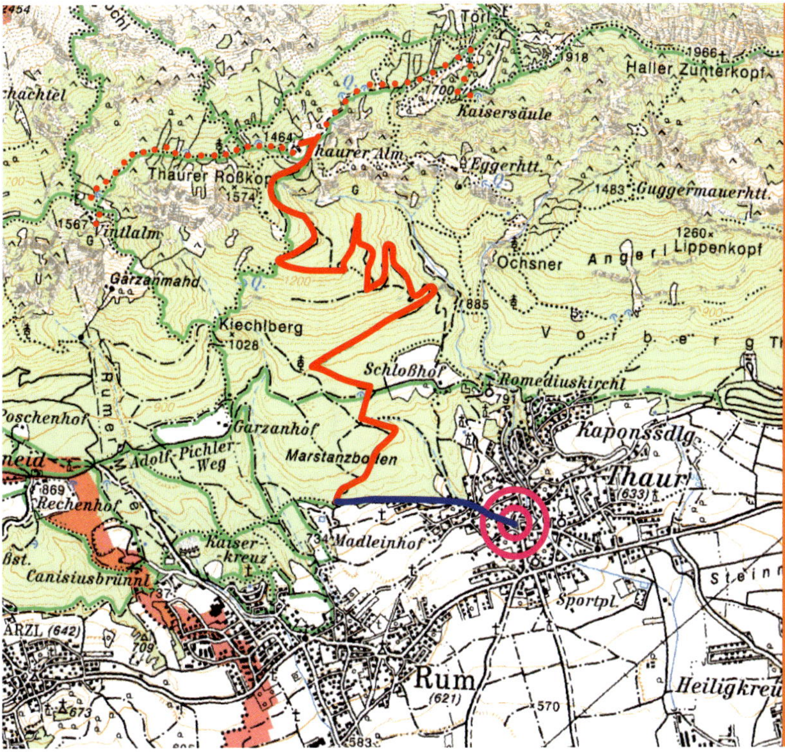

Route 51 Thaurer Alm

52 Rundtour über Walderalm und Hinterhornalm

Blick von der Walderalm auf den Hundskopf.

Auf dieser Runde zu zwei Almen oberhalb von Gnadenwald bietet sich manch herrlicher Ausblick: vom Vomper Loch über die Karwendelberge mit dem fast bizarr anmutenden Hundskopf bis zu den Tuxer Alpen weit im Süden. Zum Schluss kann man sich an der rasanten Abfahrt auf der asphaltierten Mautstraße erfreuen.

Ausgangspunkt: Gnadenwald: Parkplatz für Wanderer (890 m)

Streckenführung: Gnadenwald – Walderalm – Hinterhornalm – Gnadenwald

Länge, Fahrzeit, Hm.: 23,5 km, 2:30 Stunden, 750 Höhenmeter.

Steilheit: Angenehme Steigung, kurz vor der Walderalm etwas steiler

Wegbeschaffenheit: 12,9 km Straße; 10,6 km Forstweg

Höchster Punkt: Hinterhornalm (1522 m)

Charakter/Tipp: Schöne Runde mit angenehmer Steigung bei der Bergfahrt und rasanter Abfahrt auf der asphaltierten Mautstraße.
In der Kapelle bei der Walderalm kann man das Bergpanorama wie ein Altarbild bewundern.

Einkehrstationen: Walderalm (1511 m), geöffnet von ca. Mitte Mai bis ca. Ende Oktober; Hinterhornalm (1522 m), geöffnet von ca. Mitte Mai bis Mitte November.

So kommt man hin: Man fährt von Innsbruck über Hall und Absam nach St. Martin in Gnadenwald und bis zum Parkplatz für Wanderer an der Abzweigung zur Mautstraße auf die Hinterhornalm. Zum Einradeln fährt man zunächst relativ eben auf der an Werktagen wenig, an Wochenenden stärker befahrenen Landstraße nach Osten Richtung Terfens. In leichtem Auf und Ab geht es vorbei an schönen Wiesen, an St. Michael und an einem Reitstall, wobei sich immer wieder ein wunderbarer Blick auf die Tuxer Alpen südlich der anderen Inntalseite ergibt. Bei km 5,1 (bevor die Straße nach Terfens hinunterführt) biegt man links in den Forstweg (MTB-Route 408 Hinterhorn-Gan) ein. Nun geht es auf einer gut zu fahrenden Forststraße durch schönen Mischwald im Alpenpark Karwendel weiter. Immer wieder hat man einen ausgezeichneten Blick auf die Berge. Zuerst ist der Weg relativ flach, gewinnt schließlich an Höhe und geht in angenehmer Steigung weiter Richtung Ganalm.

Ausblick ins Vomper Loch und ins Karwendel: Nach einer starken Linkskurve biegt man ins Vomper Loch ein. Von hier aus hat man einen großartigen Ausblick auf die imposanten Gipfel des Karwendelgebirges und auf den Vomper Bach in der Tiefe. Teilweise bricht der Forstweg recht steil ab. Nach ca. 8 km bleibt man auf dem rechten Weg Richtung Ganalm (Schranken). Nach einem weiteren halben Kilometer nimmt man die linke Abzweigung und fährt weiter aufwärts. Der Weg fällt rechts immer wieder steil zum Vomper Loch ab. Der Ausblick auf die Kare der Karwendelberge ist herrlich. Kurz vor der Ganalm wird die Strecke sehr ausgesetzt und schmiegt sich eng an die Felsmauern an. Hier befindet sich ein Lawinenstrich, bei dem man im Frühsommer manchmal gezwungen ist, vom Rad abzusteigen. Nach einer letzten Steigung sieht man rechts unten die Ganalm, die man allerdings nur zu Fuß erreichen kann. Am Forstweg geht es mit Blick auf den Hundskopf weiter Richtung Walderalm. Nun wird die Auffahrt

Kurz vor der Walderalm.

teilweise etwas anstrengend. Man bleibt auf dem Hauptweg und erreicht schließlich die schöne Hochfläche, auf der die Walderalm steht. Wer hier einkehren will, kann den kurzen Abstecher nach rechts machen. Es zahlt sich aus, weil man von hier einen traumhaften Blick auf die gegenüberliegenden Berge hat. Auch die Kapelle ist einen Besuch wert.

Zur Hinterhornalm: Der Weg dorthin führt zuerst relativ flach weiter und nach einer kurzen Abfahrt noch einmal etwas bergauf. Bei der Hinterhornalm hat man den höchsten Punkt der Tour erreicht. Beendet wird die schöne Runde, indem man die asphaltierte Mautstraße hinunter zum Ausgangspunkt in Gnadenwald fährt. Die Abfahrt ist besonders im Frühjahr schön, wenn die Mautstraße noch nicht geöffnet hat und man es richtig laufen lassen kann. Man muss allerdings auf Wanderer und Gegenverkehr, im Sommer auch auf die vielen geparkten Fahrzeuge aufpassen.

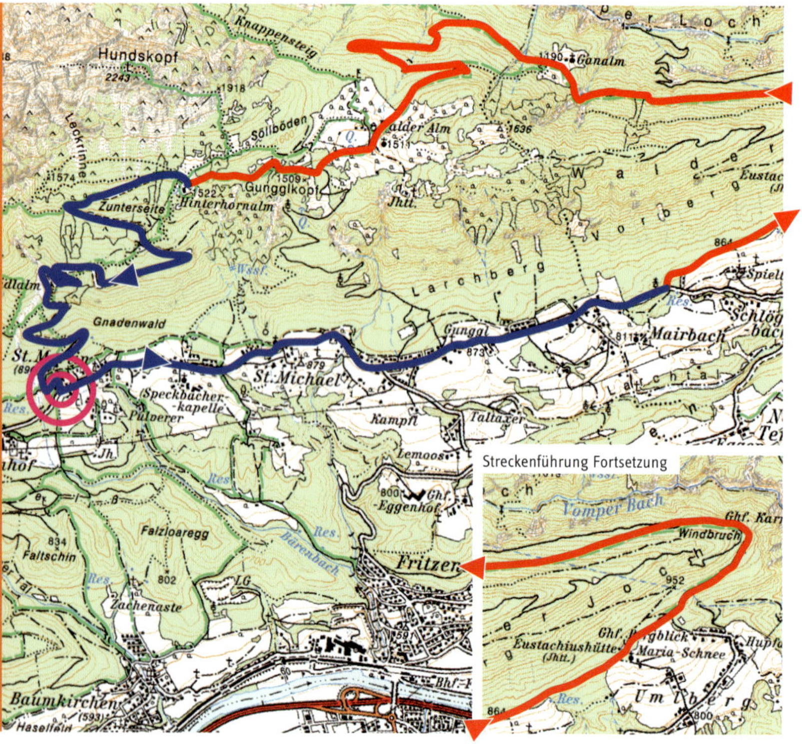

53 Sprint auf den Kolsassberg

Genau an der Bundesstraße beginnt der Aufstieg nach Gartlach.

Kurze, nichtsdestotrotz recht sportliche Runde mit einem kräftigen Anstieg auf schönen Forstwegen auf der ersten Hälfte des Weges, ab der Jausenstation Gartlach auf asphaltierten Hofzufahrten. Direkt von der Bundesstraße in einem Zuge auf den Kolsassberg.

Ausgangspunkt: Kolsass (553 m)

Streckenführung: Kolsass – 1 km Richtung Wattens – Auffahrt bei MTB-Wegweiser – Gartlach – Gehöfte Hochhäuser (1019 m) – Infangl (1228 m) – Kolsassberg/Jägerhof (906 m) – Kolsass

Länge, Fahrzeit, Hm.: 14 km, 1:30 bis 2 Stunden, 675 Höhenmeter.

Steilheit: Im unteren Bereich bis Gartlach um die 15 %, danach 12 %.

Wegbeschaffenheit: Bis km 4,5 gute Forstwege, danach alles Asphalt.

Höchster Punkt: Wochenendhäuser Infangl (1228 m)

Charakter/Tipp: Kompakte Runde mit einem durchgehenden Anstieg von fast 700 Höhenmetern. Abkürzung und Schwenk auf die Gartlachrunde (MTB-Route 584) möglich, genauso gut auch Verlängerung auf die andere Seite des Weerbaches nach Innerst oder gar bis zur Weidener Hütte.

Eine super Trainingsrunde mit einem gar nicht zu unterschätzenden Anstieg, der unmittelbar von der Bundesstraße in einem Zug auf den Kolsassberg hinaufführt, genauer gesagt bis zu der hoch oben liegenden Wochenendsiedlung Infangl. Bis zur Hälfte des Weges, der Jausenstation Gartlach (km 3,5), ist man völlig verkehrsfrei im Wald, danach mündet man in ein glattes Asphaltsträßchen ein, das die hoch am Kolsassberg liegenden Bauerngehöfte verbindet. Je höher man kommt, umso schöner und weitläufiger wird der Tiefblick auf das Inntal und die Terrasse des gegenüber liegenden Weerbergs. Wem es zu lang wird, könnte sich an die ebenfalls beschilderte Gartlachrunde halten, den Anstieg bei den Gehöften von Hochhäuser nach links verlassen und gemütlich nach Kolsass hinunterrollen. Auf den MTB-Schildern ist die Schwierigkeit mit Schwarz als schwierig angegeben, was aber wohl etwas zu hoch gegriffen ist. Zwar hat man einen anhaltend langen Anstieg von 7 km zu bewältigen, die Steilheit hält sich aber im durchaus üblichen Bereich, dazu sind die Wegverhältnisse tadellos. Also ist Rot – mittelschwierig – leicht ausreichend.

Blick über den Weerberg.

So läuft die Runde: Zufahrt auf der Bundesstraße (oder unmittelbar auf dem Traktorweg daneben) entweder von Kolsass oder von Wattens (jeweils 1 km). Genau in der Mitte zwischen den beiden Orten Abzweigung beim MTB-Wegweiser und Auffahrt auf den Kolsassberg. Bei der ersten Wegteilung rechts und nun immer der Beschildung Gartlach folgend auf guten Forstwegen in mehreren Kehren durch den Wald. Nach 2 km, nach denen die steilsten Stellen auch schon bewältigt sind, kurze Flachzone zum Verschnaufen und danach nicht mehr ganz so steil bis zur Jausenstation Gartlach (km 3,5, Montag und Dienstag Ruhetag), wo man auf Asphalt trifft. Bald ist man an der Waldgrenze, schraubt sich in kleinen Serpentinen von einem Gehöft zum nächsten, wobei die Aussicht auf das Inntal und den gegenüberliegenden Weerberg immer umfassender und prächtiger wird. Bei der Hochhäuser genannten Gruppe von drei Gehöften zweigt die kürzere Gartlachrunde (MTB-Route 584) links ab, wir bleiben aber rechts bergwärts und kommen nach zwei kurzen Kehren auf den freien Wiesenrücken. Nochmals lässt uns eine flache Geländestufe ein wenig verschnaufen, dann folgt der letzte Abschnitt, wiederum im Wald, bis zu den ersten Wochenendhäusern von Infangl. Sieht man knapp unter sich das Umlenkrad des alten Schlepplifts, dann ist der Anstieg zu Ende (km 7). In Serpentinen rollte man hinunter zum Hotel Jägerhof und zurück nach Kolsass (km 13,8).

Verlängerungsmöglichkeiten: Kurz vor dem Jägerhof gelangt man auf die an der Flanke des Kolsassbergs weiter ins innere Weertal führende Straße. Weiter talein, kurze Abfahrt zu dem am Weertalbach liegenden Kraftwerk und an der anderen Talseite hinauf zur Weerbergstraße, wo man kurz vor Innerst einmündet. Abfahrt über Weerberg zurück nach Kolsass.
Oder man fährt von der Siedlung Fanghaus weiter bis zu einer markanten Kehre, wo geradeaus der Forstweg in Richtung Sagalm/Studlalm abzweigt. Auf diesem Weg, immer der Beschilderung Nafing/Weidener Hütte folgend, talein, bis der Fahrweg die Talseite wechselt und bald danach auf den von Innerst kommenden Fahrweg zur Hütte trifft (insgesamt 33 km).

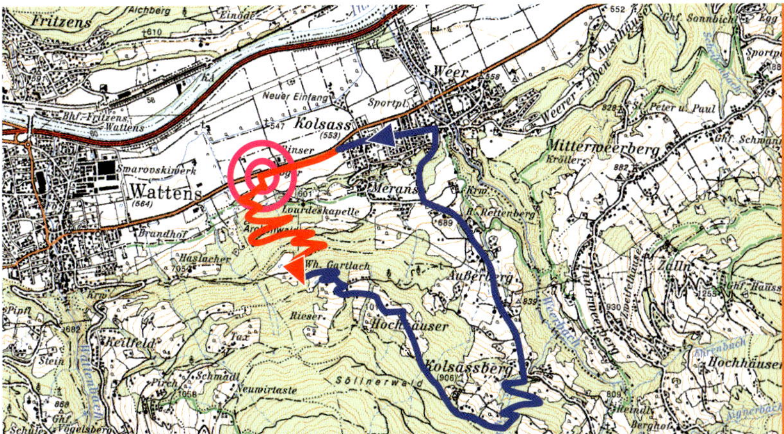

54 Am Hausberg der Schwazer

Blick über das Inntal nach Stans.

Der Zintberg erhebt sich über der Silberstadt Schwaz, in Richtung des Kellerjochs oder des „Kellners", wie die Einheimischen ihren Hausberg nennen. Für den Mountainbiker ergibt sich hier eine Superrunde – halb auf Asphalt, halb auf Schotter, nicht allzu schwierig –, die jedoch einiges an Ausdauer voraussetzt.

Ausgangspunkt: Schwaz, St. Martin (550 m), Parkplatz beim Friedhof

Streckenführung: Friedhof St. Martin – Naßtal – Kraken – Zintberg – Petrach – Pirchneraste (1200 m) – Plumpmoos – Proxenalm (1663 m) – Kogelmoos – Hof – Gallzein – Schwaz

Länge, Fahrzeit, Hm.: 24 km, 3 bis 3:30 Stunden, 1120 Höhenmeter.

Steilheit: Durchwegs 12 bis 15 %, kaum weniger.

Wegbeschaffenheit: Bis Pirchneraste Asphalt, danach gute Forstwege, ab Kogelmoos wieder Asphalt.

Höchster Punkt: Proxenalm (1663 m)

Charakter/Tipp: Mit wenig Mehraufwand lässt sich die Runde beträchtlich ausdehnen: wenn man bei der Abfahrt nach Kogelmoos noch den Anstieg zur Lackenhütte dazu nimmt. Mit nochmals 3 km Bergfahrt erweitert sich die Runde über den Schlitterberg nach Rotholz und zurück auf 38 km.

Einkehrstationen: Gasthof Pirchneraste, Proxenalm, Gasthof Kogelmoos.

Die Auffahrt auf den Zintberg ist gar nicht so ohne und nicht zu unterschätzen. Zwar ist die Straße bis Petrach bei den obersten Häusern am Zintberg asphaltiert und sogar der Weiterweg bis zur Pirchneraste glänzt seit neuestem mit einem frischen Asphaltbelag, aber die Steilheit bewegt sich durchaus zwischen 12 und 15 %. Auch auf den Forstwegen geht es in der gleichen Tonart weiter und immerhin sind in einem Zuge 1100 Höhenmeter ohne eine nennenswerte Raststrecke zu bewältigen. Wenigstens drei Einkehrstationen liegen an der Strecke. Ein kurzer Abstecher zum Gasthaus Pirchneraste lädt zur Rast ein, am Ziel angelangt, ist die Proxenalm eine feine Labestation und ebenso das Gasthaus in Kogelmoos. Von dort rollt man wieder auf glattem Belag über die Terrasse von Gallzein zurück zum Ausgangspunkt.

Die Strecke: Die Einheimischen fahren natürlich direkt vom Stadtzentrum hinauf in Richtung Schloss Friedberg. Kommt man aber von außerhalb, startet man am besten am Parkplatz beim Friedhof von St. Martin östlich von Schwaz. Von der Autobahnausfahrt zur Bundesstraße, dort Richtung Osten bis zum nächsten Kreisverkehr und der Beschilderung folgend nach St. Martin. An der westlichen Friedhofsbegrenzung zur oberen Straße, dann im Naßtal aufwärts (für Radler keine Sackgasse), oben nach rechts in

Die urige Proxenalm unterhalb des Kellerjochs.

den Ortsteil Kraken und rechts des Baches aufwärts. Beschildert als MTB-Route 416, folgt man der wenig befahrenen Zintbergstraße in vielen weit gezogenen Schleifen, vorbei am Pfitscherhof (km 3,8) bis Petrach, wo man in den Wald eintaucht. Nach zwei Kehren ist der Parkplatz der Pirchneraste erreicht (km 7), zum Gasthaus 250 m. Weiter auf dem Forstweg, stets beschildert, zur Proxenalm, wobei die Abkürzungswege natürlich unberücksichtigt bleiben, zur Almlichtung von Plumpmoos und zum Sattel unterhalb des Mehrerkopfes. Hier 1,5-Kilometer-Abstecher nach rechts zur Proxenalm, anfangs noch einmal ordentlich steil, zum Schluss flach zur kleinen Almhütte (km 12, geöffnet von Mitte Juni bis Mitte September). Zurück am gleichen Weg zum Sattel und in Richtung Osten auf bestem Bundesforsteweg nach Kogelmoos (km 17,5), wo man wieder auf Asphalt gelangt. Von Hof/Gallzein (km 20,5) gelangt man wieder direkt zurück zum Ausgangspunkt (km 24).

Am Zintberg gibt es noch lange Asphalt.

Verlängerung: Ohne großen Mehraufwand bietet sich eine nicht unbeträchtliche Erweiterung der Runde an. Mündet man bei der Abfahrt nach Kogelmoos in den zur Lackenhütte führenden Forstweg ein (MTB-Route 417), hat man noch gut 2 km Anstieg in der bereits gewohnten Steigung bis hinauf zu der unter dem Gerstkopf liegenden Jagdhütte zu bewältigen. Dort befindet sich der Übergang ins Öxltal, wo man – im Bachgrund angelangt – die Fahrt nochmals bis zur jetzt nahen Kaunzalm und weiter zur Geolsalm auf der Zillertaler Seite ausweiten könnte. Sonst folgt man aber dem Öxlbach talaus, gelangt zum Schlitterberg und rollt ab hier wieder auf Asphalt hinunter nach Rotholz. Über St. Margarethen und Buch hat man noch ein paar Flachkilometer zum Ausrollen. Zurück am Ausgangspunkt hat man 38 km auf dem Tacho.

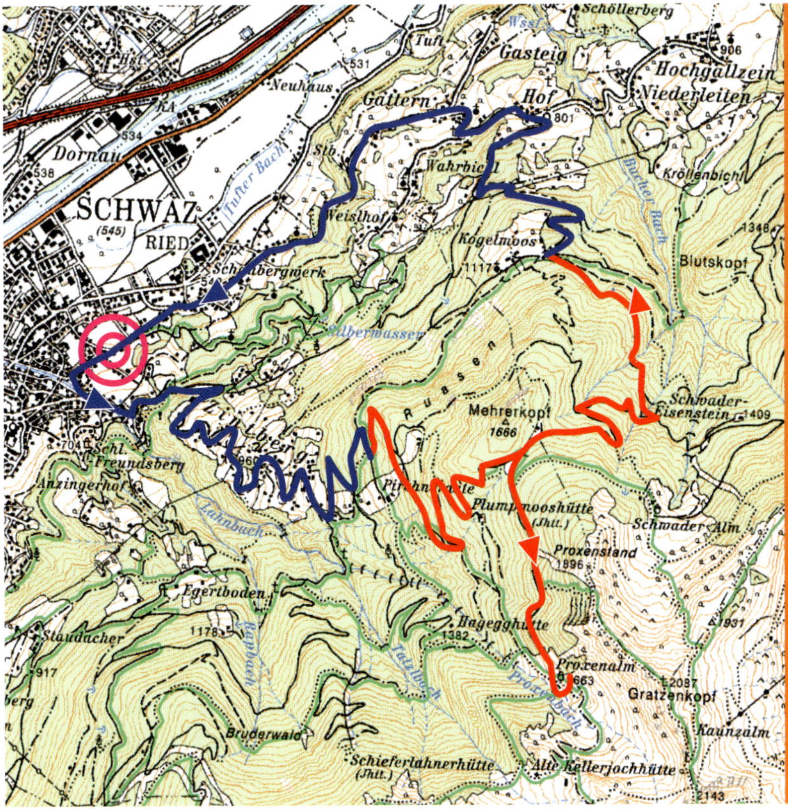

55 Rund um das Kellerjoch

Tief unten glänzt der Speichersee am Arzjoch.

Eine großzügige Rundstrecke, die alles beinhaltet, was ein Mountainbiker sucht: vom Spieljoch über den Loassattel an der Flanke des Kuhmessers im Uhrzeigersinn hinüber auf die Inntalseite und wieder zurück ins Zillertal, rund um Kuhmesser, Kellerjoch und Gratzenkopf – mit Einstieg in Fügen, Grafenast oder am Zintberg.

Ausgangspunkt: Fügen, Spieljochbahn, Bergstation (1862 m)

Streckenführung: Spieljoch – Geolsalm – Gartalm-Hochleger – Loassattel – Hochpillberg/Grafenast – Bruderwaldweg – Petrach – Pirchneraste – Plumpmoos – Lackenhütte – Öxlbach – Fügenberg – Fügen

Länge, Fahrzeit, Hm.: 42 km, 5 bis 5:30 Stunden, 1200 Höhenmeter, plus 3 km Tragestrecke von der Gartalm zum Loassattel.

Steilheit: Großteils zwischen 12 und 15 %, kurze Stelle beim Anstieg zur Lackenhütte 18 %

Wegbeschaffenheit: Gute Forstwege.

Höchster Punkt: Gartalm (1849 m)

Charakter/Tipp: Zwar nicht als Radweg gedacht, trotzdem von geländegängigen Bikern häufig befahren ist der sogenannte Bürgermeistersteig, auf dem man mit kurzen Schiebestrecken fast ohne Höhenverlust von der Seilbahnstation in Grafenast zur Pirchneraste queren könnte.
Fast 300 Höhenmeter Ersparnis.

Einkehrstationen: Geolsalm, Gartalm, Gasthaus Loas, Gasthäuser in Grafenast, Pirchneraste.

Weil vielleicht 2000 Höhenmeter an einem Tag nicht jedermanns/-fraus Sache sind, lässt man sich mit dem Rad vorteilhafterweise per Seilbahn auf das Spieljoch bringen. Man kommt auch so noch auf rund 1200 Höhenmeter, aber verteilt auf vier Anstiege, die naturgemäß immer wieder von erholsamen Abfahrten unterbrochen sind. Fast die gesamte 42-Kilometer-Runde verläuft auf besten Forstwegen, nur vom Zintberg zur Pirchneraste radelt man für 2 km auf Asphalt. Und nicht zu vergessen, eine 3 km lange Tragestrecke von der Gartalm zum Loassattel ist zu bewältigen, auf einem schmalen Bergsteig, wo man auch nicht schieben kann, sondern das Rad unbedingt schultern muss. Eine praktische Tragevorrichtung wäre angebracht. Rast- und Einkehrstationen an der Strecke gibt es genügend.

Am besten geht es vielleicht so: Auffahrt mit der Spieljochbahn zur Bergstation (Bergfahrt 9,20 Euro, Radtransport gratis). Sogleich abwärts in Richtung Speichersee, eine Kehre oberhalb des Sees rechts ab (Wegweiser Mittelstation) zur Einmündung (km 2) in den Weg zur Geolsalm (km 4), die nach einem ersten, noch ganz sanften Anstieg erreicht wird. Kurz abwärts und jetzt schon steiler, aber noch gut fahrbar zum 150 m höher liegenden Gartalm-Hochleger (km 6). Hier muss man aber aus dem Sattel, denn zum Loassattel führt nur ein höckeriger Wanderweg, wo man das Rad unbedingt schultern muss. Und nicht 20 Minuten, wie die freundliche Auskunft lautete, sondern gut das Doppelte braucht man für die 3 km lange Tragestrecke zum Loassattel. Erst bei der Gamssteinhütte kann man wieder aufsitzen. Dafür rollte es jetzt prächtig abwärts – aber Achtung auf Gegenverkehr – bis zur Einmündung in die Pillbergstraße (km 11). Nimmt man bei der Nauzalm den Hoferweg, erspart man sich ein paar Höhenmeter und ist im Nu in Grafenast (11,5). An den Hotels vorbei zur Seilbahn-

Bei der Geolsalm.

station. Hier auf dem breiten Bruderwald-Forstweg abwärts bis zur ersten Kehre, die man nach rechts verlässt. 1 km Anstieg, ein Bachgraben wird gequert, dann drei Serpentinen abwärts, bis man ganz unvermutet in die von Schwaz über den Zintberg kommende Straße einmündet (km 17). Von Petrach in 2 km auf der Asphaltstraße zur Pirchneraste (km 19, letzte Einkehrmöglichkeit).
Weiter geht es wieder stramm bergauf, vorerst in Richtung Proxenalm, zumindest bis kurz oberhalb der Plumpmoos-Almhütte auf dem Sattel unter dem Mehrerkopf (23 km), wo man sich wieder auf einer 2 km langen Abfahrt am Bundesforsteweg in Richtung Kogelmoos ausrasten kann. Nächster Kreuzungspunkt (km 25) zum neuerlichen Anstieg ist die Forststraße zur Lackenhütte. Auf dem 3 km langen Schlussanstieg warten noch ein paar zähe (15–18 %), zum Glück nicht besonders lange Abschnitte, bis sich der Weg allmählich

Bei der Lackenhütte begrüßt ein Bär die Radfahrer.

zurücklegt und der Radler von einem gutmütigen Bären begrüßt wird, der dort die Lackenhütte bewacht (km 28).
Ab jetzt nur mehr abwärts, ein paar kleine Gegenanstiege fallen nicht mehr ins Gewicht. Eine lange Kehre abwärts in Richtung talein, mit einer kleinen Haarnadelschikane, die man nicht übersehen darf, bis man bei einer Waldhütte am Öxlbach landet. Über die Brücke und kurz aufwärts zur Einmündung in den zur Kaunzalm führenden Weg. Weiter abwärts und ab jetzt der Wegweiserrichtung Fügenberg folgend, im großen Rechtsbogen um den waldigen Ausläufer des vom Arzjoch herziehenden Bergrückens. Man passiert das Ortlerkreuz, fährt rechts vorbei und gelangt gleich darauf zu einer großen Wegkreuzung (km 35).
Nun nur mehr abwärts, vorbei an Kohleralm/Mittelstation zur Hochfügener Straße und zurück zur Talstation in Fügen (km 42).

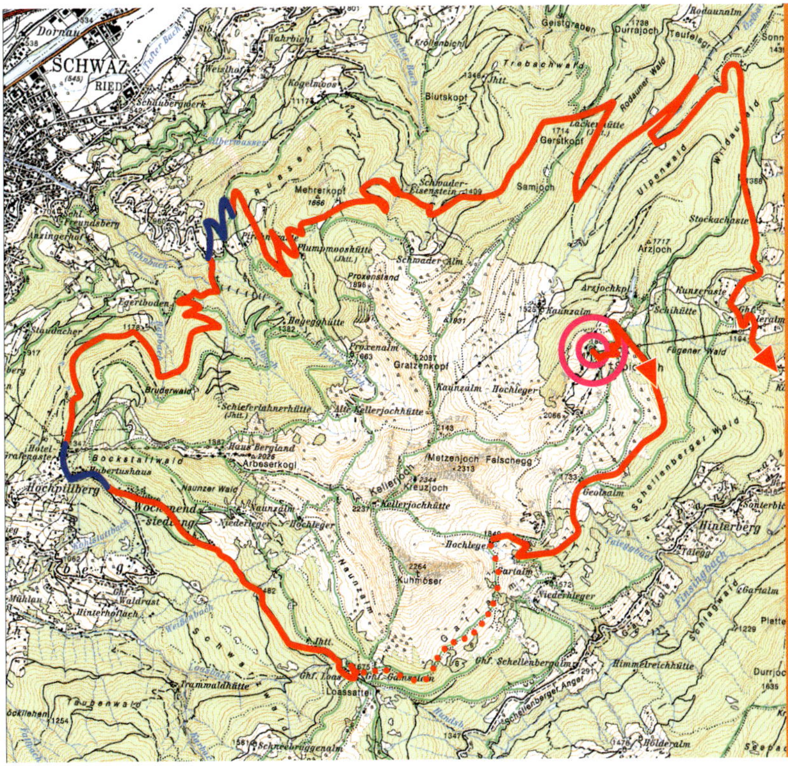

56 Von Fügen auf das Spieljoch

Eine gemütliche Raststation ist die Geolsalm unter dem Spieljoch.

Von Fügen auf das Spieljoch zu radeln, das ist ein ganz schönes Stück Arbeit: 1200 Höhenmeter in einem Zug – und nochmal 200 mehr, wenn man sich auf das Onkeljoch hinaufplagt. Aber es geht auch leichter: Die Seilbahn transportiert auch Räder, sogar gratis, und damit eröffnen sich Möglichkeiten in alle Richtungen.

Ausgangspunkt: Fügen, Spieljochbahn, großer Parkplatz (650 m)

Streckenführung: Fügen – Pankrazberg – Kohleralm/Mittelstation – Arzjochkapelle – Spieljoch (1862 m) – Onkeljoch (2066 m)

Länge, Fahrzeit, Hm.: 12,5 km, 2 bis 2:30 Stunden, bis zum Spieljoch 1200 Höhenmeter; zum Onkeljoch noch 1,5 km, 20 Minuten, 200 Höhenmeter.

Steilheit: Bis zum Spieljoch kurze Stellen 15 %, großteils 12 %, auf das Onkeljoch bis 18 %

Wegbeschaffenheit: Gute Forststraßen.

Höchster Punkt: Onkeljoch (2066 m)

Charakter/Tipp: Am großzügigsten und mit Seilbahnhilfe wesentlich leichter zu machen ist die gesamte Umrundung des Kellerjochmassivs, wobei es reine Geschmackssache ist, in welche Richtung man startet. Allerdings bleibt einem eine 3 km lange Tragestrecke nicht erspart.

Von Fügen zur Talstation der Spieljochbahn und gerade weiter auf der nach Hochfügen führenden Asphaltstraße. Bei Straßenkilometer 3,8 (Linkskehre) Abzweigung nach rechts in Richtung Mittelstation/Kohleralm. Auf bester Forststraße in einer weiten Schleife nach rechts, bis zum Zusammentreffen mit dem von Fügenberg und Baumannwies her kommenden Weg. Große Dreifachkreuzung (Am mittleren Weg könnte man noch einen Abstecher zur Kaunzalm machen und von „hinten“ zum Speichersee am Arzjoch herauffahren). Üblicherweise fährt man aber links, vorbei an der „Skihütte“ und bald darauf nochmals rechts abzweigend auf das Arzjoch, wo man kurz oberhalb des Sees in den weit ausholenden Serpentinenweg einbindet. (Von der letzten Abzweigung geradeaus weiter gelangt man in 2 km zur Geolsalm.) Zur Bergstation der Spieljochbahn, unterhalb vorbei und noch ein kurzes Stück neben dem Barfußweg zum schon längst sichtbaren Gipfelkreuz. Will man noch auf das Onkeljoch, nimmt man bei der Bergstation den rechten Weg, der ebenfalls durch das Pistengelände, aber jetzt spürbar steiler, zur höher oben liegenden Liftstation führt.

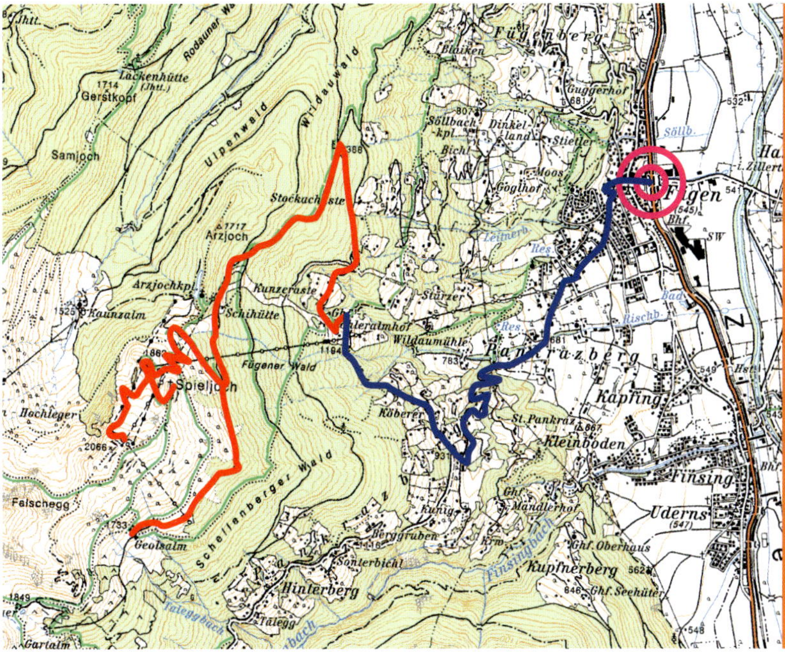

57 Drei Almen, Achenseeblick inbegriffen

Die Bärenbadalm liegt am Weg zum Weißenbachsattel.

Drei spritzige Mountainbike-Routen zur Feilkopfalm, Bärenbadalm oder Weißenbachalm – leicht, mittel oder schwer – in unmittelbarer Nähe des Achensees. Jede für sich oder alle auf einmal.

Ausgangspunkt: Maurach/Seespitz (930 m), Parkgebühr 2,- oder 4,- Euro

Streckenführung: Pertisau - Gerntal - Feilkopfalm (1380 m); Pertisau - Dristenautal - Bärenbadalm (1457 m); Maurach/Lärchensiedlung - Weißenbachtal - Weißenbachalm (1607 m) - Weißenbachsattel (1695 m)

Länge/Fahrzeit/Hm.: Feilkopfalm 11 km, 1:15 bis 1:30 Stunden, 450 Höhenmeter, leicht; Bärenbadalm 9 km, 1:15 bis 1:30 Stunden, 500 Höhenmeter, mittel; Weißenbachalm/Weißenbachsattel 6,5 km, 1:30 Stunden, 670 Höhenmeter, schwer; bei der Verbindung Bärenbadalm - Weißenbachsattel 30 Minuten Tragestrecke.

Steilheit: Feilkopf- und Bärenbadalm um die 10 %, Weißenbachalm 15 bis 18 %

Wegbeschaffenheit: Zu Feilkopf- und Bärenbadalm schöne Forstwege, Weißenbachalm grobschottrig und rau.

Höchster Punkt: Weißenbachsattel (1695 m)

Charakter/Tipp: Ganz nach Lust und Laune kann man sich diese Almrunde zusammenstellen. Feilkopfalm und Bärenbadalm lassen sich zudem ganz locker miteinander verbinden. Wesentlich anstrengender ist die Fahrt durch das Weißenbachtal mit der gesamten Umrundung des Bärenkopfes.

Einkehrstationen: Feilkopfalm, Bärenbadalm, Weißenbachalm.

Eine feine und jedermann zumutbare Mountainbike-Tour ist die Fahrt zur Feilkopfalm. Sie liegt auf einem grünen Kopf über dem Gerntal, ihr zu Füßen Pertisau und das Südende des Achensees. Von der Terrasse schweift der Blick aber gleich weiter zum nächsten Ziel. Direkt gegenüber in der Flanke des Bärenkopfes versteckt sich die Bärenkopfalm. Auch zu ihr führt ein guter Forstweg, nur unwesentlich weiter und vielleicht ums Kennen steiler. Wer nun noch als Drittes die Weißenbachalm in seine Runde einbinden will, der muss sein Bike jedoch eine gute halbe Stunde bis zum Weißenbachsattel auf die Schulter nehmen. Dann kann er auf gutem Weg durchs Weißenbachtal zurück nach Maurach gelangen. Alle Wege sind bestens beschildert. Und natürlich sind alle Almen beliebte Ausflugsziele für Wanderer, wo sich mit dem Bärenkopf auch eine leichte Gipfelbesteigung mit Traumblick auf den Achensee einplanen lässt. Idealer Ausgangspunkt für alle drei Mountainbike-Routen ist das Südufer des Achensees bei Seespitz. Parkgebühr 2,- Euro für 4 Stunden, 4,- Euro für länger.

Zur Feilkopfalm: Am Uferradweg bis kurz vor Pertisau (Panoramatafel) und leicht ansteigend zum Eingang der Karwendeltäler. Nach der Mautstelle auf feiner Asphaltstraße im Gerntal einwärts, vorbei an der Pletzachalm bis zur nicht zu übersehenden Abzweigung zur Feilkopfalm. Ab hier Forststraße (3,3 km) in angenehmer Steigung mit nur ganz kurzen Steilstücken und erholsamen flachen Passagen (ab Seespitz 11 km, 350 Höhenmeter).

Zur Bärenbadalm: Unmittelbar nach der Seilbahn zum Zwölferkopf kommt man zu einer Gabelung und fährt hier links ins Dristenautal. Anfangs leicht wellig in den Talgrund, dann in einer lang gezogenen Serpentine an den Hängen des Bärenkopfes aufwärts. Ebenso guter Forstweg, am steilsten erst auf dem letzten Kilometer vor der Alm (ab See-

Achensee, das Meer der Tiroler.

spitz ca. 9 km, 500 Höhenmeter). Den schönen Achenseeblick erhält man nur, wenn man ein paar Schritte über die Wiese hinaus geht. Zum Weißenbachsattel 30 Minuten Tragestrecke auf steilem Wurzelsteig. Nur ratsam mit bequemer Tragevorrichtung am Rad.

Von Maurach zur Weißenbachalm: Von Seespitz links auf Asphalt zu Recyclinganlage und Campingplatz (oder von Maurach zur Siedlung Lärchenwiese) am Eingang des Weißenbachtals. Nach der ersten Bachquerung anhaltend steil und zudem grobschottrig, aber trotzdem gut fahrbar, sogar bis zum Sattel oberhalb der Alm (nur für ausdauernde Bergfahrer, ab Seespitz 6 km, 670 Höhenmeter). Am Weißenbachsattel Übergang ins Dristenautal mit Trage-Abstieg zur Bärenbadalm.

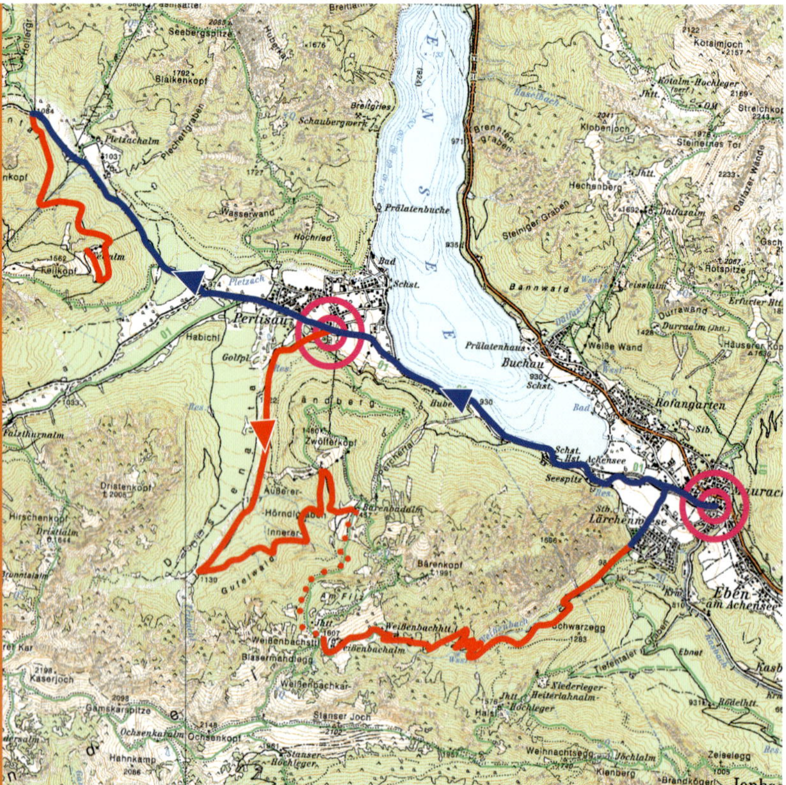

58 Rund um das Demeljoch

Auch aus dem Bächental gelangt man auf das Demeljoch.

Eine super Mountainbike-Tour in den Ausläuferbergen des Karwendels hinter dem Achensee. Nach dem Anstieg zu der unter dem Juifen gelegenen Rotwandlhütte ist das Gröbste bereits geschafft. Dank des neuen Bayern-Tirol-Radweges verläuft die gesamte Runde völlig verkehrsfrei.

Ausgangspunkt: Achenwald, Gasthaus Hagenwirt (820 m), Parkplatz

Streckenführung: Hagenwirt – Rotwandlhütte (1525 m, km 9) – Bächental – Gasthaus Aquila (910 m, km 18,5) – Sylvensteinstausee (km 26) – Walchenbach – Achental, alter Zoll – Hagenwirt

Länge, Fahrzeit, Hm.: 39,5 km, 3:30 bis 4 Stunden, 940 Höhenmeter.

Steilheit: Aufstieg zur Rotwandalm (ca. 9 km) bis 12 %, anhaltend.

Wegbeschaffenheit: Gute Forstwege, halb Schotter, halb Asphalt.

Höchster Punkt: Rotwandlhütte (1525 m), nicht bewirtschaftet.

Charakter/Tipp: Bereits nach dem ersten Viertel der Strecke ist der höchste Punkt erreicht. Tolle Abfahrt ins Bächental. Bei der Rückfahrt am Radweg Bavarica-Tirolensis warten jedoch noch ein paar kurze, aber recht giftige Anstiege.

Einkehrstationen: Gasthaus Aquila, evtl. Rotwandlhütte.

In genau vier etwa gleich lange Abschnitte gliedert sich diese Rundtour: erstes Viertel ein durchgehender Anstieg, nächstes Teilstück Abfahrt auf Schotterpisten, drittes Viertel auf glattem Asphalt talaus in leichtem Gefälle, zum Schluss noch ein paar kurze Wellen, wo man die Schaltung nochmals betätigen muss. So lässt sich diese landschaftlich großartige Runde kurz charakterisieren. Die „richtigen" Karwendelberge mit den Laliderer Wänden sind gerade noch in Sichtweite, ihre nördlich vorgelagerten Ausläufer präsentieren sich aber bereits bedeutend zahmer. Die wilde Felsszenerie weicht dicht bewaldeten Kuppen und grünen Hügeln, die aber noch immer von tiefen Gräben durchfurcht sind. Den Schitourengehern bestens bekannt ist hier am ehesten der Juifen, an dessen Nordflanke unsere Radtour unmittelbar vorbeiführt und dem man mit einer schwachen Stunde Mehraufwand auch noch einen Besuch abstatten könnte. Denn mit dem Anstieg zur Rotwandalm, die in dem lang gezogenen Sattel zwischen Demeljoch und Juifen eingelagert ist, hat man bereits das anstrengendste Stück der Rundtour bewältigt, jetzt wartet vorerst eine lange Abfahrt ins Bächental bis zum bereits bayerischen Sylvensteinstausee, wo sich noch das Jägerbergl mit ein paar kurzen Steigungen in den Weg stellt. Am neuen bayerisch-tirolerischen Radweg gelangt man völlig verkehrsfrei zurück zum Ausgangspunkt.

Die Strecke: Anfahrt von Achenkirch in Richtung Landesgrenze. Gegenüber des Gasthofs Hagenwirt großer Parkplatz, unmittelbar am Beginn des Anstiegs zur Rotwandalm (MTB-Route 466). Von Beginn weg schöner Forstweg, auf den ersten 3 km noch in angenehmer Steigung, bis zur Rechtskehre über den Taschbach, wo es nun richtig ernst wird. Die folgenden 5 km zieht der Almweg anhaltend, zwar nie extrem steil, aber doch um die 12 %, empor zur Brettersbergalm und in die bald darauf sichtbare Senke zwischen Juifen und Demeljoch. Genau am Übergang liegt die Rotwandalm. Die benachbarte Rotwandlhütte ist nicht bewirtschaftet, eventuell bekommt man aber etwas zu trinken. 750 Höhenmeter sind bereits geschafft. Unvermittelt beginnt die Abfahrt ins Bächental, anfangs noch etwas ruppig, in der Folge auf einer immer besser werdenden Forststraße. Nicht irritieren lassen darf man sich von zwei nicht allzu langen Gegenanstiegen, wobei der tiefe

Einschnitt des Kesselbaches ausgequert wird. Im Bächental angelangt, bietet das von zahlreichen Radfahrern angepeilte Gasthaus Aquila eine willkommene Einkehrstation.
Auf schönster Asphaltstraße mit leichtem Gefälle im Bächental in Richtung Fall talaus bis unmittelbar vor die erste Bucht des Sylvensteinspeichers. Hat man den See im Auge, dann scharf rechts und in Sichtweite seines Südufers in Richtung Walchenbach, jetzt durchgehend beschildert als „Via Bavarica Tirolensis“, ein

Kurzer Blick zu den Nordwänden des Karwendels.

mit großzügigen EU-Mitteln neu geschaffener Radweg, der von München über die Achenseefurche ins Inntal führt (225 km). Am Hangfuß des Jägerbergls warten aber noch ein paar gar nicht zu unterschätzende Anstiege, zwar nicht besonders lang, dafür mit einem besonders steilen Höcker (18 %). Man fährt nicht wie früher zum Seeende hinunter, sondern bleibt noch oberhalb der engen Walchenschlucht (gut auf die Wegweiser achten) und überquert den breiten Schotterkessel bereits oberhalb der tief in die Felsen eingefressenen Felsspalte auf einem neuen Steg, nach dem man unvermittelt auf die Bundesstraße gelangt. Nur einige Kurbelumdrehungen auf der stark frequentierten Straße bis zur weiterführenden Fortsetzung des ab nun asphaltierten Radweges. Kurz vor der Landesgrenze wird die Straße gequert und danach rollt man wieder völlig verkehrsfrei zurück zum Ausgangspunkt beim Hagenwirt.

59 Rund um das Rofangebirge

Ein neuer Radweg führt von Wiesing zum Achensee.

Die Umrundung des gesamten Rofanstockes ist zwar keine schwere, doch recht ausgiebige Tagestour, gespickt mit vielen landschaftlichen Höhepunkten. Auf neuer Trasse fährt man von Wiesing hinauf zum Achensee und über das idyllisch unter den Nordwänden des Rofan gelegene Steinberg zur Brandenberger Ache.

Ausgangspunkt: Wiesing (566 m), Dorfzentrum, Kirche

Streckenführung: Wiesing, Dorfstraße – Eben (964 m, km 5) – Maurach – Achensee/Seespitz – alte Achenseestraße – Achenkirch (km 22) – alte Steinbergstraße – Steinberg am Rofan (1060 m, km 33) – „über die Gang“ – Pinegg (km 44) – Aschau – Kramsach – Münster – Wiesing

Länge, Fahrzeit, Hm.: 66 km, 5 bis 6 Stunden, ca. 700 Höhenmeter (aufgeteilt auf 400 plus 150 plus 100).

Steilheit: **10** bis 12 % beim Aufstieg nach Eben, eine kurze steilere Passage bei der zweiten Unterführung.

Wegbeschaffenheit: Am ersten Anstieg nach Eben gute Forstwege, entlang des Achensees asphaltierte Radwege, teilweise Schotter/Asphalt bis Steinberg, ebenso „über die Gang“ bis Pinegg, Rückfahrt auf der Landesstraße.

Höchster Punkt: Außersteinberg (1082 m)

Charakter/Tipp: Abenteuerlustige Pfadfinder, welche mit der Orientierung nicht auf Kriegsfuß stehen, fahren von Steinberg über den Durrahof und das Wimmerjoch herüber nach Aschau.

Einkehrstation: Gasthaus Waldhäusl, Steinberg.

Als Einstieg in diese Rofanumrundung dient der neue MTB-Weg von Wiesing hinauf zum Achensee. Dieser 5 km lange Abschnitt war lange Zeit ein „Missing Link“ auf der alpenüberschreitenden Transalp-Radroute von Bayern nach Südtirol. Nur nach dem Achensee war der von Bayern kommende Radler gezwungen, auf die viel befahrene Bundesstraße auszuweichen, um erst im Inntal wieder in den Zillertal-Radweg einzumünden. Dieses fehlende Bindeglied ist nun geschlossen. Auf Initiative des Landes Tirol und des Tourismusverbands Achental wurde auf dem Gebiet der Gemeinde Wiesing ein neuer Radweg gebaut, der von Wiesing völlig verkehrsfrei hinauf nach Eben leitet, wo er in den bestehenden Radweg zum Achensee einmündet. Baukosten ca. 200.000 Euro. Man muss ja nicht gleich nach München radeln und auch nicht nach Verona, aber das 5 km lange Verbindungsstück zwischen Inntal und Achenseefurche eröffnet als Zufahrt eine ganze Menge von feinen Radtouren im Achenseegebiet.

Die Strecke: Start in Wiesing, am besten bei Gemeindeamt und Kirche bergwärts und auf der Dorfstraße im Ort aufwärts bis zum Cafe Rofan an der Achenseestraße (erste Unterführung). Stets der Radwegbeschilderung „Via Bavarica-Tyrolensis“ folgend vom Gasthof gerade aufwärts, bei der nächsten Wegverzweigung in einer Schleife nach links durch die Wiesen und weiter bis zum kleinen Tunnel der zweiten Straßenunterführung. Hier ist die steilste Stelle, dafür asphaltiert. Dann windet sich der aufwändig gebaute und auf einer Länge von 2 km völlig neu trassierte Weg oberhalb von Wiesing durch den Wald westlich der Kanzelkehre hinauf nach Eben. Der anfangs fest gewalzte Feinschotterbelag hat zwar durch den Regen bereits etwas gelitten und ist beträchtlich gröber geworden, die Steigung von 10 bis 12 % ist aber auch für weniger routinierte Radler erträglich. Bequeme Rastplätze mit Tischen und Radständern laden zum Verschnaufen ein.
Ist die Steigung hinauf nach Eben (km 5) geschafft, fährt man unterhalb der Schienen der Achenseebahn beim Kirchenwirt ein kurzes Stück auf der Landesstraße weiter nach Maurach, dort am Radweg geradewegs auf den See zu, den man bei Seespitz (km 8) erreicht.
Rechts am östlichen Seeufer entlang, großteils auf der alten Achenseestraße, jetzt genützt als Rad- und Wanderweg, aber auch

als Zufahrt zu den Bootsanlegestellen, wo üblicherweise reger Betrieb herrscht. Ein Elefant könnte hier keinesfalls fahren – so geht ein Witz – weil er keinen Daumen hat, um die Fahrradklingel zu betätigen. Bis Scholastika am Seeende braucht man sie nämlich ziemlich oft. Weiter bis Achenkirch, vorbei an Kirche und Gemeindeamt, bis nach ca. 500 m rechts die alte Steinbergstraße abzweigt, jetzt beschildert als Radroute Nr. 461. Nicht verwirren lassen darf man sich von der Kilometerangabe. Die 4,8 km beziehen sich nur auf das Teilstück bis zur Einmündung in die Landesstraße nach Steinberg, danach sind es nochmals ca. 5 km. Nach einigen gemütlichen Steigungen und einer Senke erreicht man die Landesstraße. Auf ihr sanft ansteigend durch das zwischen Guffert und Unnutz eingebettete weite Waldtal. Noch sprudelt der Schwarzenbach dem Radler hurtig entgegen, bis ihn plötzlich der nächste Bachlauf in seiner Fahrtrichtung begleitet. Strebt der eine Bach der bayerischen Isar zu, bleibt der andere tirolverbunden und schickt sein Was-

Steinberg, idyllischer Ort unter den Wänden des Rofan.

ser dem Inn entgegen. Eine Tafel auf einem Felsblock belehrt uns, dass wir uns hier an der Wasserscheide befinden. Gleich darauf wird Vordersteinberg (1000 m) erreicht. Einkehrstation ist das Gasthof Waldhäusl, 100 m links der Straße (km 33).
Der Abschnitt von Steinberg (das Dorf selbst bleibt weit rechts unberührt) nach Pinegg führt über die so genannte „Gang“, hoch über der tiefen Schlucht der Steinberger Ache. Sie ist eine für den allgemeinen Verkehr geöffnete, jedoch wirklich nur einspurige Straße, welche sich in vielen Windungen durch die steilen Bergflanken schlängelt. Die erste Hälfte bis Sonneck verläuft mit ein paar lang gezogenen Anstiegen noch auf schönem Asphalt, sobald man auf die Schotterfahrbahn kommt, weiß man, wozu man ein Mountainbike mit kräftiger Bereifung und guten Bremsen braucht. Aber gut möglich, dass der Weg bald wieder einmal repariert wurde.
In Pinegg (km 44) mündet man in die Brandenberger Talstraße. Entlang oder hoch über der Brandenberger Ache rollt man locker hinaus nach Kramsach. Aber zuvor stellt sich noch der Aufstieg nach Aschau in den Weg, den man gar nicht unterschätzen darf. Zwar nur 1,5 km lang, dafür anhaltend 12 % steil, ist man doch froh, wenn die Straße endlich wieder einen Knick nach unten macht.
Sollten Sie gerade am ersten Sonntag im Mai hier unterwegs sein, kann es leicht sein, dass Ihre Fahrt mitten auf der Straße von einer Horde lustiger Buben in Tracht, Lederhosen und Kuhschellen abrupt gebremst wird. Der alte Brauch des Grasausläutens wird hier gepflogen und die Verkehrsteilnehmer werden angehalten, auch ein Scherflein beizutragen.
In Kramsach (km 56) durch Mariathal bis zum Kreisverkehr vor der Autobahnzufahrt, dort rechts und auf der Landesstraße über Münster zurück nach Wiesing.

Variante: Völlig verkehrsfrei gelangt man von Steinberg über das Wimmerjoch nach Aschau. Die neuen Almwege sind in den meisten Landkarten noch gar nicht enthalten, trotzdem ist es leicht zu finden, denn man kann sich gut an den gelben Wanderwegweisern orientieren. Zuerst fährt man gleich nach dem Waldhäusl hinunter in den Graben der Steinberger Ache, überquert diesen und erreicht in einer langen Kehre den auf einer großen Lichtung befindlichen Durrahof. Nach einer kurzen Kehre hält man sich links und kommt zu einer Verzweigung. Man benützt wiederum den linken Ast und hat nun schon richtig eingefädelt. In ständigem Auf und Ab, aber jeweils mit geringen Höhenunterschieden passiert man die unterhalb des Weges liegende Lahneralm, bleibt jedoch oberhalb der Hütten und gelangt zum Wimmerjoch. Ab hier nur mehr abwärts, am Wimmerhof vorbei nach Aschau und zur Einmündung in die Brandenberger Straße. Man erspart sich dabei auch noch den Aufstieg von Pinegg her.

60 Rund um den Unnutz

Urig, gemütlich – Almhütten bei der Köglalm.

Ist der Aufstieg zur Köglalm geschafft, läuft der Rest der Runde fast wie von selbst. Auch die lästige Tragestrecke vom Kögljoch hinunter ins Schönjochtal wurde mittlerweile mit einem neuen Weg entschärft. Kommt man aus der Gegenrichtung, kann man jetzt wenigstens bequem schieben und ist im Nu auf der Jochhöhe.

Ausgangspunkt: Achensee-Bundesstraße, bei km 21, Auffahrt zwischen Jägerhof und Residenzhotel (936 m), kleiner Parkplatz am Wegbeginn

Streckenführung: Residenzhotel – Köglalm (km 5,3, 1431 m) – Kögljoch (1487 m) – Schönjochalm (1289 m) – Vordersteinberg-Waldhäusl (1000 m) – alter Steinbergweg – Achenkirch

Länge, Fahrzeit, Hm.: 29 km, 3 bis 3:30 Stunden, 550 Höhenmeter.

Steilheit: 12 %, am letzten Kilometer vor der Köglalm 16 %

Wegbeschaffenheit: Super Forststraßen, kurze Bergauf-Schiebestrecke von der Köglalm zum Kögljoch.

Höchster Punkt: Kögljoch (1487 m)

Charakter/Tipp: Die ungute Tragestrecke vom Kögljoch abwärts durch den erdigen Schottergraben ist Vergangenheit, wer kein sicherer Trialfahrer ist, kann nun auf dem neu angelegten Steig wenigstens gut schieben.

Eigentlich muss man sich überlegen, in welcher Richtung die Umrundung der drei Unnutzgipfel schöner ist. Denn fährt man diese Runde entgegengesetzt zur vorliegenden Beschreibung, erhält sie einen völlig anderen Charakter. Der steile 5-Kilometer-Anstieg zur Köglalm entfällt dann völlig, dafür verlängern sich die nur mehr sanften Steigungen mindestens auf das Dreifache. Man fährt also von Achenkirch zuerst am alten Weg nach Steinberg, gegenüber dem Gasthaus Waldhäusl zum Lift und nun im lang gezogenen Anstieg durch das Schönjochtal. Hinauf zum Kögljoch hat der Waldhäuslwirt einen neuen Weg ausgeschoben. Sieben kurze Serpentinen, wo man das Rad jetzt wenigstens gut schieben kann. Macht man die Tour aber in der hier beschriebenen Richtung, hat mit dem Erreichen der Köglalm die Plackerei ein frühes Ende und nach dem Schiebestück zur Schönjochalm rollt es wie geschmiert hinaus nach Steinberg. Ein paar kurze Gegensteigungen am alten Steinbergweg sollten nicht mehr ins Gewicht fallen. Am besten man fährt diese Runde einmal so und einmal anders, man wird sie völlig unterschiedlich erleben.
Der hohe Schwierigkeitsgrad (schwarz) bezieht sich also nur auf den Anstieg zur Köglalm von der Achenseeseite her – und auch da nur auf einen einzigen Kilometer. In der Gegenrichtung ist die Runde trotz Schiebestrecke nur mittelschwierig (rot).

Kurze Schiebestrecke zum Scheitelpunkt am Kögljoch.

Gleich beginnt wieder der fahrbare Weg zur Schöntalalm.

Die Strecke: Vom Inntal kommend auf der Achensee-Bundesstraße bis zum Ende des Sees. Genau bei km 21, 200 m nach dem Hotel Jägerhof (kleine Parkmöglichkeit) Auffahrt zur Köglalm am Bundesforsteweg mit MTB-Beschilderung (Route 402, bei erster Wegkreuzung rechts). Schon nach kurzer Einfahrstrecke im schattigen Wald geht es bald gehörig zur Sache. Die Steigung bleibt anhaltend um die 12 %, dafür ist die breite Naturstraße bestens zu fahren. Zur Hälfte gibt es noch eine kurze Verschnaufpause. Richtig steil mit ca. 16 % wird es erst auf der letzten Kehre vor der Köglalm, wo man wieder einmal merkt, wie lang sich ein Kilometer ziehen kann. Die bewirtschaftete Alm (km 5,3) liegt ein paar Meter unterhalb, über sich erblickt man bereits das Kögljoch, zu dem ein breiter Traktorweg hinaufführt, allerdings so steil, dass sich hier wohl nur die Spezialisten im Sattel halten. Schiebt man, ist man gleich schnell.
Vom Kögljoch abwärts gibt es nun einen besseren Weg, zwar nicht als Fahrweg ausgelegt, aber immerhin so, dass gute Trialfahrer problemlos ihre Fahrkünste ausprobieren können. Weniger Versierte schieben für ein paar Minuten, bis der Fahrweg im Schönjochtal erreicht ist. Gleich ist man bei der Schönjochalm (km 8, bewirtschaftet)

und rollt nun auf bestem Forstweg talaus nach Steinberg. Sobald man oberhalb des Ortes die freien Wiesen erreicht und auf Asphalt kommt, bleibt man links, fährt am Schilift vorbei, ein paar Meter bergauf und hinunter nach Vordersteinberg zur Steinbergstraße (km 16), in welche man beim Gasthaus Waldhäusl einmündet. „Hinunter“ nach Achenkirch geht es anfangs merkwürdig zäh dahin, bis man draufkommt, dass einem der Bach entgegenrinnt und erst die Wasserscheide zwischen Isar und Inn (km 18) erklommen werden muss, die sich in der Mitte des Tals befindet. Dann geht es flott dahin und man saust auf schönster Straße talaus bis zur Oberen Bergalm (km 21). Hier nach links und am alten Steinbergweg (MTB-Beschilderung), nun wieder völlig verkehrsfrei, talaus. Dann beim Weiderost Abfahrt direkt hinunter nach Achenkirch, durch das Dorf in Richtung Achensee und erst kurz vor Scholastika links (MTB-Wegweiser) hinauf zur Bundesstraße und zum Ausgangspunkt.

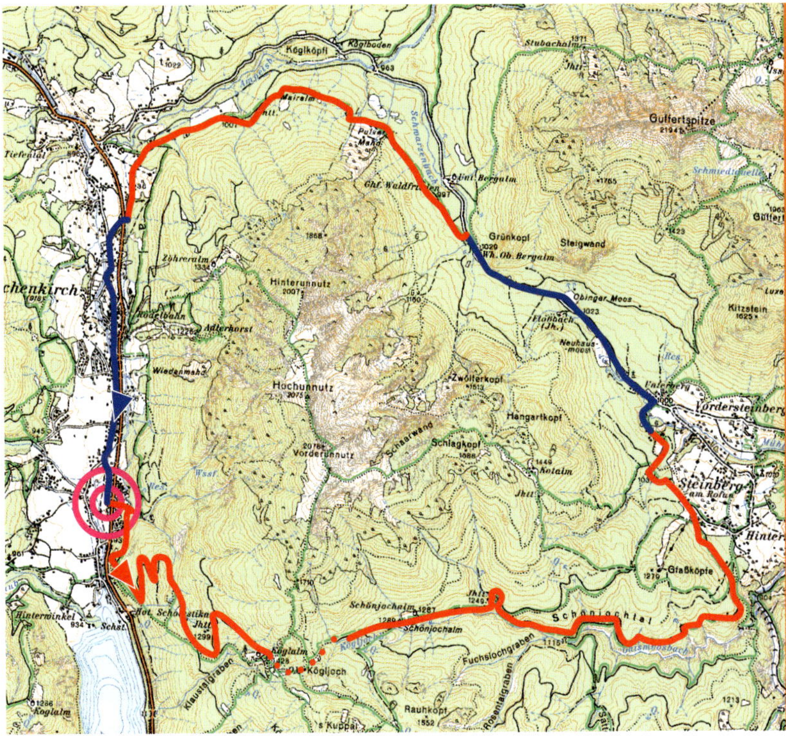

Rastkogelhütte.

In der Kelchsau.

Fröhlich dampft die Achenseebahn durch Maurach.

Der Reither Kogel.

Die Bärenbadalm im Dristenautal.

Blick vom Spieljoch auf das vordere Zillertal.

61 Rund um den Veitsberg

Kurze Verschnaufpause auf Asphalt bei der Grabenbergalm.

Eine Mountainbike-Tour der Superklasse ist die Umrundung dieses grünen Waldberges im Brandenbergtal: vom Kaiserhaus über Riedenberg zur Ackernalm und von der Erzherzog-Johann-Klause entlang der Brandenberger Ache zurück zum Ziel.

Ausgangspunkt: Kaiserhaus im Brandenbergtal (711 m)

Streckenführung: Kaiserhaus – Ellbachstraße – Riedenberg – Fürschlacht – Grabenbergalm (1414 m) – Ackernalm (1383 m) – Erzherzog-Johann-Klause – Trauersteg – Kaiserhaus

Länge, Fahrzeit, Hm.: Ab Kaiserhaus 34,5 km, 3:30 bis 4 Stunden, 750 Höhenmeter. Mit Start in Kramsach-Mariathal (538 m, Parkplatz Sonnwendjochbahn) – Kaiserhaus plus 13 km, 1 Stunde und 200 Höhenmeter zusätzlich.

Steilheit: 10 % beim Aufstieg zur Grabenbergalm (ca. 5 km), sonst deutlich weniger.

Wegbeschaffenheit: Gute Forststraßen, 300 m Schiebestrecke vor der Grabenbergalm.

Höchster Punkt: Grabenbergalm (1414 m)

Charakter/Tipp: Beste Naturstraßen, Steigungen nie über 10 %, gute Einkehrstationen – so gestaltet sich diese 35-Kilometer-Schleife rund um den Veitsberg zu einem echten Naturerlebnis.

Einkehrstationen: Gasthof Kaiserhaus, Ackernalm, Gasthof Erzherzog-Johann-Klause.

Genau genommen gehört der Veitsberg noch zu den bayerischen Voralpen, die ihre südlichsten Ausläufer über die Tiroler Landesgrenze bis ins Brandenbergtal herüber ausstrecken. Immerhin ist er ein gänzlich frei stehender Berg, der sich – aus der Sicht der Bergradler – ganz vorzüglich zu einer Umrundung eignet, zumal er auf allen Seiten von besten Naturstraßen und guten Almwegen erschlossen ist. Ich erinnere mich aber noch gut, wie ich den Radfreunden diese Runde bereits einmal vor vielen Jahren – noch in der Mountainbike-Steinzeit – in der Tiroler Tageszeitung vorgeschlagen habe und einen Sturm der Entrüstung von allen Wegerhaltern dieses Gebietes erntete. Mit der Schaffung des Tiroler Mountainbike-Konzepts hat sich zum Glück vieles bewegt. Jetzt sind alle Wege rund um den Veitsberg frei befahrbar, oft sogar mit MTB-Schildern versehen, und die Fahrverbotstafeln tragen den Zusatz „ausgenommen Radfahrer".
Beliebig ist natürlich die Richtung, in der man diese Runde angeht, die Kenner bevorzugen aber die Fahrt gegen den Uhrzeigersinn, vor allem weil man mit dem Erreichen der Ackernalm alle Anstiege geschafft hat und die zweite Hälfte der Tour so nur mehr aus Abfahrt und genussvollem Ausradeln besteht.
Wer für diese 35-Kilometer-Rundtour auch noch die Zufahrt von Kramsach/Liftparkplatz zum Kaiserhaus (13 km) mit dem Rad macht, hat eine ausgiebige Strecke in den Beinen und muss auch bei der Rückfahrt von Pinegg hinauf nach Aschau nochmals recht kräftig in die Pedale treten. Dann kommt man auf gut 60 km.

Rundum bewaldet präsentiert sich der Veitsberg.

Gleich ist die Ackernalm erreicht, dann geht es nur mehr bergab.

Die Strecke: Zwei Einstiegsstellen bieten sich für diese Runde an. Das Kaiserhaus im Brandenbergtal, von Kramsach in 13 km zu erreichen (Autobahnausfahrt Kramsach, bei Ortseinfahrt links Mariathal/Sonnwendjochlift und über Aschau, Pinegg zum Gasthof Kaiserhaus), großer Parkplatz der Bundesforste. Ebenfalls ideal ist Landl im Thierseetal für die Zufahrt aus dem Kufsteiner Raum.

Start: Beim Kaiserhaus nach rechts, vorbei am Ausgang der Kaiserklamm und auf der Ellbachstraße in angenehmer Steigung durch den urigen Wald bis zu den Riedenberger Wiesen (7 km). Kurze Abfahrt zu einer Dreierwegteilung, wo die Tirol-Vital-Route rechts nach Hinterthiersee abzweigt. Entweder am mittleren Weg direkt nach Riedenberg oder (fast schöner) am linken Weg (Forstweg nach Riedenberg). Gleich zu Beginn ein steiler Kilometer, dann weiterhin 2 km bergauf, jetzt aber wesentlich leichter, bis zu einer Schottergrube und danach wiederum lange abwärts, bis rechter Hand die ebenen Wiesen von Riedenberg erreicht sind. Die von Landl heraufkommende Asphaltstraße wird rechts sichtbar, bleibt aber unberührt (Wegteilung Fürschlacht 992 m, 11,2 km). Weiter am Forstweg abwärts Richtung Alte Wacht bis zu einer Abzweigung bei großem Holzlagerplatz (km 12,7), Abzweigung links und Beginn des 5 km langen Anstiegs zur Grabenbergalm (MTB-Wegweiser „Rund ums Sonnwendjoch“). Zwei lange Serpentinen mit gleichmäßiger Steigung, nie über 10 %, sind zu bewältigen. Man kann es sich gut einteilen: Bis zur ersten Kehre sind es 2 km, man fährt links, nochmals 1 km bis zur zweiten Kehre und eine lange Gerade bis zum Ende des Fahrwegs. Vor Erreichen der Alm kurze Schiebestrecke mit Bachüberquerung (300 m) bis zur Einmündung in den asphaltierten Weg der Grabenbergalm. Noch 1 km auf Asphalt bergwärts, dann kurze Abfahrt zur Ackernalm (19 km). Der zweite Teil der Runde geht nunmehr ganz locker. Lange Abfahrt auf dem guten Almweg entlang des Marchbaches hinunter ins Tal der Brandenberger Ache (eventuell kurzer Abstecher nach rechts zum Gasthof Erzherzog-Johann-Klause). Verbleiben noch 7 km entlang des wunderschönen Wildflusses bis zum Trauersteg. Nochmals muss man ein kurzes Stück kräftiger in die Pedale steigen, dann letzte Abfahrt. Und die Linkskurve zum Kaiserhaus nicht übersehen (34,5 km).

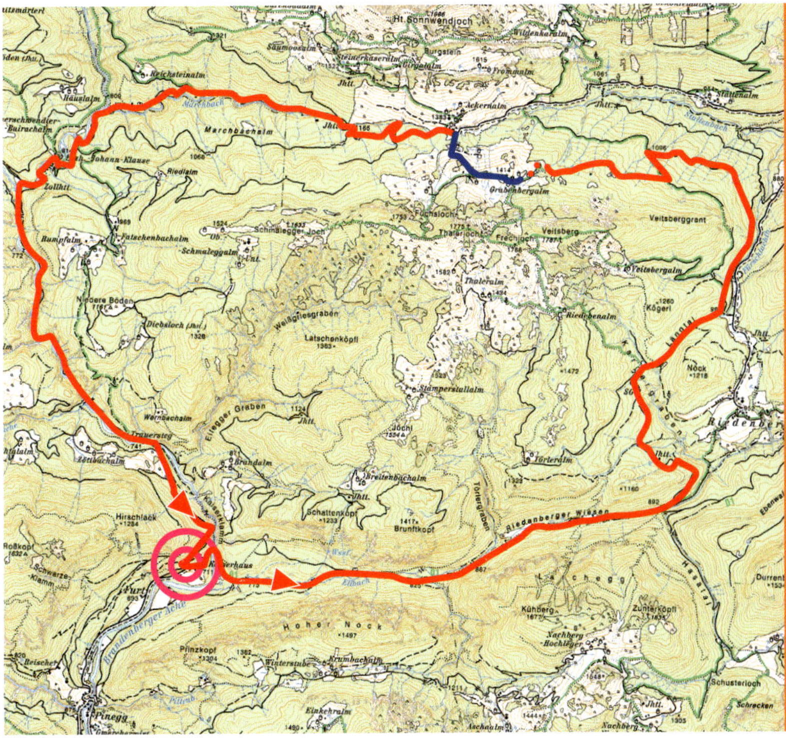

62 Zum Tuxer-Joch-Haus

Blick auf den Hintertuxer Gletscher mit Olperer und Gefrorener Wand.

An saftigen Almwiesen vorbei, auf steinigem Weg zur malerisch gelegenen Schutzhütte nahe des Tuxer Jochs – umgeben vom Olperer, der Gefrorenen Wand und dem Hintertuxer Gletscher. Doch ist das Bergerlebnis damit nicht zu Ende: Bei der Abfahrt kann man noch ein Naturschauspiel bestaunen: den Schleierfall.

Ausgangspunkt: Parkplatz Hintertux (1470 m)

Streckenführung: Parkplatz – Bichlalm – Sommerbergalm – Tuxer-Joch-Haus – Tuxer Joch – Tuxer-Joch-Haus – Schleierfall – Bichlalm – Parkplatz

Länge, Fahrzeit, Hm.: 18,7 km, 2:45 Stunden, 870 Höhenmeter.

Steilheit: Im unteren Teil angenehme Steigung. Kurz vor der Sommerbergalm und von dort bis zum Tuxer-Joch-Haus teilweise extrem steil.

Wegbeschaffenheit: 0,6 km Asphalt, 16,8 km Forstweg, 0,9 km Singletrail, 0,4 km Schiebestrecke.

Höchster Punkt: Tuxer Joch (2338 m)

Charakter/Tipp: Anstrengende Runde in wunderschöner Umgebung.

Einkehrstationen: Sommerbergalm (2100 m), ganzjährig geöffnet; Tuxer-Joch-Haus (2310 m), geöffnet von Mitte Juni bis Ende September; Bichlalm (1695 m), im Sommer und Winter geöffnet.

So kommt man hin: Ins hintere Zillertal Richtung Hintertux, wo kurz davor auf der linken Straßenseite ein großer Parkplatz (P2 Hintertuxer Gletscher) liegt. Vom hinteren Teil des Parkplatzes führt ein Schotterweg Richtung Hintertux. In ein paar Kehren gelangt man mit dem Rad auf die Hauptstraße, überquert sie und folgt dem MTB-Wegweiser Hintertux und Tuxer Joch 426. Die schmale Straße ist anfangs asphaltiert und hat eine angenehme Steigung, geht aber bald in einen Forstweg über.

Zum Tuxer Joch: Man bleibt am Hauptweg und folgt den Wegweisern Bichlalm. Bald nach der Kehre öffnet sich der Blick auf die Hintertuxer Gletscher. Nach 2,6 km erreicht man die Bichlalm. Weiter geht es Richtung Sommerbergalm. Bis zur Überquerung des Weitentals ist der Weg recht flach und führt anschließend durch einen schönen Lärchenwald teils recht steil aufwärts. Bei km 6 erreicht man eine Abzweigung. Beide Wege führen zur Sommerbergalm. Es empfiehlt sich, den linken Weg zu wählen, der leichter zu fahren ist. Zweimal geht's unter der Seilbahn durch und zuletzt recht steil bis zur Bergstation bei der Sommerbergalm. Man radelt nun weiter Richtung Tuxer-Joch-Haus, zunächst an diversen Liftstützen vorbei, dann aber durch schöne Landschaft dem Ziel entgegen, das man schon von weitem oben an der Flanke des Pfannköpfls sieht. Der Weg dorthin ist allerdings recht anstrengend. Die extrem steile und steinige Strecke erschwert das Fahren ungemein und zwingt manchmal zum Absteigen und Schieben. Oben angelangt, wird man aber mit einer prächtigen Aussicht belohnt und kann sich im Tuxer-Joch-Haus von den Strapazen erholen.
Bevor es ins Tal zurück geht, lohnt es sich, bis zum Tuxer Joch weiter zu radeln. Dazu folgt man dem Schild Kasern/Schmirn. Kurz vor dem Joch befindet sich ein künstlich angelegter See, den man umrunden kann. Vom Tuxer Joch aus hat man einen traumhaften Blick bis zu den Stubaier Alpen.

Tuxer-Joch-Haus.

Vorbei am Schleierfall: Zurück geht's dann zum Tuxer-Joch-Haus und von hier durch das Weitental hinab. Anfangs ist der Weg zwar grobschottrig, aber recht breit. Dann wird er immer schmäler und mündet schließlich in einen Singletrail, der aber noch gut zu fahren ist. Nach dem schönen Wasserfall wird der Weg mühsam und auch recht ausgesetzt, sodass man besser absteigt. So kann man den Weitentalbach bewundern, der sich rechts unten einen Weg durch eine Klamm gearbeitet hat. Das letzte Stück durch die sogenannte „Gang" führt dann zuerst seilversichert und zuletzt über ein paar Stufen. Daneben tost der berühmte Schleierfall ins Tal, dessen Wassermassen aus der Klamm kommen. Dieses Naturschauspiel will natürlich bewundert werden.
Nach den Stufen erreicht man bald wieder einen breiteren Weg, der kurz darauf in den Forstweg zur Bichlalm einmündet. Von dort fährt man auf der Anfahrtsstrecke zum Parkplatz zurück.

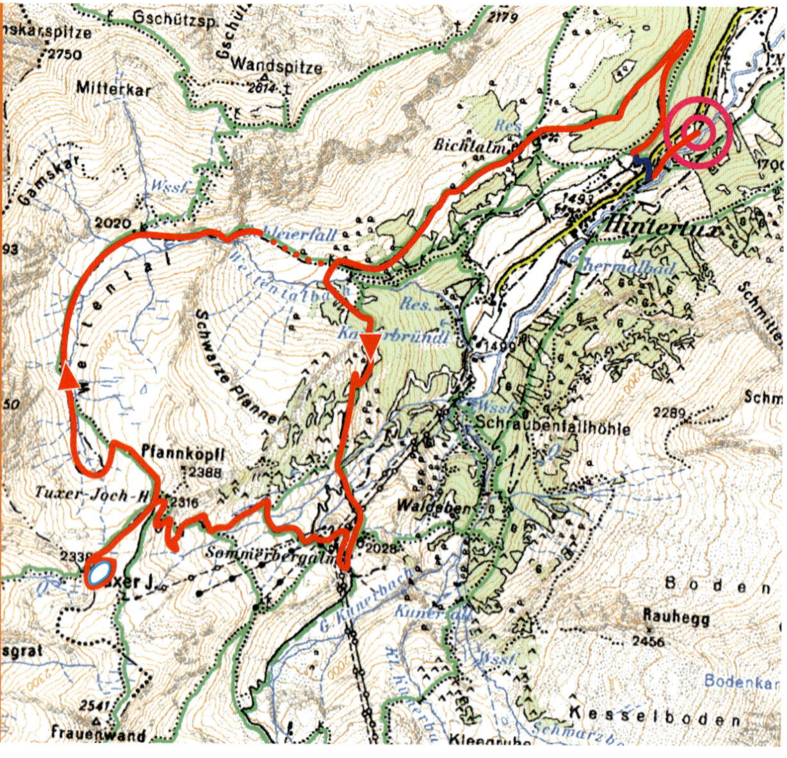

63 Runde im hinteren Tuxertal

Die schön gelegene Grieralm.

Kurze, aber anspruchsvolle Tour zu zwei Berghütten in den Zillertaler Alpen, die in mehrfacher Weise Anziehungspunkte darstellen: die Grieralm an einem kleinen See, die viele Leckerbissen anzubieten hat; und die Höllensteinhütte auf einer Waldlichtung, die – momentan geschlossen – ein Werkzeugmuseum beherbergt.

Ausgangspunkt: Parkplatz Lanersbach (1307 m)

Streckenführung: Parkplatz – Klausboden – Grieralm – Dach der Tour – Höllensteinhütte – Parkplatz

Länge, Fahrzeit, Hm.: 12,6 km, 3:00 Stunden, 600 Höhenmeter.

Steilheit: Bis auf kurze Teilstücke durchwegs angenehme Steigung.

Wegbeschaffenheit: 2,9 km Asphalt, 8,8 km Forstweg, 0,2 km Singletrail, 0,7 km Schiebestrecke.

Höchster Punkt: Dach der Tour (1910 m)

Charakter/Tipp: Auf die Höllensteinhütte kann man von Lanersbach auch direkt auffahren.

Einkehrstationen: Grieralm (1787 m), geöffnet von Mitte Mai bis Ende Oktober; Höllensteinhütte (1740 m), bis auf weiteres geschlossen.

Die steile, grobschottrige Strecke beim Hof nach dem Grieralmsee kann zur Schiebestrecke werden.

So kommt man hin: Anreise über die Inntalautobahn bis zur Abfahrt Zillertal und dann auf der Straße ins hintere Zillertal Richtung Hintertux. Am Ortsende von Lanersbach kann man auf der linken Straßenseite (bei der Bushaltestelle neben der Brücke) parken. Dort ist auch ein blaues Schild Richtung Höllensteinhütte.

Zur rustikalen Grieralm: Nun geht es mit dem Rad zuerst über die Brücke und dann die Straße aufwärts, bis man nach der ersten Kehre (bei km 0,3) rechts in einen unbezeichneten, zum Gasthaus Klausboden führenden Forstweg einbiegt. Ab dort ist die Straße wieder asphaltiert und geht ein wenig abwärts. Schließlich gelangt man auf die zur Grieralm führende Straße. Die Asphaltierung endet bald und man kommt zu einem im Wald bergauf führenden Forstweg. Auf dieser Strecke gibt es auch Autoverkehr und viele Wanderer. Es empfiehlt sich also, vorsichtig zu fahren. Die Steigung ist recht angenehm, sodass man im Aufwärtsradeln die wunderschöne Gegend des hinteren Tuxertals betrachten kann, die immer wieder durch die Bäume durchschimmert. Schließlich öffnet sich der Wald und man hat eine vom Grierer Kar und dem Höllenstein umrahmte schöne Almwiese vor sich. Bei km 6,4 erreicht man die herrlich gelegene, rustikale Grieralm, die manche Schmankerln zu bieten hat.

Weiter zur Höllensteinhütte: Weiter geht es in angenehmer Steigung an dem kleinen Grieralmsee (an dem man auch angeln kann) vorbei, bis man zu einem Hof kommt. Ab hier wird der Weg recht steil und etwas grobschottrig. Das Radeln wird echt anstrengend und zwingt so

manchen zum Absteigen. Nach einem kurzen flachen Stück wird der Weg schmäler und geht nach einem Gatter als Singletrail weiter. Man folgt den rot-weißen Markierungen, überwindet manche steinige oder von Wurzeln überwachsene Stelle und kommt schließlich zur Schiebestrecke, die in einigen Kehren durch den Wald steil bergab geht. Bald sieht man durch die Bäume auf die inmitten einer schönen Almwiese liegende Höllensteinhütte. Kurz darauf erreicht man den Talboden unter der Loschbodenalm und kommt auf einem breiteren Weg zum Forstweg, der zur Hütte führt. Diese beherbergt Tirols höchstgelegenes bäuerliches Museum mit einer Ausstellung alter Handwerkzeuge, ist aber bis auf weiteres geschlossen.
Von der Höllensteinhütte geht es auf einem guten Forstweg zurück ins Tal. Das letzte Stück bis zum Parkplatz ist wieder asphaltiert.

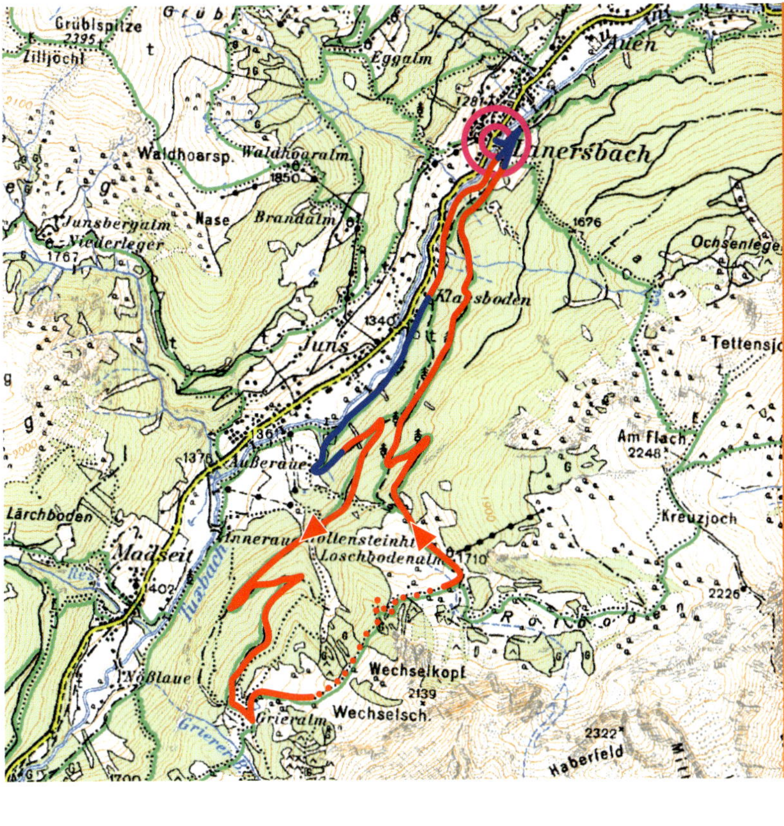

64 | Im Stillupptal

Auffahrt im Stillupptal mit dem Zillertal im Hintergrund.

In drei Etappen, bei angenehmer Steigung, zu einer alpinen Aussichtsterrasse: über die beiden Alpengasthäuser Wasserfall und Lacknerbrunn zur Grüne-Wand-Hütte. Der Speicher Stillupp und mehrere tosende Wasserfälle sind die Begleiter – und auch auf prominente Zuseher muss man nicht verzichten: die Zillertaler Bergriesen.

Ausgangspunkt: Parkplatz Mayrhofen (680 m)

Streckenführung: Parkplatz – Alpenhaus Lacknerbrunn – Alpengasthaus Wasserfall – Gasthaus Stillupphaus – Grüne-Wand-Hütte – Parkplatz

Länge, Fahrzeit, Hm.: Gesamt 30,3 km, 2:30 Stunden, 760 Höhenmeter; bis Alpengasthaus Wasserfall 7,7 km, 1:00 Stunde, 450 Höhenmeter; bis Gasthaus Stillupphaus 11,6 km, 1:15 Stunden, 512 Höhenmeter; bis Grüne-Wand-Hütte 15,1 km, 1:45 Stunden, 760 Höhenmeter.

Steilheit: Anfangs etwas steiler (maximal 15 %), dann durchwegs angenehme Steigung und erst das letzte Stück vor der Grüne-Wand-Hütte ziemlich steil.

Wegbeschaffenheit: 30,3 km Asphalt

Höchster Punkt: Grüne-Wand-Hütte (1436 m)

Charakter/Tipp: Wer will, kann die Tour auch schon bei einem der früheren Gasthöfe beenden.

Einkehrstationen: Alpengasthaus Wasserfall (1130 m), geöffnet von Mitte Mai bis Mitte Oktober; Gasthaus Stilluperhaus (1192 m), geöffnet von Mitte Mai bis Ende Oktober; Grüne-Wand-Hütte (1436 m), geöffnet von Mitte Mai bis Mitte Oktober.

So kommt man hin: Anfahrt über die Inntalautobahn bis zur Abfahrt Zillertal und dann auf der Zillertalstraße bis Mayrhofen Süd. Hier folgt man den Schildern Stilluptal und fährt an der Ahornbahn vorbei bis zum gebührenpflichtigen Parkplatz (60 Minuten 1,- Euro, jede weitere Stunde 0,50 Euro).

Zum Gasthof Wasserfall: Mit dem Rad geht es nun am Imbissstand vorbei und auf der Straße Richtung Speicher Stillupp. In der nächsten Kehre findet man das MTB-Schild Stillupptal 470 und anschließend das Mauthäuschen, wo Autofahrer die Maut für die Strecke bis zum Gasthaus Wasserfall entrichten müssen. Nun geht es im Wald zuerst etwas steiler bergauf. Die asphaltierte Strecke ist aber recht gut zu fahren. Ab und zu öffnet sich ein schöner Blick nach Mayrhofen und ins Zillertal hinaus. Bald erreicht man den Stilluppbach. Man radelt diesen entlang, wobei man ihn auch ein paarmal überquert. Bei km 4,7 erreicht man schließlich das derzeit geschlossene Alpenhaus Lacknerbrunn. Weiter geht es ins Stillupptal hinein. Bald sieht man die begrünte Staumauer. Kurz bevor man das Gasthaus Wasserfall erreicht, das am Stausee liegt, durchfährt man einen Tunnel.

Zum Stillupperhaus: Weiter geht es nun recht flach dem See entlang, wobei noch drei Tunnel zu passieren sind. Die zwei letzten kann man aber auf der rechten Seite auf Fußwegen umfahren. Während der

Einer der schönen Wasserfälle im Stillupptal.

Fahrt hört man auf beiden Seiten das Rauschen der ins Tal stürzenden Wasserfälle. Bei km 11,6 erreicht man dann das Stillupphaus. Es verfügt über eine schöne Terrasse, von der man die Gletscher rund um die Keilbachspitze bewundern kann.

Oder doch bis zur Grüne-Wand-Hütte: Wer noch Lust hat, nimmt die letzten 4 km in Angriff. Nun wird es auch wieder etwas steiler und während der kühle Gebirgsbach rechts unten talwärts braust, radelt man oben auf der Straße schwitzend Richtung Gletscher. Sobald man die Hütte zu Gesicht bekommt, wird es dann noch ziemlich steil. Bei km 15, 1 ist man schließlich am Ziel. Auch von der Terrasse der Grüne-Wand-Hütte hat man einen herrlichen Ausblick auf die Eisriesen. Abgefahren wird über die gleiche Strecke. Da sie asphaltiert ist, kann man das richtig genießen. Allerdings ist auf Fußgänger und im unteren Teil auch auf Autos zu achten.

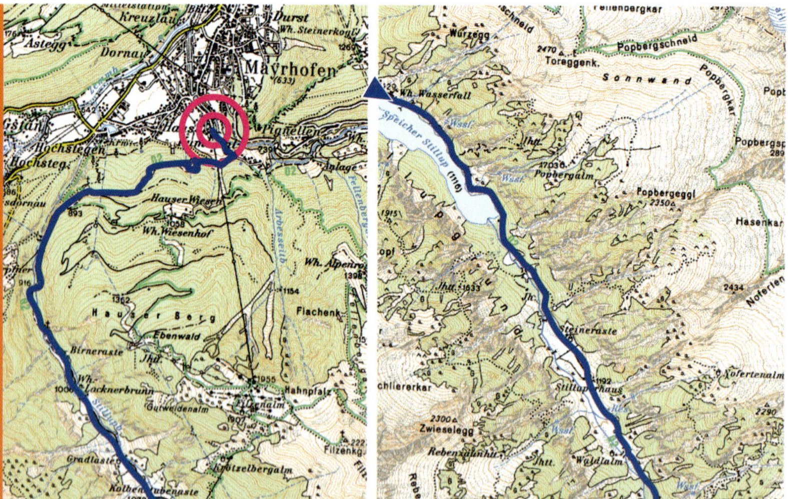

65 Von Zell auf die Rastkogelhütte

Bei der Auffahrt glänzen immer wieder die Zillertaler Gletscher herüber.

Ein vielfältiges Schauspiel auf einer abwechslungsreichen Fahrt im Zillertal: die Zillertaler Gletscher als Kulisse, dazu traditionelle Bauernhöfe, bunte Bergwiesen, rauschende Bächlein und – an windigen Tagen – ein farbenfrohes Treiben am Himmel, die Paragleiter. Im Gegenzug ist eine Portion Ausdauer gefragt.

Ausgangspunkt: Zell am Ziller (575 m)

Streckenführung: Zell am Ziller – Hippach – Atlas-Sportalm – Sidanalm – Rastkogelhütte – Melchboden – Hirschbichlalm – Zell am Ziller

Länge, Fahrzeit, Hm.: 38,9 km, 4:45 Stunden, ca. 1700 Höhenmeter.

Steilheit: Auffahrt angenehme Steigung. Abfahrt nach Zell teilweise mit etwas steilerem Gefälle.

Wegbeschaffenheit: 31,8 km Asphalt; 7,1 km Forstweg.

Höchster Punkt: Rastkogelhütte (2117 m)

Charakter/Tipp: Lange, anstrengende, aber sehr abwechslungsreiche Tour. Die Aussicht ist während der gesamten Runde einzigartig. Wer nur eine kurze Radrunde machen will, kann mit dem Auto bis zur Atlas-Sportalm hinauffahren und die Tour dort beginnen, muss aber am Schluss die Zillertaler Höhenstraße in entgegengesetzter Richtung zum Ausgangspunkt zurückradeln.

Einkehrstationen: Rastkogelhütte (2117 m), von Pfingsten bis Ende Oktober geöffnet; unterwegs gibt es viele Jausenstationen.

So kommt man hin: Anfahrt durchs Zillertal bis Zell am Ziller Nord, weiter ins Zentrum, dann über die Bahngeleise, an der Kirche vorbei und auf die andere Seite des Zillers. Parken kann man gleich nach der Brücke links. Zunächst geht es mit dem Rad ganz gemütlich auf der Straße nach Hippach dahin. Gleich nach dem Ortsschild an der Einfahrt von Hippach fährt man geradeaus auf die Zillertaler Höhenstraße. Schnell an Höhe gewinnend, radelt man stetig weiter bergauf. Die Szenerie ist einzigartig. Man fährt zwischen wunderschönen Bergwiesen an einigen alten Bauernhäusern vorbei und kann immer wieder einen Blick auf die Orte im Zillertal werfen. Auf der ganzen Strecke wird man von den Bergriesen der Zillertaler Alpen begleitet. Für Abwechslung sorgen auch die vielen Paragleiter, die ihre Kreise am Himmel ziehen.

Zur Rastkogelhütte: Bei der Atlas-Sportalm angekommen, verlässt man die Zillertaler Höhenstraße und fährt auf dem Forstweg Richtung Sidanalm/Rastkogelhütte. Nach einem kurzen Stück bergab führt der Weg wieder aufwärts. Schließlich sind bis zum Ziel noch an die 450 Höhenmeter zu bewältigen. An der Schafleitenalm vorbei geht es immer weiter bergauf. Dabei hört man das Plätschern und Rauschen von zahlreichen kleinen Bächen. Bald kann man auch schon die Rastkogelhütte erspähen, die herrlich auf einem Aussichtsplateau gelegen ist. Am Hauptweg bleibend, geht es an der Sidanalm vorbei dem Ziel entgegen. Kurz davor mündet der Weg in einen anderen Forstweg, der direkt zur Hütte führt. Oben angekommen, hat man sich eine lange Pause verdient. Nach 19 km mehr oder weniger ständiger Aufwärtsfahrt ist man ganz schön „geschafft".

Abfahrt über Zellberg: Zurück geht es das erste Stück auf der gleichen Strecke, dann (bei km 18,6) fährt man aber den Forstweg geradeaus weiter und erreicht nach etwas mehr als 2 km die Zillertaler Höhenstraße. Das letzte Stückchen des Weges ist bereits asphaltiert. Man biegt nach links in die Zillertaler Höhenstraße ein. (Wer mit dem Auto bis zur Atlas-Sportalm gefahren ist, fährt hier geradeaus weiter und gelangt bald wieder zum Ausgangspunkt). Nun geht es zwar ein paarmal bergauf und bergab, aber es wird nicht mehr wirklich anstrengend. Melchboden ist eine Jausenstation mit Paragleiter-Startplatz. Bei gutem Wind geht es am Himmel dementsprechend bunt zu. Die nächsten größeren, sehr touristischen Jausenstationen sind das Almstüberl und die Hirschbichlalm (beide auf 1822 m). Von dort geht es nicht mehr aufwärts und man kann die Abfahrt auf dem Asphalt so richtig genießen. Bei km 29,9 findet man eine Unmenge von Wegweisern, unter anderen den, der den Weg nach Zellberg weist. Hier biegt man rechts ab und verlässt endgültig die Zillertaler Höhenstraße. Auf einem sehr schmalen, kurvenreichen Sträßchen geht es, teils mit einem Gefälle von 12 %, talwärts. Bei km 34,2 biegt man schließlich nach rechts in Richtung Zell am Ziller ab. Weiter geht es abwärts, bis man auf die Hauptstraße gelangt. Nach weiteren 400 m erreicht man den Parkplatz und kann zufrieden auf einen langen, anstrengenden, aber sehr abwechslungsreichen und wunderschönen Radtag zurückblicken.

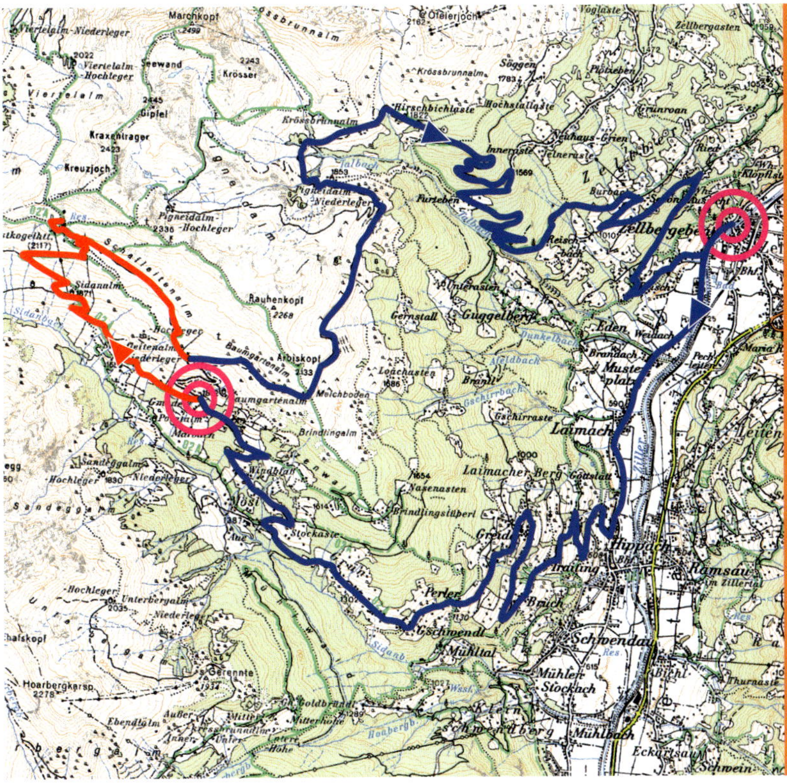

66 Runde über dem Zillertal

Schöner Blick ins Zillertal.

Auf dieser Tour bietet sich eine wunderbare Aussicht auf die Gletscher der Zillertaler Alpen. Bei der vergnüglichen Abfahrt, die an einem Stausee und einem Gasthof mit dem einladenden Namen „Kühle Rast" vorbeiführt, ist die lange, recht beschwerliche Auffahrt bald vergessen.

Ausgangspunkt: Zell am Ziller (575 m)

Streckenführung: Zell am Ziller - Gerlosberg -Kreuzwiesenhütte - Außerertensalm - Gerlostalalm - Kühle Rast - Zell am Ziller

Länge, Fahrzeit, Hm.: 41,2 km, 4 Stunden, 1480 Höhenmeter.

Steilheit: Angenehme Steigung.

Wegbeschaffenheit: 21,7 km Asphalt; 16,5 km Forstweg; 3 km Wiesenweg

Höchster Punkt: Kreuzwiesenhütte (1884 m)

Charakter/Tipp: Lange, anstrengende Tour mit wunderbarer Aussicht.

Einkehrstationen: Kreuzwiesenhütte (1884 m), geöffnet bei Liftbetrieb; Kühle Rast (1191 m), täglich geöffnet.

So kommt man hin: Anfahrt über die Inntaltautobahn bis zur Ausfahrt Zillertal, dann bis Zell am Ziller und von dort dem Wegweiser Zillertal-Arena folgen. Parken kann man kurz vor der Bachüberquerung (Parkplatz auf der linken Straßenseite).

Auffahrt auf den Gerlosberg: Die Tour beginnt gleich auf der anderen Straßenseite. Man folgt dem Wiesenweg, der als Promenadenlauf ausgeschildert ist. Bei der Tischlerei Hauser biegt man links ab und gelangt bald auf einen engen asphaltierten Pfad, der kurz vor einer Brücke in die Hauptstraße mündet. Man radelt aber nicht auf die Hauptstraße, sondern folgt dem Wegweiser Enzianhof, indem man links abbiegt und über die Brücke fährt. Nun geht es auf einer Straße weiter aufwärts. Beim nächsten Wegweiser biegt man rechts Richtung Gerlosberg ab. In der Kehre befindet sich ein MTB-Schild Kreuzwiesenalm 441. Diesem folgend geht es stetig bergauf, an schönen Wiesen und Bauernhöfen vorbei, wobei man immer öfter einen Blick ins Gerlostal werfen kann. Schließlich wird die Straße enger und führt als Forststraße weiter bergauf.
Bei km 8,9 biegt man links ab und kommt auf den Forstweg, der durch den Wald Richtung Kreuzwiesenhütte noch immer aufwärts führt. Weiter oben lichtet sich der Wald und macht schließlich schönen Bergwiesen Platz. Nach 13,5 km erreicht man die Kreuzwiesenhütte, wo im Winter Hochbetrieb herrscht. Bei dieser Tour hat man aber mit dem Schigebiet keine Berührung, man sieht die Lifte nur kurz und verliert sie bei der Weiterfahrt gleich wieder aus den Augen.

Von Alm zu Alm bei traumhafter Aussicht: Nun folgt man einem Privatweg: Durchfahrt auf eigene Gefahr. In leichtem Auf und Ab geht es oberhalb der Waldgrenze weiter, wobei man einen traumhaften Panoramablick auf die Gletscher der Zillertaler Alpen genießen kann.

Abfahrt mit Blick auf die Zillertaler Alpen.

Zuerst kommt man an den Hütten der Außerertensalm vorbei, später an der Schlagangeraste und schließlich erreicht man die Hütten der Gerlostalalm. Hier biegt man bei km 19,7 rechts Richtung Gerlos ein und fährt nun bergab. Bei einem weiteren Wegweiser geht es Richtung Gerlos bzw. Tenniscenter Gerlos/Ried. Kurz bevor man die Straße erreicht, muss man noch einem Schranken ausweichen. Jetzt kommt der angenehmste Teil der Radrunde. In Richtung Westen geht es weiter: an einem Stausee und am Gasthof Kühle Rast vorbei und zuletzt durch Hainzenberg. Nach ein paar wilden Serpentinen erreicht man wieder die Brücke, die man am Beginn der Tour überquert hat. Man nimmt wieder den engen Pfad, der zur Tischlerei Hauser führt, und folgt schließlich dem Wiesenweg zum Parkplatz zurück.

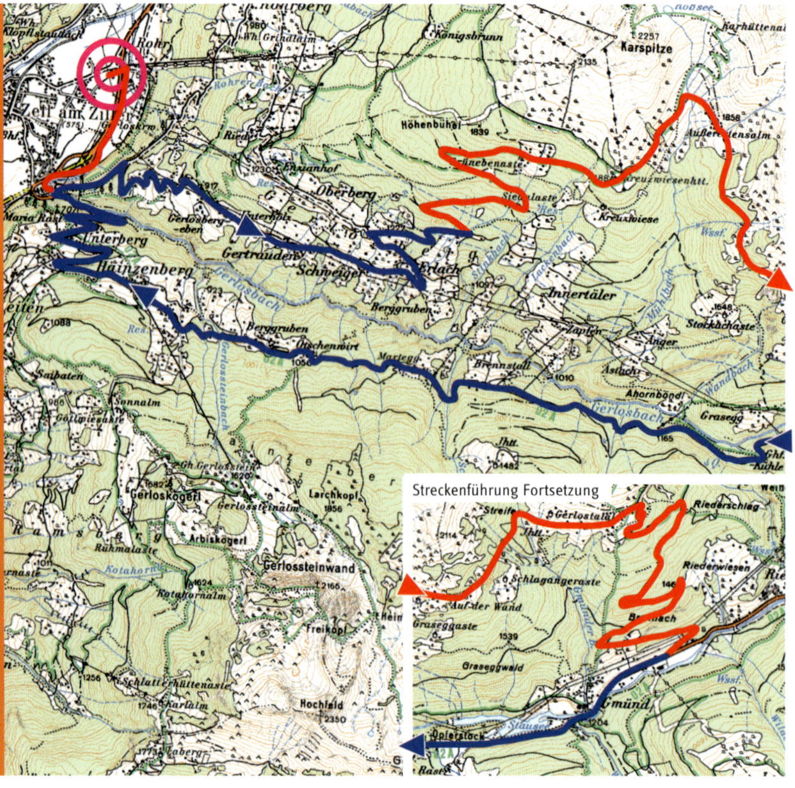

67 Bergrunde im vorderen Zillertal

Am Zillertal-Radweg rollt man verkehrsfrei von Strass bis Mayrhofen.

Ein paar lockere Trainingskilometer im Flachen, etwa am Zillertal-Radweg, sollte man schon in den Beinen haben, bevor man sich an eine richtige Bergstrecke wagen darf. Der Anstieg über den Fügenberg zum Schlitterberg ist so eine.

Ausgangspunkt: Strass (523 m), Parkplatz bei der Kirche

Streckenführung: Strass – Fügen (545 m) – Fügenberg – Baumannwiesköpfl (1090 m) – Kreuzung Geolsalmweg (1388 m) – Schlitterberg – Rotholz – Strass

Länge, Fahrzeit, Hm.: 26 km, 2:30 bis 3 Stunden, 800 Höhenmeter.

Steilheit: 15 % bei der Auffahrt am Fügenberg bis zum Baumannwiesköpfl.

Wegbeschaffenheit: Bis zum Baumannwiesköpfl Asphalt, danach gute Forstwege, Abfahrt am Schlitterberg nach Rotholz wieder Asphalt.

Höchster Punkt: Kreuzung mit dem Geolsalmweg (1388 m)

Charakter/Tipp: Als Einkehrstationen unterwegs gibt es das Gasthaus Brandegg, das Gasthaus Baumannwies am Fügenberg (Montag Ruhetag) sowie das Gasthaus Marteler am Schlitterberg.

Die Runde über den Fügenberg schaut gar nicht so spektakulär aus, ist auch nicht besonders lang, aber spätestens wenn man am Baumannwiesköpfl angelangt ist, merkt man, dass der Anstieg doch nicht so ohne ist. Immerhin macht man an die 800 Höhenmeter in einem Zug und zudem wird es nach anfänglich sanftem Beginn allmählich steiler. Zum Großteil zwar auf Asphalt und nur etwa ein Viertel der Strecke auf Schotter.
Den vom Arzjoch herziehenden Waldrücken kann man locker überqueren, fährt im großen Bogen hinunter zum Öxlbach und hinaus zum Schlitterberg und nach Rotholz. (Wer schon am Baumannwiesköpfl genug hat, könnte als Abkürzung am schmalen Wandersteig zum Gasthaus Marteler hinüberqueren. 20 Minuten, aber nur schieben oder besser tragen.) Apropos Abkürzung: Natürlich lässt sich diese Runde auch beliebig verlängern und umändern. Zum Beispiel zur Geolsalm oder über die Lackenhütte nach Kogelmoos.

Die Strecke: Start oder Einstieg in die Runde ist natürlich beliebig, aber praktisch ist auf jeden Fall Strass am Eingang des Zillertals. Vor der Kirche gibt es einen großen Parkplatz. Auf der Dorfstraße Richtung Osten bis zum Beginn des Zillertal-Radweges, der nach rechts, frisch asphaltiert, durch die Felder zum Ufer des Ziller führt. Am Badeteich von Schlitters vorbei, wo sich schon ab April die Sonnenanbeter am Ufer räkeln. Nicht übersehen darf man die vielen Zickzackwendungen des Radweges in den Feldern und ebenfalls wenig die immer riesiger werdenden Traktoren, die den Weg in voller Breite für sich allein brauchen. Auf der Höhe von Fügen verlässt man den Radweg nach rechts und steuert direkt auf das Dorf zu. Durch die Unterführung zur Dorfstraße, nach rechts, Richtung talaus, bis die Auffahrt nach Fügenberg angezeigt ist (8,5 km).
Nun beginnt die Bergstrecke. Nach kurzer Waldpassage sind bald die Wiesenterrassen am Fügenberg erreicht. Bei der Kreuzung vor den ersten Bauernhöfen rechts, ein kurzes Stück flach. Nächste Wegweiserrichtung ist das Baumannwiesköpfl mit dem gleichnamigen Gasthaus. Bei grüner Wegweisertafel links abbiegen und in zwei langen Kehren, die allmählich ordentlich steil werden, aufwärts. Beim Gasthaus Brandegg hat es bereits an die 15 %, aber steiler wird es zum Glück nicht mehr. In der folgenden Kehre nicht dem

MTB-Wegweiser zur Mittelstation nach links folgen, sondern rechts weiter bis vor das Baumannwiesköpfl (kurzer Abstecher zum Gasthaus, Kapelle am Köpfl und schöner Blick zum Talausgang), 14,5 km. Weiter Richtung talein, bis der Asphalt endet. Auf dem gut fahrbaren Wirtschaftsweg weiter, bis zur großen Wegkreuzung, wo der Fahrweg zur Geolsalm von der Mittelstation der Spieljochbahn heraufkommt (km 17).

Hier hat man bereits 800 Höhenmeter geschafft, jetzt geht es nur mehr locker weiter.

Man fährt scharf rechts, Richtung Kaunzalm, erreicht den Öxlbach und hat nur mehr eine lange Abfahrt hinaus zum Schlitterberg, vorbei am Gasthaus Marteler und Maria Brettfall nach Rotholz vor sich. Am Radweg oder auf der Landstraße zurück nach Strass (ca. 26 km).

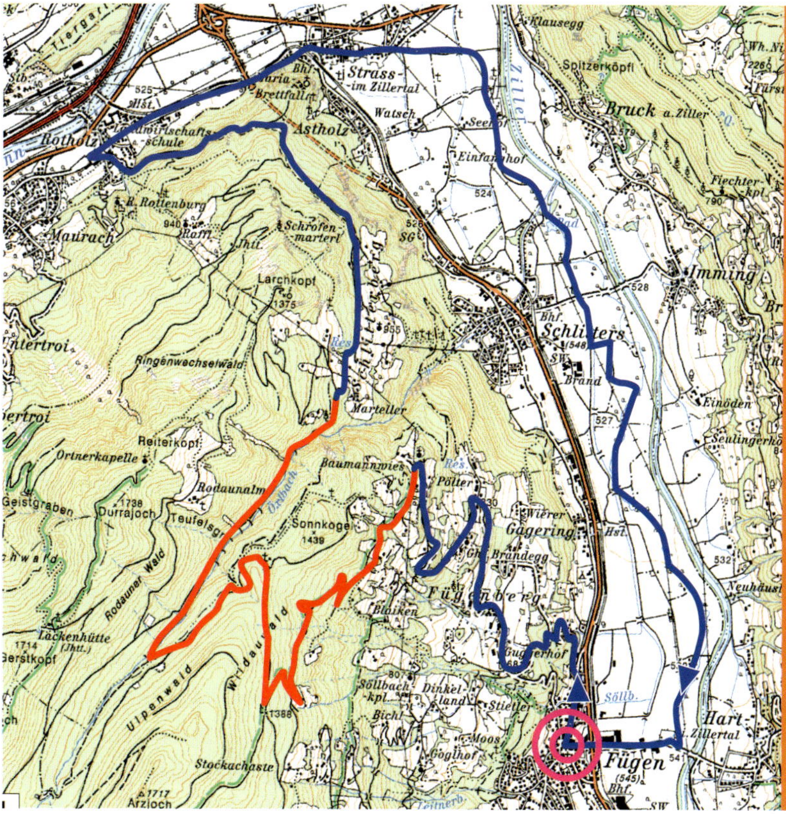

68 Auf den Reither Kogel

Durch sonnige Bergwiesen an der Südseite des Reither Kogels.

Aus der Froschperspektive betrachtet, und wenn man vom Oberland kommend auf den Eingang des Zillertals zufährt, lässt der spitze Kegel des Reither Kogels gar nicht die Idee aufkommen, dass man mit dem Rad bis knapp unter seinen waldigen Gipfel hinauffahren kann.

Ausgangspunkt: Strass (530 m)

Streckenführung: Strass – St. Gertraudi, Kupfererzweg, Hubkapelle (km 5) – Fürsthof (km 11, 1200 m, höchster Punkt) – Kerschbaumersattel (km 13, 1111 m) – Säuling (km 15,5) – Kapellstraße, Hart (km 22) – am Zillertal-Radweg nach Strass.

Länge, Fahrzeit, Hm.: 32 km, 2:30 bis 3 Stunden, 670 Höhenmeter, Schwierigkeit rot/mittel. Mit Start in Reith und Abfahrt vom Kerschbaumersattel nach Hygna 15 km.

Steilheit: Durchschnittlich 10 und 12 %, kurze Passagen 15 %.

Wegbeschaffenheit: Im unteren Teil gute Forstwege, danach asphaltierte Hofzufahrten. Ab Kerschbaumersattel Verkehrsstraßen.

Höchster Punkt: Fürsthof (1200 m)

Charakter/Tipp: Einkehrwillige müssen wissen, dass auf Zillertaler Seite nur der Säulinger Hof und an der Hygnastraße nur das Almstüberl geöffnet haben.

Wie man bemerken kann, plagen sich die meisten Radler auf der Zillertaler Seite über Bruck und Säuling über den steilen Asphalt auf den Kerschbaumersattel und wissen gar nicht, dass von der gegenüberliegenden Seite – von Reith im Alpbachtal – ein tadellos befahrbarer Forstweg in Form einer weit ausholenden Spirale bis zu den südlich des Gipfels gelegenen Bergbauernhöfen oberhalb des Kerschbaumersattels hinaufführt. Dabei ist der nicht allzu lange Anstieg nur als mittelschwer ausgewiesen und meistens schon relativ früh im Jahr fahrbar. Zwei unterschiedlich lange Runden lassen sich kombinieren. Die herrliche und weitläufige Aussicht, erst noch aufs Inntal und dann auf das tief unten liegende Zillertal, genießt bereits der Mountainbiker und erst recht der Wanderer, wenn er noch ganz auf den Waldgipfel hinaufsteigt. Dort findet er beim Gipfelkreuz ein paar freie Aussichtsfenster, die den Blick auf die beiden Täler freigeben und zu allen bis in den Frühsommer noch schneebedeckten Bergen des Zillertaler Hauptkammes. Für Mountainbiker ist es ein schöner, nicht einmal sehr schwieriger Anstieg, an den sich noch eine feine Umrundung des ganzen Miniberges anhängen lässt.

So verläuft die Strecke: Idealer Startpunkt ist Strass am Eingang des Zillertals (Parkplatz beim Gemeindeamt). Durch das Dorf bis zur Bundesstraße, über die Zillerbrücke, aber gleich darauf beim „Großen Stein" rechts ab zu der direkt von St. Gertraudi kommenden Auffahrt nach Reith. Diese benützt man aber nicht, sondern fährt geradeaus, rechts und folgt den mit Kupfererzweg beschilderten Wegweisern. Anfangs, noch auf Asphalt und auch im Wald, ein paar steile Buckel, bis die bereits auf der Höhe von Reith liegende Hubkapelle erreicht ist. Hieher auch genauso gut vom Ortszentrum Reith (parken bei der Seilbahn). Wegbeginn zum Reither Kogel. Anfangs noch etwas grobschottrig, wird die Fahrbahnbeschaffenheit nach zwei Kehren merklich besser und angenehmer zu fahren. Die Steilheit pendelt meist zwischen 10 und 12 %, mit ein paar kürzeren Aufschwüngen um die 15 %. Nach genau 2,5 km (ab Hubkapelle) erreicht man das Alpenvereinsbrünnl, womit bereits das steilste Stück des Anstiegs geschafft ist. Erholsam flach zieht der Weg jetzt im großen Bogen durch die steilste Flanke des Berges und erreicht ein kleines, zwischen Großkogel und Hinterkogel eingelagertes

Wiesentälchen, wo es nochmals kräftiger zu steigen beginnt. Aber bald sind die grünen Flächen beim Hinterkogelhof erreicht, man kommt wieder auf asphaltierte Hofzufahrten und gelangt nach einer letzten Kehre zum Fürsthof, womit der höchste Punkt der Runde erreicht ist. Am Kerschbaumersattel, am Übergang vom Zillertal ins Alpbachtal, muss sich der Radler entscheiden, ob er über Hygna direkt nach Reith hinunterrollen will oder ins Zillertal. Mir gefällt am besten die Abfahrt Richtung Zillertal bis Säuling, dort nicht sogleich nach Bruck, sondern noch als kleine Draufgabe auf der Kapellstraße talein, Abfahrt nach Hart und Rückfahrt am Zillertal-Radweg nach Strass.

Zu Fuß: Will man noch dem Gipfel des Reither Kogels einen Besuch abstatten, fährt man in der Kehre oberhalb des Hinterkogelhofes links hinüber zur Schwablkapelle und zu einem kleinen Gehöft. Dann bei Wegweiser auf markiertem, schmalem Fußsteig in 30 Minuten zum Gipfel.

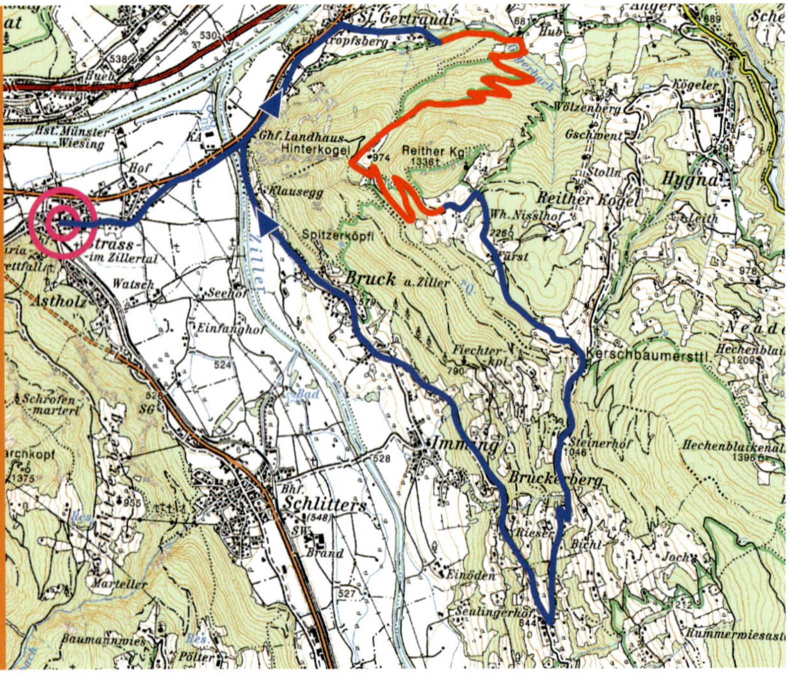

69 Von der Hauseralm zur Holzalm

Bei der Hauseralm.

Auf die Holzalm unterhalb der Gratlspitze fahren die meisten Mountainbiker von Brixlegg über Zimmermoos auf glattem Asphalt. Schöner ist es jedoch, von Radfeld durch den grün glitzernden Maukenwald heraufzuradeln. Wer bereit ist, sich ein wenig mehr zu plagen, probiert den Aufstieg zur Hauseralm – der es in sich hat.

Ausgangspunkt: Brixlegg (560 m), Zentrum

Streckenführung: Mehrn (oder Reith i. A.) – Alpsteg (km 2) – Scheffach – Ramsberg (km 5) – Hauseralm (1350 m, km 9) – Holzalm (km 11, 1452 m) – Zimmermoos – Brixlegg

Länge, Fahrzeit, Hm.: Gesamte Runde 21 km (Aufstieg ca. 9 km), 2:30 bis 3 Stunden, 900 Höhenmeter.

Steilheit: Ab Alpsteg anhaltend um die 15 %

Wegbeschaffenheit: Bis zu den Höfen am Ramsberg Asphalt, danach guter Almweg bis zu Hauser- und Holzalm. Ab Schwarzenberg wieder Asphalt.

Höchster Punkt: Holzalm (1452 m)

Charakter/Tipp: Die Holzalm ist ab Mitte Mai bewirtschaftet und über Zimmermoos für den Autoverkehr zugelassen, daher auch gut besucht. Wer auch bei der Abfahrt verkehrsfrei radeln will, wählt besser den Weg über Grafenried durch den Maukenwald nach Radfeld und Rattenberg.

Einkehrstationen: Holzalm, geöffnet ab Pfingsten.

Beim Erfahrungsaustausch unter Mountainbikern lerne ich immer wieder neue Routen kennen, vor allem freuen mich solche, welche die regionalen Radsportler bevorzugen. Besonders lobend erwähnte mein Sportkollege, mit dem ich bei der Auffahrt zum Reither Kogel gerade ins Gespräch gekommen war, den Aufstieg von Brixlegg zur Hauseralm. Vor allem die Ruhe und die schöne Aussicht hatten es ihm dabei angetan. Allerdings, der als MTB-Route 319 (Holzalm II) beschilderte und als schwer gekennzeichnete Aufstieg über den Ramsberg zur Hauseralm hat es schon ein wenig in sich. Zwar ist der Weg bestens zu fahren, aber das meiste der fast 9 km langen Strecke bewegt sich in einer Steigung um die 15 %. Flachere Stellen zum Verschnaufen gibt es nur ganz wenige, entsprechende Kondition und Durchhaltevermögen sind schon Voraussetzung. Dafür ist man hier bald einmal völlig – oder besser gesagt fast – verkehrsfrei unterwegs. Bei der Hauseralm gibt es zudem zwei Möglichkeiten, die Runde abzuschließen. Entweder man fährt hinüber zur Holzalm und über Zimmermoos oder den Maukenwald zurück nach Brixlegg oder Radfeld; oder von der Außerhauseralm nach rechts über das Hauser Joch – mit einer kurzen Schiebestrecke – zur Bischoferalm auf die Alpbacher Seite, wo man über den Alpbacher Höhenweg zurück nach Reith bzw. Brixlegg hinunterrollt.

Am Weg von der Hauseralm zur Holzalm.

So verläuft die Strecke: Am besten beginnt man in Mehrn, gleich oberhalb von Brixlegg, fährt vorbei am Mehrner Hof, einem Bach entlang aufwärts, über eine Brücke nach rechts, neben Bauernhäusern auf einem Schotterweg und mündet kurz oberhalb des Alpstegs in die auf den Ramsberg führende Asphaltstraße ein. (Hierher genauso von Reith i. A., unmittelbar nach dem Tunnel der Umfahrungsstraße am unteren Weg nach links zum Alpsteg.) Gleich nach dem Alpsteg steilt sich die Straße gehörig auf und so bleibt es eine ganze Weile. Man folgt zuerst der

Beschilderung zur Jausenstation Scheffachalm (km 2,5), achtet danach auf die Abzweigung links zu den obersten Bauernhöfen am Ramsberg (ab jetzt Beschilderung Hauseralm, km 4). Weiter im großen Rechtsbogen auf gutem Almweg in vielen Kehren, immer steil, hinauf zur Innerhauseralm (km 8). Das Gröbste ist damit geschafft. Nach links am Rand der Wiese hinüber zur Außerhauseralm (Abzweigung rechts auf das Hauser Joch und zur Bischoferalm) und durch lichten Wald mit noch ein paar kurzen Aufschwüngen zur Holzalm (km 10). Bewirtschaftet ab Mitte Mai.
Achtung bei der Abfahrt auf den Gegenverkehr! Ab Schwarzenberg gelangt man auf Asphalt und rollt über Zimmermoos herunter nach Mehrn. Hat man in Reith begonnen, fährt man hinauf zum Alpsteg auf der anfangs beschriebenen Route vorbei beim Mehrner Hof.

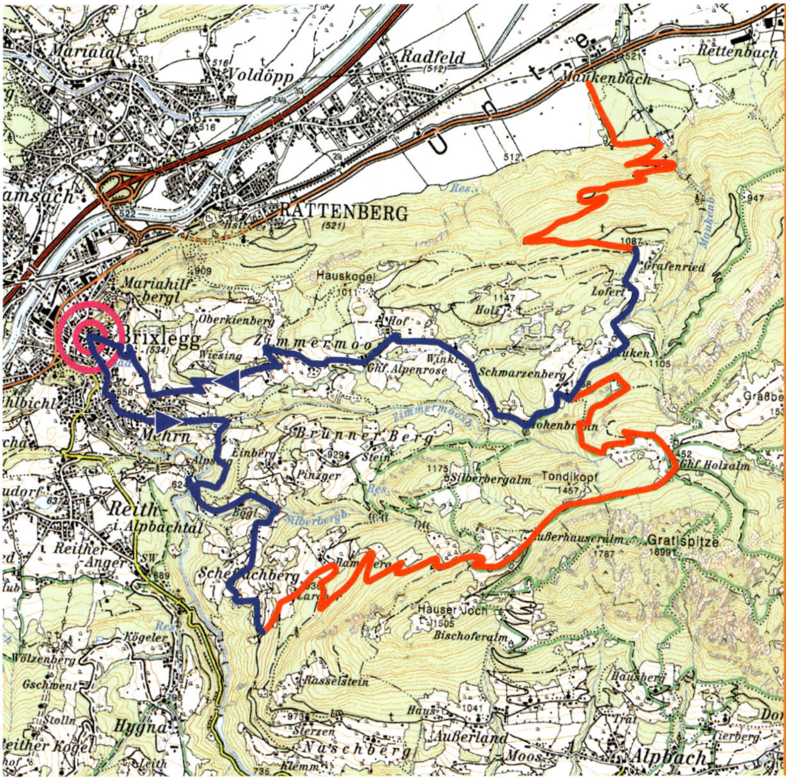

70 Vom Märzengrund ins Alpbachtal

Tragestrecke durch den Almrosendschungel am Steinbergjoch.

Anspruchsvolle Tour in den westlichen Kitzbüheler Alpen – vom Zillertal durch den Märzengrund nach Alpbach –, bei der das Wiedersberger Horn und der Galtenberg vollständig umrundet werden: eine satte 50-Kilometer-Schleife.

Ausgangspunkt: Stumm im Zillertal, Dorfmitte (560 m)

Streckenführung: Stumm - Stummerberg/Tannenalm (1100 m, km 6) - Gmünder Alm (1340 m, km 11) - Kotalm, Abzweigung Fußweg (km 18) - Steinbergjoch (1911 m) - Steinbergalm (1712 m) - Inneralpbach - Kolber - Hygna (796 m, km 30) - Kerschbaumersattel (1111 m, km 34) - Hart - Stumm

Länge, Fahrzeit, Hm.: 50 km, 5 bis 6 Stunden, 1700 Höhenmeter.

Steilheit: 10 bis 12 %

Wegbeschaffenheit: Bis Stummerberg Asphalt, dann großteils gute Almwege, 20 Minuten Tragestrecke aufs Steinbergjoch. Von Hygna über den Kerschbaumersattel ebenfalls Asphalt.

Charakter/Tipp: Großzügige und landschaftlich wunderschöne Radtour. Fast jede Alm ist bewirtschaftet, es gibt also genügend Einkehrstationen. Für den Fußmarsch über das Steinbergjoch wäre es sinnvoll, wenn man am Rad eine bequeme Tragevorrichtung in Form von Griff oder Schlinge hätte.

Einkehrstationen: Gmünder Alm, Steinbergalm, Faulbaumgartenalm, Gasthäuser in Inneralpbach, Hygna und Säuling.

Alles, was der gestandene Bergradler begehrt, wird er auf dieser großzügigen Tour erleben. Von Stumm in den Märzengrund und aufs Steinbergjoch, talaus durchs Alpbachtal und über den Kerschbaumersattel zurück ins Zillertal führt diese Runde. Lange, aber nicht einmal besonders steile Anstiege, genügend Einkehrstationen in urigen Almen, eine tolerierbare Tragestrecke und danach eine sausende Talfahrt auf guten Fahrwegen. Zum Schluss wartet in der Mittagshitze noch ein Anstieg am flimmernden Asphalt auf den Kerschbaumersattel, bevor man locker am Zillertal-Radweg ausbummeln kann. Genau 50 km zeigt der Fahrradcomputer und an die 1700 Höhenmeter werden es im Ganzen. Wem das zu lang ist, der begnügt sich vorerst einmal mit Teilstücken.

Die Strecke: Start in Stumm. Nach links der Beschilderung folgend auf der Landesstraße auf den Stummerberg und weiter zur Tannenalm (km 6). Bei der obersten Kehre vor dem Hotel Tannenalm gerade weiter auf breiter Naturstraße in den Märzengrund. Nach 3 km wird das Tal flacher, man erreicht die grünen Wiesen von Gmünd und umrundet den überra-

Am Steinbergjoch ist der Übergang ins Alpbachtal erreicht.

schend weiten Talkessel gegen den Uhrzeigersinn. Von der Gmünder Alm (km 11) fährt man zuerst wieder talaus bis zu einer Retourkehre und jetzt wieder lange bergauf. Bis hieher waren die Wege bestens beschildert, ab der seichten Bachdurchfahrt in Richtung Kotalm ist aber wohl das Geld für weitere Wegweiser ausgegangen. Kein Schild, keine Markierung, nichts. Fast die ganze Alpbacher Musikkapelle – oder waren es die Schützen – soll sich hier bei einem Ausflug ins Nachbartal einmal verlaufen haben, erzählt die missgünstige Fama. Drum gut die Beschreibung lesen und die Landkarte studieren: noch flach talein bis zur nächsten Alm (Baumgarten) und unmittelbar danach steil bergwärts. Drei kurze Kehren und die Kotalm ist in Sicht. Nun nicht mehr weiter ins Talinnere, sondern unmittelbar vor der Hütte, beim Brunnen, steil links aufwärts in Richtung Hochbergalm, aber nur eine lange und eine kurze Kehre (km 18). Bei einem Schotterhaufen zweigt rechts der gut sichtbare Fußsteig ab, wo man das Rad am besten schultert. Gut 15 Minuten braucht man durch den Almrosenhang auf das zwischen Galtenberg und Sonnenjoch eingelagerte Steinbergjoch, das den Übergang ins Alpbachtal vermittelt. Auch hinunter zur Steinbergalm muss man noch ein kurzes Stück tragen. Dann kann man endlich wieder aufsitzen und es rollt flott talaus durch den Luegergraben, vorbei an der Filzalm und Faulbaumgartenalm, bis zur Talstraße in Inneralpbach. Hier fährt man nun ganz kurz auf der Hauptstraße talaus und sofort unterhalb des Liftparkplatzes beim Feuerwehrhaus nach links über den Bach, wo man dem Alpbacher Höhenweg (MTB-Beschilderung) an der linken, südlichen Talseite bis zum Gasthof Kolber folgt.

Auffahrt zur Kotalm.

Nochmals kurzer, aber steiler Anstieg durch den Kolbergraben und jenseits des Baches auf schönen, asphaltierten Hofzufahrten hinunter nach Hygna.
Bei der Kapelle (Telefonzelle) im spitzen Winkel links aufwärts auf den Kerschbaumersattel, dem Übergang ins Zillertal (4 km, 300 Höhenmeter). Abfahrt bis zur Kehre in Säuling, noch vor dem Gasthaus Säulinger Hof links auf der Kapellstraße nach Hart und in den Talboden bis zur Brücke über den Ziller. Ausradeln – cool down – am Zillertal-Radweg bis zur eingehausten Schnellstraße und unmittelbar vorher links über den Fluss nach März und zurück nach Stumm.

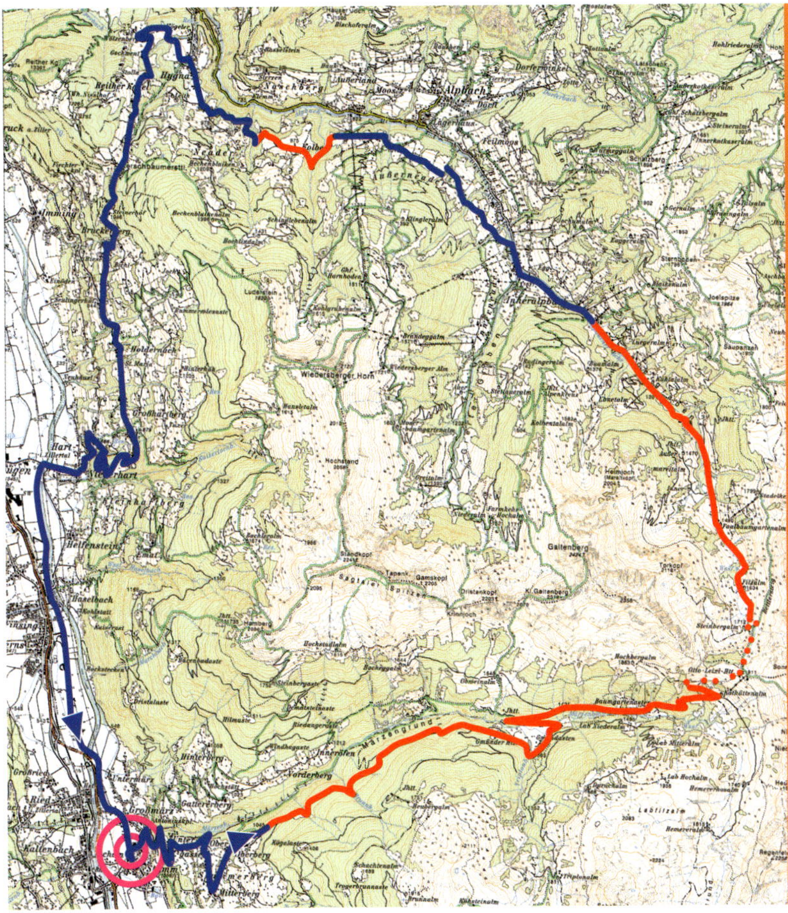

71 Von der Wildschönau übers Siedeljoch

Angenehm zu radeln ist es im Langen Grund der Kelchsau.

Die Talwege in der Wildschönau sowie in der benachbarten Kelchsau sind von jeher beliebte Mountainbike-Ziele und gerade recht für Genussradler. Mit einer großzügigen Tagestour kann man beide Talschaften gut miteinander verbinden, eine kurze Tragestrecke über das Siedeljoch darf aber nicht stören.

Ausgangspunkt: Niederau (824 m), Zufahrt von Wörgl oder Hopfgarten

Streckenverlauf: Niederau – Oberau (936 m) – Auffach – Schönangeralm (1108 m) – Siedeljoch (1689 m) – Großdostalm – Erlahütte (1220 m) – Moderstock – Kelchsau – Hopfgarten (622 m) – Penningdörfl (864 m) – Grafenweg – Niederau

Länge/Fahrzeit/Hm.: 50 km, 4:30 bis 5 Stunden, insgesamt 1200 Höhenmeter.

Steilheit: Beim Anstieg von der Schönangeralm zum Siedeljoch kurze Stellen 16 %

Wegbeschaffenheit: Mehr als die Hälfte Asphalt, sonst gute Almwege, 15 Minuten Tragestrecke übers Siedeljoch.

Höchster Punkt: Siedeljoch (1689 m)

Charakter/Tipp: Von Hopfgarten in das Hochtal der Wildschönau könnte man natürlich auf der Landesstraße fahren, schöner ist es jedoch, wenn man erst ein paar Meter in Richtung Kelchsau fährt und dann die angezeigte Straße auf den Penningberg nimmt. Vom Penningdörfl rollt man dann verkehrsfrei über den Grafenweg hinüber nach Niederau.

Einkehrstationen: Schönangeralm, Jausenstation Erlahütte, Gasthof Moderstock, Tiefentalalm.

Es ist eine satte 50-Kilometer-Schleife durch zwei benachbarte Täler in den westlichen Kitzbüheler Bergen. Zuhinterst in der Wildschönau liegt das Siedeljoch, das für den Mountainbiker einen guten Übergang in den Langen Grund der Kelchsau bietet. Ein Drittel der Strecke verläuft auf Landesstraßen, ein weiteres auf asphaltierten Talwegen und erst beim Übergang von der Wildschönau in die Kelchsau kommen die Vorzüge eines Mountainbikes so richtig zur Geltung. Die Steigungen bis zur Schönangeralm sind durchwegs noch im blauen Bereich, erst auf den fünf Kilometern bis unters Siedeljoch heißt es, kräftiger in die Pedale zu treten. Fragt sich nur, wo man am besten in die Runde einsteigt. Am logischsten wäre natürlich am tiefsten Punkt, also in Hopfgarten. Da hat man alle Steigungen in einem Zug bewältigt und ab dem Siedeljoch bzw. der Großdostalm nur mehr eine lockere Bergabfahrt durch den Langen Grund der Kelchsau. Genauso gut kann man aber auch oben in der Wildschönau beginnen, in Niederau oder in Oberau, und damit die Anstiege ein wenig aufsplitten. Dafür wartet zum Schluss noch der gar nicht so leichte Anstieg über den Penningberg zurück in die Wildschönau.

Die Strecke: Von Niederau mit leichter Steigung nach Oberau und fast 3 km abwärts nach Mühltal und Auffach. Immer talein auf gutem Asphaltweg bis zur Schönanger-

Leider nicht für den durstigen Radler eingekühlt.

alm (km 14). Von der Alm besser und weniger steil (10 bis 12 %) auf dem unteren Almweg den Wegweisern nach am Bach entlang zur Kundlalm, dort in großem Wendebogen aufwärts bis zur Einmündung in den vom Schönanger direkt zur Gressensteinalm führenden Almweg. Vorbei an der Schlagalm, wo man sich fast schon zu früh über den flachen Weg freut, denn nochmals kommt ein steiler Buckel bis zur Abzweigung auf das Siedeljoch.
Auf den Wegweisern ist von Siedeljoch allerdings nichts zu lesen, die gelben Schildchen zeigen nur den Aufstieg zum Schwaiberghorn und zum Gern an (Weg Nr. 32). Trotzdem, hier verlässt man den Fahrweg, nimmt das Rad vorteilhafterweise auf die Schulter, stapft Richtung Süden über den buckeligen Wiesenhang (ca. 10 Minuten) zu den Latschen und findet nach dem ruppigen Steig bald schöne durch die Latschen führende Gassen, wo man wieder gut schieben kann. Über die flache Jochhöhe durch ein Latschenfeld bis ins freie Gelände dem gut sichtbaren Steig nach. Man sieht links unterhalb bald einen Fahrweg und kommt nach einer Geländekante unmittelbar zur Großdostalm (km 20). Der Almweg hinunter in den Langen Grund ist ein wenig ruppig, aber bestens fahrbar. Im Talboden angekommen erreicht man 300 m weiter talein die Erlahütte (km 25,5) als nette Labestation, sonst rollt man gleich talaus und macht den Einkehrschwung 4 km weiter beim Gasthaus Moderstock. Locker rollt es jetzt talaus bis ins Dorf Kelchsau und auf der Landesstraße bis kurz vor Hopfgarten (km 44). Noch wartet eine letzte Bergwertung, bei der Tour de France wäre sie zwar nur dritter Kategorie, aber sie bringt einen trotzdem noch einmal zum Schwitzen. Am besten fährt man über den Penningberg bis ins Penningdörfl, rollt dann flach hinüber zum Grafenweg und zum Schluss noch abwärts nach Niederau.
Durch den Langen Grund zur Tiefentalalm: Besonders beliebt bei den Genussradlern sind die Kelchsau und der Lange Grund, wo man von Hopfgarten in einem Zug und immer geradeaus bis in den Talschluss zur Tiefentalalm (1439 m) radeln kann. Die Steigungen sind immer moderat, aber anhaltend, trotzdem macht man auf dieser 22 km langen Strecke an die 800 Höhenmeter, ohne sich zu überanstrengen. Einzig den Autoverkehr auf der Mautstraße muss man in Kauf nehmen. Asphalt bis zum Gasthof Moderstock, dann gute Naturfahrbahn. Und erst hinter der Martl-Erlaualm, auf dem letzten Kilometer und bereits das Ziel im Auge, muss man sich noch ein wenig plagen.

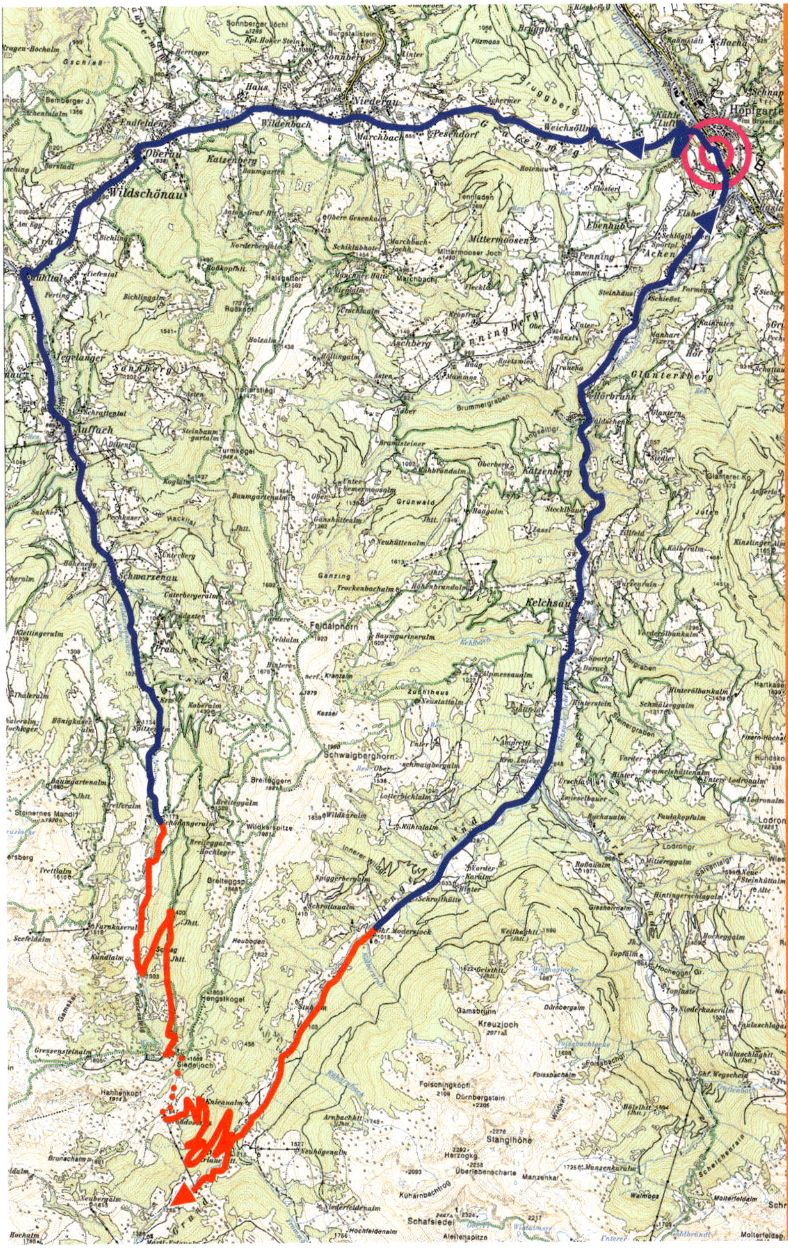
Wildschönau
Niederau
Oberau
Wildenbach
Marchbach
Weichsöll
Hopfgarten
Mittermoosen
Katzenberg
Aschberg
Auffach
Schwarzenau
Kelchsau
Grünwald
Feldalphorn
Schwaigberghorn
Breiteggern
Wildkarspitze
Siedeljoch
Hahnenkopf
Kreuzjoch
Stanglhöhe
Herzogkg.
Schafsiedel
Dürnbergstein
Foischingköpfl

72 Almenrunde über der Kelchsau

Von Alm zu Alm radelt man hoch über der Kelchsau.

Idyllische Almenrundfahrt im Mountainbike-Gebiet von Hopfgarten: schöne 28-Kilometer-Rundstrecke über den Glantersberg in die Kelchsau. Für radfahrende Gipfelsammler ist mit einem halbstündigen Fußmarsch auch der Lodron in unmittelbarer Reichweite.

Ausgangspunkt: Hopfgarten, Salvena-Parkplatz (622 m)

Streckenführung: Hopfgarten – Schindlergraben – Toif, 6 km – Kälberalm (1284 m, km 10) Vorderölbankalm (1296 m, km 11) – Hinterölbankalm (1389 m, km 12,5) – Abzweigung Schmalzeggal m/Lodronalm (ca. 1500 m, km 13,5).

Abfahrt: Vorderdemmelshüttenalm – Hinterdemmelshüttenalm – Sonnblick/Urschla – Kelchsau, (790 m, km 21. Nach Hopfgarten auf der Landesstraße 7 km).

Länge, Fahrzeit, Hm.: Insgesamt 28 km, 2:30 bis 3 Stunden, 900 Höhenmeter.

Steilheit: Kaum mehr als 12 %. Steilste Stelle zwischen Vorder- und Hinterölbankalm.

Höchster Punkt: Lodronalm (1537 m)

Charakter/Tipp: Die angezeigte Schiebestrecke zwischen Vorder- und Hinterdemmelshüttenalm ist problemlos fahrbar.

Einkehrstationen: Viele Almen, viele Kühe, aber keine Almgasthäuser unterwegs, Einkehrstationen gibt es erst wieder in Kelchsau.

Der Glantersberg ist der nördliche Ausläufer des Lodron gegen das Brixental hin. Ein grüner Rücken, bestückt mit jeder Menge von Almen, die alle mit schönen Fahrwegen verbunden sind. Für den Mountainbiker ergibt sich dadurch eine ideale, geschlossene Runde, die man natürlich in jede Richtung fahren kann. Als MTB-Route 228 ist sie sogar mit guter Beschilderung versehen. Wissen muss man aber, dass der lang gezogene Aufstieg von Hopfgarten aus dem Schindlergraben über den Glantersberg zur Vorder- und Hinterölbankalm wesentlich angenehmer zu fahren ist als in umgekehrter Richtung. Zwar sind auch hier 900 Höhenmeter zu bewältigen, aber talein kurbelt man auf tadellosen Forstwegen von einer Almterrasse zur nächsthöheren und hat nach jedem Steilstück wieder eine flache Passage zum Ausrasten. Fährt man jedoch die Runde in der umgekehrten Richtung, also von Hopfgarten zuerst in die Kelchsau, ist der Aufstieg wesentlich steiler und in einem Zug zu bewältigen, der Weg ist im oberen Teil viel ruppiger, was man im umgekehrten Sinn bei der Abfahrt viel leichter wegstecken kann. Die angekündigte 300-Meter-Tragestrecke zwischen der Hinter- und der Vorderdemmelshüttenalm ist mittlerweile fahrbar gemacht worden.

Die Strecke: Hopfgarten, Ausgangspunkt Salvena-Parkplatz bei der Eisenbahnunterführung. Nicht erspart bleibt einem der erste Kilometer auf der Bundesstraße in Richtung Westendorf bis Haslach. Bei einem Holzlagerplatz zweigt man rechts ab und ist schon auf der richtigen Strecke. Geradeaus, immer auf Asphalt, fährt man im Schindlergraben talein, wobei die Steigung allmählich immer stärker zu spüren ist. Nach 6 km ist das Gehöft Toif erreicht. Hier Linkskehre und zwei kurze Serpentinen aufwärts, bis das Gehöft Silla in den Blick kommt. Kurz unterhalb des Bauernhofs Abzweigung rechts (das MTB-Schild ist nicht auf den ersten Blick zu sehen), gleich darauf Asphaltende. Weiter auf glatter Forststraße, bestens fahrbar, mit Steigung nie über 12 %, vorbei an der Kälberalm zur Vorderölbankalm. Die 1,5 km zur Hinterölbankalm warten noch mit einem kurzen, aber recht anstrengenden Buckel auf, dafür geht es danach wieder etwas lockerer. Letzter Anstieg zur Unteren Lodronalm, zu der man

Abfahrt auf neuen Forstwegen.

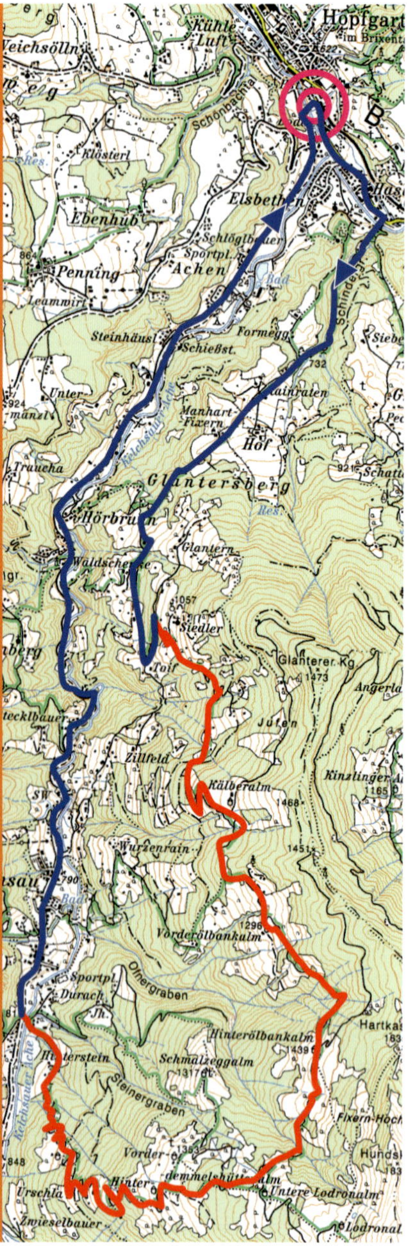

gar nicht ganz hin muss (angezeigte Abzweigung kurz unterhalb), es sei denn, man will noch dem Lodrongipfel einen Besuch abstatten. Dann geht es noch fahrbar bis zur Oberen Lodronalm (1695 m) und weiter zu Fuß in einer guten halben Stunde zum Gipfelkreuz (1995 m).

Abfahrt nach Kelchsau: Bei der Wegteilung Richtung Schmalzegg, kurz unterhalb der Lodronalm, hat man bereits den höchsten Punkt erreicht und kann sich auf die Abfahrt vorbereiten. Zwei lang gezogene Schleifen abwärts, bis man als erstes die Vorderdemmelshüttenalm sieht und gerade auf sie zu (Abzweigung nach links in einer großen Rechtskehre und nicht weiter zur Schmalzeggalm). Hinter den Almhütten wäre die ankündigte Tragestrecke zu der etwas tiefer liegenden Hinterdemmelshüttenalm, die aber gut im Sattel bewältigt werden kann. Danach wird der Weg wesentlich unruhiger zu fahren, ab dem Gehöft Sonnblick/Urschla beginnt eine neue, breite Forststraße, die in vielen Windungen direkt ins Tal führt. Vom schmucken Tiroler Dorf Kelchsau rollt das Rad prächtig neben der hurtig sprudelnden Ache auf der Landesstraße talaus nach Hopfgarten.

73 Von der Kelchsau zur Haagalm

Schöner Blick ins Brixental bei der Höhenbrandalm.

Noch eine feine Runde in der Kelchsau, diesmal auf der Westseite des Tals: zur Höhenbrandalm und Haagalm mit der Abfahrt zum Penningberg. Man kann sie sowohl als eigenständige Kurzrunde machen, aber sie ist auch eine ideale Fortsetzung, wenn man von den Demmelshüttenalmen ins Dorf herunterkommt.

Ausgangspunkt: Hopfgarten, Salvena-Parkplatz (622 m)

Streckenführung: Hopfgarten – Kelchsau (790 m, km 7) – Abzweigung Kälberalm (km 8) – Foischinghof – Höhenbrandalm (km 13, 1302 m) – Haagalm (km 14, 1349 m) – Kühbrandalm (km 16, 1092 m) – Penningdörfl (km 21, 864 m) – Hopfgarten (km 26)

Länge, Fahrzeit, Hm.: 26 km, 2:30 bis 3 Stunden, 700 Höhenmeter.

Steilheit: 10 bis 12 %, eine kurze Stelle 18 %

Wegbeschaffenheit: Halb Asphalt, sonst gute Almwege und Forststraßen.

Höchster Punkt: Haagalm (1349 m)

Charakter/Tipp: Will man die Runde mit der Tour über den Glantersberg kombinieren, fährt man in Kelchsau nach dem Fuchswirt gleich links auf zur Höhenbrandalm. Neuerlicher Aufstieg von 500 Höhenmetern.

Die Kelchsau ist ein wahres Radlerparadies. Bis in die hintersten Talgründe kann man unbeschwert dahinradeln und zu beiden Seiten des Tals gibt es eine Menge von Almen, die sich bestens miteinander verbinden und kombinieren lassen. Eingerahmt wird das Tal auf der Ostseite vom Glantersberg, der als nördlicher Ausläufer des Lodron gegen das Brixental hinzieht, auf der westlichen Seite erstreckt sich der Kamm vom Feldalphorn bis zum Markbachjoch. Die Almen hier sind noch stiller als auf der Gegenseite, die angekündigten Bergrestaurants liegen anscheinend im Sommerschlaf und warten auf den winterlichen Liftbetrieb.

Die Hohe Salve.

Jedenfalls traf ich bei meiner Befahrung auf der ganzen Strecke keinen einzigen Menschen, fand alle drei am Wege liegenden Einkehrstationen geschlossen vor und konnte erst am Penningberg meinen Durst löschen. Aber kein Problem, die Strecke ist ja nicht allzu lang und viele Brunnen plätschern am Wegesrand. Nicht erschrecken braucht man, wenn der Weg auf der MTB-Tafel in Kelchsau als schwer (schwarz) eingestuft ist. Weder von der Länge noch von der Steilheit und Wegbeschaffenheit ist diese Einstufung gerechtfertigt. Höchstens mittel (rot) wäre eine gerechte Bewertung.

Die Strecke: Hopfgarten, Ausgangspunkt Salvena-Parkplatz bei der Eisenbahnunterführung. Zwar gibt es keinen eigenständigen Radweg nach Kelchsau, aber trotzdem eine angenehme Fahrt auf der Landesstraße mit kaum merkbaren Steigungen. Vom Dorfbeginn noch 1 km talein bis zur angezeigten Abzweigung rechts zu Höhenbrand- und Haagalm. Anfangs noch auf Asphalt bis zum Foischinghof, kurz vorher Abzweigung rechts und auf gutem Almweg in stets gleichbleibender Steigung bergauf. Passiert man das erste Mal den Sessellift, wird der Weg für ein kurzes Stück steiler (18 %). Bald ist die Höhenbrandalm erreicht und nur einen schwachen Kilometer weiter die nur unwesentlich höher liegende Haagalm, wo man einen prächtigen Blick zur Hohen Salve genießt.

Abfahrt nach Hopfgarten: Von der Haagalm abwärts und bei der ersten Wegverzweigung in der Kehre nach rechts. Bald passiert man die Kälberbrandalm, dann geht es in mehreren Kehren über den Mamooser Berg abwärts in den Brummergraben, nach dessen Durchquerung man die freien Wiesenhänge des Inneren Penningberges erreicht. Nun wieder auf Asphalt mit ein paar kurzen Gegenanstiegen zum Penningdörfl (Einfahrt links der Straße, Gasthaus) oder gleich direkt hinunter zum Leamwirt und zurück nach Hopfgarten.

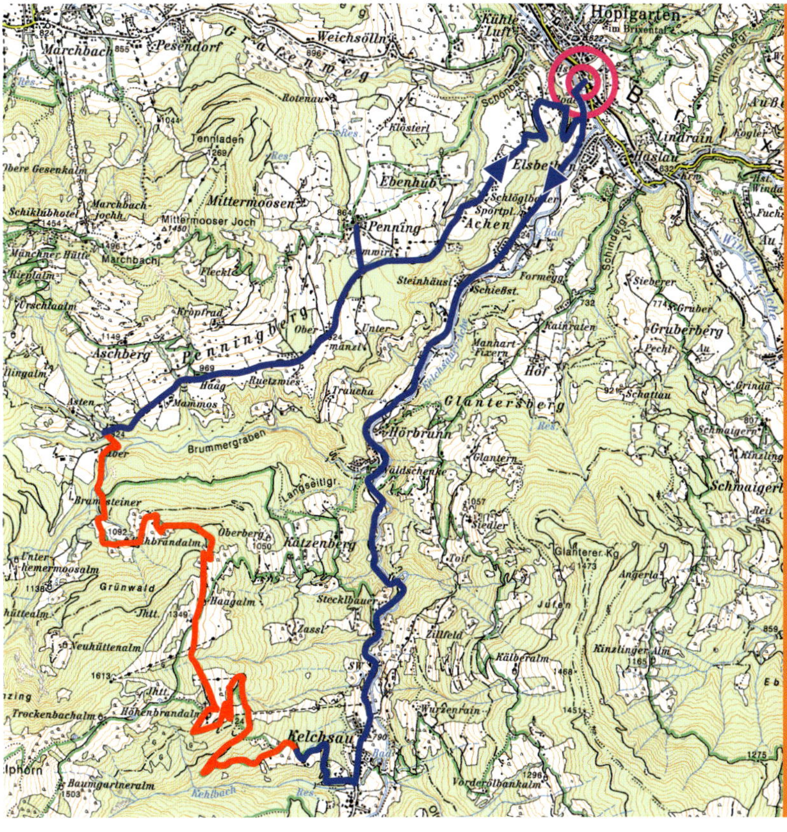

74 Seenrunde an der Hohen Salve

Im Salvensee bei der Kälberalm spiegelt sich der Wilde Kaiser.

Auch wenn sie mit Liftdrähten überspannt ist, die vollkommen freistehende Graskuppe der Salv' gilt als einer der schönsten Wander- und Aussichtsberge im Tiroler Unterland – und als reiches Betätigungsfeld für Mountainbiker: An die steile Anfahrt von Hopfgarten kann man leicht die Umrundung des Gipfels im Norden anschließen.

Ausgangspunkt: Hopfgarten (612 m), Parkplatz Salvena

Streckenführung: Salvena-Talstation – Mittelstation (1159 m) – Westendorfer Kälberalm (1520) – Salvensee – Gasthaus Rigi (1530 m) – Kraftalm – Hexenwasser/Hochsöll (1124 m) – Filzalm – Hochbrixen (1290 m) – Brixen – Westendorf – Windau – Hopfgarten

Länge, Fahrzeit, Hm.: 39 bzw. 34 km, 3 bis 4 Stunden, 1100 bzw. 600 Höhenmeter.

Steilheit: Kurze Abschnitte bis 15 %

Wegbeschaffenheit: Asphalt bis Mittelstation, gute Almwege bis Hochbrixen, dann wiederum Asphalt.

Höchster Punkt: Gasthaus Rigi (1530 m)

Charakter/Tipp: Ein bisschen leichter machen kann man es sich, wenn man sich mit der Seilbahn (6,- Euro, Radtransport gratis) zur Mittelstation bringen lässt. Man hat fünf steile Kilometer und 500 Höhenmeter weniger.

Einkehrstationen: Gasthäuser Rigi, Kraftalm, Hochsöll, Gründlalm, Filzalm, Nieding.

Bereits von Hopfgarten führen zwei eigenständige Mountainbike-Routen am Südhang der Hohen Salve bis zum Gasthaus Rigi. Die eine beginnt gleich bei der Kirche, die andere bei der Talstation der Seilbahn und beide treffen sich im oberen Drittel des Anstiegs. Mit dem Rad kommt man allerdings nicht ganz auf den Salven-Gipfel. Die obersten 300 Höhenmeter muss man schon zu Fuß bewältigen, was aber durchaus lohnend ist, denn es gibt hier eine Menge zu schauen und zu lesen. Mit den großen Panoramatafeln lassen sich an die 70 Dreitausender ganz genau bestimmen. Man erfährt, wie die Sonnenuhren funktionieren oder wie in grauen Sagenzeiten der Salvenriese mit dem Wildschönauer Riesen gestritten hat. Außerdem kann man dem Säuseln der riesigen Windharfe lauschen.
Aber wo soll da ein See sein? Ja, nicht nur einer, sondern gleich zwei ziemlich „neue" Speicherseen wurden hier für die Pistenbeschneiung errichtet. Da ist zum einen der Salvensee oberhalb der Westendorfer Kälberalm, in dem sich der zum Greifen nahe Großvenediger spiegelt, der andere liegt etwas tiefer und weiter östlich bei der Bergstation Hochbrixen. Beide Seen werden im Verlauf dieser Runde passiert.

Die Strecke: Start beim Salvena-Parkplatz. Direkt bei der Talstation nach rechts (MTB-Route 269 Salvenberg) und auf dem Asphaltsträßchen anhaltend steil über den Außersalvenberg bis zur Mittelstation der Seilbahn (km 6). Man kann nun natürlich auf der ausgeschilderten MTB-Route bleiben und kommt direkt zum Gasthaus Rigi. Fast schöner, vor allem aber weniger steil ist die Strecke nach Osten hinüber zur Westendorfer Kälberalm und zum Salvensee, wie sie mir der freundliche Liftwart angesagt hat. Von der Mittelstation nach rechts, bei der ersten Weggabelung nochmals rechts und nun immer der gelben Beschilderung folgend erst zur Kälberalm und zum knapp oberhalb liegenden Speichersee (km12). Es folgt ein kurzes Schiebestück in Richtung der Liftstation mit dem blauen Dach, von dort auf dem Höhenrundwanderweg nach links. Ein paar Kurven ein wenig trialmäßig am Wandersteig entlang, gleich wird der Weg wieder breiter und gut fahrbar bis zum Gasthaus Rigi (km 14).
Was man aber noch wissen sollte, ist, dass es auf dieser Route zur Almzeit viele stacheldrahtbewehrte Viehzäune gibt, die zwar für den Fußgänger einen schmalen Durchschlupf

In Hochsöll ist das Hexenwasser die neueste Attraktion.

haben, wo der Radler aber ein paar Mal absteigen und seinen fahrbaren Untersatz kräftig drüberlupfen muss.

Abfahrt: Vom Rigi kurz abwärts zur Wegteilung und rechts (Norden) auf bestem Forstweg hinunter zur Kraftalm (Gasthaus), von wo man den nächsten Richtpunkt Hochsöll schon gut im Auge hat.
Ein kurzes Stück auf Asphalt bis zur Rinneralm, wo man den nach Itter führenden Weg verlässt und rechts auf einen ruppigen Almweg einbiegt, der dann direkt beim Hexenwasser in Hochsöll mündet (km 19,5).
Das Hexenwasser mit seinen 30 Stationen rund um das Element Wasser hat sich zu einer Fremdenverkehrsattraktion ersten Ranges entwickelt und wird auch dementsprechend frequentiert. Wem der Kindertrubel bei den Wasserspielen zu laut ist, setzt sich statt auf den Hexenbesen auf sein Rad und fährt weiter zur Seilbahnstation, dort bergwärts zur Gründlalm, wo nach links der breite Fahrweg nach Hochbrixen abzweigt. Auf dem 4 km langen Teilstück geht es erst noch recht gemütlich bis zur Silleralm, dann aber heißt es für ein Stück nochmals kräftig in die Pedale zu treten (15 bis 16 %), bis die Abzweigung zur Filzalm passiert ist und man zum Spei-

chersee von Hochbrixen hinunterrollen kann (km 23,5). Beim Zinsberglift talwärts auf guter Straße am Berghang entlang bis Nieding (Gasthaus) und dann in schönen Kehren ins Tal nach Brixen (km 29).
Auf der Bundesstraße nur kurz bis zur Talstation der Skiwelt-Gondelbahn, dort links hinunter zur Bahnunterführung, wo man sogleich in den Brixentaler Radweg einmündet. In Westendorf durch den Ort in Richtung Windau, beim Ortsteil Holzham noch ein kurzes Stück weiter bis zur angezeigten Radweg-Abzweigung nach Hopfgarten. Man rollt hinunter ins Windautal, das beim Gasthaus Lendwirt erreicht wird, und der Ache entlang talaus nach Hopfgarten (km 39).

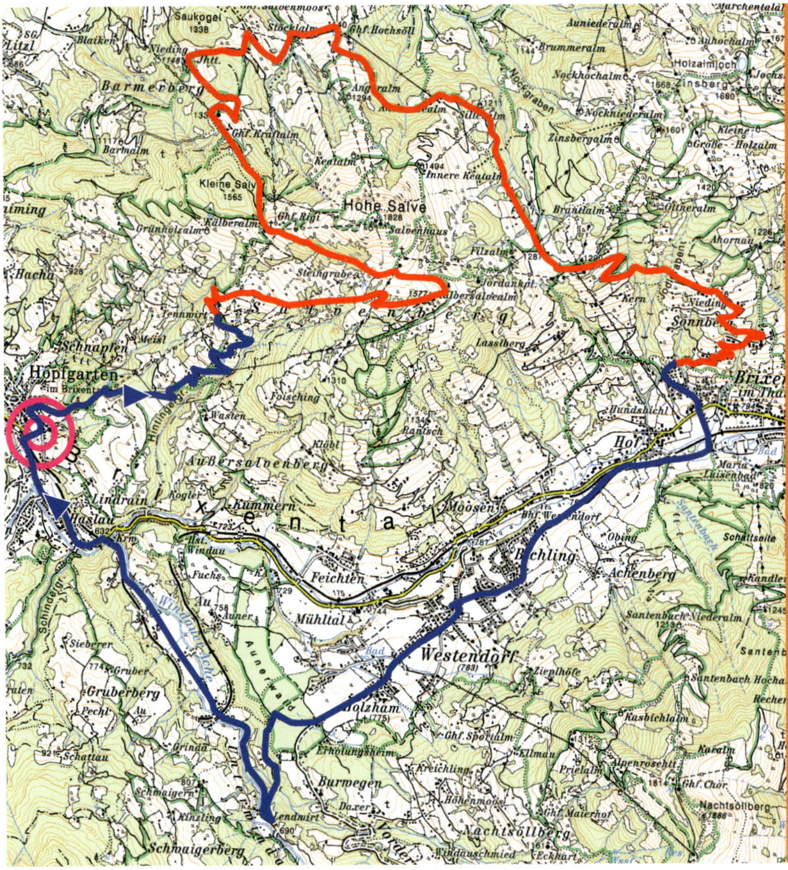

75 Choralpenrunde

Im oberen Teil der Tour hat man oft einen schönen Blick ins Brixental.

Nicht nur oben, auf der kürzlich umgebauten Choralpe, kommt man bei dieser Tour in den Genuss einer ausgiebigen Fernsicht. Auch unterwegs bleibt genug Muße, um das Auge über das Brixental, den Wilden Kaiser und den Lodron schweifen zu lassen – und mit etwas Wetterglück genießt man bei der Abfahrt eine hervorragende Fernsicht.

Ausgangspunkt: Westendorf (784 m)

Streckenführung: Westendorf Talstation Alpenrosenbahn – Schrandlhof – Fleidingalm – Alpinolino – Choralpe – Kandleralm – Hof – Bichling – Westendorf

Länge, Fahrzeit, Hm.: 24,6 km, 3:00 Stunden, 1030 Höhenmeter.

Steilheit: Durchwegs angenehme Steigung, nur das Singletrail Stück ist etwas steiler.

Wegbeschaffenheit: 8,0 km Asphalt, 16 km Forstweg, 0,6 km Singletrail

Höchster Punkt: Choralpe (1820m)

Charakter/Tipp: Abgesehen von der Länge und dem kurzen Stück Singletrail ist auf dieser Tour nichts besonders anstrengend.

Einkehrstationen: Schrandlhof (1066 m), geöffnet von Mitte Mai bis November, Dienstag und Mittwoch Ruhetag; Talkaser (1740 m), geöffnet von Mitte Mai bis Mitte Oktober; Kandleralm (1120 m), geöffnet von Pfingsten bis Ende Oktober, Dienstag Ruhetag.

So kommt man hin: Anfahrt über die Inntalautobahn bis Wörgl Ost und weiter ins Brixental bis Westendorf. Im Ortszentrum bei der Kirche rechts abbiegen, nach dem Mesnerwirt links in die Bergliftstraße einbiegen und bis zum großen Parkplatz der Alpenrosenbahn fahren.

Schöne Aussicht bei der Auffahrt: Hier startet man mit dem Rad. Es geht die Straße entlang leicht aufwärts, vorerst noch an ein paar Häusern vorbei. Schließlich biegt man rechts über eine Brücke (MTB-Wegweiser Choralpe/ Brechhornhaus 209). Immer am Hauptweg bleibend, geht es an schönen Wiesen mit alten Bauernhöfen, dann an einer neuen Liftstation und am Gasserwirt vorbei und weiter bis zum Schrandlhof. Bis hierher wechseln sich Wiesen mit Waldpassagen ab. Der Forstweg beginnt kurz nach dem Schrandlhof. Dieser Weg ist gut ausgebaut und geht in angenehmer Steigung stetig bergauf, wobei sich ein schöner Blick auf die gegenüberliegenden Berge mit dem Lodron öffnet.
Im oberen Teil der Tour trifft man immer wieder auf Anlagen für den Wintertourismus, auf Seilbahnen und Sessellifte. Nach der Fleidingalm hat man einen lohnenden Blick ins Brixental hinunter. Weiter fährt man an der Bergstation der Alpenrosenbahn vorbei, durch ein neues Kuhgatter (Durchfahrt ist ohne Absteigen möglich), dann in angenehmer Steigung weiter bis zur Choralpe. Auf diesem Stück finden sich auch Anlagen des „Alpinolino“: Unter dem Motto „Spielen, forschen, entdecken“ sind eine Reihe von Stationen aufgebaut, die Kindern die Alpenwelt näher bringen sollen. Bei km 12,3 gelangt man schließlich bei der neu umgebauten Choralpe zum höchsten Punkt der Tour.

Prickelnde Abfahrt: Von hier aus geht es nur mehr bergab. An der Choralpenstation vorbei fährt man geradeaus weiter und ein Stück über die Schipiste hinunter. In der Wiese ist ein schmaler Pfad erkennbar. Nach dem kurzen Stück Singletrail gelangt

Vorsicht Kühe!

man bei der Karalm wieder auf einen Forstweg, dem man weiter abwärts folgt, wobei sich immer wieder ein toller Blick auf den Wilden Kaiser öffnet. Bei der Abfahrt muss man durch zwei Kuhzäune, die man hinter sich wieder schließen soll. Dann geht es an der Hocheggalm vorbei und weiter abwärts, immer am Hauptweg bleibend, bis man bei km 18,2 zur schön gelegenen Kandleralm gelangt, von der man einen wunderbaren Fernblick hat.

Nach der Alm radelt man auf dem MTB-Weg Kandleralm 211 in ein paar Kehren hinunter ins Brixental. Bei km 21,3 kommt man auf den asphaltierten Radweg. Man biegt links Richtung Westendorf ab und fährt den Weg entlang bis in den Ort. Bei der Abzweigung muss man die Dorfstraße nehmen, an der Kirche vorbeifahren und, wie bereits am Morgen, nach dem Mesnerwirt in die Bergliftstraße einbiegen. So kommt man wieder zum Auto zurück.

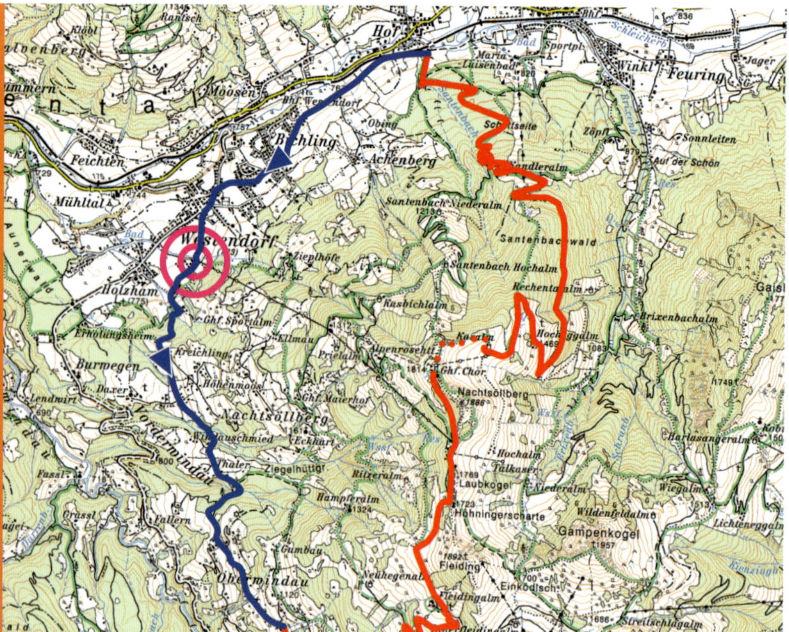

76 Radausflug am Angerberg

Kleinsöll am Angerberg.

Besonders im Frühjahr schön ist dieser erholsame Radausflug in die gerade aufblühende Terrassenlandschaft über dem Unterinntal zwischen Reintalersee, Angerberg und Mariastein. Ideal zum Einrollen in die beginnende Freiluftsaison.

Ausgangspunkt: Breitenbach (510 m), großer Parkplatz auf Höhe der Kirche rechts

Streckenführung: Runde 1: Breitenbach – Schönau – Embach – Mariastein – Angerberg – Dorf – Kleinsöll – Breitenbach

Runde 2: Breitenbach – Reintalersee – Kramsach – Inntal-Radweg – Kundl – Breitenbach

Länge, Fahrzeit, Hm.: Runde 1: 20 km, 1:30 bis 2 Stunden, 250 Höhenmeter; Runde 2: 20 km, 1:30 Stunden, 100 Höhenmeter. Abstecher nach Bärenbad plus 5 km, 200 Höhenmeter.

Wegbeschaffenheit: Nur der Abschnitt vom Daxerhof nach Bärenbad ist grobschottrig, sonst fast durchwegs Asphalt.

Höchster Punkt: Gasthaus Bärenbad (834 m)

Charakter/Tipp: Das Kramsacher Höfemuseum sowie die imposante Burgkirche von Mariastein, ein Tiroler Landeswahrzeichen, sind die kulturellen Höhepunkte dieser gemütlichen Radtour.

Nicht ganz so bretteleben wie der Radweg am Inn entlang ist es hier in der Gegend hinter dem Angerberg oder beim Reintalersee. Doch das Radeln auf den verkehrsarmen Landstraßen ist wunderschön und erholsam, ein wenig hügelig zwar, aber noch ohne anstrengende Steigungen. Gerade recht für die beginnende Radsaison. Eine 20-Kilometer-Schleife führt von Breitenbach nach rechts über den Angerberg nach Mariastein, und – wem's zu kurz war – die nächste fast gleich lange Runde nach links zum Reintalersee nach Kramsach und am Radweg zurück nach Breitenbach. Ein Mountainbike braucht man nur, wenn man noch einen Abstecher nach Bärenbad machen will, sonst genügt jedes Fahrrad mit Gangschaltung.

Die Burgkirche von Mariastein.

Die Strecke: Hat man das Rad am Auto, findet man in Breitenbach auf Höhe der Kirche, links von der Volksschule, einen großen Parkplatz. Dann radelt man nordwärts durch das Dorf und gleich bei der ersten Abzweigung geradeaus weiter, der Beschilderung Grub/Schönau folgend. Bald kommt die erste sanfte Steigung bis Grub, aber das war's auch schon, dann rollt das Rad fast von selber durch das weitläufige Wiesental hinter dem Angerberg. Schöne Gehöfte, kleine Weiler, in der Ferne der Wilde Kaiser, so gelangt man über Grub, Schönau und Embach (vorbei an der Auffahrt zur Buchackeralm) zum Gehöft Daxer. Wer sich bereits ein bisschen plagen will, kann die Runde hier noch bis zum Gasthof Bärenbad ausdehnen (grüne Wegweiser genau bei der Abzweigung, die Kanalbaustelle müsste längst wieder geschlossen sein). Zwar nur 200 Höhenmeter auf 2 km Länge, aber der hart am Waldrand entlangführende Weg ist recht grobschottrig und hat ein paar kurze, aber ordentlich steile Aufschwünge. Von Bärenbad Abfahrt auf guter Naturstraße nach Niederbreitenbach und auf der Landesstraße zurück nach Mariastein.
Der gemütliche Radler lässt diese Schleife aus, bleibt immer

auf den Asphaltwegen, fährt vom Daxer weiter nach Wartlstein und rollt hinunter nach Mariastein. Gleich hinter dem Felsen, auf dem die weithin sichtbare Burgkirche thront, links abbiegen und leichter Anstieg über den flachen Rücken des Angerbergs. In Baumgarten folgt man dem Wegweiser nach Breitenbach. Ab Kleinsöll, mit dem weiten Blick auf das Inntal, rollt das Rad zügig hinunter zum Ausgangspunkt nach Breitenbach.

Verlängerung möglich: Wem das zu kurz war, kann gleich in Anschluss die nächste Runde anhängen. Von Breitenbach über den Reintalersee nach Kramsach, durch das Dorf (Richtung Radfeld/Rattenberg), über den Inn und gleich nach der Brücke links auf dem Inntal-Radweg zurück nach Breitenbach. Runden lassen sich hier viele kombinieren, den Ausgangspunkt wählt man je nachdem, aus welcher Richtung man kommt.

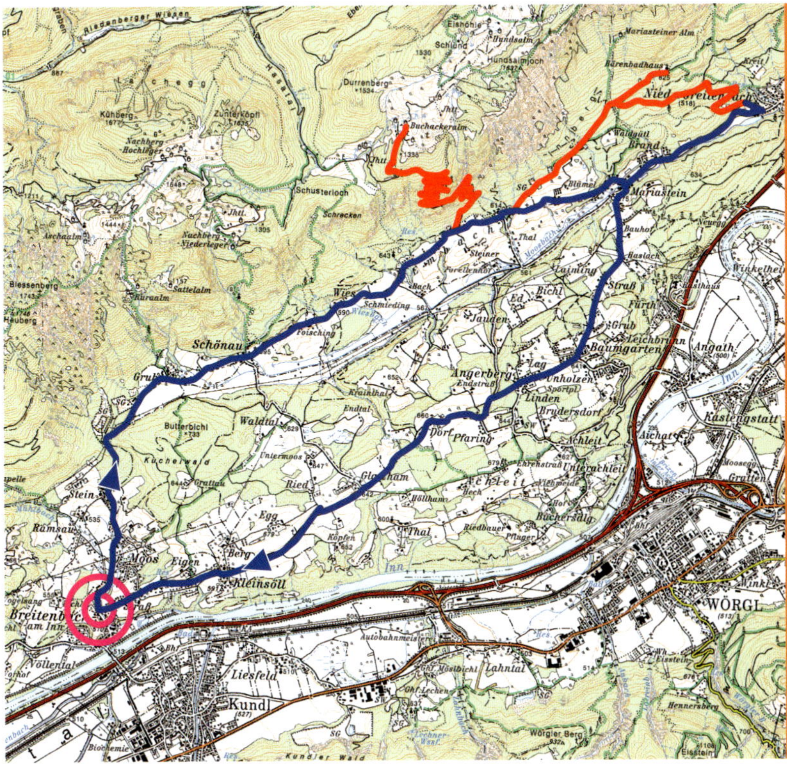

77 Von Ellmau auf den Hartkaiser

Der Wilde Kaiser, stets ein Fotomotiv und bereits eingerahmt.

Der Wilde Kaiser passt genau in den riesigen Bilderrahmen, der neben zahlreichen mehr oder weniger kitschigen Attraktionen den Hartkaiser mit seinem Skulpturenpark ziert. Aber das Panorama ist großartig, die Auffahrt durch den Weißachgraben nicht allzu steil und die Verlängerung über Söll kein Problem.

Ausgangspunkt: Ellmau, 810 m

Streckenführung: Route 1: Talstation Hartkaiserbahn – Weißachgraben – Ranhartalm – Hartkaseralm – Bergstation Hartkaiser (km 9, 1556 m) – Abfahrt Jägerhütte – Rübezahlalm – Talstation; Route 2: Verlängerung über den Brandstadl nach Söll: Hartkaiser – Tanzbodenalm – Brandstadl (1650 m) – Gruberhof – Söll – am Radweg 14 zurück nach Ellmau.

Länge/Fahrzeit/Hm.: Route 1: 16 km, 1:30 bis 2 Stunden; 700 Höhenmeter; Route 2: 28 km, 3 bis 3:30 Stunden, ca. 900 Höhenmeter.

Steilheit: Großteils 10 %, kurzzeitig um die 15 %

Wegbeschaffenheit: Zwei Drittel Asphalt, gute Schotterwege, Radwege.

Höchster Punkt: Hartkaiser (1556 m), Brandstadl (1650 m)

Charakter/Tipp: Besonders nach längeren Schlechtwetterperioden, wenn die anderen Almwege noch aufgeweicht und „lettig" sind, ist die Auffahrt zum Hartkaiser ideal, denn bis weit hinauf kurbelt man auf glattem Asphalt.

Einkehrstationen: Hartkaiser-Restaurant, Jägerhütte, Rübezahlalm, Brandstadl, Tanzbodenalm, Gruberhof.

Früher einmal, da hieß der ganze Bergrücken und seine Almen Hartkaser und auch in den älteren Landkarten ist diese Benennung noch so zu finden. Weil man aber am Ruhm des Wilden Kaisers etwas mitnaschen wollte, wurde aus touristischen Werbegründen noch ein kleines i in seinen Namen hineingeflickt. Ob Kaser oder Kaiser kann uns egal sein, jedenfalls ist es eine feine Mountainbike-Route, auf der es viel zu sehen gibt. Unbedingt sollte man von der Bergstation noch die paar Schritte zum Aussichtsturm hinaufsteigen, weil das Panorama und der Blick über den Wilden Kaiser von dort oben noch großartiger ist. Und mittlerweile hat man es sich auch überlegt, ob man noch zum Brandstadl hinüberfahren und über Söll zurück nach Ellmau rollen will, oder gleich direkt hinunter zur Rübezahlalm, wo man auf kürzestem Weg wieder zur Talstation zurück kommt.

Die kurze Strecke: Einfahrt von der Bundesstraße nach Ellmau. Egal aus welcher Richtung man kommt, große Gratisparkplätze findet man gleich bei jeder Einfahrt. Man folgt den Wegweisern zur Talstation der Hartkaiserbahn (0,5 km). An der Talstation vorbei und am Bach entlang auf der angezeigten MTB-Route Söll/Tanzbodenalm in den Weißachgraben. Nach der ersten Rechtskehre wird es allmählich steiler, aber es ist immer noch angenehm zu fahren. Asphaltende bei km 5,8, Fortsetzung auf guter Naturstraße. Passiert man die Hartkaseralm, ist nach einer Kehre auch schon die Hartkaiser-Bergstation erreicht (km 9).

Abfahrt zur Rübezahlalm: Beim Speichersee über den steilen Buckel und weiter zur Jägerhütte. Direkt zum Gasthaus hin und links davon weiter auf gutem Forstweg in kurzen Kehren zur Rübezahlalm. Wiederum links an der Alm vorbei und talwärts über den Faistenbichl zurück zur Talstation (km 16).

Die lange Strecke: Der Anstieg auf den Hartkaiser ist derselbe, und hat man ihn einmal geschafft, ist die Fortsetzung zur Tanzbodenalm mit einem kurzen Abstecher hinauf zum Brandstadl auch kein Problem mehr. Vom Gipfel des Hartkaisers also auf der Straße zurück bis zur ersten Kehre und hier Richtung Westen in kurzer Steigung zur neu gebauten Tanzbodenalm in der Senke vor dem Brandstadl, dessen Gipfel ebenfalls von einer Seilbahnstation geziert wird. Kurze Fleißaufgabe und Abstecher hinauf zum nur 300 m entfernten höchsten Punkt und wieder zurück zur Alm. Es folgt eine lange Abfahrt über den Bromberg, vorbei am Gruberhof und, längst wieder auf Asphalt, nach Söll. Kurz vor Erreichen der Bundesstraße nach rechts, vorbei am Sportzentrum und auf dem beschilderten Leukentaler Radwanderweg Nr. 14 über Scheffau zurück nach Ellmau (insgesamt kommt man auf 28 km).

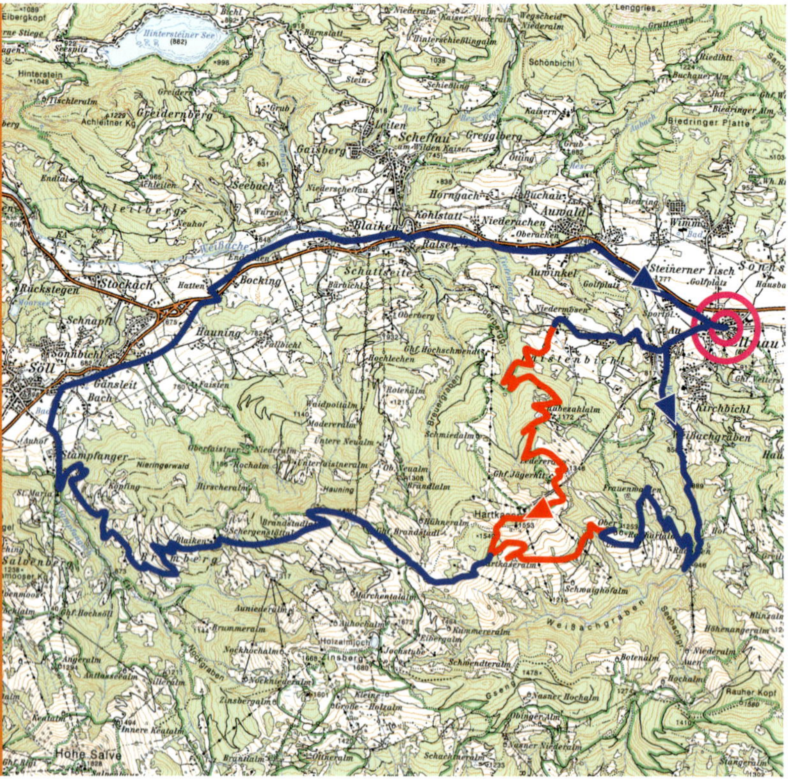

78 Vom Hahnenkamm zum Pengelstein

Nach dem Anstieg über die „Asten" geht es locker zum Pengelstein.

Man kann es drehen und wenden, wie man will, der Kitzbüheler Hausberg hat es in sich: Gleich sechs Routen treffen sich auf der Grathöhe zwischen Hahnenkamm und Pengelstein, alle eine echte Herausforderung für den Bergradler. Aber mit der Seilbahn schafft es jeder und kommt zu einer reinen Genusstour.

Ausgangspunkt: Kitzbühel, 820 m

Streckenführung: Hahnenkamm-Talstation (820 m) – Schattberg-siedlung – Einsiedelei – Astenalm – Hahnenkamm-Bergstation (km 9, 1668 m) – Hochbrunn – Pengelstein (km 15,5, 1938 m) – Usterkaralm (km 19, 1650 m) – Hieslegg (km 20,5, 1440 m) – Aschauer Höhenweg – Ragstattalm (km 27,5) – Kloo Niederalm – Aschau (km 32) – Kirchberg (km 41) – Kitzbühel (km 48)

Länge/Fahrzeit/Hm.: Aufstieg über die Astenalm 9 km, 1:30 Stunden, 820 Höhenmeter. Gesamte Strecke 48 km, 4 bis 5 Stunden; 1100 Höhenmeter.

Steilheit: Am Hahnenkamm anhaltend um die 20 %

Wegbeschaffenheit: Gute Forstwege, asphaltierte Radwege.

Höchster Punkt: Pengelstein (1938 m)

Charakter/Tipp: Nach 300 Höhenmetern Anstieg zum Pengelstein wartet ein Downhill ins Spertental von 1100 Höhenmetern. Fast gratis und mühelos kann man auch das 7 km lange Herzstück des Aschauer Höhenweges kennenlernen.

Einkehrstationen: Gasthäuser am Hahnenkamm, Pengelstein-Restaurant, Kloo Alm im Oberen Grund, Oberlandhütte in Aschau.

Die sechs Mountainbike Anstiege auf den Hahnenkamm sind alle nicht leicht. Am steilsten – wie könnte es anders sein – ist die „Streif", am längsten die „Saukaser" von Jochberg, nicht viel kürzer die „Blaufeld" von Aurach, ein grober Weg wartet auf der „Pengelstein" von Rettenbach übers Hieslegg. Am beliebtesten, aber nicht viel leichter sind die „Fleck" von Kirchberg her und die sogenannte „Asten" direkt von Kitzbühel, mit Start bei der Hahnenkamm-Talstation. Die Weiterfahrt zum Pengelstein ist dann nur mehr eine kurze Draufgabe, die Fahrt wird immer mehr zur richtigen Genusstour, zudem eröffnen sich auch ganz neue Möglichkeiten für die Abfahrt. Gönnt man sich die Hahnenkamm-Seilbahnfahrt (16,20 Euro, Radmitnahme gratis), wo bereits an jeder Gondel ein eigener Haken für den Radtransport montiert ist, lässt sich die Runde großzügig ausdehnen. Vom Pengelstein kann man

Wo es Skipisten gibt, dürfen Speicherseen nicht fehlen.

entweder direkt ins Spertental zur Skirast abfahren oder noch mühelos den gesamten Aschauer Höhenweg anhängen. Die Seilbahn verkehrt üblicherweise bis 26. Oktober. Genaus gut möglich wäre die Auffahrt mit der Fleckalmbahn, die aber bereits Mitte September den Betrieb einstellt. Gerüchteweise soll ein rigoroser Umbau die Bahn für längere Zeit stilllegen.

Die Strecke: Start bei der Hahnenkammbahn (Parkplatz gebührenpflichtig) und rechts der Talstation auf MTB-Route 232 gleich zu Beginn schon steil aufwärts zur Schattbergsiedlung. Nach einer lang gezogenen Kehre wird das Alpengasthaus Einsiedelei passiert (km 2,5) und danach schraubt sich der Weg an der Flanke des Ehrenbachgrabens hinauf zur Astenalm. Nach einer längeren Waldpassage wird die Melkalm erreicht, danach folgt der letzte steile Aufschwung im Almgelände und die Bergstation der Hahnenkammbahn ist in Sicht (9,2 km, 1:15 bis 1:30 Stunden, 820 Hm.).

Weiter zum Pengelstein: Von der Hahnenkamm-Bergstation geradeaus in Richtung der Ehrenbachhöhe. Nach der Bernhardskapelle (rechts Einmündung des Anstiegs über die Fleckalm) am Hang unterhalb der Ehrenbachhöhe und mit leichter Abfahrt in die Senke von Hochbrunn. In vier lang gezogenen Kehren windet sich der gute Almweg im Hang des Steinbergkogels zur Jufenalm und zum Ansatz des Jufenkamms, unter dem die Straße parallel auf den Pengelstein zuführt. Kurz vorher mündet noch die Saukaser-Route ein, aber gleich darauf ist das Panoramarestaurant am Pengelstein und somit der höchste Punkt der Tour erreicht.

Abfahrt ins Spertental: Von der Seilbahnstation in Richtung Süden mit Blick auf den Großen Rettenstein, vorbei an zwei glitzernden Speicherseen zur Bergstation des Hieslegglifts und direkt beim Seilbahnhäuschen rechts talwärts zur Usterkaralm. Der Weg ist anfangs recht ruppig und grobschottrig, er schüttelt den Fahrer gehörig durch, wird aber im weiteren Verlauf zunehmend besser fahrbar. Von der Alm auf gutem Weg bis zum Hieslegg (Liftstation) bzw. kurz davor, wo die Abzweigung des Aschauer Höhenweges nach links gut angezeigt ist. (Geradeaus weiter gelangt man, vorbei am Schrollhof, in Rettenbach beim Gasthaus Skirast auf die Spertentaler Landesstraße.)

Aschauer Höhenweg: Den ca. 7 km langen Aschauer Höhenweg sollte man sich unbedingt noch gönnen. Er führt durch die Flanke des Schwarzkogels – von ein paar kurzen Gegenanstiegen abgesehen – großteils leicht abwärts bis in den Oberen Grund des Spertentals. Man mündet bei der Ragstattalm auf den Talweg, wo man ebenfalls ohne eine Pedalumdrehung flott hinausrollt bis Aschau. Ein Stück bleibt man auf der Landesstraße bis zur K-West-Seilbahnstation. Gleich danach kann man nach links auf den Talradweg wechseln oder lieber am Asphalt bleiben. In Kirchberg bis in die Ortsmitte, beim Kreisverkehr rechts, aber gleich darauf wieder links (Beschilderung Golfplatz), am Brixentaler Radwanderweg, immer in Richtung Kitzbühel, links und rechts der Bahn zum Schwarzsee und weiter ins Stadtzentrum.

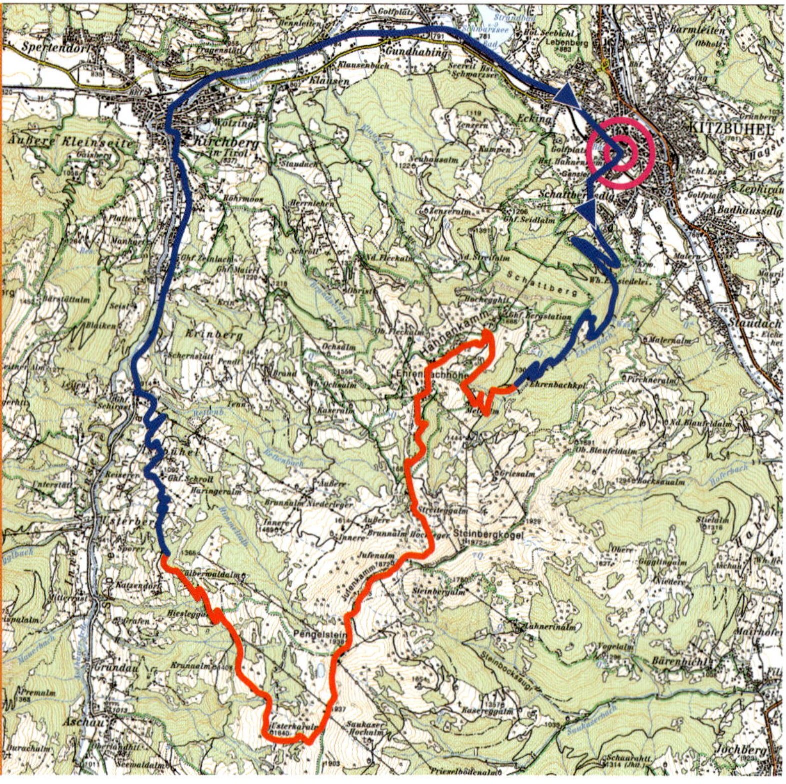

79 Am Aschauer Höhenweg

Am Aschauer Höhenweg bei der Ragstattalm.

Die als „Aschauer Höhenweg" bestens bekannte Route durch das Spertental und den Oberen Grund ist seit jeher eine beliebte Strecke für Bergradler: Hier ist alles im grünen Bereich, die langen, aber harmlosen Anstiege sind gerade recht für Genussradler. Einfach eine feine Tour in den Kitzbüheler Bergen.

Ausgangspunkt: Kirchberg, 838 m

Streckenführung: Parkplatz Gaisberglift – Radweg Spertental – Aschau/Oberlandhütte (km 9, 1014 m) – Oberer Grund – Ragstattalm (km 13,5, 1302 m) – Hieslegg (km 20, 1440 m) – Schrollhof – Gasthof Skirast – Kirchberg

Länge/Fahrzeit/Hm.: 29 km, 3 Stunden, 650 Höhenmeter.

Steilheit: Kaum über 10 %

Wegbeschaffenheit: Radweg, gute Forststraßen und Almwege.

Höchster Punkt: Hieslegg (1440 m)

Charakter/Tipp: Man kann die Route auch umdrehen und gleich beim Gasthof Skirast in der Mitte des Spertentals den Aufstieg zum Hieslegg beginnen. Der Anstieg von dieser Seite vollzieht sich in einem Zug, ist wesentlich kürzer, aber – wie könnte es auch anders sein – viel steiler. Mit Steigungen um die 16 % ist zu rechnen.

Einkehrstationen: Oberlandhütte/Aschau, Kloo Alm, Gasthaus Skirast.

Am besten beginnt man in Kirchberg beim Parkplatz der Gaisberglifte. Geradeaus und immer rechts der Ache auf dem beschilderten Radweg am knirschenden Kies durch Wald und Wiesen in das Spertental nach Aschau. Einmal überquert man die Talstraße, aber spätestens ab der K-West-Seilbahnstation bleibt man am besten für das letzte Stück am Asphalt bis kurz unterhalb des kleinen Dörfchens Aschau. Wo die Straße links abbiegt, bleibt man unten und radelt geradeaus weiter zur Oberlandhütte (1014 m).
Kurz nach der Oberlandhütte passiert man die Mautstelle, überquert den Bach und biegt gleich links ein in den Oberen Grund. Bis jetzt hat man noch kaum auf die oberen Kränze

Blick zum Pengelstein.

schalten müssen, jetzt geht es schon richtig zur Sache und die Steigung nimmt merklich zu. Dafür hat man aber eine schöne Forststraße. Braucht man eine Labestation, muss man bei der Kloo Alm einkehren, denn die folgenden Almen am Höhenweg sind reine Viehalmen ohne Gastwirtschaft und die nächste Möglichkeit bietet sich erst wieder bei der Skirast im Tal.
Bei der Ragstattalm (1302 m) beginnt der eigentliche Aschauer Höhenweg mit einer Länge von 7 km (Wegweiser). Hier biegt man links ab und fährt an der Flanke von Schwarzkogel und Pengelstein in vielen Windungen durch mehrere Bachgräben wieder in Richtung talaus. Ein paar kurze steile Passagen sind zu bewältigen, dafür gibt es auch ein paar erholsame Flachstücke und sogar kurze Abfahrten. Hat man die Seilbahnstation beim Hieslegg (1440 m) erreicht, sind alle Mühen zu Ende, von nun an geht‘s nur mehr bergab. Erst noch 3 km auf Schotter bis zum Schrollhof, dann auf Asphalt und steil hinunter ins Tal. Beim Gasthof Skirast mündet man auf die Talstraße und hat die Wahl, für die restlichen 4 km wieder zum bekannten Radweg zu wechseln oder auf Asphalt zurück nach Kirchberg zu rollen.

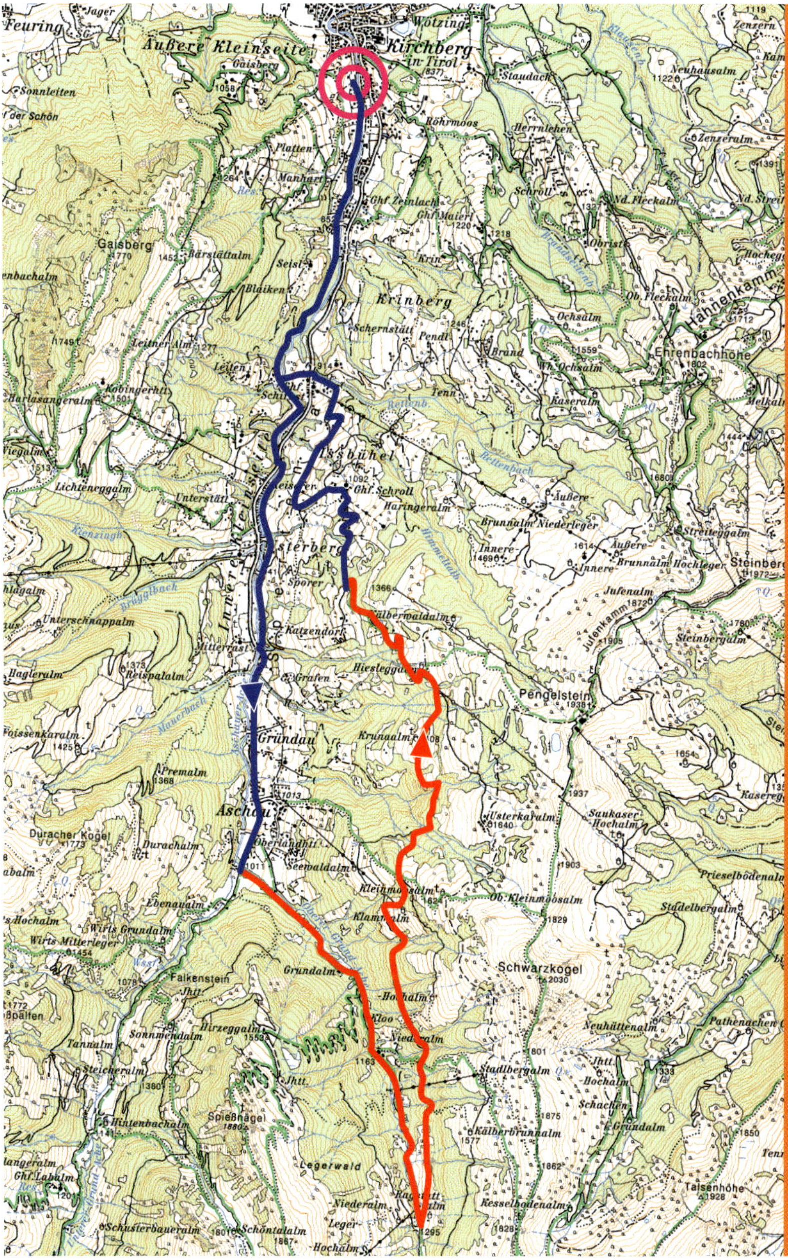

Route 79 Aschauer Höhenweg

80 Die Kitzbüheler Bikesafari

Am Stangenjoch hat die Schinderei ein Ende.

Eine ausgiebige Runde, die alles beinhaltet, was sich ein richtiger Bergradler wünscht, eine Paradestrecke im Herzen der Kitzbüheler Alpen. Der lange Anstieg vom Pass Thurn zur Resterhöhe kann mit Lift entschärft werden.

Ausgangspunkt: Kirchberg (Liftparkplatz der Fleckalmbahn) am östlichen Ortsrand

Streckenführung: Kirchberg/Klausen (800 m) – Kitzbühel – Leukentaler Radweg bis Jochbergwald – 3 km Bundesstraße bis Pass Thurn (1274 m) – MTB-Route 224 Resterhöhe – Panoramaalm (1975 m) – Stangenjoch – Rettensteinalm – Aschau – Kirchberg

Länge, Fahrzeit, Hm.: 58 km, 5 bis 6 Stunden, 1400 Höhenmeter. Mit Lifthilfe Auffahrt vom Pass Thurn (Mittelstation Breitmoos) zur Resterhöhe. Man spart 500 Höhenmeter bzw. 5 Bergkilometer.

Steilheit: Übliche Almwegsteigung, ca. 10 bis 12 %

Wegbeschaffenheit: Zu Beginn asphaltierte Radwege, ab Pass Thurn beste Almwege bis zum Stangenjoch, kurze Tragestrecke bergab, gute Forststraße im oberen Grund, ab Aschau wieder Asphalt.

Höchster Punkt: Panorama-Alm (1975 m), Zweitausender (2000 m)

Charakter/Tipp: Exklusive und anspruchsvolle Mountainbike-Runde in den Kitzbüheler Bergen. Mit Lifthilfe auf der Salzburger Seite des Pass Thurn kann man sich einen Großteil des Hauptanstiegs sparen.

Einkehrstationen: Hartkaser-Panorama-Alm, Kloo Alm, Oberlandhütte/Aschau.

Eine Strecke rund um den ganzen Kitzbüheler Schizirkus zwischen Leukental und Spertental. Rund um Pengelstein, Schwarzhorn und Kleinem Rettenstein, mit dem „Zweitausender" als höchstem Punkt. Bis zum Großglockner reicht die Fernsicht, die beiden Rettensteine beherrschen das nahe Panorama. Fast die ganze Strecke von Kitzbühel zum Pass Thurn sowie von der Resterhöhe zum Stangenjoch verläuft auf Radwegen, Forststraßen und Almwegen. Sogar die frühere Schiebestrecke vom Zweitausender hinüber zum Stangenjoch ist jetzt gut fahrbar, weil erst vor kurzem ein neuer Almweg gebaut wurde. Einziger „Schönheitsfehler" sind die 3 km über die lange Kehre von Jochbergwald hinauf zum Pass Thurn, die auf der verkehrsreichen Bundesstraße bewältigt werden müssen. Wem die komplette Runde mit 1400 Höhenmetern zu anstrengend scheint, kann den Hauptanstieg vom Pass Thurn zur Resterhöhe mit dem Lift austricksen und erspart sich so 500 Höhenmeter.

Die Strecke: Idealerweise beginnt man in Kirchberg/Klausen beim Parkplatz der Fleckalmbahn. Kurz in Richtung Kirchberg und sofort zum Brixentaler Radweg, der in Nähe der Bahntrasse verläuft. Am Schwarzsee vorbei nach Kitzbühel und oberhalb des Ortszentrums nahe der Hahnenkammbahn zum Beginn des Leukentaler Radweges. Entlang der Ache bis Aurach. Dort wird die Bundesstraße gequert (beim Gasthaus Hechenmoos) und sofort links bergwärts abgebogen. Jochberg wird mit mehreren Anstiegen hangseitig umfahren.
Im Talboden unterhalb der Bundesstraße, vorbei am Gasthaus Alte Wacht, rollt man auf guten Forstwegen bis Jochbergwald (Gasthof), wo man in die Bundesstraße einmündet.
Die lange Kehre hinauf zum Pass Thurn muss man wohl oder übel auf der Bundesstraße fahren, immerhin ist die Straße dort so breit, dass man neben der weißen Randlinie eine eigene Fahrspur für sich hat. Etwa 500 m vor dem Pass Abzweigung rechts und auf der beschilderten MTB-Route 224 zur Resterhöhe. Auf guter Schotterfahrstraße in einer lang gezogenen Kehre durch den Näßlinger Wald bis hinauf zum neu angelegten Resterkogel-Speichersee (wo die Liftfahrer einmünden) und weiter zur Panorama-Alm (8,5 km Aufstieg, 750 Hm.).
Wer lieber mit dem Lift fährt, überquert die Passhöhe und rollt auf der Salzburger Seite 1 km abwärts bis Breitmoos zur Mittelstation der Gondelbahn (Auffahrt Resterhöhe 8,- Euro, Radtransport gratis). Von der Bergstation hinunter zum neuen Speichersee

Ruppige Abfahrt vom Stangenjoch in den Oberen Grund.

und – wieder gemeinsam – letzter Anstieg auf bester Naturstraße zur Panorama-Alm. Weiter zum sichtbaren weißen Lifthäusl unmittelbar vor dem Gipfel des Zweitausender (der genau nach seiner Seehöhe benannt ist und in ein paar Schritten zu erreichen ist), wo die Querung zum Stangenjoch beginnt. Nach links, auf die Salzburger Seite, kurze Schiebestrecke hinab in die Senke (leicht möglich, dass der neue Forstweg bereits hier heroben angelangt ist), dann Zaunübertritt und auf grobem Weg abwärts zur Einmündung in den breiten neuen Almweg. Nochmals zwei Kehren hinunter bis zur Erlschlief-Hochalm und danach gut auf die Wegweiser schauen: In einer Linkskehre verlässt man den breiten Almweg nach rechts und fährt auf einem ruppigem Traktorweg waagrecht hinüber zur Stangenalm, hinter der man im leichten Rechtsbogen sogleich das Stangenjoch erreicht, über dem sich der mächtige Rettenstein aufbaut. Wir wenden uns nun rechts nach Norden, wo gleich eine kurze Tragestrecke bergab zu bewältigen ist. Auf dem alten Karrenweg, anfänglich noch etwas trialmäßig, aber nach und nach besser zu fahren, gelangt man zur Rettensteinalm. Ab hier wieder gute Forststraße. Als Einkehrstation wartet noch in Talmitte die Kloo Alm. Dann rollt man durch den Oberen Grund hinaus nach Aschau, vorbei an der Oberlandhütte, und ab Brügglbach beliebig auf der Straße oder links davon am Radweg zurück nach Kirchberg.

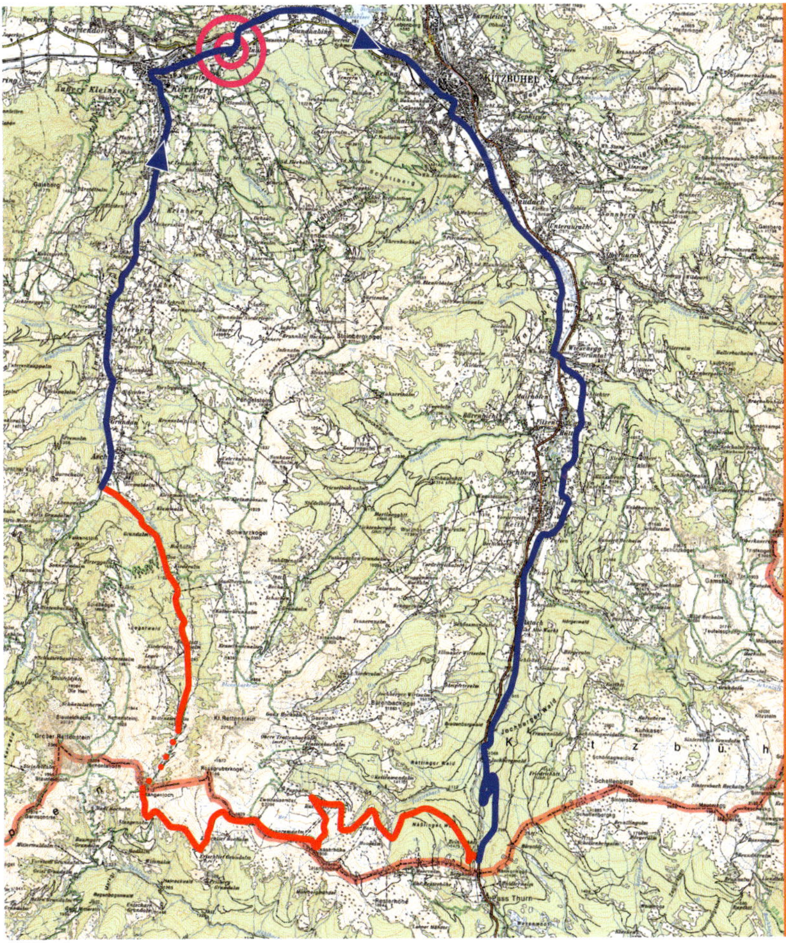

81 Spitzsteinhausrunde

Rasante Abfahrt auf Asphalt.

In den letzten Zipfel von Tirol führt diese Runde – zu manchen landschaftlichen Besonderheiten: zunächst steil hinauf auf den Erlerberg, dann eine Weile durch ein Trockental, ein Wasserplätschern im Ohr, und zuletzt, nach einer kurzen Schiebestrecke, auf das Spitzsteinhaus, das von Weideflächen umgeben ist.

Ausgangspunkt: Parkplatz bei der Kirche in Erl (475 m)

Streckenführung: Parkplatz – Trockental – Nesselbrandalm – Spitzsteinhaus – Erlerberg – Parkplatz

Länge, Fahrzeit, Hm.: 23,1 km, 2:15 Stunden, 850 Höhenmeter.

Steilheit: Anfangs etwas steil, das letzte Stück zum Spitzsteinhaus sehr steil. Sonst angenehme Steigung, die sich mit flachen Stücken abwechselt.

Wegbeschaffenheit: 12,5 km Asphalt; 8,2 km Forstweg; 0,1 km Schiebestrecke

Höchster Punkt: Spitzsteinhaus (1252 m)

Charakter/Tipp: Landschaftlich schöne Tour. Einzig die kurze Schiebestrecke und das extrem steile Stück vor dem Spitzsteinhaus bilden eine Herausforderung. Im Sommer kann man auf den Weiden unterhalb des Spitzsteinhauses die berühmten Haflinger grasen sehen.

Einkehrstationen: Spitzsteinhaus (1252 m), geöffnet von Anf. Mai bis Mitte November; Goglalm (1143 m), geöffnet von Anf. Mai bis Mitte Oktober, Montag Ruhetag.

So kommt man hin: Von der Autobahnausfahrt Kufstein Nord fährt man auf der Bundesstraße nach Ebbs und dort gegen Ortsende links, dem Schild Erl folgend, weiter durch Niederndorf nach Erl, wo kurz vor der Kirche rechts die Straße Richtung Spitzsteinhaus abzweigt. Hier befinden sich einige Parkplätze. Falls diese belegt sind, gibt es etwas weiter östlich weitere Parkmöglichkeiten.

Durch das Trockental: Zuerst geht es die Straße aufwärts, an ein paar Häusern vorbei und später über schöne Wiesen immer weiter auf den Erlerberg hinauf. Die Straße wird zunehmend steiler. Nach einem Waldstück erreicht man wieder freie Flächen und hat somit einen schönen Blick auf die Umgebung. Nach einer scharfen Rechtskurve (bei km 2,7) gabelt sich die Straße. Man nimmt die linke, die steiler aufwärts führt, und radelt Richtung Kranzhorn (MTB-Wegweiser Spitzstein 334). Bald nachdem man wieder in einen Wald gelangt, gibt es eine weitere Abzweigung. Hier fährt man rechts dem Schild Spitzstein 334 nach. Kurz darauf geht die Straße in einen Forstweg über und führt nun relativ flach, aber doch stetig bergauf durch das Trockental. Begleitet vom Geräusch des Trockenbaches kann man diese Strecke so richtig genießen. Bei km 8,5 folgt man rechts dem MTB-Schild Spitzstein 334 und überquert den Bach.

Zum Spitzsteinhaus: Nun geht es etwas steiler bergauf. Man wird nach wie vor vom Rauschen des Baches begleitet. Mit zunehmender Höhe wird der Ausblick auf die Umgebung schöner. Der Weg wird etwas grobschottrig, was das Fahren erschwert. Man bleibt am stetig steigenden Hauptweg und arbeitet sich so auf 1220 m Höhe hinauf. Dann geht's etwa 45 Höhenmeter bergab und anschließend wieder gemächlich bergauf. Der Weg wird bald

Gatter wieder schließen!

schlechter und bei km 13,4 wandelt er sich plötzlich in einen schmalen Wandersteig. Hier muss man das Rad kurze Zeit schieben. Bald darauf geht es auf einem Forstweg bequem weiter, an der Nesselbrandalm vorbei und wieder recht flach bergauf, bis man bei km 14, 2 die rechte Abzweigung nimmt (kein Wegweiser). Dieser Weg führt ca. 30 Höhenmeter abwärts und man erreicht nach 600 m die teilweise extrem steile Auffahrt zum Spitzsteinhaus. Da der Weg mit einer Art Asphalt befestigt ist, ist die Strecke aber fahrbar. Bei km 15, 1 erreicht man schließlich das Spitzsteinhaus und kann von dessen Terrasse aus die Bergwelt vom Kaisergebirge bis zu den Zillertaler Alpen bewundern.

Rasante Abfahrt: Ins Tal radelt man an der Goglalm vorbei und weiter direkt nach Erl. Auf der asphaltierten Straße geht's immer abwärts, zuerst über freie Wiesenflächen, dann durch Wald und zum Schluss öffnet sich eine schöne Aussicht auf Erl.

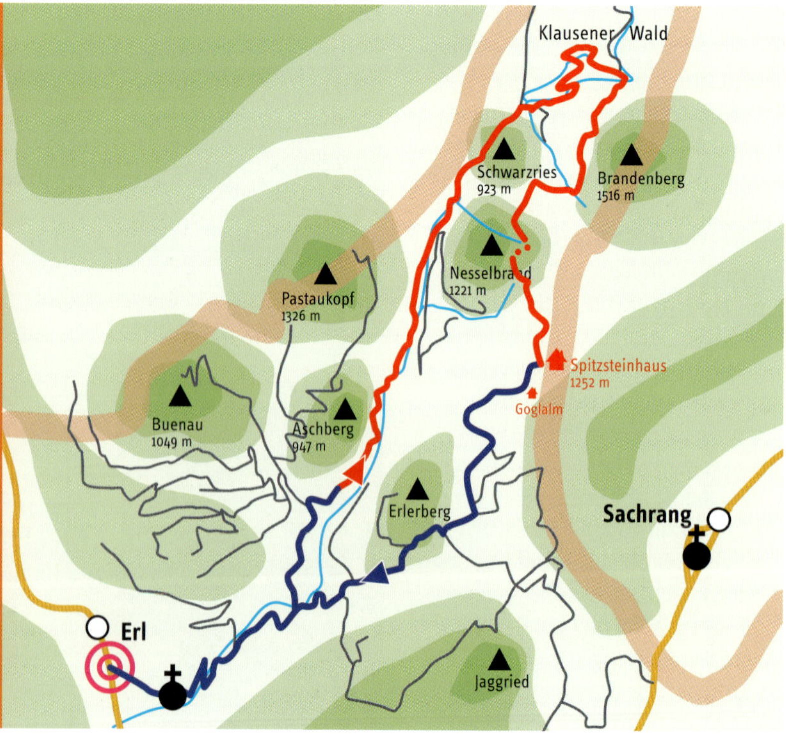

82 Mit Kaiserblick auf die Prostalm

Auffahrt zum Prostkogel mit „anstrengender Last".

Eine besondere Tour in der Nähe von Kirchdorf, die über sanfte Almböden bis zum Prostkogel führt. Die Schiebestrecke bei der Abfahrt kann umgehen, wer auf dem Anfahrtsweg zurück ins Tal radelt: Langeweile kommt bei der grandiosen Aussicht auf den Wilden Kaiser und die Steinberge ohnehin nicht auf.

Ausgangspunkt: Parkplatz beim Sportplatz Kirchdorf (641 m)

Streckenführung: Kirchdorf – Gasteig – Hinterberg – Marcheralm – Prostalm – Prostkogel – Gschößtalgraben – Wohlmuting – Kirchdorf

Länge, Fahrzeit, Hm.: 21,8 km, 2:15 Stunden, 740 Höhenmeter.

Steilheit: Straße am Anfang etwas steil (bis zu 15 %), sonst durchwegs angenehme Steigung.

Wegbeschaffenheit: 12,3 km Asphalt, 8,8 km Forstweg, 0,7 km Schiebestrecke.

Höchster Punkt: Prostkogel (1244 m)

Charakter/Tipp: Schöne Runde, die abgesehen von der Schiebestrecke nicht schwierig ist. Wer sein Rad nicht schieben will, fährt am gleichen Weg zurück ins Tal.

Einkehrstationen: Prostalm (1244 m), geöffnet von Mitte Mai bis Mitte Oktober.

So kommt man hin: Anfahrt von Wörgl über St. Johann bis Kirchdorf, bei der Kirche Richtung Gasteig abbiegen und zum Parkplatz beim Sportplatz von Kirchdorf.

Wilder-Kaiser-Blick: Mit dem Rad fährt man zunächst auf der Straße, die als Mozart-Radweg ausgeschildert ist, Richtung Gasteig, wobei man immer wieder einen schönen Blick auf einige Gipfel des Wilden Kaisers hat. Bei den Serpentinen vor Gasteig hat die Straße bis zu 15 % Steigung. In der Ortsmitte Richtung Griesenau abbiegen und dem Straßenverlauf folgen, bis man bei km 3,8 rechts Richtung Hinterberg abzweigt. Hier ist auf einem gelben Wegweiser auch die Prostalm bereits angekündigt. Nun geht es im Wald aufwärts, wobei sich manchmal ein Ausblick auf einzelne Spitzen des Wilden Kaisers öffnet. Nach 6 km erreicht man einen Parkplatz und kurz darauf geht die Straße in einen Forstweg über. Bei einem Schranken muss man das Rad drüberheben. Dann geht es weiter aufwärts, teils durch Wald, teils durch Almgelände.

Wenig befahrene Straße.

Zum Prostkogel: Nach der Abzweigung zur Schnappenalm fährt man ein kurzes Stück bergab und kurz darauf sieht man bereits den Prostkogel, einen grünen Hügel, auf dem Einrichtungen der Flugwache installiert sind. Bei km 9,7 erreicht man die Prostalm. Von hier kann man nach Querung des Kuhgatters auf dem Weg bis zur Flugwache (das ist auch der höchste Punkt) fahren. Zum Gipfelkreuz des Prostkogels geht man ein paar Schritte zu Fuß durch die steile Wiese und genießt dann die eindrucksvolle Aussicht auf das Kaisergebirge und die Steinberge. Nach einer Einkehr auf der Alm geht es wieder zurück ins Tal.

Runde durch den Gschößtalgraben: Man biegt bei km 10,8 (in der ersten Kehre) rechts auf den Fußweg nach Elsental/Erpfendorf ab. Hier beginnt auch die Schiebestrecke. Zuerst ist der Weg recht gut sichtbar, dann muss man sich an den aus der Wiese hervorragenden rot-weiß-rot markierten Stecken orientieren, bis man schließlich auf einen schmalen Waldweg gelangt, der sich in Serpentinen zwischen den Bäumen durchschlängelt. Sobald man wieder einen Forstweg erreicht, fährt man Richtung Erpfendorf bergab. Man bleibt immer am Hauptweg, kommt in den Gschößtalgraben hinunter, radelt an der Eiblkapelle vorbei und erreicht bei km 16,3 die Hauptstraße, in die man rechts einbiegt. Bei km 17,8 fährt man (vor der Brücke über die Großache) nach rechts und auf der wenig befahrenen Straße nach Kirchdorf zurück. Bei der Kirche biegt man rechts Richtung Gasteig ab und fährt zum Parkplatz beim Sportplatz zurück.

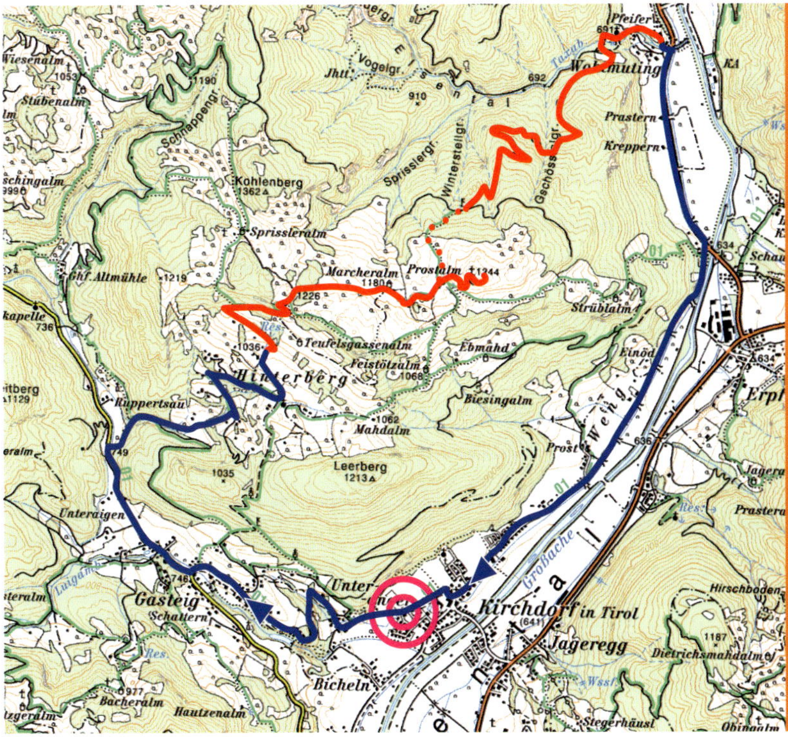

Blick ins Osttiroler Gailtal.

Eine Pumpe sollte stets dabei sein.

Mountainbiken ist eines der beliebtesten Freizeitvergnügen in Tirol.

Mitunter wartet eine kurze Tragestrecke.

Blick zum Peitlerkofel.

Vollen Krafteinsatz verlangen manche Wegstücke beim Aufstieg von Latzfons zur Klausener Hütte.

83 Runde über die Lärchfilzhochalm

Ausblick auf die Loferer Steinberge.

Herrliche Aussicht auf die Kitzbüheler Alpen, das Kaisergebirge und die Loferer Steinberge – das zeichnet diese Runde oberhalb von Fieberbrunn aus. Noch dazu liegen der einfallsreich gestaltete Berggasthof Wildalpgatterl mit einer Wetterstation und einer Hochseilbrücke sowie das Moorschwimmbad Lauchsee auf dem Weg.

Ausgangspunkt: Parkplatz beim Aubad (ca. 770 m)

Streckenführung: Fieberbrunn – Lärchfilzhochalm – Wildalpgatterl – Lauchsee – Fieberbrunn

Länge, Fahrzeit, Hm.: 17,7 km, 2:15 Stunden, 610 Höhenmeter.

Steilheit: Auffahrt in durchwegs angenehmer Steigung. Bei der Abfahrt ist ein Stück etwas steiler.

Wegbeschaffenheit: 8,7 km Asphalt, 9 km Forstweg.

Höchster Punkt: Lärchfilzhochalm (1363 m)

Charakter/Tipp: Diese Runde kann auch in umgekehrter Richtung gefahren werden. Dann ist die Auffahrt zwar autofrei, dafür aber steiler und schwieriger zu fahren. Der Lauchsee, ein Moorwassersee, lädt im Sommer zum Schwimmen ein.

Einkehrstationen: Lärchfilzhochalm (1363 m), geöffnet bei Bergbahnbetrieb und Schönwetter; Wildalpgatterl (1290 m), geöffnet von Pfingsten bis Mitte Oktober, Mittwoch Ruhetag.

So kommt man hin: Anfahrt über die Inntalautobahn bis Wörgl Ost und dann über die Bundesstraße nach St. Johann in Tirol und weiter ins Zentrum von Fieberbrunn. Dort den Wegweisern bis zum Aubad folgen, wo man parken kann.

Zur Lärchfilzhochalm: Mit dem Rad geht es anfangs links der Fieberbrunner Ache entlang (auf dem Radweg Richtung Hochfilzen, teils auf Asphalt, teils auf Schotter). Bei km 1,8 fährt man durch die Unterführung der Bundesstraße und dann weiter der Straße entlang. Anschließend überquert man die Fieberbrunner Ache und biegt bei km 4 Richtung Alpengasthof Lärchfilzhochalm ab. Nun kann man den MTB-Schildern Rundweg Lärchfilzhochalm 256 folgen. Es geht kontinuierlich aufwärts, an einem stattlichen Bauernhof vorbei, durch Wald und schließlich über schöne freie Almwiesen. Dabei hat man immer wieder einen traumhaften Ausblick auf die umgebende Bergwelt. Im oberen Teil geht die Asphaltstraße in eine Forststraße über, die sehr gut zu fahren ist.
Die Auffahrt hat allerdings zwei Schönheitsfehler. Zum einen ist die Strecke nicht gesperrt, sodass man ab und zu mit Autoverkehr rechnen muss, zum anderen sind die Almen im oberen Teil durch Liftstützen verunstaltet. Bei km 8,7 erreicht man schließlich die Lärchfilzhochalm und den dazugehörigen Parkplatz.

Zum Berggasthof Wildalpgatterl: Es zahlt sich aus, ein Stück weiterzufahren und im Berggasthof Wild-alpgatterl einzukehren. Nun geht es ohne Autoverkehr noch ein paar Meter bergauf Richtung Mittelstation Streuböden und dann abwärts, bis man bei km 10,7 den Berggasthof erreicht. Dieser ist liebevoll hergerichtet: mit einer Kneippstation, einer beeindruckenden Hochseilbrücke und einem sehr netten Gastgarten.

Flotte Abfahrt.

Abfahrt über den Lauchsee: Abwärts geht es dann weiter, bis man kurz vor der Mittelstation Streuböden bei km 11,1 Richtung Zielstatt/ Lauchsee nach links abzweigt. Nun fährt man zuerst auf relativ grobem Schotter und etwas steiler bergab, an der Zielstattalm mit ihren schönen Bergwiesen vorbei und weiter durch Wald, bis man schließlich zu weiteren Wiesen kommt, über die einige sehr gepflegte Bauernhöfe verstreut sind. Bei km 15,3 erreicht man den wunderbar gelegenen Lauchsee. Von dort geht es weiter abwärts bis zur Kirche, an dieser links vorbei und später an der Johannes-Nepomuk-Kapelle vorbei. Schließlich gelangt man auf die Hauptstraße, in die man links Richtung St. Johann einbiegt. Bei der ersten Möglichkeit fährt man rechts über die Brücke und gelangt auf den Radweg Hochfilzen/St. Johann, der direkt zum Aubad und damit zum Parkplatz zurückführt.

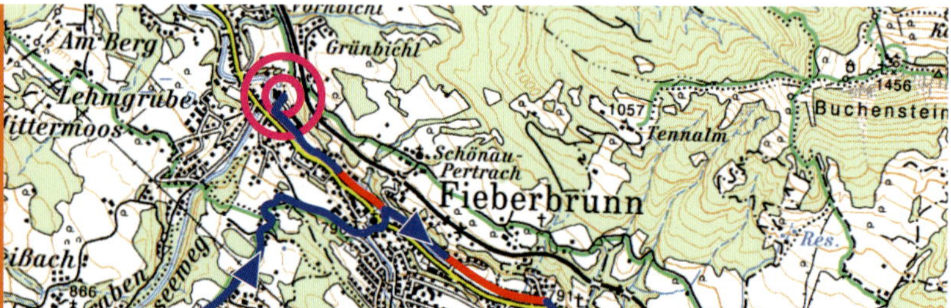

84 Ausflug ins benachbarte Salzburg

Seilbahn mit Magnesitladungen schwebt über dem Forstweg.

Vorbei am Naturdenkmal „Schreiende Brunnen“ und am Magnesitbergwerk durch den Hörndlinger Graben ins benachbarte Bundesland: An der Grenze öffnet sich ein weiter Ausblick auf die Salzburger Bergwelt – und bei der Rückkehr aus Saalbach zeigen sich die heimischen Gipfel in neuem Licht.

Ausgangspunkt: Parkplatz Gasthof Eiserne Hand (860 m)

Streckenführung: Eiserne Hand – Schreiende Brunnen – Roßwaldhütte – Hinterglemm – Saalbach – Spielberghaus – Burgeralm – Eiserne Hand

Länge, Fahrzeit, Hm.: 29 km, 3:30 Stunden, 1060 Höhenmeter.

Steilheit: Durchwegs angenehme Steigung, nur ein kurzes Stück vor dem Spielberghaus ist etwas steiler.

Wegbeschaffenheit: 6,3 km Asphalt, 22 km Forstweg, 0,7 km Schiebestrecke.

Höchster Punkt: Grenzübergang zwischen Tirol und Salzburg (1608 m)

Charakter/Tipp: Die einzig größere Herausforderung auf dieser schönen Runde ist eine Schiebestrecke.

Einkehrstationen: Spielberghaus (1311 m), Montag Ruhetag; Roßwaldhütte (1540 m), Mittwoch Ruhetag; Burgeralm (1256 m), Dienstag Ruhetag; Gasthof Eiserne Hand (860 m), täglich geöffnet.

So kommt man hin: Von Wörgl über St. Johann bis Fieberbrunn. Nach dem Ortsende biegt man rechts in die Straße Richtung Eiserne Hand ein und gelangt bald zum gleichnamigen Gasthof, wo man das Auto am großzügigen Parkplatz abstellt.

An den Schreienden Brunnen vorbei: Mit dem Rad geht es geradeaus weiter über die Brücke des Spielbergbaches. Dort beginnt der Forstweg, der sich kurz darauf spaltet. Man fährt den rechten Weg, dem MTB-Wegweiser Hörndlinger Graben 259 folgend. Der Weg führt in den Hörndlinger Graben hinein, immer der Schwarzache entlang, die man mehrmals überqueren muss. Man kommt bei den Schreienden Brunnen vorbei. Das sind einige kleine Wasserfälle, die als Naturdenkmal gekennzeichnet sind.
Bald danach muss man durch einen spärlich beleuchteten Tunnel fahren. Da auf dem Forstweg auch Autos fahren dürfen, sollte man entsprechend ausgestattet sein (Beleuchtung!). Von weitem sieht man nun eine Materialseilbahn in luftiger Höhe, die das Tal überquert. Sie gehört zu einem Magnesitbergwerk. Halten im Bereich der Seilbahn sollte man vermeiden. Man kommt an mehreren Abzweigungen vorbei, die man außer Acht lässt. Erst bei km 4,4 zweigt man vom Hauptweg ab und folgt dem MTB-Wegweiser in Richtung Pulvermacheralm, Linneralm und Saalbach-Hinterglemm 258. Das Tal wird nun breiter, der Weg führt aber weiter durch den Wald aufwärts. Dort wo sich der Wald lichtet, bekommt man das Magnesitbergwerk zu sehen.

Schiebestrecke: Bei km 8,5 verlässt man in einer Kehre (kein Wegweiser!) den Forstweg und biegt auf einen Wanderweg ab. Hier beginnt die Schiebestrecke, die direkt an die Grenze zum Bundesland Salzburg führt. Im oberen Teil ist der Weg recht matschig, doch durch Holzplanken und Betonplatten gut passierbar. Vom höchsten Punkt aus öffnet sich ein herrlicher Ausblick auf das Bergpanorama im Salzburgischen.

Ausflug ins Bundesland Salzburg: In einiger Entfernung ist ein Forstweg zu erkennen, den man anpeilt. Kurz darauf findet man einen MTB-Wegweiser Roßwaldhütte/Hinterglemm und fährt den Forstweg hinunter. Man kommt an der Roßwaldhütte vorbei und radelt weiter Richtung Pfefferalm/Sportalm. Mit Blick auf die lieblichen Berge auf der Salzburger Seite fährt man auf dem schönen Forstweg ins Tal, anfangs Richtung Hinterglemm und dann Richtung Sterer-brücke, ehe man in Hinter-glemm ankommt. Ein kurzes Stück radelt man auf der Hauptstraße und biegt kurz vor einem Tunnel rechts auf den Glemmtal-Radweg ab (grünes Schild). Man erreicht Saalbach

Wunderbarer Blick auf die Steinberge bei der Abfahrt zum Ausgangspunkt.

nach ca. 4,2 km und folgt nun dem grünen Schild Saalbach Zentrum. Nach Überquerung der Hauptstraße gelangt man in die Fußgängerzone. Gleich nach Überquerung des Spielbergbaches biegt man links ab, fährt die Straße bergauf und kommt schließlich auf eine links Richtung Spielbergweg führende Straße.

Rückkehr nach Tirol: Man erreicht wieder den Bach und folgt den Wegweisern Spielberghaus. Der Weg führt immer entlang des Baches bergauf. Ein kurzes Stück ist recht steil, meist aber ist die Steigung angenehm. Bei km 22,9 erreicht man das Spielberghaus, eine Hütte mit schöner Sonnenterrasse (auf der Salzburger Seite). Weiter geht es Richtung Burgeralm (MTB-Wegweiser Eiserne Hand). Nun radelt man ins Tal, wobei man immer wieder einen schönen Blick auf die Steinberge werfen kann.

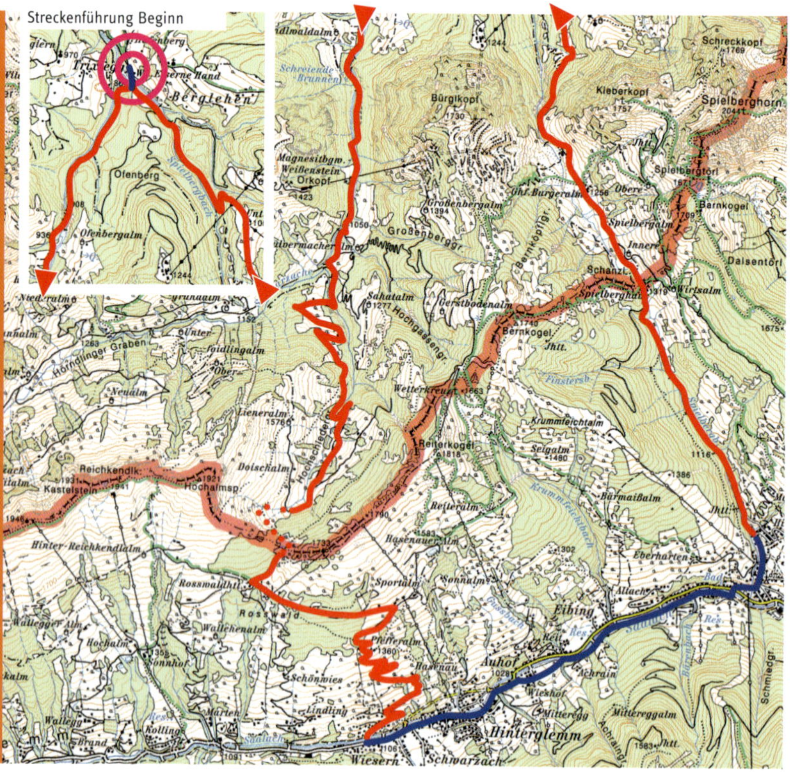

85 Kleberkopf

Letztes Stück der Auffahrt zum Joch.

Bis auf die letzten 100 Höhenmeter, die man in leichter Wanderung zurücklegt, kann dieser phantastische Aussichtsgipfel bei Fieberbrunn mit dem Rad bezwungen werden: Nicht nur die umliegenden Berggipfel rücken dort ins Blickfeld, sondern – bei guter Sicht – auch der Großglockner und der Großvenediger.

Ausgangspunkt: Parkplatz Gasthof Eiserne Hand (860 m)

Streckenführung: Eiserne Hand – Burgeralm – Innere Spielbergalm – Wirtsalm – Obere Spielbergalm – Kleberkopf – Eiserne Hand

Länge, Fahrzeit, Hm.: 17,2 km, 1:45 Stunden, 860 Höhenmeter (ohne Kleberkopf!).

Steilheit: Durchwegs angenehme Steigung.

Wegbeschaffenheit: 0,2 km Asphalt, 17 km Forstweg.

Höchster Punkt: Dach der Tour (1652 m)

Charakter/Tipp: Der traumhaften Aussicht wegen lohnt es sich, zu Fuß die 100 Höhenmeter auf den Kleberkopf (1757 m) zu gehen.

Einkehrstationen: Burgeralm (1256 m), Dienstag Ruhetag; Gasthof Eiserne Hand (860 m), täglich geöffnet.

So kommt man hin: In Wörgl fährt man von der Autobahn ab und über St. Johann bis Fieberbrunn. Kurz nach dem Ortsende biegt man rechts in eine Straße Richtung Eiserne Hand ab und erreicht bald den gleichnamigen Gasthof, wo sich ein großer Parkplatz befindet.

Bis zur Burgeralm: Mit dem Rad fährt man dann die Straße geradeaus weiter und quert die Brücke über den Spielbergbach. Gleich danach geht die Straße in einen Forstweg über, der sich kurz darauf spaltet. Man folgt dem linken Weg (MTB-Wegweiser Burgeralm/Spielbergalm 243). Zunächst fährt man den Spielbergbach entlang. Bei km 0,7 schlägt man den rechten Weg Richtung Burgeralm ein. Kurz bevor man unter den Gondeln des Magnesitbergwerks durchkommt, muss man links abzweigen und ein etwas steileres Stück mit Serpentinen passieren. Unter den Gondeln bitte nicht stehen bleiben, sondern zügig weiterfahren. Den durch den Wald weiter bergauf führenden Weg queren mehrere relativ tiefe Wasserrinnen, man kommt auch an einem kleinen Wasserfall vorbei. Die Burgeralm erreicht man bei km 4,7.

Neugierige Kuh am Joch.

Richtung Kleberkopf: Von hier geht es durch Almwiesen geradeaus weiter. bei km 5,2 kommt eine Abzweigung links Richtung Spielbergalm, die man kurz danach erreicht. Aber auch hier ist noch nicht Halt, sondern man fährt dem Monuntainbike-Wegweiser folgend weiter zur Wirtsalm. Man passiert die Gatter und radelt auf dem dahinter verlaufenden Forstweg nach links (Wegweiser Kleberkopf). Kurz vor der Oberen Spielbergalm geht es ein paar Höhenmeter abwärts, dann wieder bergauf und an einer Jägerhütte vorbei. Es wird nun etwas steiler und nach 8,6 km kommt man zur Einsattelung zwischen Kleberkopf und Spielberg. Hier ist der Forstweg zu Ende. Man hat bereits einen wunderbaren Ausblick auf das Kaisergebirge und die Loferer und Leoganger Steinberge.

Schöne Aussicht: Es zahlt sich aus, noch ca. 100 Höhenmeter zu Fuß bis auf den Gipfel des Kleberkopfes zu gehen. Der schmale Steig ist unkompliziert und gut markiert. Vom Gipfelkreuz aus bietet sich eine gigantische Aussicht, nicht nur auf die Gebirge, die man schon vom Joch aus sieht. Bei gutem Wetter kann man sogar den Großglockner und den Großvenediger ausmachen. Nach einer Rast geht's wieder ins Tal zurück. Zuerst zu Fuß zum Rad und dann in schöner Abfahrt bis zum Ausgangspunkt. Ab der Burgeralm muss man mit Autoverkehr rechnen und bis zu den Serpentinen auf die teils recht tiefen Entwässerungsgräben achten. Auch beim Runterradeln kann man immer wieder die schöne Aussicht genießen.

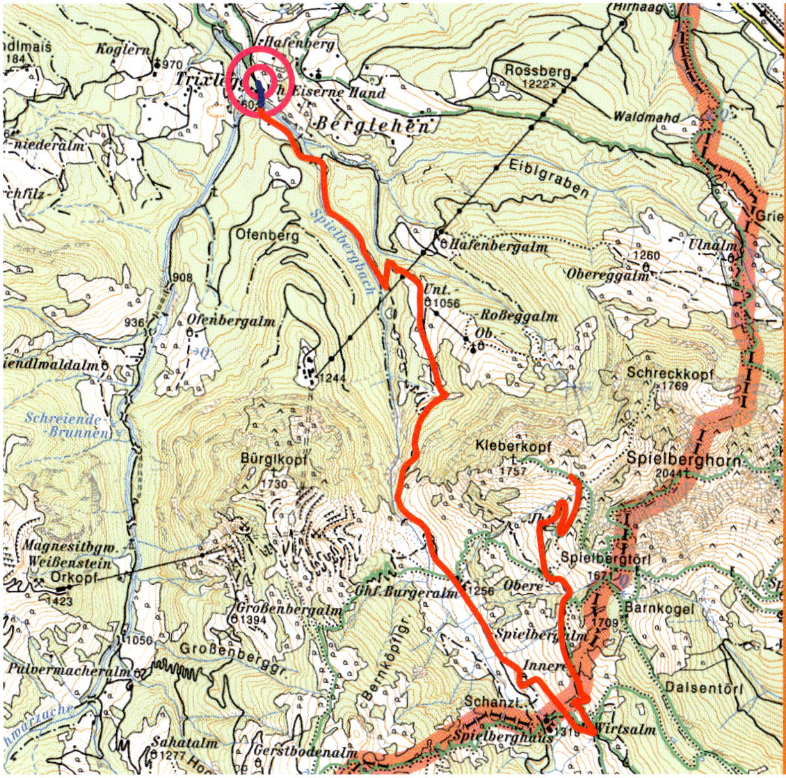

86 Zum höchsten Berg Österreichs

Das Dach Österreichs: Blickfang Großglockner.

Vom Bergsteigerdorf Kals auf die Lucknerhütte – der Großglockner ist es, der im Mittelpunkt dieser in mehrfacher Hinsicht atemberaubenden Runde steht: zunächst als markanter Blickfang inmitten einer Bergkulisse, wie man sie von Postkarten kennt; und später als überragende Bergmajestät, ganz ohne Konkurrenz.

Ausgangspunkt: Parkplatz in Kals bei der Kirche oder kurz danach (1324 m)

Streckenführung: Kals – Ködnitztal – Lucknerhaus – Lucknerhütte – Kalser Glocknerstraße – Kals

Länge, Fahrzeit, Hm.: 18,6 km, 2:15 Stunden, 920 Höhenmeter.

Steilheit: Die Auffahrt bis zum Lucknerhaus ist teils recht steil, wechselt aber mit flacheren Strecken ab. Das letzte Stück zur Lucknerhütte ist extrem steil.

Wegbeschaffenheit: 9,7 km Asphalt, 8,9 km Forstweg.

Höchster Punkt: Lucknerhütte (2241 m)

Charakter/Tipp: Vom Lucknerhaus auf die Lucknerhütte teils extrem steil. Die Runde kann man auch in umgekehrter Richtung fahren, dann ist allerdings bei der Auffahrt mit viel Verkehr zu rechnen.

Einkehrstationen: Lucknerhaus (1948 m); geöffnet von Anf. Februar bis Ende Oktober; Lucknerhütte (2241 m), geöffnet von Anf. Juni bis Mitte Oktober.

So kommt man hin: Man fährt von Lienz nach Huben, biegt dort Richtung Kals ab, wo sich bei der Kirche ein Parkplatz befindet. Falls dort kein Platz mehr frei ist, findet man einige Meter weiter zusätzliche Parkmöglichkeiten auf der linken Straßenseite.

Durch schöne Hochgebirgslandschaft: Mit dem Rad geht es auf der Straße ca. 5 Höhenmeter abwärts bis zur letzten Kehre, von wo ein Forstweg ins Ködnitztal führt. Anfangs fährt man neben dem Bach in angenehmer Steigung Richtung Lucknerhaus. Bei km 0,8 geht es links über eine Brücke und anschließend durch die kleine Siedlung Glor. Man folgt nun den MTB-Schildern Lucknerhausrunde 117. Dieser Forstweg ist die alte Lucknerhausstraße. Nach einem kurzen Asphaltstück fährt man wieder auf einem Forstweg weiter, der oft recht steil zum Ködnitzbach abfällt. Der Weg führt teils durch Wald, dann wieder an steilen Bergwiesen mit schönen Bergbauernhöfen vorbei. Die Steigung ist abschnittsweise beachtlich, steile Wegstücke wechseln sich aber mit weniger steilen ab, sodass die Strecke gut zu fahren ist. Nur selten findet sich hier auch gröberer Schotter, der das Fahren erschwert. Auf kurzen Stücken kann man sogar mit Asphalt rechnen. Bei km 2,6 und 3,7 hat man die Möglichkeit, auf die Kalser Glocknerstraße auszuweichen. Wer bis zum Schluss den Forstweg fährt, mündet bei km 4,5 in die Kalser Glocknerstraße. Nach einem guten Kilometer erreicht man dann das Lucknerhaus, von dem sich ein phantastischer Blick auf den Großglockner und die ihn umgebenden hohen Berge ergibt.

Weiter mit Glocknerblick: Vom Lucknerhaus geht es dann den breiten Forstweg weiter zur Lucknerhütte. Das erste Stück ist sehr angenehm

Almen in der Nähe des Lucknerhauses.

zu fahren. Zudem hat man fortwährend einen traumhaften Blick auf Österreichs höchsten Berg. Je höher man aber gelangt, desto mehr verschwindet der untere Teil des Gipfels hinter vorgelagerten Gebirgshängen. Ab km 7,2 geht es dann richtig zur Sache: Die Strecke ist teilweise extrem steil und so ist man froh, wenn man bei km 8,4 schließlich die Hütte erreicht und sich von den Strapazen der Auffahrt erholen kann. Von der Lucknerhütte aus sieht man nur mehr die oberste Spitze des Großglockners.

Abfahrt auf der Glocknerstraße: Abgefahren wird dann bis zum Lucknerhaus auf dem gleichen Weg. Achtung auf die vielen Wanderer, die zur Hütte unterwegs sind! Ab dem Lucknerhaus geht es dann auf der Kalser Glocknerstraße in flotter Abfahrt zurück ins Tal. Beim Erreichen der Hauptstraße biegt man links ab und fährt zum Ausgangspunkt in Kals zurück.

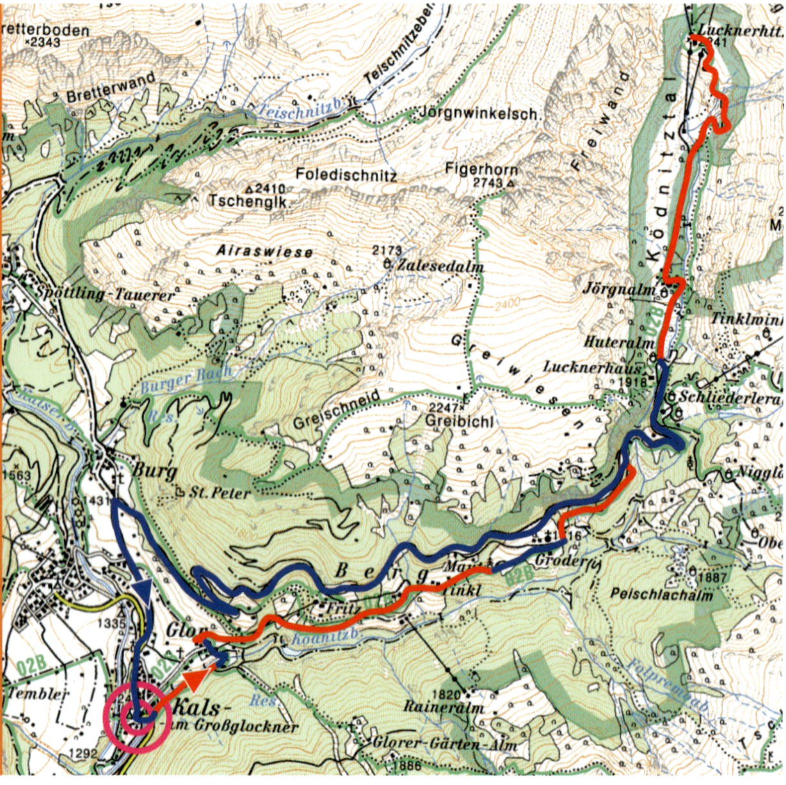

87 Unterwegs im Lesachtal bei Kals

Lesacher-Riegel-Hütte mit Glödis (links) und Ganot (rechts).

Das Matterhorn der Schobergruppe, der Glödis, dominiert diese Fahrt durch das Lesachtal bei Kals: ein auffälliger, eindrucksvoller 3000er, vor dem sich die Lesacher-Riegel-Hütte verschwindend klein ausnimmt. Nicht weniger beeindruckend sind der Ganot und der Hochschober sowie, einmal auftauchend, der Großglockner.

Ausgangspunkt: Parkplatz in Lesach (1319 m)

Streckenführung: Lesach – Rudefol – Lesacher-Riegel Hütte – Bacher Alm – Lesachalm-Hütte – Lesach

Länge, Fahrzeit, Hm.: 17,2 km, 2:40 Stunden, 950 Höhenmeter.

Steilheit: Durchwegs angenehme Steigung.

Wegbeschaffenheit: 1,9 km Asphalt, 12,3 km Forstweg, 1 km Wiesenweg, 2 km Schiebestrecke.

Höchster Punkt: Lesacher-Riegel-Hütte (2134 m)

Charakter/Tipp: Mittelschwere Radtour (wenn man von der Lesachalm-Hütte ohne Schiebestrecke zurückfährt). Von der Lesacher-Riegel Hütte verläuft ein 15-minütiger Wanderweg zum Lesacher Riegel, von dem man einen großartigen Großglocknerblick hat.

Einkehrstationen: Lesachalm-Hütte (1816 m), geöffnet von Mitte Juni bis Ende September.

So kommt man hin: Anreise von Lienz nach Huben und von dort Richtung Kals. Weiter geht es bis Lesach und dort rechts ins Lesachtal, über ein kurzes steiles Sträßchen aufwärts und oben rechts über die Brücke zum Parkplatz beim Spielplatz.

Zur privaten Lesacher-Riegel-Hütte: Hier ist schon die MTB-Route Lesachalmweg 112 angeschrieben. Mit dem Rad fährt man über die Brücke und in den Ort hinauf. Beim nächsten MTB-Schild rechts abzweigen und die Straße immer weiter bergauf, an malerischen Bergwiesen und Bauernhöfen vorbei. Schließlich geht die Straße in einen Forstweg über, der bald durch Wald führt, wobei man immer wieder einen schnellen Blick auf die umliegende Bergwelt werfen kann. Vor allem der Glödis, der Ganot und der Hochschober sind beeindruckend. Man fährt an einer Kapelle vorbei und immer weiter, bis man schöne Bergwiesen erreicht und bei km 4,2 rechts Richtung Lesacher Riegel abzweigt. Nun geht es eine Zeitlang durch richtiges Almgelände. Bei km 5 muss man sein Rad über einen Zaun heben. Gleich danach fährt man am rechten Weg weiter, der von Gras ziemlich überwachsen ist. Schließlich erreicht man wieder einen Forstweg. Ehe man die Lesacher-Riegel-Hütte sieht, gibt es links einen prächtigen Ausblick auf den Großglockner. Bald darauf sieht man auch schon die Hütte, die vor dem mächtigen Glödis verschwindend klein ausschaut. Die Hütte ist privat, sodass man nicht einkehren kann. Eine Rast zahlt sich aber angesichts des Panoramas auf alle Fälle aus. Wer will, kann von hier aus in etwa 15 Minuten bis zum Lesacher Riegel aufsteigen und von dort den Großglockner in seiner ganzen Größe bewundern.

Bei der Auffahrt.

Zur Lesachalm-Hütte: Zurück geht es bis km 10,3 auf dem gleichen Weg. Dann fährt man aufwärts, dem Schild Lesachalm-Hütte folgend, immer wieder vom Blick auf den Glödis begleitet.

Auf einer Höhe von 1885 m, bei der Bacher Alm, erreicht man den Beginn der Abfahrtsstrecke. Nach einem kurzen Stück kommt man zu den Lesacher Almen, fährt daran vorbei und gelangt zur Lesachalm-Hütte, wo man einkehren kann.

Abfahrt mit Schiebestrecke: Die weitere Abfahrt beginnt mit einer 2 km langen Schiebestrecke. Auf einem schmalen Wiesenpfad hinter der Hütte geht es zum Bach hinunter. Der Weg ist sehr schmal, teils recht steinig und führt in einigem Auf und Ab dem Lesachbach entlang, den man auch mehrmals überqueren muss. Zuletzt kommt man zu einer breiteren Brücke. Ab hier ist der Weg wieder befahrbar. Er ist zunächst noch recht steinig, geht aber nach einer weiteren Brücke in einen breiten Forstweg über, der sehr gut zu fahren ist. Am Schluss der Tour kommt man wieder auf schöne Wiesen und erreicht schließlich eine Straße, in die man rechts einbiegt. Sie führt direkt zum Parkplatz zurück.

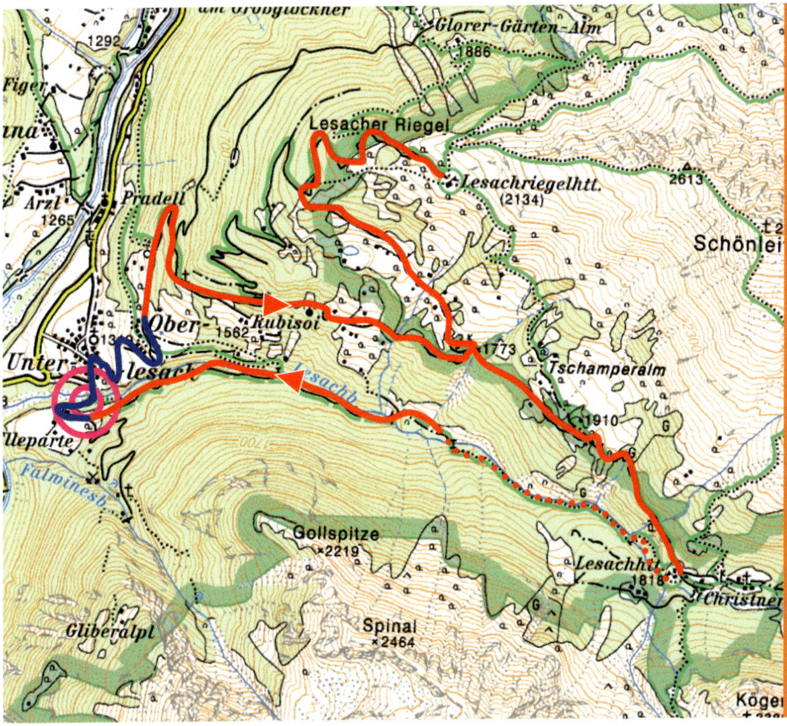

88 Runde auf die Lienzer Hütte

Blick auf Lienz mit den Lienzer Dolomiten im Hintergrund.

Die Aussicht auf den Lienzer Talboden mit der Bezirkshauptstadt sowie auf die Lienzer Dolomiten dominiert den ersten Teil dieser Rundfahrt. Im zweiten Teil hat man – neben dem langen Weg bis zum malerisch gelegenen Ziel im Debanttal – einen atemberaubenden Blick auf die Gipfel der Schobergruppe, allen voran auf den Glödis.

Ausgangspunkt: Parkplatz der Zettersfeldbahn (Talstation) in Lienz (725 m)

Streckenführung: Parkplatz – Untergaimberg – Obergaimberg – Seichenbrunn – Gaimberger Alm – Lienzer Hütte – Nußdorf – Parkplatz

Länge, Fahrzeit, Hm.: 38 km, 4:30 Stunden, 1350 Höhenmeter.

Steilheit: Beim ersten Teil bis zur Abzweigung zur Lienzer Hütte sind durchwegs steile Passagen dabei, die Strecke ist aber asphaltiert und daher gut fahrbar. Im weiteren Verlauf ist die Steigung angenehm.

Wegbeschaffenheit: 15,2 km Asphalt, 22,8 km Forstweg.

Höchster Punkt: Lienzer Hütte (1974 m)

Charakter/Tipp: Lange, aber landschaftlich sehr schöne Runde. Bei Nußdorf kann man den Archäologiepark Aguntum mit Ausgrabungen aus der Römerzeit besichtigen.

Einkehrstationen: Gaimberger Alm (1749 m); im Sommer teilweise bewirtschaftet, Lienzer Hütte (1974 m), geöffnet von Anf. Juni bis Anf. Oktober.

So kommt man hin: Anfahrt nach Osttirol bis Lienz und dort den Schildern Gaimberg Zettersfeld bis zum Parkplatz der Zettersfeldbahn (Talstation) folgend. Dort wird geparkt und es geht mit dem Rad weiter.

Mit Glödis-Blick: Zunächst fährt man die Straße entlang weiter aufwärts, an der Freiwilligen Feuerwehr Gaimberg vorbei. Man folgt den MTB-Schildern Zettersfeld/Hoch-Lienz 104 bzw. den Schildern Faschingalm. Die sehr wenig befahrene Asphaltstraße schlängelt sich an schönen Bergwiesen und Bauernhöfen vorbei, geht teilweise auch durch Wald und durch die Ortschaften Untergaimberg, Gaimberg und Obergaimberg. Dabei öffnet sich immer wieder ein traumhafter Blick auf den Lienzer Talboden und die dahinterliegenden Lienzer Dolomiten.
Bei km 7,4 erreicht man eine Abzweigung. Ab hier folgt man einem Forstweg (mit Fahrverbot) durch das Debanttal und weiter Richtung Lienzer Hütte. Das erste Stück führt in ständigem Auf und Ab abwechselnd durch Wald und an schönen Bergwiesen vorbei. Immer wieder sticht ein markanter Gipfel ins Auge, der 3206 m hohe Glödis, der auch das Matterhorn der Schobergruppe genannt wird.
Bei km 13,3 stößt man auf eine Forststraße. Auf dieser fährt man nun den Debantbach entlang weiter aufwärts. Hier ist wieder mit Autoverkehr zu rechnen (bis zum Parkplatz Seichenbrunn, bei km 22,4, auf einer Höhe von 1618 m, der letzten Parkmöglichkeit in diesem Tal).

Zur Lienzer Hütte: Weiter geht es in angenehmer Steigung über einen Wanderweg bergauf. Die Lienzer Hütte kommt allerdings noch lange nicht in Sicht. Es geht an der Gaimberger Alm vorbei,

Schöner Blick auf die Schobergruppe mit dem Glödis.

und knapp bevor man bei km 19,1 die schön gelegene Lienzer Hütte erreicht, sieht man sie zum ersten Mal. Auf der einen Seite hat man einen traumhaften Blick auf die Schobergruppe, auf der anderen ins Debanttal. Eine Rast bietet sich also schon alleine wegen des Ausblicks auf die schöne Berglandschaft an.

Abfahrt über Nußdorf: Die Abfahrt geht über die gleiche Strecke bis zur Abzweigung nach Nußdorf bei km 24,9. Von hier radelt man auf der anderen Seite des Debantbaches weiter bergab. Wegen des Autoverkehrs ist dabei Vorsicht geboten. Schließlich erreicht man eine Asphaltstraße, die über Nußdorf nach Lienz führt. Bei km 36,8 kann man eine Abkürzung über einen kurzen unasphaltierten Weg nehmen und gelangt dann wieder auf die Straße, die zum Parkplatz zurückführt.

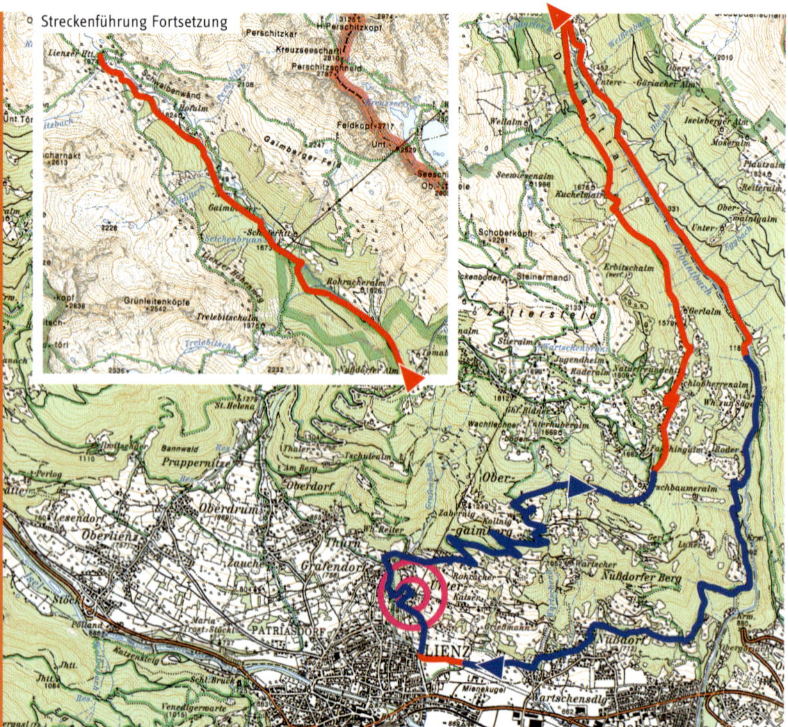

89 Vom Tristacher See auf die Karlsbader Hütte

Die Karlsbader Hütte in felsiger Umgebung bereits vor Augen.

Mit dem Rad bis hoch hinauf in die Felslandschaft der Lienzer Dolomiten: vorbei an der Dolomitenhütte, die mit einer eindrucksvoll angelegten Aussichtsterrasse zu einer ersten Rast verlockt, bis zur Karlsbader Hütte, die neben dem blaugrün spiegelnden Laserzsee in traumhaft schroffer Umgebung gelegen ist.

Ausgangspunkt: Parkplatz beim Campingplatz Seewiese (810 m)

Streckenführung: Parkplatz – Dolomitenhütte – Karlsbader Hütte – Parkplatz

Länge, Fahrzeit, Hm.: 24 km, 3:15 Stunden, 1450 Höhenmeter.

Steilheit: Das letzte Stück zur Karlsbader Hütte ist durchwegs steil und schwer zu fahren. Sonst angenehme Steigung.

Wegbeschaffenheit: 12 km Asphalt, 12 km Forstweg.

Höchster Punkt: Karlsbader Hütte (2261 m)

Charakter/Tipp: Bis zur Dolomitenhütte ist die Tour einfach. Auf die Karlsbader Hütte geht es dann kräftig zur Sache. Wem 1450 Höhenmeter zu viel sind, der kann entweder nur bis zur Dolomitenhütte radeln, oder bis zu dieser mit dem Auto und dann den zweiten Teil mit dem Rad fahren. Nach der Tour kann man im Tristacher See schwimmen.

Einkehrstationen: Lienzer Dolomitenhütte (1616 m), ganzjährig geöffnet, Vor- und Nachsaison: Dienstag Ruhetag; Karlsbader Hütte (2261 m), geöffnet von Mitte Juni bis Ende September.

So kommt man hin: Anreise nach Osttirol bis Lienz und südlich davon Richtung Tristach, dabei dem Schild Camping Seewiese folgen. Der Campingplatz liegt direkt am Tristacher See. Kurz davor befindet sich ein gebührenpflichtiger Parkplatz (Tageskarte 2,50 Euro).

Zur Dolomitenhütte: Vom Parkplatz aus geht es mit dem Rad ein kurzes Stück die Straße zurück und dann rechts die Dolomitenstraße aufwärts, dem grünen Schild Dolomitenhütte/Karlsbader Hütte folgend. Zuerst fährt man auf der asphaltierten Straße durch schönen Mischwald aufwärts. Ab und zu kann man schon einen Blick auf die Gipfel der Lienzer Dolomiten erhaschen. Nach ca. 2 km steht ein Mauthaus, wo es eine Parkmöglichkeit gibt. Wer den ersten Teil mit dem Auto fahren will, kann gegen eine Mautgebühr von 7,- Euro bis zur Dolomitenhütte fahren. Mit dem Rad erreicht man sie bei km 6. Die durchwegs asphaltierte Strecke

Traumhafte Bergkulisse bei der Abfahrt.

ist unproblematisch zu fahren. Auf der imposant liegenden Hütte kann man Halt machen und die Aussicht von der spektakulär angelegten Terrasse genießen.

Auf die Karlsbader Hütte: Weiter fährt man Richtung Karlsbader Hütte. Nachdem man das Rad über den Zaunübertritt gehoben hat, geht es zuerst einmal recht flach weiter. Der Wald lichtet sich bald und das Gebiet wird zunehmend felsiger. Die einzelnen Gipfel fügen sich allmählich zu einem beeindruckenden Bergpanorama zusammen. Immer wieder öffnet sich ein Ausblick auf die imponierenden Wände der Lienzer Dolomiten. Aber auch die Aussicht hinunter ins Drautal und nach Lienz ist eindrucksvoll.
Im oberen Teil wird die Strecke durchwegs steil und vor allem grobschottrig, was das Radeln erschwert. Immer höher geht es den Gipfeln entgegen, bis man schließlich die von felsigen Kalkbergen umgebene Karlsbader Hütte sieht. Nach harten 12 km kommt man ans Ziel. Die Hütte liegt idyllisch, eingebettet in die Felslandschaft der Lienzer Dolomiten, manche Gipfel zum Greifen nah. Diese spiegeln sich im hinter der Hütte liegenden Laserzsee.

Abfahrt: Nach einer Erholungspause geht es zurück ins Tal. Abgefahren wird entlang der Auffahrt, wobei man im oberen Teil aufpassen muss, da der Weg durchwegs grobschottrig ist. Im unteren Teil muss man mit Autoverkehr rechnen. Nach dem Erreichen des Parkplatzes, kann man auf einen schönen Mountainbike-Tag zurückblicken und stolz auf sich sein, dass man nicht vor dem Ziel aufgegeben hat.

In den Gailtaler Alpen zum Jochsee

Jochsee mit Blick auf den Großglockner.

Schon bei der Auffahrt zur Connyalm scheinen immer wieder Bergspitzen durch den Schatten spendenden Wald durch – weshalb man mit Recht gespannt sein darf, was einen oberhalb der Waldgrenze erwartet: ein prächtiger Blick zum Großglockner, den Karnischen Alpen und sogar zu einigen Spitzen der Sextener Dolomiten.

Ausgangspunkt: Parkplatz bei der Doppelsesselbahn Golzentipp (1450 m)

Streckenführung: Obertilliach – Scharwiese – Hoschas Troi – Glampwiesen – Jochsee – Connyalm – Obertilliach

Länge, Fahrzeit, Hm.: 17,8 km, 2:00 Stunden, 800 Höhenmeter.

Steilheit: Das allererste Stück ist etwas steiler, anschließend geht es in angenehmer Steigung weiter.

Wegbeschaffenheit: 0,2 km Asphalt, 16,8 km Forstweg, 0,8 km Singletrail

Höchster Punkt: Jochsee (2220 m)

Charakter/Tipp: Derzeit wird die Forststraße ausgebaut, die in Zukunft bis zum Fuß des Golzentipp gehen soll.

Einkehrstationen: Connyalm (2050 m), ganzjährig geöffnet.

So kommt man hin: Anfahrt von Lienz oder Südtirol. Zwischen Sillian und Strassen ins Tiroler Gailtal abbiegen und durch Kartitsch weiter bis Obertilliach. Kurz vor dem Ortsende links Richtung Kirche abbiegen und auf den Parkplatz.

Durch Wald aufwärts: Mit dem Rad geht es dann gleich vor dem Doppelsessellift zu einer im ersten Stück ziemlich steilen Forststraße. Anschließend fährt man, teils recht flach, weiter Richtung Connyalm über den „Schiweg". Bei km 1,25 bleibt man am Hauptweg und macht eine Linkskurve. Weiter geht es dann im Wald in angenehmer Steigung immer weiter bergauf. Die Auffahrt ist auch am Nachmittag angenehm, weil man lange Strecken im Schatten radeln kann. Ab und zu sieht man durch die Bäume ein paar Bergspitzen durchschimmern. Bei km 3,2 folgt man in einer Linkskurve dem Schild Connyalm. Je weiter man raufkommt, desto öfter hat man einen Durchblick auf die umgebende Bergwelt. Im Bereich der Waldgrenze kommt die Connyalm in Sicht. Um zum Ziel zu gelangen, wird aber noch vor der Alm, bei km 6,5, nach links abgebogen. Man fährt den neuen Forstweg weiter bergauf. Dieser führt in angenehmer Steigung über die Glampwiesen weiter Richtung Kamm und dann diesem entlang.

Weiter mit prachtvollem Ausblick: Von hier aus hat man bereits einen prachtvollen Ausblick: Im Norden sieht man den Großglockner und im Süden tauchen hinter den Karnischen Alpen die Spitzen der Dolomiten auf. Dieses Panorama bleibt uns auch auf dem Weiterweg erhalten. Derzeit endet der Forstweg neben der letzten Liftstütze des

Auffahrt zur Connyalm: im Hintergrund die Karnischen Alpen.

Glampliftes (bei km 8,2) und man muss auf einem kleinen Steig weiterfahren. Es ist geplant, den Forstweg bis zum Fuß des Golzentipp auszubauen. Auf diesem schmalen Pfad radelt man weiter bis zum idyllisch gelegenen Jochsee, der mit seiner schönen Lage zu einer Rast einlädt. Dort hat man einen wunderbaren Blick auf den Großglockner und die anderen Berge der Umgebung.

Besuch der Connyalm: Abgefahren wird dann auf dem gleichen Weg. Um zum Bergrestaurant Connyalm zu gelangen, muss man bei km 10,8 links abbiegen und noch etwa 30 Höhenmeter bergauf radeln. Von der Terrasse der Connyalm kann man noch einmal das Bergpanorama auf sich wirken lassen. Nach einer Einkehr geht es dann in angenehmer Fahrt abwärts zum Ausgangspunkt in Obertilliach zurück.

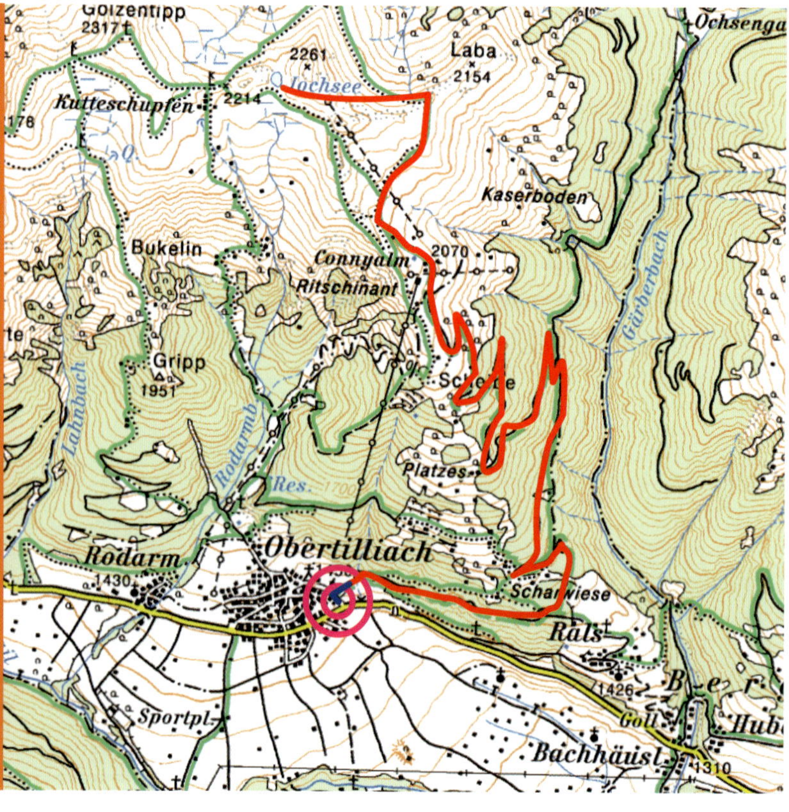

91 Mit Blick auf die Porze zur italienischen Grenze

Blick vom Klapfsee auf den mächtigen Gipfel der Porze.

Vorbei am Klapfsee über alte Schmugglerpfade auf das Tilliacher Joch: im Vordergrund die imposant felsige Porze, im Hintergrund die Dolomiten auf der einen und der Großglockner auf der anderen Seite. Die Naschkatzen unter den Radlern kommen auf dem Rückweg in der Porzehütte auf ihre Kosten.

Ausgangspunkt: Parkplatz bei der Doppelsesselbahn Golzentipp (1450 m)

Streckenführung: Obertilliach - Mühlboden - Pfaffenboden - Klapfsee -Tilliacher Joch - Neue Porzehütte - Obertilliach

Länge, Fahrzeit, Hm.: 21 km, 2 Stunden, 790 Höhenmeter.

Steilheit: Im unteren Teil stellenweise recht flach, dann durchgehend angenehme Steigung. Auf das Tilliacher Joch zu wird es zunehmend steiler.

Wegbeschaffenheit: 2,8 km Asphalt, 18,2 km Forstweg.

Höchster Punkt: Tilliacher Joch (2094 m)

Charakter/Tipp: Knapp vor dem Tilliacher Joch ist der Weg als Schiebestrecke gekennzeichnet. Einige Radler nehmen das Rad mit, um auf der italienischen Seite ins Tal abzufahren. Bis aufs Joch zu gehen, zahlt sich auf alle Fälle aus.

Einkehrstation: Neue Porzehütte (1942 m), geöffnet von Mitte/Ende Juni bis Ende September.

So kommt man hin: Anfahrt von Lienz oder Südtirol. Zwischen Sillian und Strassen nach Kartitsch abbiegen und durch das Tiroler Gailtal weiter bis Obertilliach. Kurz vor dem Ortsende links Richtung Kirche abbiegen und zum Parkplatz vor der Sesselbahn.

Bis zum Klapfsee: Mit dem Rad geht es zur Hauptstraße zurück, in die man rechts einbiegt. Bald darauf, bei der Bushaltestelle, nach links (MTB-Schild Tilliacher Joch 100). Bei km 0,4 nimmt man die rechte Abzweigung Richtung Porzehütte und bei km 0,8 biegt man links ab (kein Wegweiser!). Schließlich geht die Straße in einen Forstweg über und man erreicht Mühlboden, den tiefsten Punkt der Tour. Hier fährt man Richtung Obertilliachertal/Porzehütte über die Brücke und dann nur mehr aufwärts. Es geht relativ flach den Forstweg entlang, wobei man vom Rauschen des Baches begleitet wird.
Bei km 4,7 folgt man dem rechten Weg in Serpentinen weiter aufwärts Richtung Porzehütte/Klapfsee. Während der Fahrt öffnet sich ein schöner Blick auf die Porze. Den Klapfsee erreicht man bei km 6,6. Autos dürfen nur an Werktagen bis hierher fahren.

Porzehütte.

Mit Blick auf die Porze: Nun geht es am Schranken vorbei und etwas steiler, aber noch immer in angenehmer Steigung weiter bergauf. Der Ausblick wird zunehmend eindrucksvoller. Vor allem die Porze, ein formschöner Kalkberg, sticht besonders hervor. Bald kommt die Porzehütte in Sicht. Aber zuvor biegt man bei km 9,3 links auf einen schmäleren Weg ab, der auf das Tilliacher Joch führt. Wo früher die Schmuggler auf dem alten Saumpfad unterwegs waren, kämpfen sich heute Bergradler zum Joch hinauf. Kurz vor dem Joch beginnt eine MTB-Route: Schiebestrecke. Wer nicht plant, mit dem Rad auf der italienischen Seite abzufahren, kann das Rad hier stehen lassen und zu Fuß die verbleibenden knapp 50 Höhenmeter bis zum Tilliacher Joch weitergehen. Es zahlt sich in jedem Fall aus. Erstens zeugen oben einige Reste alter Stellungen davon, dass der Kamm während des ersten Weltkrieges Frontgebiet war. Zweitens hat man einen traumhaften Ausblick: Auf der italienischen Seite auf die Dolomiten, auf österreichischer Seite bis zum Großglockner.

Porzehütte und Abfahrt: Abgefahren wird dann auf dem gleichen Weg. Zum Einkehren biegt man bei km 11,6 links ab und radelt ca. 20 Höhenmeter aufwärts bis zur Porzehütte, die bei den Einheimischen vor allem wegen der guten Süßspeisen sehr beliebt ist. Nach einer angenehmen Rast auf der schönen Sonnenterrasse geht es auf dem gleichen Weg wieder zurück ins Tal. Ab Mühlboden ist es mit der Abfahrt vorbei und man muss noch ein paar Höhenmeter aufwärts bis zum Ausgangspunkt in Obertilliach.

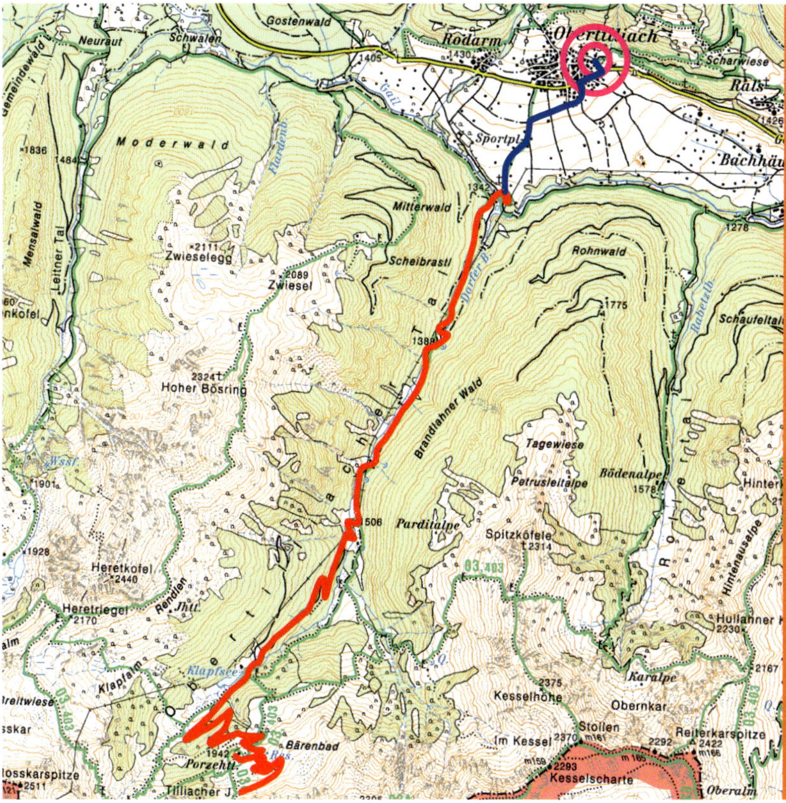

92 Runde oberhalb von Sillian

Bei der Auffahrt kurz vor Gadein.

Über den Sillianberg zur Thurntaler Rast und über Außervillgraten zurück, vorbei an gepflegten Wiesen und Höfen: eine Runde mit herrlich weiter Sicht – hinunter ins Hochpustertal und ins Tiroler Gailtal; und hinauf zu den Spitzen der Sextener und Lienzer Dolomiten. Mit Kondition ist auch der Thurntaler zu schaffen.

Ausgangspunkt: Parkplatz der Hochpustertaler Bergbahnen in Heinfels (1123 m)

Streckenführung: Parkplatz – Sillian – Sillianberg – Gadein – Thurntaler Rast – Außervillgraten – Parkplatz

Länge, Fahrzeit, Hm.: 22,9 km, 2:15 Stunden, 990 Höhenmeter bzw. 28,7 km, 3:00 Stunden, 1300 Höhenmeter (inklusive Thurntaler).

Steilheit: Durchgehend angenehme Steigung, das letzte Stück bis zum Thurntaler sehr steil.

Wegbeschaffenheit: 15,6 km Asphalt, 7,3 km Forstweg.

Höchster Punkt: Gadein (2090 m), bzw. Thurntaler (2408 m)

Charakter/Tipp: Schöne Runde oberhalb von Sillian. Wer Kondition und vor allem Kraft hat, kann auf einem sehr steilen Weg von Gadein weiter bis auf den Gipfel des Thurntalers fahren.

Einkehrstationen: Gasthaus Gadein (2090 m), geöffnet bei Liftbetrieb, ca. Anf. Juni bis Anf. September; Thurntaler Rast (2004 m), geöffnet von Anf. Juni bis Anf. Oktober.

So kommt man hin: Von Südtirol kommend fährt man nach Sillian und weiter nach Osten bis Heinfels zum Parkplatz der Hochpustertaler Bergbahnen, der gleich am linken Straßenrand liegt.

Auf den Sillianberg: Von hier geht es mit dem Rad auf der Pustertaler Straße nach Sillian zurück und dort rechts aufwärts zur Kirche, an dieser vorbei und weiter Richtung Sillianberg.
Bei einem weiteren Wegweiser fährt man Richtung Bergstation Gadein. Anfangs folgt man dem Wegweiser Schlittenhaus und später dem Wegweiser Schuistlhof. Die Straße schlängelt sich durch saftige Wiesen und an wunderschönen alten Erbbauernhöfen vorbei aufwärts. Immer wieder hat man einen traumhaften Blick auf die Sextener und die Lienzer Dolomiten, aber auch hinunter ins Hochpustertal oder ins Tiroler Gailtal. Kurz nachdem man das erste Mal unter der Gondelbahn durchgefahren ist, sieht man den ersten Wegweiser zum Thurntaler.
Die Straße geht schließlich in einen Forstweg über und führt dann durch den Wald weiter aufwärts. Im oberen Teil kreuzt der Forstweg ein paarmal die Trasse der Gondelbahn. Bei km 7,2 fährt man geradeaus weiter (bei dieser Abzweigung ist kein Wegweiser!). Erst etwas später findet sich die Ankündigung Mittelstation, Gadein, Thurntaler. Bald darauf erreicht man die Mittelstation. Der Weg führt immer weiter Richtung Norden und zwischendurch kann man die Villgrater Berge durch den Wald erspähen. Bei km 8,9 fährt man eine Rechtskurve und bleibt so am Hauptweg. Das letzte Stück bis zur höchsten Stelle der Tour verläuft in der Nähe der Bergbahntrasse.

Extrem steil auf den Thurntaler: Wer genug Kondition und vor allem Kraft hat, kann noch bis auf den Gipfel des Thurntalers radeln. Allerdings führt die Strecke über eine Lifttrasse, sie ist also nicht gerade schön.
Der Weg ist außerdem sehr steil und somit anstrengend zu

Schöner Blick auf die Sextener Dolomiten.

fahren. Wegen des Ausblicks zahlt es sich jedenfalls aus, die Mühe auf sich zu nehmen oder aber von Gadein aus über einen Wanderweg mit Dolomitenblick zu Fuß auf den Gipfel zu gehen.

Abfahrt über die Thurntaler Rast: Weiter geht es dann zwischen Bergstation und Gasthaus Gadein auf dem Forstweg abwärts Richtung Thurntaler Rast. Bei dieser Jausenstation befindet sich ein Parkplatz und anschließend kann man auf einer asphaltierten Straße gemütlich weiter abwärts Richtung Außervillgraten radeln. Dabei kann man immer wieder das einmalige Panorama bewundern. In Außervillgraten geht es an der Kirche vorbei und weiter abwärts bis zur wenig befahrenen Hauptstraße. Dann rollt man noch in aller Ruhe zurück zum Parkplatz, wobei man ein paarmal den Villgratenbach überquert. Bevor man den Parkplatz erreicht, hat man noch einen eindrucksvollen Blick auf das Schloss Heinfels.

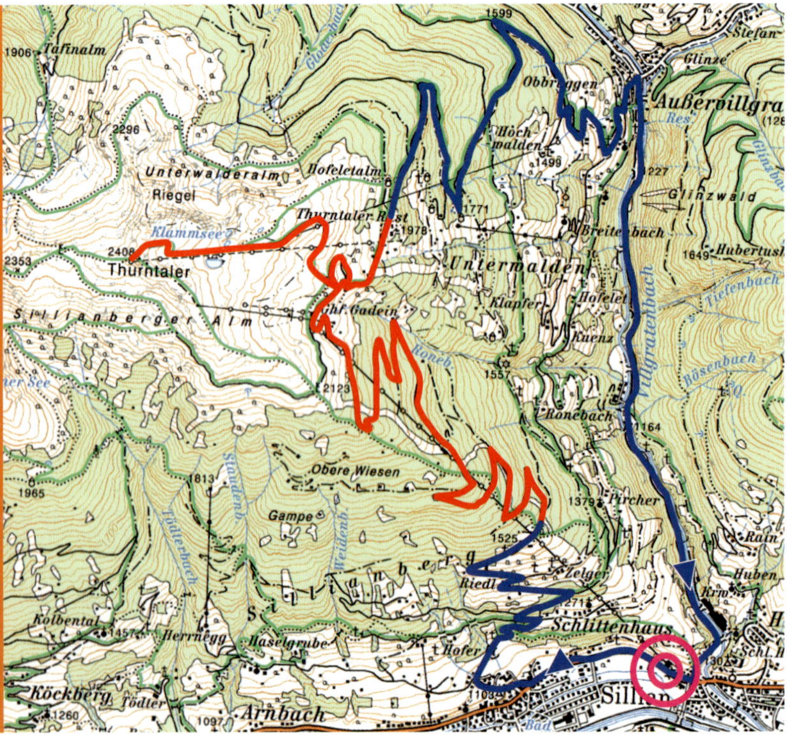

93 Durch die Uinaschlucht ins Engadin

Lockerer Beginn einer ausgiebigen Rundfahrt am Reschensee.

Eine großartigere Tour als die in Nauders beginnende Dreiländerfahrt rund um die Sesvennaberge mit dem Gang durch die Felsenlandschaft der Uinaschlucht wird man kaum finden. Als Tagestour nur für erprobte und konditionsstarke Biker mit guter Fahrtechnik empfehlenswert, lässt sich die Runde in zwei Etappen aufteilen.

Ausgangspunkt: Nauders, Bergkastelbahn, Talstation (1402 m)

Streckenführung: Nauders – Reschenpass (1507 m) – Reschensee – Haidersee – Burgeis (1203 m) – Schlinig (1738 m) – Sesvennahütte (2259 m) – Schlinigpass (2295 m) – Uinaschlucht – Sur En (1112 m) – Strada Sclamischot (1050 m) – Norbertshöhe (1468 m) – Nauders

Länge, Fahrzeit, Hm.: 73 km, 7 bis 8 Stunden, 1800 Höhenmeter.

Steilheit: Großteils kaum über 12 %, Aufstieg zur Sesvennahütte an die 30 bis 35 % (Schiebestrecke)

Wegbeschaffenheit: Bis zur Inneren Schliniger Alm gut fahrbar, beim Aufstieg zur Sesvennahütte ca. 2 km Schiebestrecke, Übergang über den Schlinigpass reine Trialstrecke, absolutes Downhill-Verbot in der Schluchtpassage.

Höchster Punkt: Schlinigpass, 2295 m

Charakter/Tipp: „Das Mountainbike tragen oder stoßen!" So heißt es auf den Warnschildern auf der Schweizer Seite vor dem Eingang in die Schlucht. Also das Rad schultern oder schieben, beides kein Problem. Beim Anblick des in den senkrechten Fels gehauenen Steiges wird wohl jeder selbst einsehen, dass Downhillen hier lebensgefährlich wäre.

Früher – in der Mountainbike-Steinzeit vor 20 oder 30 Jahren – hätte man wohl jeden für verrückt erklärt, der ein Fahrrad durch den Felsenweg der Uinaschlucht geschleppt hätte. Heute, wo die Zahl der Radler jene der Wanderer schon bei weitem übertreffen und die ganze Strecke mit MTB-Wegweisern gepflastert ist, entzündet sich die Frage eigentlich nur, in welcher Richtung bzw. von welcher Seite man diese Gewalttour vorteilhafter in Angriff nimmt. Die Meinungen sind geteilt, doch wer sein Rad nicht schon vom Engadiner Inn herauf zum Großteil bergauf schieben will, beginnt den Anstieg besser auf der Südtiroler Seite und macht die Schluchtstrecke ohne Anstrengung im Abstieg. Am besten startet man in Nauders. Vom Reschenpass rollt man auf dem asphaltierten Vinschgauer Radweg ganz locker bis Burgeis, verliert 300 Höhenmeter, fährt hinauf nach Schlinig auf der Landesstraße und kommt talein bis zur Inneren Schlinigalm bestens voran. Danach wartet die wegen der übermäßigen Steilheit kaum fahrbare Passage hinauf zur Sesvennahütte, wo die Vernünftigen auch in der umgekehrten

Steile Schiebestrecke von der Schlinigalm zur Sesvennahütte.

Richtung, also bergab, vom Rad absteigen. Der schmale Steig im höckerig-steinigen Grasgelände auf der weiten Passhöhe von der Hütte bis zum Schluchteingang zwingt immer wieder zum Absteigen, hier kann aber noch jeder seine Trialkünste gefahrlos ausprobieren.
Dann folgt die Passage durch die ungemein imposante Felsenschlucht, wo ein 600 m langer Weg in die 150 m senkrecht abstürzende Steilwand gesprengt wurde. Absolut ausgesetzt, teilweise mit Geländern und Halteseilen gesichert, aber immerhin so breit und genügend hoch, dass ein Rad ganz bequem geschoben oder getragen werden kann. Bereits vor hundert Jahren (1908 bis 1909) wurde auf Initiative des Deutschen Alpenvereins dieser Weg durch die Felswand gesprengt, um einen Zugang auch von Schweizer Seite zur damaligen Pforzheimer Hütte (Vorläufer der jetzigen Sesvennahütte) am Schlinigpass zu schaffen.
Heute plagen sich neben den Wanderern auch ganze Karawanen von Radlern keuchend und schwitzend vom Innufer bei Sur En durch das Val d'Uina zur Schlucht herauf. Bergab geht es jedoch wesentlich leichter. Bereits nach dem Schluchtende kann man bald wieder aufsitzen, gelangt zur Alp Uina Dadaint und rollt mit kräftig angezogenen Bremsen durch das Tal hinaus nach Sur En. Erholsam ist der Engadiner Radweg entlang des immer noch jungen und kräftig schäumenden Inn, wo der Fremde freundlich von den fest an der rätoromanischen Sprache festhaltenden Einheimischen mit „Allegra" begrüßt wird. Aber noch vor Erreichen der Landesgrenze bei Martina wartet ein gar nicht so kurzer Aufstieg von Sclamischot zur Norbertshöhe oberhalb von Nauders.
Wer die Runde an einem Tag absolviert, kann durchaus stolz sein auf seine Leistung. Leichter machen kann man es sich, wenn man die Fahrt auf zwei Etappen aufteilt oder – wie es auch viele machen – mit dem Auto nach Schlinig fährt und sich im Engadin wieder abholen lässt.

Die Strecke: Start in Nauders bei der Talstation der Bergkastelbahn (großer Parkplatz). Der Radweg zum Reschenpass verläuft oberhalb des Stationsgebäudes. Am asphaltierten und bestens bezeichneten Radweg in kaum merklicher Steigung bis kurz vor die Passhöhe, dort überquert man die Bundesstraße und macht ein paar zusätzliche Schleifen in den Feldern, bis sich der Weg zum

Reschensee (km 6) hinuntersenkt. Auf der linken (östlichen) Seeseite immer am Ufer entlang und flach bis zur Staumauer, unterhalb nach rechts und wiederum abwärts zum etwas tiefer liegenden Haidersee. Am rechten (westlichen) Seeufer entlang und immer gut auf die gemalten weißen Pfeile achtend, die den Vinschgauer Radweg markieren, in sausender Fahrt bis Burgeis (km 23).
Auffahrt nach Schlinig auf der Landesstraße. Nach 7 km hat man das kleine Dorf (km 30) erreicht, gerade durch den Ort in das kleine Schliniger Tal. Gleich nach der Inneren Schlinigalm wird das Tal vom Felsriegel der Schwarzwand eingeschlossen, über die ein kleiner Wasserfall herunterrauscht. Der Weg zur Sesvennahütte überwindet diese Steilstufe an der rechten Hangseite und wird bald so steil, dass man nicht mehr lange überlegen muss, ob man sich noch ein Stück weiterplagen soll oder doch lieber schiebt. Bald klärt sich die Frage zugunsten des Fußmarsches. 200 Höhenmeter sind zu überwinden. Oberhalb der Steilstufe kann man wieder kurz aufsitzen und erreicht bald darauf die Sesvennahütte des Südtiroler Alpenvereins (km 35).
Zum Schlinigpass ist es nun nicht mehr weit, in 15 Minuten ist die Passhöhe und somit auch der höchste Punkt der Tour erreicht. Das Gelände am Übergang in die Schweiz präsentiert sich mit flachen, aber buckeligen Grashängen, durch die sich ein schmaler Steig schlängelt, manchmal mit gut fahrbaren Passagen, dann wieder gespickt mit Steinen und kleinen Bachläufen, die je nach Fahrkönnen und Balancevermögen immer wieder zum Absteigen zwingen. Bald machen die Warntafeln den Mountainbiker unmissverständlich darauf aufmerksam, dass die Schluchtstrecke nur schiebend bewältigt werden darf. Und bald beginnt das Kernstück der ungemein eindrucksvollen Uinaschlucht mit einer 600 m langen Passage und zwei kurzen Tunnels, die in die senkrechte Felswand gehauen wurden. Der Weg ist aber genügend breit, dass auch Begegnungen mit Entgegenkommenden kein Problem darstellen (Länge der gesamten Schiebestrecke ca. 1,5 km). Hat man die Felsszenerie hinter sich, kann man bald wieder aufsitzen, erst noch mit Vorsicht auf einem schmalen Steig, der aber zunehmend besser fahrbar wird. Gleich ist die Alp Uina Dadaint (km 42, Raststation) erreicht und damit wieder ein für Allradfahrzeuge gedachter Fahrweg. Immer noch steil und grobschottrig geht es neben dem Bach talaus, weiter in wilder Felsenlandschaft, bis sich endlich das Tal weitet und man in

Sur En (km 49) angelangt ist. Der gut beschilderte Engadiner Radweg führt in Richtung Martina zur Schweizer Landesgrenze und man folgt ihm für ca. 10 km bis Strada. In Sur En nach rechts, durch den Campingplatz und auf schönstem Weg durch den Skulpturenpark. Ein paar Gegensteigungen verlangen immer wieder den Griff zum Schalthebel, bis man kurz vor Strada den Inn nach links überquert und mittels Unterführung nach Strada geleitet wird. Gleich nach der Ortsdurchfahrt wieder hinunter zum Inn bis zur holzüberdachten Brücke von Sclamischot (km 60,5). Nicht am Radweg unten durch, sondern über die Brücke und den Wegweisern nach, die nun bereits die Richtung zur Norbertshöhe und zum Schwarzen See anzeigen. Der nun folgende gar nicht so kurze Aufstieg von 500 Höhenmetern auf einer guten Forststraße verlangt nochmals vollen Einsatz. Nach einem kleinen Tunnel und

Ungemein imposant ist der Felsenweg durch die Uinaschlucht.

zwei kurzen Kehren wendet sich der erst im Vorjahr bis zur grünen Landesgrenze verlängerte Fahrweg endlich nach Osten, wo man nach ein paar Schritten Schiebeunterbrechung auf den österreichischen Forstweg trifft, auf dem es endlich bergabrollt zur Bundesstraße an der Norbertshöhe (km 70). (Noch schöner und gar nicht viel beschwerlicher, kilometermäßig sogar etwas kürzer wäre es, wenn man bei der angezeigten Abzweigung – links Norbertshöhe, rechts Schwarzer See – noch das wunderschöne Naturbiotop mit Seerosen und Wildenten „mitnimmt". Man kann dann oberhalb von Nauders beim Tiefhof direkt zum Seilbahnparkplatz hinunterrollen.) Ansonsten fährt man von der Norbertshöhe auf der Bundesstraße hinunter nach Nauders und das letzte Stück auf der Umfahrungsstraße oder am Radweg im Ort zurück zum Seilbahnparkplatz (km 73).

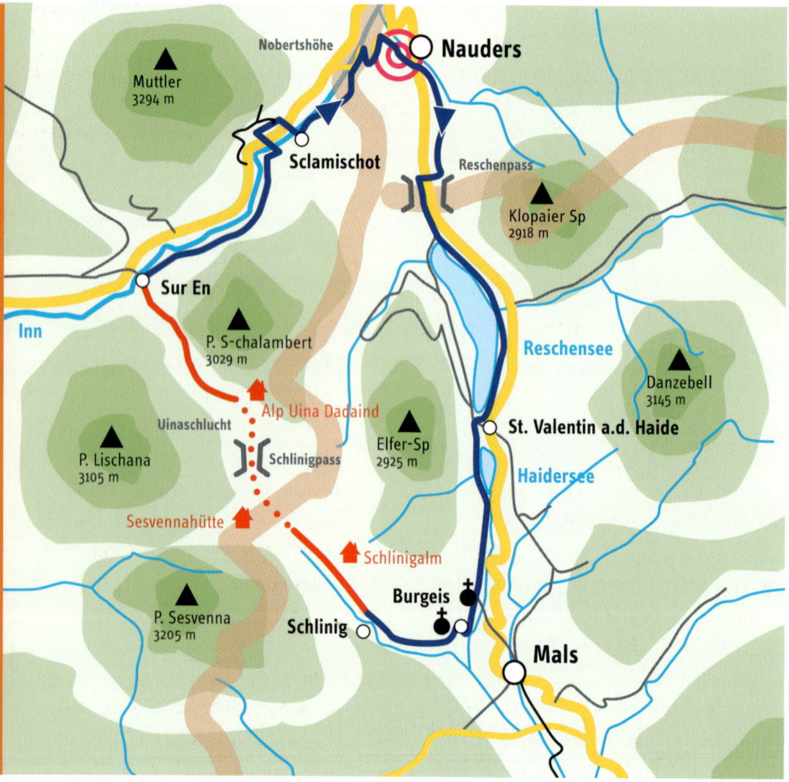

94 Im Angesicht des Pflerscher Tribulaun

Den imposanten Gipfel des Pflerscher Tribulaun hat man auf dieser Tour immer wieder vor Augen.

Einen imposanten Felsriesen hat man auf dieser Tour bei Gossensaß als Begleiter. Es ist der Pflerscher Tribulaun, der je nach Standort sein Gesicht zu verändern scheint. Unübersehbar auch seine Nachbarn sowie die weiter in der Ferne liegenden Gipfel der Stubaier und Zillertaler Alpen.

Ausgangspunkt: Parkplatz zwischen Gossensaß und Außerpflersch (1098 m)

Streckenführung: Parkplatz – Naßtal – Toffringtal – Alrißalm – Innerpflersch – Außerpflersch – Parkplatz

Länge, Fahrzeit, Hm.: 22,1 km, 2:15 Stunden, ca. 700 Höhenmeter.

Steilheit: Angenehme Steigung, teils flache Stücke. Bevor man unter dem Sessellift durchfährt, kommt ein kurzes etwas steileres Stück.

Wegbeschaffenheit: 6,9 km Asphalt; 15,2 km Forstweg.

Höchster Punkt: Dach der Tour: beim Sessellift (1608 m)

Charakter/Tipp: Runde mit großartigem Blick auf den Pflerscher Tribulaun.

Einkehrstationen: Alrißalm (1534 m), Montag Ruhetag.

So kommt man hin: Anfahrt über die Brennerautobahn bis Brenner und dann auf der Brennerstraße weiter nach Gossensaß. Dort rechts Richtung Pflersch abbiegen und zum Bahnhof fahren, den man links liegen lässt, durch die Bahnunterführung und weiter, bis man den Feuerbach überquert. Gleich darauf gibt es auf der linken Seite eine beschränkte Parkmöglichkeit. (Falls sich kein Platz findet, kann man zum Bahnhof zurückfahren und dort parken.)

Mit Tribulaunblick: Nach der Überquerung des Feuerbaches beginnt die Radtour. Auf einem Forstweg geht es durch den Wald bergauf. Bei der ersten Lichtung hat man einen großartigen Ausblick ins Pflerschtal und auf die Zillertaler Alpen. Nach einer Rechtskurve fährt man Richtung Westen im Wald weiter aufwärts, wobei immer wieder die Berggipfel der Stubaier Alpen durchblinzeln. Bei km 2,13 fährt man geradeaus weiter und überquert schließlich auf einer neuen Holzbrücke den Vallmingbach. Von hier geht es in angenehmem Auf und Ab weiter, der Weg ist allerdings teilweise grob geschottert, sodass man ganz schön durchgerüttelt wird. Nach Überquerung einer weiteren Brücke biegt man gleich links ab und fährt ein recht steiles Stück Richtung Ladurns-Bergstation. Weiter geht es wieder flacher, bis man unter dem Sessellift der Ladurner Bergbahn durchfährt. Von hier aus hat man einen grandiosen Blick auf den Pflerscher Tribulaun und seine Nachbarn.

Pflerscher Tribulaun.

Zur Alrißalm: Nach der Talstation eines Liftes geht es den Weg entlang abwärts weiter, bis man, kurz bevor man den Toffringbach überquert, noch einmal ein Stück bergauf radeln muss. Kurz vor der Bachüberquerung gibt es eine wunderbare Aussicht Richtung Süden: auf die Bergkette mit dem Telfer Weißen. Nach der Bachüberquerung geht es Richtung Innerpflersch zuerst

dem Bach entlang abwärts. Bei km 10,3 fährt man links auf dem Forstweg weiter Richtung Alriß. Zunächst ist es eben, geht aber schließlich noch einmal ca. 80 Höhenmeter bergauf. Die Alriß-Hütte liegt rechts unten. Von der Terrasse dieser Hütte aus kann man noch einmal in aller Ruhe den gewaltigen Pflerscher Tribulaun bewundern.
Nach einer Rast fährt man endgültig heimwärts. Zuerst kommen die paar Höhenmeter bis zum Forstweg und dann radelt man nur mehr bergab. Bei km 13 macht man eine Linkskurve und fährt auf dem als Rodelweg markierten Forstweg Richtung Innerpflersch ab. Schließlich gelangt man auf eine kleine Straße, bleibt auf dieser rechts des Baches und kommt dann auf die kaum befahrene Straße nach Gossensaß. Wer will, kann ein kurzes Stück abseits der Straße den Talstation-Ladurns-Talweg entlangfahren, der wieder auf die Straße zurückführt. Nach einer angenehmen Abfahrt gelangt man zum Parkplatz.

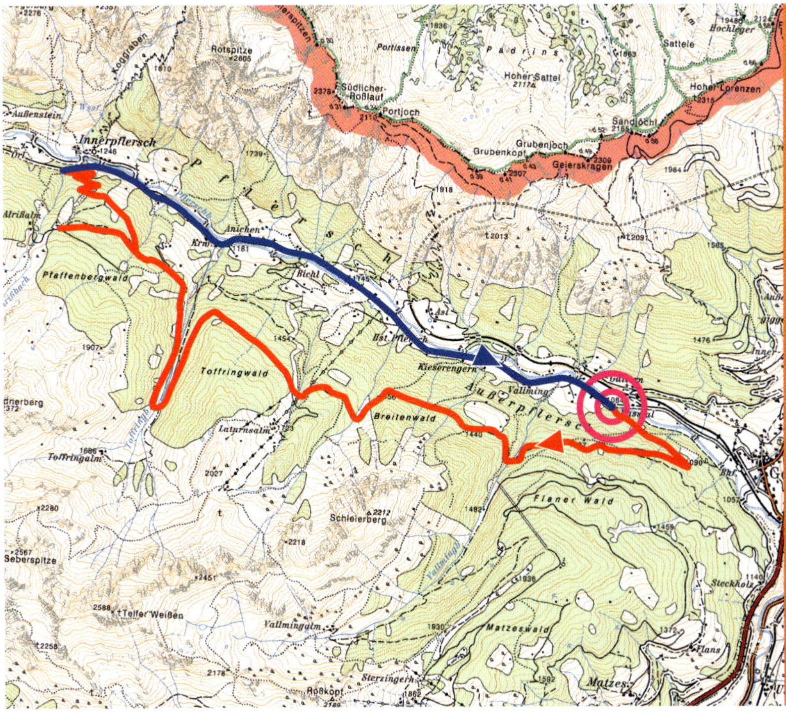

95 Königsangerrunde in Latzfons

Bei der Klausener Hütte muss man kräftig in die Pedale steigen.

Gleich vorweg: Die Aussicht über das Etschtal zu den Dolomiten mit dem Langkofel ist so überwältigend, dass man den groben Weg zur Klausener Hütte locker in Kauf nimmt. Spannend ist auch die Spurensuche im Almgelände unter der Königsangerspitze, wo man sich von einer „Schupfe" zur nächsten weiterhantelt.

Ausgangspunkt: Latzfons, 1150 m

Streckenführung: Latzfons – Kühhof (1560 m) – Klausener Hütte (1923 m) – Rungger Alm (1971 m) – Toalalm (1988 m) – Brugger Schupfe (2000 m) – Garner Wetterkreuz (1464 m) – Garn (1177 m) – Latzfons

Länge/Fahrzeit/Hm.: 24 km, 3:30 bis 4 Stunden, ca. 1100 Höhenmeter.

Steilheit: Kurzzeitig um die 20 %

Wegbeschaffenheit: Grobe Schotterwege, mehrere kurze Schiebestrecken.

Höchster Punkt: Brugger Schupfe (2000 m)

Charakter/Tipp: Die Runde wäre auch in der umgekehrten Richtung gut möglich, vor allem wenn man für die Bergauffahrt die besseren Wege bevorzugt. Bis zur Brugger Schupfe guter Almweg.

Einkehrstationen: Klausener Hütte, Almgasthaus Brugger Schupfe (geöffnet bis Ende Oktober).

Los geht es in Latzfons noch ohne jedes Problem. Die Auffahrt zum Kühhof vollzieht sich erst noch auf Asphalt, der Wanderweg zur Klausener Hütte aber hat es bereits in sich. Mit schwach 4 km zwar nicht lang und gerade einmal 400 m Höhenunterschied, auf dem Höhenprofil ein gleichmäßiger schiefer Strich, entpuppt er sich aber als regelrechte Berg-und-Tal-Bahn. Immer ein so steiler Aufschwung, dass man kaum im Sattel bleiben kann, danach wieder eine ebene Flachstelle bis zum nächsten Steilaufschwung. Zudem ist der grobe Schotterweg besser für Allradfahrzeuge zu bewältigen. Ebenfalls grobschottrig geht es von der Klausener Hütte noch weiter zur Rungger Alm, wo man nun mit nur mehr unwesentlichen Höhenunterschieden und ungefähr auf der 2000er-Höhenlinie die riesigen Weidehänge der Königsangerspitze quert. Ein bisschen Orientierungsgespür braucht man, um den jeweils besten und fahrbaren Weg durch die Almhütten zu finden, wovon die meisten zwar mit Traktorwegen erschlossen sind, die aber jeweils vom Tal heraufkommen. Man darf nie zu weit abfahren, sondern muss immer auf ungefähr derselben Höhe bleiben. Darum bitte die Beschreibung gut durchlesen, ansonsten trifft man bei den meisten Hütten oder Almen auf Einheimische und kann sich auch durchfragen.

Die Strecke: Start in Latzfons. Autobahnausfahrt Klausen (Maut 3,50 Euro), nach rechts zur Staatsstraße, einbiegen in Richtung Klausen, aber sogleich Auffahrt rechts nach Feldthurns/Latzfons. Parkplatz in Latzfons unterhalb der Kirche, eventuell gleich nach der Ortseinfahrt. Durch den Ort bis zur ersten Wegteilung und rechts, gleich steil aufwärts, aber noch auf Asphalt, zum Kühhof (km 5, großer Wandererparkplatz). Jetzt auf dem beschilderten Weg zur Klausener Hütte, teilweise steil und ruppig. Normalfahrer werden öfters ein kurzes Stück schieben müssen, können aber bald wieder aufsteigen, bis sich das Spiel neuerlich wiederholt. Die Klausener Hütte (km 9) ist der erste Rastpunkt mit großartiger Fernsicht zu den Geislerspitzen und dem Langkofel, sodass man gleich wieder mit der Welt versöhnt und entschädigt ist.
Ein kleines Stück höher sieht man die Rungger Alm oder Saltner Hütte (km 9,5), welche als nächstes angepeilt wird. Bei der Hütte scharf rechts (links geht es weiter zum Latzfonser Kreuz), auf breitem Traktorweg noch kurz ansteigend zur Waldgrenze und ins freie Alm- und Weidegelände.

Kurze Abfahrt in eine flache Wiesenmulde, wo nach der Bachüberquerung ein Wegweiser die Richtungen anzeigt. Wir wollen zwar zur Brugger Schupfe, folgen aber nicht dem Richtungsschild, das auf den etwas höher verlaufenden Latzfonser Höhenweg weist, der jedoch komplett unfahrbar wäre. Vorne sieht man die Almhütten der Toalalm (Teilalm), zu der man geradeaus über die Wiese hinzielt. Dort trifft man auf einen breiten Fahrweg, der aber wieder hinunter zum Kühhof führen würde. Daher nur ganz kurz bis zur ersten Kurve und dahinter links ab, aber auch noch auf gut fahrbarem Weg zu einer in eine Mulde gebetteten Alm, durch oder über das Viehgatter bis zur folgenden Wegkehre und wiederum rechts ab auf schmalem Schiebesteig auf ein schmuckes Paar-Ensemble von zwei Schupfen hin, wo wiederum ein breiter Weg abwärts leitet. Diesem Weg kann man nun eine längere Zeit folgen, bis er in einen weiteren Traktorweg einmündet. Nicht mehr weiter abwärts, sondern kurz bergauf zu einer einzelnen, größeren Almhütte, die von weitem schon mit einem hellen Vorbau an ihrer Westseite erkennbar war. Von der Hütte aus umrundet man noch die Hügelkuppe im Wiesengelände auf Steigspuren in gleichbleibender Höhe bis in die nächste Senke und steht bald darauf bei der Brugger Schupfe (ca. km 14). Unmittelbar über dem Almgasthaus befindet

Die Toalalm mit Blick zum Langkofelmassiv.

sich der Gipfel der Königsangerspitze (2436 m), der in einer guten Stunde zu erreichen wäre.
Die Abfahrt über den Kuhberg verläuft jetzt auf einem tadellosen Almweg ohne Tücken, aufpassen muss man höchstens auf unvermutet über den Weg gespannte elektrische Weidezäune. Beim Garner Wetterkreuz (Wanderparkplatz) trifft man wieder auf Asphalt und rollt in schönen Kehren abwärts bis zum in den steilen Hängen klebenden Weiler Garn, noch weiter talab bis zur Einmündung in die nach Latzfons führende Straße (km 22). Nach 2 km ist der Ausgangspunkt wieder erreicht.
Wer die Runde noch ein wenig erweitern möchte, könnte gleich nach dem Garner Wetterkreuz bei der ersten Kehre der Asphaltstraße links abzweigen und über Schnauders nach Feldthurns abfahren (insgesamt 5 km länger). Hat man das im Sinn, wäre überhaupt ein Start in Feldthurns sinnvoller.

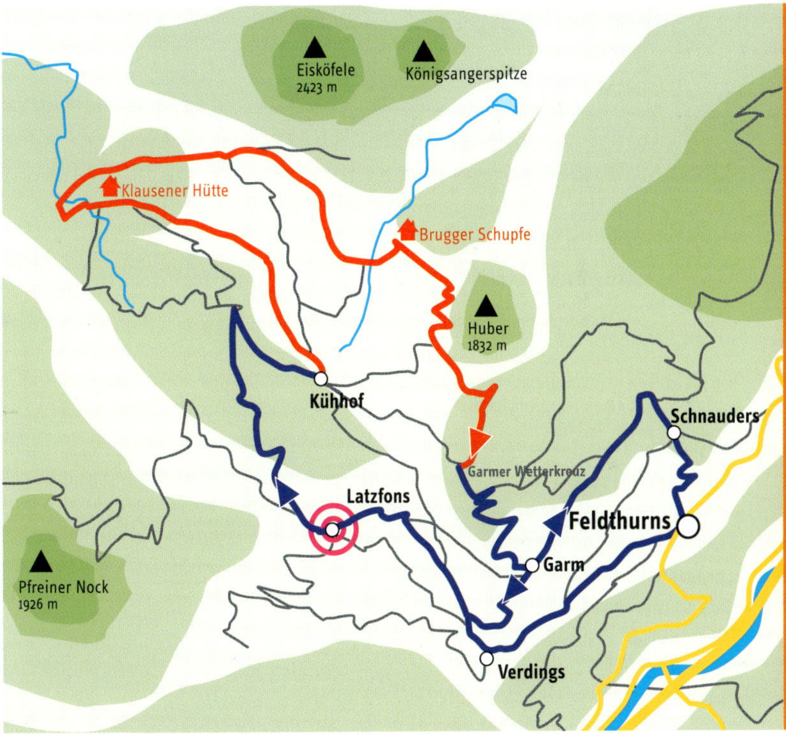

96 Radtour zu Montiggler Seen und Kalterer See

Vor Beginn der Apfelblüte kann es auch hier noch recht frisch sein.

Während Nordtirol noch mitten in der Schisaison ist, finden Mountainbiker im Bozner Überetsch eine feine Runde, lange vor dem Einsetzen der Apfelblüte im März – und bis weit in den Spätherbst: auf verkehrsfreien Radwegen, durch Obstplantagen, Weingärten und Landschaftsbiotope durch den Montiggler Wald zum Kalterer See.

Ausgangspunkt: Frangart (Parkplatz), Ausfahrt Eppan, Wegweiser Schloss Sigmundskron folgen

Streckenführung: Frangart (252 m) – St. Michael – Weg 3a, Patersteig – Montiggler Seen (500 m, 10 km) – Montiggl – Kalterer See (214 m) – Kreither Sattel (384 m) – Pfatten – Etsch-Radweg – Frangart

Länge, Fahrzeit, Hm.: Ca. 40 km, 3 bis 4 Stunden, 400 Höhenmeter.

Steilheit: 12 % auf 1,5 km beim Aufstieg vom Kalterer See zum Kreither Sattel

Wegbeschaffenheit: Großteils Asphalt, kurze Strecken gute Forstwege.

Höchster Punkt: Kreither Sattel (384 m)

Charakter/Tipp: Ist man zeitig im Frühjahr unterwegs, empfiehlt sich unbedingt ein kurzer Abstecher – allerdings nur zu Fuß – vom Dörfchen Montiggl in das berühmte Frühlingstal, wo in der zweiten Märzhälfte ganze Teppiche von weißen Schneeglöckchen blühen.

Einkehrstationen: Tennisstüberl in Montiggl, Gasthäuser am Kalterer See.

Im März sind die knorrigen Stämme der Apfelplantagen noch kahl, aber die Blüte steht in wenigen Tagen bevor und wird die Landschaft bald in ein rosa Farbenmeer tauchen. Doch längst sind schon die Radler mit ihren bunten Dressen unterwegs und bringen die ersten Farbpunkte in die noch braune Natur. Aber auch noch ohne Blüten und Weintrauben ist es eine feine und vor allem sehr abwechslungsreiche Radrunde, die natürlich auch bis in den Spätherbst möglich ist. Man startet auf einem verkehrsfreien Radweg, verlässt ihn aber besser in St. Michael und radelt durch den Montiggler Wald direkt zu den Seen hin. (Man könnte aber genauso gut auch der beschilderten Radroute folgen, die entlang der Südtiroler Weinstraße durch die Ortschaften verläuft.) Nach der lockeren Abfahrt von Montiggl zum Kalterer See muss man wieder kräftiger in die Pedale steigen. Doch die 12-Prozent-Steigung hinauf zum Kojotenpass ist nur kurz, dann saust es hinunter ins Etschtal und man rollt bretteleben am Uferdamm zurück nach Bozen bzw. biegt kurz vorher wieder ab zum Ausgangspunkt in Frangart.

Die Strecke: Von der Autobahnausfahrt Bozen Süd (Maut 5,10 Euro) sofort links in Richtung Meran. Gleich nach dem langen Tunnel unter Sigmundskron Ausfahrt Eppan, aber links abbiegen Richtung Frangart. Parkplätze gibt es

Schneeglöckchen im Frühlingstal, aber nur für zwei Wochen im März.

Immer einen Abstecher wert: das Alpinmuseum auf Schloss Sigmundskron.

vor den Bahngleisen rechts oder im Dorf unmittelbar neben der Kirche. Links der Kirche im Dorf gerade aufwärts bis zur Unterführung, wo auf der ehemaligen Bahntrasse die beschilderte Radroute verläuft: super ausgebaut, beleuchtete Tunnel, Rastbänke bis St. Michael. Dann ist es aber schöner, den Asphalt zu verlassen und sich auf den Forstwegen durch den Montiggler Wald den Weg zu den Seen zu suchen. Am besten folgt man bei der Ampelkreuzung in St. Michael links der Asphaltstraße zum Montiggler See, verlässt aber auch diese bald nach rechts und fährt auf guten Forstwegen (Weg 3a, Patersteig, oder nochmals parallel rechts daneben) durch den Montiggler Wald. Nicht immer stimmt die Beschilderung mit der Landkarte überein, aber man kann überall fragen. Vom Parkplatz vor den Seen führt ein schöner Weg zum oberen kleinen See, den man auch mit dem Rad gut umrunden kann, dann entlang des großen Badesees, der vorläufig noch den Enten allein gehört, in Richtung Süden zum kleinen Weiler Montiggl. Talaus auf Asphalt, parallel zum berühmten Frühlingstal, das man aus Landschaftsschutzgründen mit dem Rad nicht befahren sollte. Bald trifft man wieder auf die von Kaltern her kommende beschilderte Radroute, folgt ihr durch die

Weingärten bis kurz vor den Kalterer See. Bei der Kreuzung links, Wegweiserrichtung ist jetzt Pfatten. Vorher heißt es aber schalten aufs Bergkranzl. Es folgt sogleich der kurze, aber mit 12 % recht steile Anstieg von 150 Höhenmetern zum Kreither Sattel, wo alle Mühen enden. In Kehren abwärts, vorbei an der Ruine der Leuchtenburg, hinunter ins Etschtal. Nun entweder auf dem Sträßchen durch die Apfelplantagen nach Pfatten und dort zur Radwegeinbindung oder noch ein kurzes Stück weiter zur Etsch und auf dem stets am Damm verlaufenden Radweg zurück nach Bozen. Auf der Höhe von Sigmundskron sieht man bereits die MeBo-Brücke, wo sich der Radweg gabelt. Links Richtung Eppan zurück nach Frangart. Und wer Reinhold Messners Mountainmuseum auf Schloss Sigmundskron noch nicht gesehen hat, hätte jetzt Gelegenheit, die Radtour mit einem kulturellen Höhepunkt abzurunden.

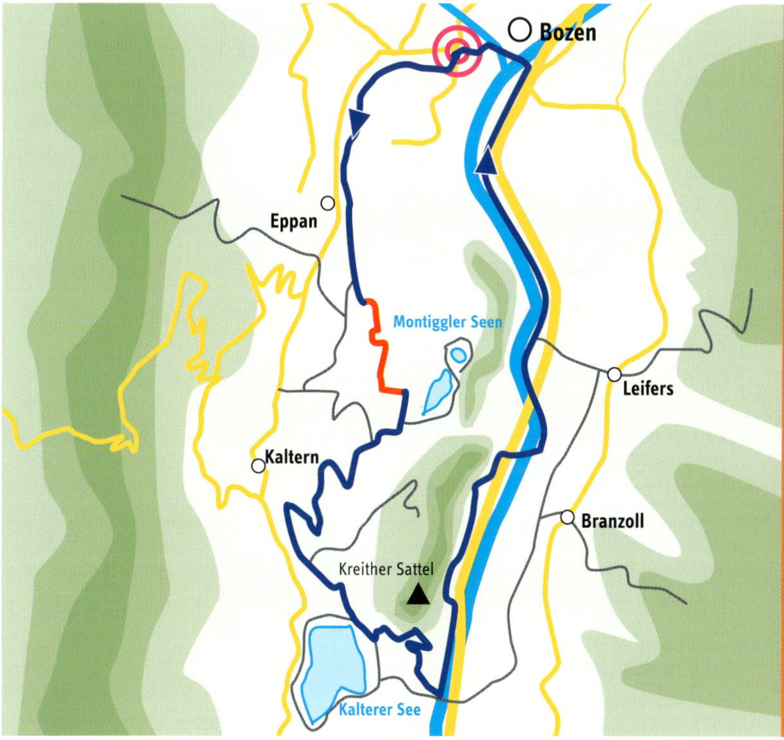

97 Von Rodeneck aufs Astjoch

Dominierend im Blickfeld, der mächtige Peitlerkofel.

Der grüne Kamm, der vom Würzjoch gegen das Pustertal hin zieht und mit sanften Bergkuppen bestückt ist, ist nicht nur ein angenehmes Wandergebiet, sondern bietet auch dem Bergradler ein unerschöpfliches Betätigungsfeld. Bis das sanft gewellte Almplateau erreicht ist, wartet aber ein Stück harte Arbeit.

Ausgangspunkt: Vill/Rodeneck (884 m) oder Gifen (972 m)

Streckenführung: Gifen – Spisses – Planatscherhof – Kreuzstöckl (km 5) – Gruberhof/Oberhaus – Parkplatz Zumis (km 13, 1700 m) – Oberhauser Hütte (km13,5, 1725 m) – Gifen/Vill

Länge/Fahrzeit/Hm.: Gesamte Runde 23 km, 3 bis 3:30 Stunden, 800 Höhenmeter; weiter zum Astjoch über die Rodenecker Almen bis Starkenfeldhütte 7 km, 30 Minuten Fußmarsch zum Gipfel.

Steilheit: Durchwegs 12 %, kurze Stellen 15 %, am Almplateau flach.

Wegbeschaffenheit: Anfangs rauer Waldweg mit mehreren Schiebestücken, ab km 5 bis Zumis Asphalt, im Bereich der Rodenecker Almen beste Almwege.

Höchster Punkt: Astjoch (2194 m)

Charakter/Tipp: Die Runde lässt sich auch noch beträchtlich erweitern. Nach der Starkenfeldhütte umrundet man den Kopf des Astjochs an seiner Westseite und gelangt in der Folge zur Kreuzwiesenhütte. Von dort rollt man direkt hinunter nach Lüsen und über den anfangs beschriebenen Wanderweg zurück nach Rodeneck. Oder man plagt sich von Lüsen nochmals hinauf zum Zumis-Parkplatz.

Einkehrstationen: Oberhauser Hütte, Ronerhütte, Starkenfeldhütte.

Das hochgelegene Plateau der Rodenecker und Lüsener Almen, das sich aus der Froschperspektive vom Tal aus gar nicht vermuten lässt, ist von einem weitläufigen Wegenetz überzogen. Besonders die nach Norden vorgeschobene runde Kuppe des Astjoches ist ein feines Ziel und besticht mit einer gewaltigen Rundumsicht. Der von den Wanderern stark frequentierte Parkplatz Zumis wird auf einer schönen Asphaltstraße erreicht, die auch von den Mountainbikern gern in Anspruch genommen wird. Viel schöner ist es aber, wenn man von Rodeneck zuerst auf einem Waldweg in Richtung Lüsen fährt und sich dann erst auf ebenfalls asphaltierten Hofzufahrten fast unbehelligt vom Verkehr in die Höhe schraubt. Ein paar kurze Schiebepassagen.

Die Strecke: Von der Autobahnausfahrt Brixen ins Pustertal bis Mühlbach. Noch vor der Unterführung rechts abzweigen in die Ortsmitte, nächste Abzweigung wiederum rechts nach Rodeneck. Hinunter zur Brücke über die Rienz und der Beschilderung Rodeneck/Vill folgen. In Vill durch das ganze Dorf bis zum Gemeindehaus (Municipio), danach großer Parkplatz (4 km von Mühlbach). Noch eine gute Parkmöglichkeit gibt es knapp 100 Höhenmeter weiter oben in Gifen vor dem Hotel Schönblick. 100 m unterhalb vom Parkplatz in Gifen Abzweigung nach Spisses und hoch über der gewundenen Schlucht der Rienz in Richtung Lüsener Tal. Anfangs schöne Asphaltstraße, an mehreren Gehöften vorbei, wobei man bei Verzweigungen immer der Beschilderung „Lüsen 1“ folgt. Beim Planatscherhof (km 3,3) Asphaltende und Übergang auf den teilweise sehr steilen Waldweg, der hier unvermittelt ansetzt. Gleich zu Beginn Schiebestrecke von 400 m steil bergauf, danach wieder teilweise fahrbar, doch der wurzelige Waldsteig zwingt zu sehr vorsichtiger Fahrweise und immer wieder zum Absteigen. Gute Trialfahrer werden kein Problem damit haben. Nach Durchque-

Das Astjoch ist nahe.

rung einiger Gräben erreicht man die Kreuzstöcklkapelle (km 5). Die Lüsen-Beschilderung weist nun abwärts, und gleich landet man auf einer schönen Asphaltstraße, die sich nun in einem Zug bergauf windet. Den Duft der Erdbeeren, die an der Böschung rot hervorglänzen, in der Nase, zwingt man sich doch besser zum Weiterkurbeln. Die Steigung ist durchwegs um die 12 %. Beim Gruberhof ist die Hälfte des Anstiegs geschafft, weiter und vorbei an einschichtigen Bergbauernhöfen mündet man schon kurz vor dem Ziel in die von Lüsen her führende Fahrstraße. Nach links ist bald darauf der Parkplatz Zumis erreicht. In den meisten Landkarten ist dieser Name aber nicht zu finden, die Gegend wird als Rodenecker oder Lüsener Almen bezeichnet. Einkehrstation gibt es beim Parkplatz keine, die nächstgelegene Labestation ist die Oberhauser Hütte, 500 m weiter (km 13,5).
Will man es hier bewenden lassen, rollt man locker auf schöner Asphaltstraße (vom Parkplatz rechts) zurück ins Tal. Nicht vergessen, bei einer gut beschilderten Kreuzung links nach Gifen und Vill abzubiegen. Die Runde ab Gifen und zurück hat 23 km.

Zum Astjoch: Vom Zumis-Parkplatz auf dem breiten Almweg in nur mehr geringer Steigung wei-

Gipfelrundschau am Astjoch.

ter. Wie aufgefädelt passiert man drei Almgasthäuser. Nach 2 km die Ronerhütte, danach kurze Steigung und vorbei am Planer Kreuz erreicht man als nächstes die links abseits liegende Rastnerhütte (km 5) und noch ein Stück weiter die Starkenfeldhütte (1936 m, km 6). Alle sind bis spät in den Herbst bewirtschaftet. Noch bis zur Abzweigung zum Astjoch führt ein schöner Weg, dann, bei einem kleinen Moorbiotop, rentiert es sich mit dem Rad nicht mehr und auf dem ruppigen Traktorweg geht man besser zu Fuß. In 30 Minuten ist man auf dem phantastischen Aussichtsberg mit seinem weithin sichtbaren Gipfelkreuz und dem überwältigenden Gebirgspanorama, das vom Alpenhauptkamm bis zu den Dolomiten reicht. Interessant ist hier der ungewöhnliche Orientierungsplan am Gipfelplateau, wo die Namen aller Berge im 360-Grad-Umkreis in Granitplatten eingraviert sind.

Für Genießer: Wer er sich ganz bequem machen will, fährt von Rodeneck mit dem Auto hinauf zum Parkplatz Zumis (Beschilderung ab Mühlbach: Rodenecker Almen). Der Parkplatz ist gebührenpflichtig (3,- Euro/Tag). Dann geht es ganz locker bis hinter die Starkenfeldhütte und auf den Astjochgipfel. Zurück am gleichen Weg (Fahrstrecke 7 km, 470 Hm. zum Gipfel).

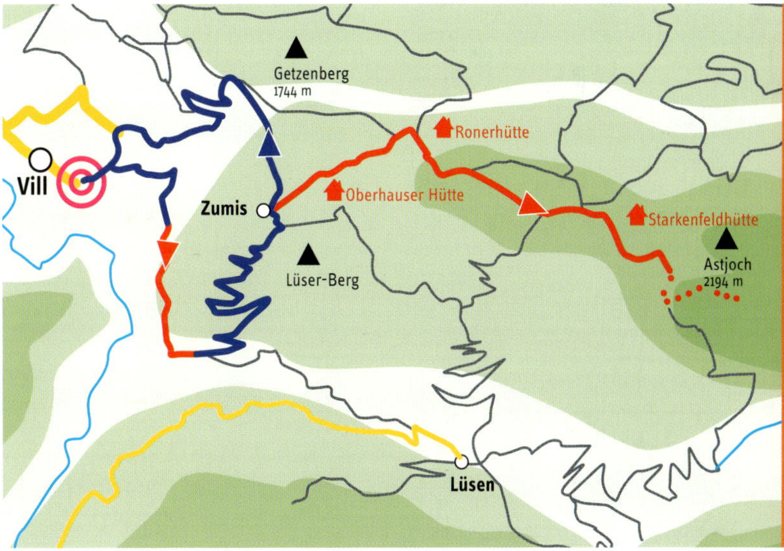

98 Zweimal auf das Rittner Horn

Bis zum Eingang des Rittner-Horn-Hauses kommt man mit dem Rad.

Der südliche Ausläufer der Sarntaler Alpen gilt als Hausberg der Bozner und erhebt sich fast 2000 Höhenmeter über die Stadt: übersät mit Sommersitzen, Weingütern und Pferdegestüten und durch zahlreiche Straßen, Wege und Seilbahnen erschlossen. Für den Radler gibt es hier eine Menge zu tun.

Ausgangspunkt: Klobenstein/Ritten (1154 m) oder Pemmern, Seilbahnstation (1538 m)

Streckenführung: Direkte Auffahrt: Klobenstein – Tannhof (1488 m, km 4) – Pemmern (km 5) – Kleebach – Auf der Schian – Feltuner Hütte (km 11,5) – Rittner-Horn-Haus (2260 m, km 13,5); Rundstrecke ab Tannhof: Weg 27 – Lodermoor (km 3) – Kircher Lacke – 20 Minuten Schiebe- Tragestrecke – Weg 28 – Huberkreuz (1620 m, km 9,5) – Barbianer Almen – Merlboden/Tramis (2148 m, km 16) – Oberhornalm – Rittner Horn (2260 m, km 19) – Abfahrt Pemmern – Tannhof (km 26)

Länge/Fahrzeit/Hm.: Direkte Auffahrt Klobenstein – Gipfel 13,5 km (mit Start in Pemmern 8,5 km), 1:30 bis 2 Stunden, 1100 Höhenmeter; Rundstrecke ab Tannhof: 26 km, 3 bis 3:30 Stunden, 900 Höhenmeter.

Steilheit: Anhaltende Passagen um die 15 %, Schlussanstieg zum Gipfel 20 %

Wegbeschaffenheit: Durchwegs gute Almwege, bei der Umrundung 20 Minuten Schiebe- und Tragestrecke.

Höchster Punkt: Rittner Horn (2260 m)

Charakter/Tipp: Als landschaftliche Sensation gelten am Ritten die bekannten Erdpyramiden, die höchsten und schönsten ganz Europas. Nur zu Fuß erreichbar sind die bizarren Lehmtürme im Katzenbachtal bei Oberbozen, dagegen kann man von Klobenstein über Lengmoos ganz bequem zu den Erdpyramiden des Finsterbachtals hinradeln.

Einkehrstationen: Feltuner Hütte, Unterhornhütte, Rittner-Horn-Haus.

Wer in Bozen startet und bereits die 15 km nach Klobenstein mit dem Rad hinauffährt, macht bis zum Gipfel 2000 Höhenmeter in einem Zug. Sicher nicht jedermanns Sache. Aber ein guter Ausgangspunkt ist Klobenstein (mehrere Parkplätze), wobei auch hier im unteren Bereich die ersten Kilometer noch auf Asphaltstraßen zu fahren sind. Ebenso ein idealer Startpunkt mit großem Parkplatz ist der Tannhof (4 km oberhalb von Klobenstein), wo man gut mit der Rittner-Horn-Umrundung beginnen kann. Am kürzesten ist es von Pemmern (Talstation der Rittner-Horn-Seilbahn zur Schwarzseespitze), wohin man noch mit dem Auto gelangt.

Direkte Auffahrt zum Rittner Horn: Start in Klobenstein auf Höhe der Eislaufarena, der Beschilderung nach zum Tannhof und weiter zur Rittner-Horn-Seilbahn (jeweils große Parkplätze, 4 bzw. 5 km von Klobenstein). Auf der Asphaltstraße weiter bis kurz vor die Jausenstation Manuela und rechts ab auf breiter Naturstraße bergwärts. Die folgenden 200 Höhenmeter sind mit 15 % anhaltend steil, bis das weite Plateau „Auf der Schian" erreicht ist. Ab hier bedeutend bequemer am Westhang der Schwarzseespitze entlang zu den nebeneinander liegenden Labestationen der Unterhornhütte und der Feltuner Hütte.
Weiter zur Oberhornalm und ein letzter großer Bogen mit zwei kurzen Steilstücken zum längst sichtbaren Sendemast und zur Rittner-Horn-Hütte am Gipfel (ab Pemmern 8,5 km).

Die Rundstrecke: Vom Parkplatz beim Tannhof links auf schönem Forstweg Nr. 27 erst noch flach, dann mit allmählich beginnenden Steigungen bis zum Landschaftsbiotop Lodermoor (km 3). Rechts am Moor vorbei bis zur Abzweigung links zur Kircher Lacke (km 4), die unterhalb des Weges liegt. Aber jetzt aufgepasst: Gleich beginnt die Schiebestrecke über den Saubacher Kofel. Ein reiner Waldsteig, wo man das Rad nur noch schieben kann. Die Abzweigung ist recht verschämt angezeigt. Rechts des Weges bei dickem Baum mit kleiner Bank weist ein Pfeil geradewegs hinauf in den Wald. Ab hier ist der Wurzelsteig bestens rot-weiß markiert. Man erreicht rasch den höchsten Punkt des Überganges, muss dahinter aber ziemlich weit absteigen. Steil, mit vielen Steinstufen, wo man das Rad besser schultert, muss man gut 150 Höhenmeter herschenken, bis man auf einem fahrbaren Weg (Nr. 28) steht und wieder aufsitzen kann. Nächster Richtpunkt ist das Huberkreuz, das jetzt problemlos auf einem guten Fahrweg erreicht wird, der sich mit vielen Windungen durch die Bachgräben schlängelt. Hier trifft man auf die von Barbian kommende Fahrstraße (ebenfalls großer Parkplatz, 1620 m, 9,5 km). Ab hier, zumindest für die nächsten 7 km, wird es bedeutend schwieriger, anhaltende Steigung um die 15 %, vor allem auf den nächsten 4 km bis zu den oberhalb der

Der Schlern, das steinerne Wahrzeichen Südtirols.

Waldgrenze gelegenen Barbianer Almen. Danach wird das Gelände zwar merklich flacher, dafür der Weg zunehmend schottriger und gröber. Allmählich bekommt man den Überblick über das weitläufige Almgebiet, sieht links die riesigen Antennen und Parabolspiegel am Horn-Gipfel und weit dahinter den Sattel, der den Übergang und (fast) den höchsten Punkt bei der Umrundung darstellt. Hat man endlich den Zaundurchlass am Merlboden erreicht, hinter dem sich die Wege teilen, rollt man am linken Weg am Westhang des Horns im großen Bogen rund um den Gipfel bis auf seine Südseite, wo man mit dem von Pemmern kommenden Aufstieg zusammentrifft. Nur mehr ein Katzensprung, dafür aber ein sehr steiler, ist es noch bis zum Rittner-Horn-Haus am Gipfel. Abfahrt auf bester Naturstraße bis Pemmern und zum Schluss auf Asphalt zum Tannhof oder nach Klobenstein.

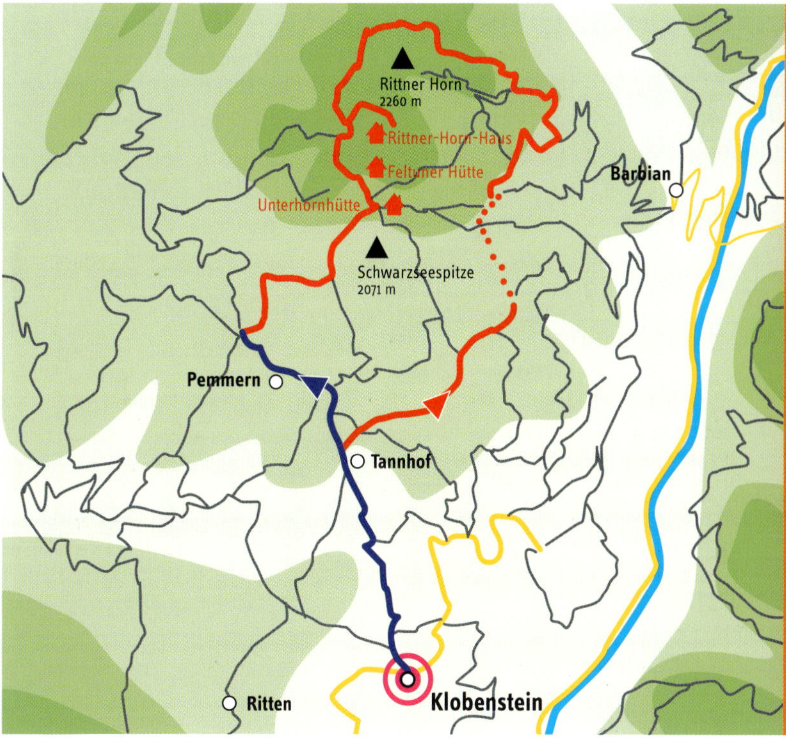

99 Im Wald über den Montiggler Seen

Zur Badesaison kann es am Montiggler See recht hektisch werden.

Tobt in Nordtirol ein Wettersturz, kann es im Süden des Alpenhauptkamms bereits angenehm warm sein. Im Sommer bieten die schattigen Wälder oberhalb der Montiggler Seen einen wohltuenden Kontrast zum lärmenden Baderummel. Als Mountainbiker benötigt man nur Pfadfindermentalität oder eine gute Landkarte.

Ausgangspunkt: Parkplatz Montiggler See (1,30 Euro/Tag), bestens beschilderte Zufahrt von St. Michael

Streckenführung: Kleiner Montiggler See – Großer Montiggler See – Biotop Langmoos – Totental – Valplontal – Kleines Steintal – Großes Steintal – zurück zum Montiggler See; Verlängerung: Trage-Abstieg zum Kreither Sattel – Mitterberg – Roßzähne – Leuchtenburg – Klughammer – Mazzoner Weg – Montiggl

Länge, Fahrzeit, Hm.: Ca. 16 km, 1:30 bis 2 Stunden, 200 Höhenmeter; Verlängerung plus 8 km, mit Rückfahrt 22 km, 3 Stunden.

Steilheit: Höchstens 12 %, steile Tragestrecke vom Kleinen Steintal abwärts zum Kreither Sattel

Wegbeschaffenheit: Gute Forstwege, kurze Tragestrecke.

Höchster Punkt: Hohenbühl (690 m)

Charakter/Tipp: Wenn im Herbst die zahlreichen im Mischwald angesiedelten Edelkastanien ihre Früchte abwerfen, sind die Wege übersät mit den stacheligen Fruchtschalen. Ein Grund, um an das Mitführen eines Reserveschlauchs oder zumindest eines Reparatursets zu erinnern.

Einkehrstationen: Gasthäuser am Montiggler und am Kalterer See, Tennisstüberl in Montiggl.

Die Weinberge des Überetsch rund um Kaltern und Eppan werden durch einen langen Waldrücken vom tief unten liegenden Etschtal getrennt. Eine Prachtlandschaft, in der die beiden Montiggler Seen idyllisch eingebettet in der Sonne glänzen. Und schon lange bevor die Badesaison beginnt und auch noch lange danach bis in den Spätherbst, wird dieses Gebiet von den Wanderern gestürmt. Besonders das Frühlingstal mit seinem Schneeglöckchenwunder stellt einen Anziehungspunkt dar, sodass es mit Zaunbarrieren vor den Mountainbikern geschützt werden muss. Darum suchen diese ihr Glück besser einen Stock höher in dem von den Seen bis zum Kreither Sattel ziehenden Höhenrücken und finden dort eine Menge von parallel verlaufenden Waldtälern mit tadellosen Forstwegen, wo die Radler fast unter sich sind. Was verwundern mag, ist das gänzliche Fehlen der sonst so üppigen Wegweiser und Markierungsschilder, nur ab und zu erblickt man grüne Tafeln, welche wenigstens den Namen der Örtlichkeit angeben und eine Orientierung zulassen. Es gibt jedoch genaue Landkarten mit allen Mountainbike-tauglichen Routen, aber auch ohne dieses Hilfsmittel kann man kaum verloren gehen, denn die Wege verlaufen großteils in Nord-Süd-Richtung, parallel zu der von Montiggl zum Kalterer See verlaufenden Geländefurche.
Zur Einstimmung beginnt man am besten mit der Umrundung der beiden Seen. Dem Uferweg kann man auch ausweichen, indem man knapp hundert Höhenmeter weiter oben seine Kreise zieht. Finden muss man auf alle Fälle das Biotop Langmoos. Ein kleiner Waldweiher, knapp oberhalb der Südecke des Großen Montiggler Sees, wo man beliebig durch das Totental oder durch das Große Steintal radeln kann und dabei den höchsten Punkt des Rückens, den Hohenbühl, umrundet. Wem das zu kurz ist, kann das Rad schultern, noch hinuntersteigen zum Kreither Sattel und unterhalb der Ruine der Leuchtenburg bis zu den Roßzähnen weiterradeln.

Die Strecke: Von der Autobahnausfahrt Bozen Süd (Maut 5,60 Euro) sofort links in Richtung Meran. Gleich nach dem langen Tunnel unter Sigmundskron bei der Ausfahrt Eppan auf die Weinstraße und bis St. Michael. Der Beschilderung folgend zum Parkplatz kurz vor dem Großen Montiggler See (1,30 Euro/Tag).
Links des Parkplatzes beginnt der Wanderweg zum Kleinen

Montiggler See, mit dem Rad gut fahrbar, aber frequentiert von zahlreichen Fußgängern, sodass man gleich nach dem Wegbeginn besser links abbiegt und durch den Bannwald den See etwas höher umrundet. Kommt man an den Großen See, verlässt man ihn beim Wegweiser „Pfatten", biegt aber gleich nochmals rechts ab, um zum Waldsee von Langmoos zu gelangen. (Leichter findet man dieses versteckte Biotop, wenn man am großen See vorfährt bis zu seiner Südspitze und bei einem Schilftümpel den bergwärts abzweigenden, unmarkierten Fahrweg nimmt, der bald in einen Asphaltweg mündet.) Gleich erblickt man ein grünes Schild – Langmoos – und radelt entlang des Sees in Südrichtung durch das Totental bis zu einem großen Wegkreuz. Links auf Asphalt abwärts ins unterhalb liegende Valplontal, das in das Kleine Steintal einmündet. Ein großer Retourbogen leitet ins Große Steintal, durch welches man wieder zurück zum Langmoosbiotop und zum Montiggler See gelangt (16 km).

Verlängerung: Fährt man im Kleinen Steintal vor bis zur Geländekante, wo der Hang steil abbricht zum Einschnitt des Kreither Sattels, sieht man gegenüber die Ruine der Leuchtenburg. Dorthin könnte der geländegängige Mountainbiker

Vom Kreither Sattel gelangt man herunter zum Kalterer See.

noch einen Abstecher machen. Erst auf schmalem Steig noch schiebend, bald im steilen Graben das Rad schulternd, steigt man ab zum Sattel (15 Minuten), überquert die Straße und ist schon auf dem Fahrweg, der unterhalb der Leuchtenburg den Hang oberhalb des Kalterer Sees durchschneidet.
Nach 0,5 km links aufwärts zum Mitterberg unterhalb der Burgruine, der man auch einen Besuch abstatten könnte, und weiter, teilweise auf Wanderwegen, zu den Roßzähnen. In der gleichen Richtung absteigend erreicht man wieder den gut fahrbaren Forstweg. Zurück fährt man am besten vom Kreither Sattel auf der Asphaltstraße hinunter zum Kalterer See bis zur Abzweigung Klughammer, dann aber nicht gerade hinauf nach Kaltern, sondern man hält sich immer rechts (Beschilderung Montiggler Ebene, Mazzoner Weg, Montiggl). Insgesamt 22 km.

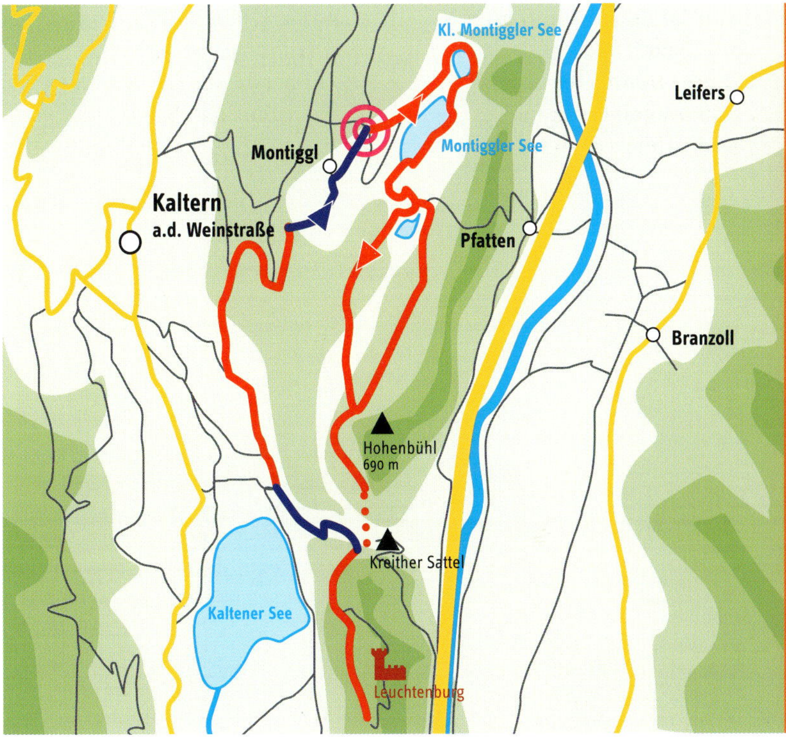

100 Freikarte fürs Knottnkino

Das Knottnkino am Rotsteinkogel lädt ein zur Naturbetrachtung.

Bei der feinen Rundfahrt von Vöran zur Leadner Alm und zur Möltner Kaser sollte man auf den kurzen Abstecher zum Knottnkino, einen der schönsten und originellsten Aussichtspunkte Südtirols, nicht vergessen. Ebenso einen kurzen Fußmarsch wert sind die Stoanernen Mandln auf der Kuppe der Hohen Reisch.

Ausgangspunkt: Vöran, Seilbahn-Bergstation (1204 m) oder Gasthof Grüner Baum (für Autofahrer)

Streckenführung: Vöran – Grüner Baum (km 2) – Leadner Alm (1514 m, km 5) – Kompatschalm – 15 Minuten Schiebestrecke – Möltner Kaser (1763 m, km 11) – Sattlerhütte (1609 m, km 14,5) – Mölten/Straße (km 18,5) – Aschl – Grüner Baum – Vöran

Länge/Fahrzeit/Hm.: Rundstrecke 25 km, 2:30 bis 3 Stunden, 600 Höhenmeter; Abstecher zum Knottnkino: 3 km plus 15 Minuten zu Fuß; Wanderung zu den Stoanernen Mandln (2001 m): ab Möltner Kaser 45 Minuten bis 1 Stunde, plus 250 Höhenmeter.

Steilheit: 8 bis 10 %

Wegbeschaffenheit: Gute Almwege, 15 Minuten Schiebe- und Tragestrecke.

Höchster Punkt: Möltner Kaser (1763 m)

Charakter/Tipp: Ein Südtirol-Highlight sind die kuriosen Stoanernen Mandln auf der Hohen Reisch. Ob Hexenkult, Tummelplatz der Geister oder einfach Puzzlespielereien der Almhirten mit den herumliegenden Steinplatten –

Einkehrstationen: Gasthof Grüner Baum, Gasthof Waldbichl, Leadner Alm, Möltner Kaser, Sattlerhütte.

Den Einfall, auf einer steil abfallenden Felsplatte eine richtige Kinobestuhlung zu installieren, hatte der kunstsinnige Schmied Franz Messner im Rahmen eines Ideenwettbewerbs anlässlich des Millenniums im Jahr 2000. Also montierte er ein Freiluftkino mit 30 Klappsesseln in vier Reihen auf dem harten Steinboden am Gipfel des Rotsteinkogels oder – wie die Einheimischen hier die rötlichen Felskuppen nennen – am Knottn. In außergewöhnlicher Weise kann der Betrachter hier die überwältigende Bergwelt der Südtiroler Alpen genießen. Versonnen kann er in der vom Tal aufsteigenden Thermik das stets wechselnde Spiel der Wolken mit Licht und Schatten verfolgen oder, mit einem Fernglas bewaffnet, die vielen Bergspitzen bestimmen, die sich im weiten Bogen über das gesamte Burggrafenamt bis hin zu den Ortlerbergen erstrecken. Dem Südtiroler Landeshauptmann wurde mit Sitz 14 ein eigener Klappsessel gewidmet. Erreichbar ist das Knottnkino mit dem Mountainbike im Zuge der Rundfahrt zur Möltner Kaser mit einem Abstecher von der Leadner Alm aus oder direkt von Vöran auf der nach Hafling führenden Straße. Auf die etwas verwickelte Zufahrt über Schenna und Hafling zu der hoch am Tschögglberg liegenden Ortschaft Vöran kann man verzichten, wenn man die kleine Seilbahn benützt, die den Besucher in sieben Minuten vom Etschtal zum Ausgangspunkt bringt.

Die Strecke: Von der Autobahnausfahrt Bozen Süd (Maut 5,60 Euro) auf der MeBo 20 km bis zur Ausfahrt Lana/Burgstall und nach rechts zur Staatsstraße. In Burgstall nochmals rechts in Richtung Bozen zur Talstation der Seilbahn nach Vöran. Mehrere Parkplätze vorhanden. Die Seilbahn wird von der Bergstation aus bedient. Sie verkehrt halbstündlich, bei Bedarf auch öfter. Man steigt in die Gondel und bezahlt oben (Bergfahrt 5,- Euro, Radmitnahme 0,50 Euro). Nur Mountainbiker mit „normaler" Ausrüstung werden mitgenommen, reine Downhillfahrer will man zur Schonung des Wanderweges möglichst fernhalten. Um zum Knottnkino am Rotsteinkogel zu gelangen, gibt es nun zwei Möglichkeiten: Am einfachsten ist es, wenn man von der Bergstation der Seilbahn hinauf zum Dorf radelt. Beim Musikpavillon zuerst links und im Rechtsbogen auf der Straße in Richtung Mölten zum Gasthof Grüner Baum (km 2), großer Parkplatz, Autofahrer können von hier starten. Vom

Parkplatz geradeaus auf dem mäßig steilen Asphaltweg zur Leadner Alm (km 5). Will man zum Knottnkino, fährt man kurz vor Erreichen der Alm bei der Wegkreuzung beim Landschaftsteich nach links. Auf schönem Waldweg wird der Hirschenbichl umrundet. Danach trifft man eine Kehre tiefer auf den von Vöran kommenden Schützenbründlsteig und gelangt rechts haltend und leicht abwärts in einen Wiesensattel mit einem mächtigen Wetterkreuz. Besser zu Fuß steigt man auf dem Wanderweg auf die Gipfelfläche des Rotsteinkogels (15 Minuten) mit dem Knottnkino. Danach fährt man wieder auf dem gleichen Weg zurück zur Leadner Alm. Einkehrschwung im Gasthof Waldbichl ist möglich (500 m weiter), danach fährt aber besser wieder zurück bis zur Abzweigung Leadner Alm.

Weiter zur Möltner Kaser: Der Asphalt endet bei der Leadner Alm. Unmittelbar unterhalb der letzten Kurve vor der Alm geradeaus weiter, jetzt auf guter

Die Felsen des Rotsteinkogels, dahinter die Berge der Texelgruppe.

Forststraße leicht steigend bis zu großer Wegteilung und hier rechts (Weg 15, Möltner Kaser) bis zur Almhütte von Kompatsch. Danach wird der Weg bedeutend ruppiger, aber immer noch gut fahrbar. Zum Schluss abwärts in den Grund des Grabens. Nach der Bachüberquerung auf einem steilen, gut markierten Steig (schieben/tragen, 140 Höhenmeter), zwei Fahrwege querend, in 15 bis 20 Minuten zum Zaundurchlass am Wiesensattel. Dahinter trifft man auf den von Mölten kommenden Fahrweg. Nach links zur Möltner Kaser (km 11).

Abfahrt: Auf Weg Nr. 4 abwärts, Richtung Mölten, zur Sattlerhütte (km 14,5); direkt auf die Verbindungsstraße Mölten-Vöran (km 18,5) und über Aschl zurück nach Vöran (km 25). Ebenso gut möglich, aber ein paar Kilometer länger wird die fast parallel verlaufende Abfahrt über das Möltener Joch zum Parkplatz Schermoos. Anbieten würde sich in Vöran noch die Abfahrt auf der Asphaltstraße über Hafling und Meran zurück zur Talstation der Seilbahn in Burgstall. Immerhin 28 km mit einem Höhenunterschied von 1000 m sind zu bewältigen.

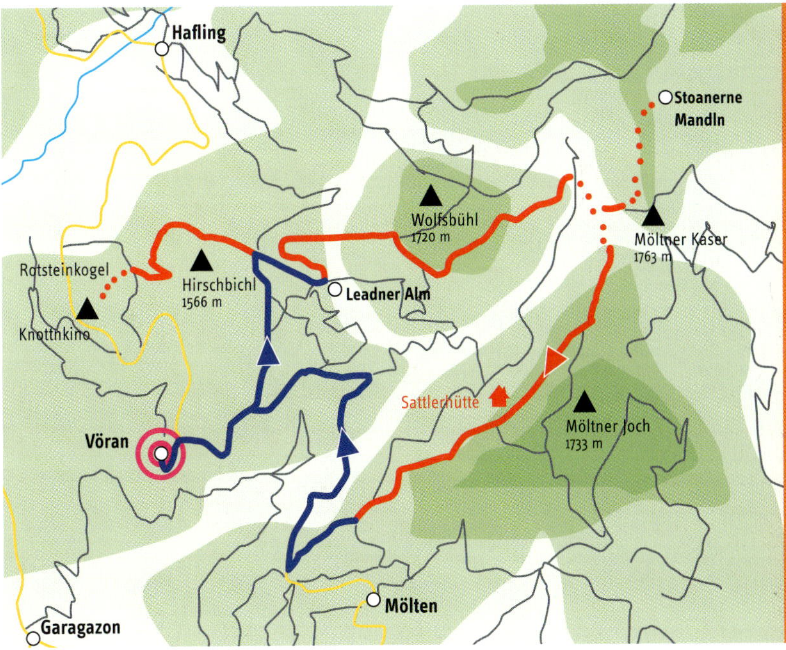

Beliebtes Ziel der Innsbrucker Radler ist die Höttinger Alm.

Die Halleranger-Alm, dahinter die Nordabstürze der Hinterautalkette.

Das Rittner Horn, Hausberg der Bozner Mountainbiker.

Blick vom Latzfonser Höhenweg über das Eisacktal zum Langkofelmassiv.

www.bike.tirol.at
Tirol
Augenblicke für immer.
Tirol. Heart of the Alps.